U0522445

国外中国学研究丛书
何培忠 ◎ 主编

Dang Dai Eluosi ZhongGuo XueJiaFang TanLu

当代俄罗斯中国学家访谈录（二）

高 媛　石之瑜 ◎ 编

中国社会科学出版社

图书在版编目(CIP)数据

当代俄罗斯中国学家访谈录.二/高媛,石之瑜编.—北京:中国社会科学出版社,2019.4

(国外中国学研究丛书)

ISBN 978-7-5203-4174-5

Ⅰ.①当… Ⅱ.①高…②石… Ⅲ.①中国学—研究 Ⅳ.①K207.8

中国版本图书馆 CIP 数据核字(2019)第 048594 号

出 版 人	赵剑英
责任编辑	郭晓鸿
特约编辑	许红亮
责任校对	郝阳洋
责任印制	戴 宽

出　　版	中国社会科学出版社
社　　址	北京鼓楼西大街甲 158 号
邮　　编	100720
网　　址	http://www.csspw.cn
发 行 部	010-84083685
门 市 部	010-84029450
经　　销	新华书店及其他书店
印　　刷	北京明恒达印务有限公司
装　　订	廊坊市广阳区广增装订厂
版　　次	2019 年 4 月第 1 版
印　　次	2019 年 4 月第 1 次印刷
开　　本	710×1000　1/16
印　　张	21.5
插　　页	2
字　　数	340 千字
定　　价	88.00 元

凡购买中国社会科学出版社图书,如有质量问题请与本社营销中心联系调换

电话:010-84083683

版权所有　侵权必究

总　序

国外中国学研究是中国社会科学院开创和长期坚持的学科。

1977年，在已故著名学者孙越生先生的倡议下，中国社会科学院在当时的情报研究所下设立了国外中国学研究室，这是我国大陆地区第一个专门研究国外中国学的机构。该研究室成立后编辑出版了一系列研究成果，如《国外中国研究》丛书（1977）、《美国的中国学家》（1977）、《外国研究中国》丛书（1978—1980）等，带动了我国学术界20世纪80年代至90年代国外中国学（海外汉学）研究的发展。直至今天，这些出版物仍是我国学术界开展国外中国学研究的重要参考文献。

面对20世纪80年代后国外出现的中国研究热潮，2001年，中国社会科学院文献信息中心研究部开展了"改革开放以来国外的中国研究（院A类重大课题，课题负责人何培忠研究员）"，对20世纪80年代后的各国中国研究进行了全面梳理，并出版了专著《当代国外中国学研究》（2006），使中国社会科学院的国外中国学研究又上一个台阶。

随着中国经济的快速发展和中国国力的不断增强，"中国学"在国外越来越受到重视，成为一门引人注目的"显学"。为了加强对国外中国学的研究，2004年，中国社会科学院成立了院级非实体研究机构"国外中国学研究中心"，由汝信副院长、黄长著学部委员挂帅。此事引起国内外学术界和媒体的广泛关注。这是因为，国外中国学研究在中国社会科学院创立之后，虽然一直受到学术界的关注，但后来国外中国学研究室被撤销，成为学术界的憾事。而国外中国学研究中心的成立，则被学术界看做是中国社会科学院重启这一领域研究的标志性事件，就连国外学者也因他们的研究开始受到中国社科学院的重视而深受鼓舞，许多学者借来华的机会到研究中心访问，做学术报告，进行学术交流。2012年，出于进一步推动国外中国学研究领域发展的考虑，中心更名为国际中国学研究中心，后者虽只有一字之差，但它更强调不同国家、地区中国研究传统的多样性及其比较价值。

中国社会科学院的国外中国学研究以资料积累丰富和对前沿研究状况反应迅速见长，现已初步建成了"国外中国学家数据库"、"国外中国学机构团体数据库"、"国外中国学期刊数据库"、"国外中国学论著题录库"和"国外智库中国研究资料库"等数据库。2009年，"国外中国学研究"网站上线（后统一更名为国际中国学研究，网址为 sinology.cssn.cn）。同在这一年，当中国社会科学院启动新一轮重点学科资助计划时，在院领导的关注下，"国外中国学研究"被列入"特殊学科（负责人何培忠研究员）"，使这一学科的发展有了一定的保障。2015年，在上一轮学科建设基础上，"海外中国学研究"成功申报作为中国社会科学院重点扶持的40余个优势学科之一（负责人张树华、唐磊），标志着该学科的地位得到进一步确立。2018年末，中国社会科学院正式批准信息情报研究院关于恢复国际中国学研究室建制的申请。这使得我们在中国社会科学院内从事国外中国学研究迎来了研究室、研究中心和学科三位一体的发展格局。

为继续积累有利于国外中国学研究的基础性资料，深化有关领域的研究，回应国外学术界的种种观点，我们决定继续组织"国际中国学研究丛书"（原"国外中国学研究丛书"）的编纂与出版工作。该丛书涵盖面广泛，有对国外中国学家治学历程的描述，有对国外中国焦点问题研究的辨析，有关于国外中国研究学科发展历史的记述，也有国外学者研究成果的直接译介等。我们衷心希望从事这一领域研究的学者和广大读者关注本丛书的出版，献计献策献力，使其成为我国学界研究国外中国学的一个园地。

何培忠

原序于2011年7月28日

修订于2019年1月18日

出版说明

本书是俄罗斯科学院东方学研究所资深中国学家的访谈录，是从2009年起连续四年经东方学研究所的协助完成的。本书的面世源自台湾大学政治学系中国大陆暨两岸关系教学研究中心开展的"中国学的知识社群研究"计划，该计划已在日本、韩国、印度等国展开，并扩展到欧亚各国。其中当代日本中国学家的访谈录《当代日本中国学家治学历程——中国学家采访录（一）》于2011年10月出版，收录了当代十位日本著名中国学家的访谈录。印度中国学家的访谈已完成，并集结出版（英文）。其他访谈录及其相关研究日后会陆续推出。

有关俄罗斯中国学家的访谈，缘起于中国社会科学院国外中国学研究中心对俄罗斯的访问。2008年9月，何培忠主任率团赴俄罗斯科学院履行年度交流计划，台湾大学石之瑜教授参加了访问活动，在访问中向俄罗斯科学院远东研究所、东方学研究所等研究机构通报了中国学家访谈计划内容，后几经交涉，得到俄罗斯科学院有关研究机构的支持。负责俄罗斯科学院远东研究所中国学家访谈计划的是甘申（В. Г. Ганшин）教授和戈尔布诺娃（С. А. Горбунова）教授，访谈部分成果已于2015年出版。负责俄罗斯科学院东方学研究所中国学家访谈计划的是刘宇卫（瓦连京·戈洛瓦乔夫，В. Ц. Головачев）负责，部分成果形成本访谈集。访谈稿的翻译由海峡两岸的学人完成。本书是俄罗斯科学院东方学研究所中国学家访谈录的一部分，其余还在翻译校对中。访谈稿的翻译很辛苦，在编辑这部分译稿时，俄罗斯学者增加了许多注释，本集访谈录由中国社会科学院《国外社会科学》编辑部高媛副研究员编辑完成，并进行了原文校译。

本书是根据访谈录音整理出来的，由于一些访谈对象年事已高，对历史事件、历史人物和时间的追述，难免有叙述不准确的地方。翻译过程中，在尊重本人叙述的基础上，对一些明显错误进行了纠正，对访谈者谈话中涉及的人物，能核实的核实，无法核实的采用音译。即尽管翻译、编辑下了很大功夫，文内恐还有不准确的地方存在，望读者发现后指出。编者在此表示衷心感谢。

何培忠
2017 年 6 月

中国研究专家口述治学史的知识意义

当代中国研究面临的知识挑战

当代的中国研究中，曾出现过几个涉及知识论的争议，虽然没有掀起惊涛骇浪，但是对于中国研究的意义，却提出了许多发人深省的挑战。这些争议，涉及中国研究的方法论问题、中国研究学界与主流社会科学的关系问题、研究课题的问题意识是否正当以及意识形态如何影响并介入学术研究等。这些发自中国研究界内部的反省，只是零零星星地出现，在过去几十年周期往返般地若隐若现，并没有真正对从事研究的人造成重大冲击。不过，近年来由于学术环境的变迁，中国作为研究对象本身也经历了堪称剧烈的变动，适逢新兴的文化研究将身份研究从人文学界输出到社会科学界，除大量具有中国身份的研究者加入学术界的对话，动摇了原本欧美学者观察中国时为自己所预设的客观基础，更有四面八方关于社会科学知识论的研究正随着全球化的进程逐渐浮现。换言之，研究对象与研究者都发生了自我认识上的困惑。原本各有其所的知识主体与知识客体之间，关系出现混淆。在这样的背景中，中国研究遭到的挑战，其巨大的潜能与严肃的程度都是不言而喻的。

第一个挑战，是如何面对过去已经完成的学术成果。

倘若过去的研究建立在一个今天已经受到质疑的问题意识上，或已经动摇的知识主客体关系上，是不是或该不该将这些已有的研究一笔抹煞？在各别的中国研究学界，这一类问题并不是第一次碰到。包括战前日本支那学界受到的质疑，也包括战后当社会科学研究方法引介到欧美的中国研究学界时，学术殿堂中充斥着这样义无反顾的姿态，认为既有的人文研究，对建立跨越时空的普世理论没有贡献，甚至应予抛弃。社会科学家这种居高临下的先进地位，固然曾经引起辩论，其实并没有完全排斥既有学术成果继续受到重视与参考。不过，当前关于知识主客体关系的怀疑，却因为针对了中国是什么的根本问题，几乎与过去多数不曾有过这种质疑的研究之间无法对话，不但是因为本体论的迥异而无法对话，也因为态度上的相互疑虑而无法对话。

第二个挑战，是今后要如何设定研究课题的问题。

既然知识主体与知识客体之间存在相互影响与相互构成的关系，谁在研究谁的循环现象使问题意识与研究课题的设定都不能避免出现武断，这种认识，使研究工作不能在一个心安理得的基础上进行。尤其当研究者意识到自己观察位置的相对性之后，研究工作的意义就显得漂浮不定。既然任何研究课题都难免对研究对象产生操弄与宰制，研究者如何自持？是不是只要有意识地承认，自己研究工作中隐含了意识形态主张、身份主张或关系主张，就可以大言不惭地继续下去？而能永远不怀疑自己的主张因为是来自片面的历史经验，不能成就知识的普遍性，因此也没有超乎自我的知识意义？于是乎，本来中国研究是在研究所谓的中国，但当前却变成是自我揭露的马脚。旁人透过自己对中国研究作品字里行间的蛛丝马迹，而取得对自己早有立场的证据。

上述两大挑战共同影响中国研究的知识伦理。如何面对这些挑战，是中国研究作为学科领域的生存关键，也是中国研究者与作为研究对象的中国，如何或是否能继续相互构成的关键。处理这个关键的方法，是探究不同性质的知识彼此间的关系，姑且称之为"知识体系的伦理关系"。对此伦理关系的反省与掌握，是让不同知识假设及其生产过程取得本体论与知识论层次上的联系，从而容许每一位研究者，根据这个伦理关系，界定自己的位置，也判断旁人的位置。再根据旁人对我与对他做出的判断，相互比较，作为决定自己下一波研究课题移动方向的参考。简言之，知识伦理体系的勾勒，以及未来此体系的开展，与个别研究者在其中位置的界定与迁移，共同赋予研究者一种赖以自我定位的空间意识，使研究者对自己所同意或不同意的知识立场，对之掌握到某种伦理上的相对关系。这个知识伦理体系中的位置，足以使研究者产生好奇心，能依循伦理关系中的相关位置，前往自己不熟悉或曾抗拒的知识立场，也邀请其他研究者，进入到自己的研究位置，彼此相访，但不会彼此威胁。伦理关系随着时代而变迁，因而不能有固定的方面，应当依照当事人的体验来开展或关闭某些新的或旧的方面。所以，关于知识伦理系统应有的方面，在探讨时只能采用归纳的方式，而不宜采用推论的方式，亦即应当根据中国研究学界已经提出的、意识到的、关心的且尚未被遗忘的那些方面，来处理不同知识论与本体论之间的关系。

根据这样一个原则，可以讨论三个方面，第一是涉及欧洲中心与中国中心两种知识之间的关系，第二是涉及普世研究与历史研究之间的关系，第三涉及结构性知识与诠释性知识之间的关系。这三个方面，各自将中国研究既有的知识分解，若不加以疏通，势必继续造成理论之间无法相互沟通，甚至试图沟通时，还会引起否定自己研究课题的解构效果，毕竟不同知识立场所采取的语言与推论过程，没有共通的本体论作为依据，一旦相互碰撞，就产生抹煞掉彼此知识本体的尴尬。

早在"文化大革命"时期，欧美学界就曾针对中国研究中的帝国主义观点进行批判，认为欧美的中国研究，过多地从现代化史观出发，在现代化史观之下，认为中国的近代化，必须依赖来自于欧美的刺激，俨然帝国主义是拯救中国的良方。批判者从而期许一种中国中心的知识，鼓励今后研究者能在中国发现历史。所谓从中国发现历史，就是在中国找寻促成近代化的因素，从明清以降的历史发展中，整理中国自身变迁的动力，以推翻中国必须依赖帝国主义的说法。这些因素包括国家汲取能力的衰退、人口的增长、公共领域的出现等等，也包括对中国作为一个旧帝国，其内生的解放力量何在的探究。新近犹有更深层的反思，甚至开始质疑这些所谓中国中心的研究，其实依旧停留在欧美中心研究课题上回答问题，因为他们想要找寻的，还是中国迈向欧美现代化模式的动力，只不过认为中国自己有其动力而已。从质疑欧美中心到主张中国中心，再到质疑中国中心，不同研究者对于自己与研究对象处于什么关系，各有假设。不同的假设之间，似乎有一个看似不可逾越的鸿沟，在妨碍他们相互阅读各自所发表的中国研究成果。

中国研究学界另外一个自我反省的角度，在于中国研究有多大程度能被主流社会科学接纳为一种科学知识。科学知识的要求，是能够将适用于中国的行为规律的理论，与人类普遍性的行为规律理论衔接。如果一项关于中国社会现象的发现，不能对普遍性规律有所启示，则这个发现似乎只能是一种伪知识。衔接之道，最初是将社会科学主流的理论应用到中国，将中国作为例子，之后有学者大胆主张，可以在中国的经验中，发现新的、过去未曾发现过的普遍性行为规律。社会科学对普遍性知识的要求，以及引导研究者脱离中国的历史环境，改用抽象概念表达的理论，并不为中国学界完全接纳，反而认为从中国的历史演变中，所汲取的特定知识，对于了解中国更有帮助。这个科学与历史的分歧，类似国际关系学界中行为主义与英国学派的差异。在冷战时期，因为有关中国的信息不易取得，所以靠着对中共党政军有亲身经历的研究员，或在香港齐聚，就近窥视，探访难民之类的手段，据以判断北京政策发展的所谓北京学，独占鳌头。在中国实施改革开放之后，中国可以作为一个供比较的案例，因此科学方法成为主流，所有的事件或对象都视为是在跨时空的法则之下，受单一行为结构的制约。但另一方面，也出现有意识地在中国的历史脉络中整理通则的努力，港台学者较早着墨于此，21世纪后对中国模式的探究更在大陆知识界蔚为潮流。但是，这个努力并不追求与普遍性理论对话，于是就使得科学知识与历史知识之间的领域，阻挠了彼此间的阅读与理解。

　　文化研究兴起之后，第三个对知识性质的分歧也随之在中国研究学界出现，将知识视为一种身份策略的再呈现，等于根本质疑客观知识的存在，其目的是想说明，研究对象的存在状态会如何因应知识的内涵而不断地调整。这个挑战，从本体论上推翻了客观科学规律的可能性，针对一般社会科学研究课题上的语言与观念，进行特定环境与历史脉络的再诠释，根据历史时期与人物环境，赋予这些概念迥然不同的含意，从而否定了所有科学命题皆应跨越时空的宣告。如此一来，研究对象如何诠释自己的环境，才是知识的来源，研究者没有资格站在外于研究对象的观测角度，武断地解说研究对象某项行为的原因。但是研究者要进入研究对象的环境谈何容易，因此即使是诠释性的理论，也不能避免理论基础，故而也就不能避免武断。在这样的知识论之下，研究者与研究对象之间有一种协商关系，共同在参与知识生产的过程，每每他们任何一方对自我的理解发生转变，或身份策略有所调整，则行为意义的解释就随之不同，如此一来，知识内涵当然就发生变化。可见，在诠释性的知识方面，研究者本人的身份是构成知识内容的重要元素，没有一项知识能脱离研究者的身份，所以研究者的性别、族群、阶级与家庭、人格、经历等等特质，都牵涉到自己观察研究对象时的情感波动与研究态度。与科学知识相比，后者建立行为规律所依赖的，是能够发现某项行为背后起制约作用的外在社会结构，这些结构具有高度的物质性，也就是不依研究者而转移的客观性，如此与诠释性的知识强调知识没有固定不变的基础，就属于南辕北辙的立场。

资深学者口述史的知识意义

对中国学家知识生涯口述史的研究，旨在促进中国学研究过程中，能免于将知识生产过程客观化，因而采取个人化的知识史再现方式，透过个人知识史的整理与比较研究，最能说明知识意义的多元性，因时空与人心而有不同。由于个人知识史涉及访谈对象与访谈者的互动，也涉及与其他访谈对象的比较，故而足以提醒研究者，此一个人知识史的再现，主要是当代意义脉络下的再现，而不是个人知识史的所谓客观描述。此何以文本分析所引入的诠释研究，有助于避免以真假与否的态度，窥视或检查口述历史的内容，而是藉由口述历史，反映资深研究者在衔接过去问题意识与当代问题意识时，决定采用什么论述脉络，从而反映出中国学的一种可能意义。口述历史帮助研究者发掘各种意义的可能性，是凸显研究者、研究对象与研究结果之间相互构成关系的适当途径，而不必是访谈对象知识成长的客观描述。

口述历史访谈的推动，由项目主持人、协同主持人偕同国外合作之主持人共同推动。透过对资深学者的访谈，了解知识社群的文化、历史脉络，以及他们所处的当代环境，他们所生产的知识的重要内涵，对于该知识社群认识到自己所生产的知识具有什么意义，会有极为重大的贡献，同时对于其他知识社群在阅读该知识社群的作品时，有能力将这些作品放进特定的文化历史时空中，更关键的是，培养其他知识社群进行同样反省的意愿，于是协助所有的知识社群，都能彼此认识到自己的知识视角，从何而来，彼此如何相互影响，相互修正，相互误解。基于这个原因，必须邀请所研究的对象社群，共同参与研究。在社会科学的方法论中，为了解研究对象，而对研究社群进行研究，本研究计划堪称首见，更是中国研究主流所从来没有设想到的，因为在既有中国研究之中，被研究的所谓中国人，不论是正面或负面意义的参与，都只是对象。现在，藉由研究社群共同参与检讨，让研究者也能从这样的方法中，体会自己的研究对象，让对象在自己的研究课题上参与知识建构。

不必宣称由于个别资深学者的学思历程具备这样或那样的代表性，故选择或不选择他们作为口述历史的受访者。这是基于研究团队成员的机遇、巧合与情感，但是受访者的学术活动无不隐然说明了一种对中国进行想象的结构。正是这个结构的想象性（而不是代表性），使每份访谈具有独特的意义，促使受访者、访者与读者必须通过反思来进行意义上的选择，从而有意或无意地修正尔后对这个结构的想象空间。这些受访学者的生涯，均有部分是坐落在某种隐而不显的位置，那可能是多数人都或多或少经历的位置，即某个同时处在所谓中国与所谓亚洲之间以及所谓东方与所谓西方之间的位置。这个容许从多方面、多出发点研究中国的过程，形成了边界模糊的场域，在此场域中，各种涉及中国的概念、意识或表征，可以被研究者不断挪用与再挪用，以至于同时又永远保留了某种再开展的可能性，故研究者得以不断地从群体与个人出发，在有意识或意识不足的身份抉择中，来开展自我认识。

在地缘、语言与时间上，受访学者所处的角度非常不同。虽然他们分别来自不同的社群，在不同的地方工作，主要本职所在地可能集中于一个国家，但他们的研究无不深刻影响其他社群。中国研究不可避免地镶嵌在受访者内摄的文化与地理的多元性中。从这个角度来看，与中国特殊性有关的新近主张诸如"崛起"、"天下"、"中国特色"等等所代表的，是某种具有本质的中国，不再是研究必然的前提。故除非是认为民族国家是当代主要文明的唯一有效载具，不然亨廷顿（Samuel Huntington）的文明冲突论就不再可信。无论是承认或否认中国的特殊性，都已经预设了一个关于中国的身份选择，因此也就没有必要用学术或政治中立的要求彼此检证，因为中国是否具有特殊性或是否在扩张，都必然涉及中国是什么或中国的范畴何在的认同与政治实践。

当然，受访者不可能完全掌握这个有时隐而不显的立场，更可能的情况是，他们也不充分了解自己以中国为主题的学术作品与个人认同，究竟是被什么决定的？学者们既不能控制他们已经或正在遭遇的政治社会情境，也同样不能控制这个隐而不显的概念场域的形成。例如，他们所操持的学术语言，对于任何一个本身就已具有另一种通用语言的学术社群而言，都有不可回避的意义，毕竟能不能或如何分享他们的英语文本，是必须在意识上加以处理的问题，因为每一个群体都各有因应英语化的中国文本之道，并以此反映出他们既有论述结构之间的差异。然而，个人如何具体根据这种论述结构的差异来进行语言与文本的选择或不选择，就不再是既有论述结构可以说明的，如此，研究者与多种论述文本的遭遇以及遭遇之后的抉择，是中国研究得以发生的两个主要机制。

简言之，中国研究所涉及的是关于中国的论述及其如何从既定的脉络中形成的可能性，故而是在已有的知识中，通过研究者的选择而开启的另一种知识生产。对于研究者本人而言，这后一种生产过程不是全部可见的，因为在研究者意识中所能掌握的，只有指向课题（即中国）的单一知识过程而已。必须通过反思受访者的问题意识概念，才能将这个隐而不显的过程以归纳方式整理出头绪。受访者所处的历史脉络当然无法完全说明他们的学术选择，除了他们有意识地于知识生产时的当下做出的立即选择之外，还有另一种更深层而可界定受访者自己与研究课题之间关系的选择存在。因此，这里讨论的选择也包括一种后设的，不一定在直觉中可被研究主体第一时间所把握的选择，可以称之为对只是对象的本体概念选择，是以访谈与论述分析所回溯出的一个给予研究者立场的空间，如此研究者的立场便必然属于其自身存在方式的合理选择，旁人无由妄加褒贬。于是，有必要区分两个层次的中国研究：第一个层次是在遭遇与选择两个机制中实践的可观察的中国研究，第二种是口述历史访谈尝试归纳的一种没有办法在论者的研究开始进行之前被决定的中国研究，也就是等待论者可意识到的研究过程展开后，才能回溯其意义的另一种知识生产过程。

目　录

阿·阿·博克夏宁访谈录……………………………………（1）
尤·米·加鲁什扬茨访谈录…………………………………（30）
利·伊·戈洛瓦乔娃访谈录…………………………………（55）
列·彼·杰柳辛访谈录………………………………………（94）
卓·德·卡特科娃访谈录……………………………………（125）
斯·约·库切拉访谈录………………………………………（137）
叶·伊·克恰诺夫访谈录……………………………………（171）
季·格·拉宾娜访谈录………………………………………（217）
格·瓦·梅利霍夫访谈录……………………………………（251）
尤·弗·丘多杰耶夫访谈录…………………………………（285）

阿·阿·博克夏宁访谈录

访谈对象：阿列克谢·阿纳托利耶维奇·博克夏宁[①]

俄文姓名：Алексей Анатольевич Бокщанин

职　　务：俄罗斯科学院东方学研究所中国部主任

学术专长：中国历史、中国古代对外关系史

访 问 者：瓦连京·戈洛瓦乔夫（刘宇卫）

翻　　译：廉晓敏

时　　间：2009 年 2 月 16 日

地　　点：莫斯科，俄罗斯科学院东方学研究所

问：阿列克谢·阿纳托利耶维奇，我非常高兴，能有这样一个特别的机会，听您亲自讲述自己作为一个俄罗斯的中国学家的经历和活动。我认为这样一个项目非常有意义，也很有趣，因为这样不但有机会记录下您对中国和

[①] 已于 2014 年 7 月 11 日去世。

中国学的观点，还能将信息进行保存、分类，使后来的中国学家有机会了解。首先，我想请您做个简单的自我介绍。

答：好的，我叫阿列克谢·阿纳托利耶维奇·博克夏宁，中国学家、历史学家，1935年11月7日生于莫斯科。

问：很想知道，这样的生日（11月7日是十月革命纪念日——采访者）是否在某种程度上影响了您的人生？您怎么看？

答：哦，不，我只是很高兴我生日那天总是休息日，因此总能在节日那天邀请朋友们。

问：也就是说，这种巧合没有给您带来任何意识形态上的影响？

答：没有。

问：那么，您父辈就是莫斯科人吗？

答：是的，我以及我的父母都是在莫斯科出生的。

问：您上学的时候应该是战争年代吧？

答：是的，当时在打仗。我8岁在莫斯科开始上学。我曾被疏散过。我父亲在大学里工作。最开始我们和大学一起被疏散到阿什哈巴德，在中亚地区。后来到了现在的叶卡捷琳堡（斯维尔德洛夫斯克）。1943年初，政府，我不知道是不是斯大林，把大学迁回到莫斯科。

问：这样的话，说到阿什哈巴德，您从童年起就已经和东方结缘。对于阿什哈巴德您还有什么记忆吗？

答：当然，我还留有一些印象。

问：也许，那时的土库曼斯坦完全是另外一个样子，更加传统？

答：您知道，它那时是传统的。在那里战争的感觉少一些，比如食物可以用钱买到，还有肉，以及随便什么。后来我被送进幼儿园，幼儿园里发给我们吃的。

问：中国是什么时候第一次走入您的生命中？您什么时候知道有这样一个国家的存在？

答：由于我父亲一辈子都在大学教书，教授历史，在工作中和地图打交道，所以我对地理和地图都很了解。我在很小的时候就知道中国这个国家和它的位置。当然，某种特别的关系还没有。至于说到第二个问题，最初对中国的印象，我很难说在很小的时候如何看待它。我当时只是知道有中国这样一个国家，但特别清晰的印象还没有。

问：也就是说，对您来说，这只是一个普通国家，是众多国家中的一个？

答：是的，当然。

问：您父亲是莫斯科大学的教师？

答：是的。他研究古代史，教授古罗马和希腊的历史。这个课程只涉及欧洲史，跟中国离得相当远。这可能算是一种不足，当时的古代历史课并没有包括亚洲历史。我不知道那时，就是我小时候，在历史系有没有东方部。在语言系可能有。但是到我中学毕业准备考大学时，历史系已经有研究东方国家的部门。这点我确定知道。

问：那么诸如中国的内战、共产党打败国民党和中华人民共和国成立等事件，您是否留有印象？

答：1949年时我已经14岁了。这些事件引起了苏联人民的很大兴趣。因为中国当时是我们的盟友。当然，大家都知道，在战时中国已是我们的盟友。苏联曾站在中国一边对抗日本。我的教父曾在满洲里战斗过。但是因为负伤，他在那儿待的时间不长。不是一般的伤，是重伤，因此他复员了，从满洲里前线回来了。

问：当时的苏联人民是怎么看中国的？

答：当然，中华人民共和国成立后，苏联人民对中国的兴趣大大增加。很自然的，中华人民共和国的成立被认为是巨大的成就，宣传中强调，社会主义阵营壮大了。显然，因为与中国是盟友的关系，所以苏联当时给中国的援助很大。其中，苏军把缴获的几乎所有日本关东军的武器都转交给了中国人民解放军。某种程度上，打败国民党和中华人民共和国的成立被认为是社会主义阵营的胜利。毫无疑问，中国共产党被认为是朋友，是盟友。我不会说1949年与某种特殊的兴奋情绪相关，但我所认识的人中，没有一个对此不满的。

问：1949年后大概一两年的时间，您就面临职业选择的问题是吗？结果如何？

答：这里需要说一下，那是非常偶然的。对中国的兴趣就其本身而言，我不会说从小时候就有。考大学的时候选择中国是偶然也不是偶然。当时的大学入学考试有 5 门课，采取 5 分制。要考入历史系至少要考到 24 分。也就是说，5 门课中只能有一门可以是 4 分。那时的竞争总是很激烈，而我的作文得了 3 分，所以总分是 23 分，也就是没通过。但幸运的是，我考的那年，1953 年秋天，历史系东方部对学习中国和东方国家方向的有扩招。在语言系和经济系都可以从事中国研究。但是莫大的历史系东方国家研究方向扩招名额很多。我知道这个消息时，有人建议我申请到东方部。我提交了申请，然后被录取了。接下来就要选择具体研究哪个国家。此时对我来说已不存在任何犹豫，当然是最大、最有意思的国家——中国。我当时对印度的兴趣少些，也说不清为什么。也许是因为父亲的意见、革命以及我们两国间的友好关系，我决定，要研究就研究中国。当然，我们两国间发生的事情也产生了影响。就这样，我被录取到中文班。说实话，一开始我想学考古。因为我父亲在那里工作，这样过了大约半年，我被告知可以在系内转到之前想去的考古方向。但因为那时我已经学了汉语，开始了解这个国家，所以我当然放弃了换专业的机会，选择留下来。

问：所以说那时汉语没有吓倒您？

答：没有！我没有学习语言的超能力，但一些中等的能力还是有的，所以学汉语没有带给我特别的痛苦。要说明的是，特别的快乐也没有。因为我感兴趣的始终是历史，而不是语法意义上的语言。语言对我来说是一种手段、一种工具。

问：那时谁教你们汉语？

答：我的第一位老师是萨维尼奇，很遗憾，我不记得她的名字了。她在历史系教课时间不长。

问：老师里面有没有中国人？

博：没有，没有。老师都是俄罗斯人。那时还没有教师互换。老师不是中国人，而是在东方学学院学习或工作的人。要知道，除了历史系，还有东方学学院。

问：但是，苏联很多的中国学家不是在"大清洗"年代遭受迫害了？

答：是，但是这些人主要研究语言，和政治无关。因此他们没受影响。而且，毕竟已经到了（20 世纪）50 年代，不是 30 年代了。即使后来又有斯大林式的镇压潮，但至少这些人没有受到牵连。

问：你们班上的同学有多少个？你们那个方向呢？

答：开始有很多。顺便说一下，班上有一位在那5年跟我一直是同学，叫奥列格·叶菲莫维奇·涅波姆宁，现在是我们研究所一个部门的领导。我们班不大，最初人多一些，17个人左右。但后来开始有人退出了，我记得班里后来只剩7个人左右。全是学历史的。那些想学汉语语法什么的，都到语言系去了。汉语对我们来说是获取信息、与人们交流的工具。

问：当时谁教你们中国历史呢？

答：我们当时没有专门的中国历史课。我们先是一起学世界古代史、中世纪史、近现代史。然后在各自所属的教研室有开设专门的国别史。拉丽萨·瓦西里耶夫娜·西蒙诺夫斯卡娅教我们中国古代史和中世纪史。格奥尔基·鲍里索维奇·爱伦堡也给我们上过课，年纪很大的一位老师。米哈伊尔·菲利波维奇·尤里耶夫教我们现代史。这些人都是相当有名的中国学家。

问：您能介绍一下这几位老师吗？您对他们个人和作为老师的印象是怎么样的？

答：西蒙诺夫斯卡娅研究中国中世纪史。她写过关于人民起义和人民运动的书。的确，她的书不多但很有名。她曾是历史系东方部中国教研室的主任。格奥尔基·鲍里索维奇·爱伦堡也是老一辈了，作家伊利亚·爱伦堡的非直系亲属。米哈伊尔·菲利波维奇·尤里耶夫曾经是军官，打过仗，回来后还穿着佛伦奇式军装。他可能以前学习过语言，然后被动员去满洲里服役。他们三位都非常热爱中国历史研究。

问：当时有派学生去中国学习吗？

答：没有。我们当时没有任何实践。至于专业方向，我们后来是自己选择研究哪个年代。因为我父亲研究的是古代，所以我也选择了古代。这里有点心理学的因素，当时我想，反正现代史我正在经历，是知道的。而我感兴趣的是过去发生的事，以及这些事为什么会发生，这恰恰就是历史所研究的。很自然的，尽管我当时所在的班里，学习的是对华关系，但我私下认为，这是外交官或者搞对外贸易的人们的事情。我更喜欢纯历史研究。

问：也就是说，您对纯学术研究更感兴趣，没有考虑职业发展？

答：没有，完全没有。大概到四年级的时候我们要准备写论文了，需要确定题目。像奥列格·叶菲莫维奇·涅波姆宁，他更喜欢现当代史。我选择了中世纪史，导师是拉丽萨·瓦西里耶夫娜·西蒙诺夫斯卡娅。爱伦堡指导现代史，而尤里耶夫指导当代史。我的论文选题是和西蒙诺夫斯卡娅讨论的，但最终选择权在我。说实话，我已记不起那个题目了。

问：毕业的时候您在就业方面遇到过什么困难吗？

答：没遇到什么特别的困难，因为那时两国关系还不错，有一个中国学研究所，是从东方学研究所分出来的。这是苏联科学院下面的一个专门学术机构。当时是1956年。顺便说一下，2006年远东所庆祝了其成立50周年，但这是不准确的，当时还没有远东所，是中国学研究所，但是后来关了。可能是因为和中国的关系恶化，加上一些经济原因。很难讲，这个是高层决定的，甚至不是在苏联科学院那一层，而是更高。1958年我毕业后直接到中国学研究所工作，它位于"中国城"。但事实上我们今天说的"中国城"这个称呼原本跟中国没什么关系，而是跟俄语词"篱笆""围墙"有关，叫"篱笆城"更准确。围篱笆的在古俄语里叫作"кита"，这个古俄语词的词形变化后和现在俄语中"中国"一词有相同的写法。那里的办公楼里还有其他的科研院所，我们单位占了两层。我和奥列格·涅波姆宁想从事本专业研究，就去了那里。班上其他人也各奔东西。

问：当时你们班上有女生吗？还是只有男生？

答：当然有女生，像是伊琳娜·玛什金娜和塔吉扬娜·科罗夫金娜。玛什金娜跟我们一起在中国学研究所工作了很长一段时间，然后退休。科罗夫金娜在别的地方找到一份工作，然后就没有她的消息了。

问：当时有去中国进修或学习的机会吗？

答：没有，没什么机会。1961年我第一次去中国，是挑选出来的一个代表团。团里不只有研究中国的学者，还有政府的人。但主要是知识分子、作家、党内工作人员、戏团和社会工作者。他们给学者几个名额。跟我同去的中国学学者有李福清和列昂尼德·切尔卡斯基，列昂尼德·切尔卡斯基后来去了以色列并在那生活了很久。

问：第一次中国之行给您留下了深刻的印象吧？当跨越边境时世界仿佛

改变了？

答：当然！列车跨过边境时是夜里。早晨我们醒来，走出包厢，李福清说："看，你眼前就是中国的土地！"窗外是连绵到天际的玉米田。我不记得当时是几月份，但田里的玉米长得很高了。然后我们抵达北京。当然，北京也给我留下了深刻的印象，包括城市本身，也包括故宫。因为我自己是学历史的，所以我对所有与历史有关的事物都感兴趣。之后我们还被带到其他城市，像是上海，还有其他我已记不起的城市。最南当然是到上海，再往南就没有带我们去了。

问：您也是在这个时候第一次见到真正的中国人吧？

答：不是的，我在我们那里也见过中国人。中苏友好时期他们来得很频繁。只是当时与他们没有交流。历史系没有中国人。当时没有交换生。我认为，这说明当时还没有建立交换制度。但到后来与中国关系恶化后，就更不用提交换生了。

问：这的确奇怪，因为当时自然科学和工程专业的学生交换很多啊！

答：的确，但是当时来学历史的话，想必是要学俄罗斯的历史。但他们自己东方的历史还学不完呢！

问：当您开始工作后，可能又面临一个问题，您要从事哪方面的研究？

答：不，其实很简单！当时正在编写一本重要的书——《中国当代史》，所以我们一去就被派过去做技术性的工作——审校文本。因为我研究的不是这一时期，所以我没有参与写作。这是院里的一个集体项目。当时中国学研究所里有文学语言部，也有经济部。我在历史部。整个历史部在做这个项目。当时我们所里没有新中国成立以后来的中国人，但是有老一辈的中国人，就是20世纪30年代开始在苏联生活的中国人，可能是移民来苏联的。郭肇堂，也就是阿法纳西·加夫里洛维奇·克雷莫夫，是搞当代史的。有杜先生（Ду Исин，音译为杜易兴）和林先生（Линь Цзеюнь，音译为林泽云）。当代史项目之后，我和林先生被派去翻译《食货》（记录有关各朝代商品和食品的篇章）。我们一起翻译《食货》的经济部分。翻译的时候我们是这样分工的：我和他面前都有一份文本，他给出自己的翻译版本，我负责梳理润色。我毕竟学古代史，所以也学过文言文。我不记得是谁教的我们，但主要是我们自学。

跟林先生一起工作是很有益的经历。一开始是他给出译文，我来润色加工，但后来我文言文懂得多了，我们开始争论起来。一起工作一年左右之后，开始我纠正他了。比如，我知道俄语里应该用哪个词，也知道汉语里那个汉字还有别的意思。当然我纠正的不是他的文言文，而是用词的选择。那时我们用的还是一卷本的奥沙宁汉俄词典，四卷本的还没有。我没有问他在哪里接受的教育，但他懂文言文。杜先生也懂文言文。林先生给出大致的意思，我们再一起斟酌俄语译文。与此同时我渐渐了解各种汉字的意义。也是在这个时候，我开始接触到一些很有趣的性格特征，也许是属于林先生本人，也许是中国人共有的。我逐渐熟悉了手头工作后，有时发现有些地方翻译得不对，会给他指出来。有时他会同意，但有时他不同意。当他不同意的时候，他会说："算了，这个我们不讨论了，下次再说。"然后等第二天，他会说："上次那个地方你想那样写，那就写吧！"也就是说，有时他不会承认错了。不过我想，他终究是查过，不可能简单地就听从了我的意见。他不方便在一个晚辈面前承认错了。也是这段经历让我掌握了文言文。

问：您谈到您被派去做翻译工作。但到了某个时候总需要您选择自己的研究主题吧？

答：是的，我考了函授研究生。接着选了论文题目——中国明代的对外关系和"郑和下西洋"。

问：为什么选这个题目？

答：我现在已经记不得了。也许我当时和林先生商量过，也许是西蒙诺夫斯卡娅提议的，不记得了。但反正就是我开始研究郑和下西洋的经历。在学校的论文导师是西蒙诺夫斯卡娅。因为我是读大学里的研究生部，不是苏联科学院的。顺便说一下，莫大亚非学院是在我们读书的那个时候组建的。头三年我们在历史系学习，即 1953—1956 年。1956 年时政府决定，哪级政府我就不知道了，成立专门的东方学学院。因为之前有东方学学院，但后来关了。从历史系、语言系、经济系抽调研究东方的学者，在 1956 年时组成一个学院，即亚非学院。我们只是被机械地组织到一起。相应的，我们得到了新的场所。历史系在赫尔岑街。一开始在赫尔岑街 5 号，在这条街的起点，离克里姆林宫很近的街角的楼里。亚非学院成立后，我们被安排到学校的主楼。我被转到那里的三年级。顺便说一下，低年级也有和我们一起转过去的。米哈伊尔·谢拉菲莫维奇·梅耶尔当时比我低一个年级，他现在是莫大亚非学院的院长。所以我很早就认识他。总之，我们最后两年的学业是在那里完成的。我们的文凭不是历史系发的，而是亚非学院发的。

问：当时在亚非学院哪个方向或语言最有声望？日语？

答：当时对日本还没有这么狂热。当然是近东和阿拉伯地区，比如梅耶尔研究土耳其。但单独就语言来说，完全没有什么特别的特权，更别说日语。学汉语的比较多，因为与中国友好关系的原因，尽管那时关系已开始出现裂痕。但中国是东方最大的同盟国家，所以中国对我们的吸引力更大。我考的也是那里（亚非学院）的函授研究生，尽管我在苏联科学院工作。导师是西蒙诺夫斯卡娅。

问：当时怎么做论文的？您觉得写论文轻松吗？

答：毫无疑问，论文都是自己写。有人觉得困难就放弃了。当时有个叫科利亚·科季科夫的，后来就放弃了。当然我的论文题目是跟西蒙诺夫斯卡娅讨论过的。她也说，我们当中还没有人写中国的海路对外联系。我说我想研究中世纪。所以在她的有益提示下，我选了这个我很喜欢的题目。

问：从材料的角度看，这个题目有多成功？

答：在《明史》中有郑和的生平记载，还有其他很多文献。中国觉得这是一个骄傲。的确，这是件很不平常的事，中国人曾到达非洲。我可以准确地说出，郑和的船队到达了哪个地方——东非的蒙巴萨港。这大概和马达加斯加是一个纬度。他们制作了中国地图，上面标出了海岸线，以及船队的路线。他们当然没有欧洲的地理图。这些地图出版了。我买过几本，我家现在有个不太大的版本，是20世纪50年代出版的。里面有郑和的专门地图。但它们不是以地图而是以书的形式出版。里面只有海岸线和船队的路线，用线条画出，并用汉语标出了各个名称。他们穿过了孟加拉湾和阿拉伯海，到过缅甸，然后从缅甸直驶向印度南部。接下来沿着海岸航行到南岸，再到红海。船队继续前行，而郑和因为是穆斯林的原因，去了麦加。之后郑和赶上了船队，他们出发绕过非洲之角，到达和马达加斯加同纬度的肯尼亚。不久前甚至还有人出版了中国地图，两个半球都有标示。地图是18世纪乾隆年间编制的。但上面写着这是郑和绘制的。在中国有人认为,如果这个地图上画出了另一个半球,就说明郑和到过美洲。也就是说,没有直接的文字说明他到过美洲。实际上事情很简单,甚至在出现这个地图的18世纪,中国政府还没有正式承认地球是圆的。相应的,地图上按当时的惯例是方形的地球,外省环绕着中心。欧洲的地图是被禁的异端。在18世纪末制作这个地图的人肯定是不具名的,这样制作地图的中国人就可以保护自己(重复一下,官方对此是否定的),他们写上是郑和画的。用传统的权威掩护自己。但这个地图和同样出版的郑和的地图没有任何的相同之处。我想,制作这个地图的人很了解郑和的地图。但这是一个保全的方法,为了出版有两个半球的地图,他们假托早已过世的郑和。这就是为什么会出现这样地图的原因。郑和的地图上一切都写得很明白,他们驶往哪里,到过哪里,所有的港口都标注出……

问:您的副博士论文题目是什么?什么时候答辩的?

答:《14—16世纪中国与南海国家的对外关系》。1965年10月1日在莫斯科大学亚非学院答辩的。

问:这个题目对您后来的科研工作有什么样的影响?这个题目您后来有继续研究吗?

答:是的,当然,我的研究和中国对内对外的政策传统有关。但更多的是对外政策。我并不局限于对中国的海路对外关系研究,而是中国与世界关系的整体研究、中国的外交。

问:考虑到您的研究题目,20世纪60年代与中国关系的破裂是否影响了您的工作?

答:您要知道,没有。因为我对中国的态度之前是正面的,之后也没有改变。我没有写那些诋毁中国人的文章。如果一些涉及历史问题的争论明显是荒唐的,我会参与。但我没有参与有关边界问题的争论,这个事情对我没有吸引力。我没有写指南类的书,这些主要是研究中国现代史的人做的。

问:从什么时候开始您不再做这个题目(郑和),而转向研究中国的国家体制问题?您的研究题目是怎么变化的?

答:做完这个题目后需要转到另外一个。《食货》的工作我没有继续,尽管《食货》的旧材料在20世纪80年代出版。这项工作是按院里的计划安排给我们的。我和林先生两个人做。即使是关系破裂时期，我也在研究中世纪的中国，之后也是继续研究。没有人给我们压力。

问：但当时中苏历史学家之间，还是就中国北方的对外政策、俄中边境和领土归属问题进行过激烈的争论？

答：不，我对这个没有兴趣。另外一些非常专业的人士在做这些。可能并不需要我。

问：您从1958年开始在东方学研究所工作。现在已经50年了，这是您的主要工作。那么您是什么时候开始从事教学工作的呢？我记得，20世纪80年代我还参加过您的中世纪中国史测验。

答：是的，但我已记不清是从什么时候开始的了。我想，是拉丽萨·瓦西里耶夫娜还在世的时候，或者更可能是她过世后，需要有人来上中世纪中国的课。

问：您可以不陷入政治争论，但不会不留心关于"亚细亚生产方式"和历史断代的理论争论吧？这些六七十年代的理论辩论是如何影响您的研究的？

答：我对这些争论有点兴趣，但不会置身其中。我更感兴趣的是历史事实，而不是某些普遍性的概论，类似"亚细亚生产方式"。在院里这个讨论得很活跃。比如，列昂尼德·谢尔盖耶维奇·瓦西里耶夫有自己的一套理论。列昂纳德·谢尔盖耶维奇·佩列洛莫夫与他意见相反。尼基福罗夫也是我们的一个理论家，尽管他是研究现代史的。但是不管怎么说，我个人不想参与到这个辩论中。

问：您在教学当中，终归还是会给他们指出不同观点的区别？或者，您倾向于传统的历史划分，古代、中世纪、近现代和当代？

答：我在中国历史分期的第一堂课上，就会跟他们解释我们的观点，我们的传统是如何形成的。我会给他们介绍中国在这个问题上的观点，解释各种论据。也就是说，我不会要求他们选择，而是留给他们自己考虑，不会禁止他们认为是需要的观点。我只是提供论据，以及赞同和反对的观点，也会告诉他们我支持哪种（观点）。我支持传统的观点。重复一下，我对历史事实更感兴趣，而不是理论观点。

问：我们知道，在中国学研究领域有莫斯科学派、彼得堡学派、符拉迪沃斯托克学派，或者说西伯利亚学派。但甚至在莫斯科学派里学者也分流派，比如说"阿列克谢耶夫学派"（语言学家）。您把自己归到哪个学派或者机构？

答：没有。我更倾向于传统观点，受西蒙诺夫斯卡娅的影响，认为存在古代史，这一时期大概在汉朝后结束，之后是中世纪史。课上我会给学生们列举出各种支持和反对的论据，不会强加给他们某种理论。

问：您跟苏联、俄罗斯许多著名的中国学家认识。他们当中，谁的人格或者学问给您真正留下深刻印象？

答：首先是拉扎尔·伊萨耶维奇·杜曼。他研究中国古代史，曾是我们部门的主管。他既是领导，也是优秀的中国学家，搞古代研究。毫无疑问，他很有威望。还有我的导师西蒙诺夫斯卡娅。顺便说一下，她和杜曼有不同的观点和立场。但是杜曼对抽象的理论也不感兴趣。他更多的是研究具体的历史。阿法纳西·加夫里洛维奇·克雷莫夫（郭肇堂）研究的当然是另外一套东西，但他是个性非常鲜明的一个人，常常讲到中国的革命。别看他进过集中营，但他身上没有被摧毁的感觉。他可以完全地调整自己，非常积极热烈地对任何当下发生的事做出反应。他就是有这种气质。我们年龄差很多，所以我跟他不是很亲近，而且毕竟他是另一个部门的。克雷莫夫主管近现代史部门，里面是另外的人员构成。当然还有林先生，跟我一起搞古文的。这也使我研究古代中国的愿望更强烈。

问：拉扎尔·伊萨耶维奇·杜曼作为你的同事他是怎样的一个人？

答：他是一个有修养、有知识、很安静的人。做部门主管时，从来不会斥责人或者别的什么。他有一个独立的办公室，他在那做自己的事情。如果有需要，人们会去找他，请他做某些事情或者跟他商量事情。总的来说，他是一个好人。他是跟西蒙诺夫斯卡娅同代的中国学家，学习、成长于20世纪20年代。西蒙诺夫斯卡娅叫他"拉斯卡"——"拉扎尔"的小称。她曾回忆他们一起在彼得堡的生活。他们都来自彼得堡。她说："我们房间里有一个长桌子，年轻的拉斯卡像跳山羊一样跳过桌子。"杜曼对实际的工作感兴趣。由于他是古代史方面的专家，在他的支持下我们翻译了《食货》。我跟费多尔·贝科夫也很熟。他是20世纪20年代那批前面一代的。我已经很久没见他了。

问：您研究中国学 50 年了。这段时间里，在共产主义意识形态等的影响下，你认为中国学有怎样的变化？整体上它变化大吗？

答：当然有变化。我们遇上了老的学派。克雷莫夫、杜曼、西蒙诺夫斯卡娅——这是老的学派。还有中间的学派，比如打过仗的尤里耶夫。总体而言，苏联时期，结构形态学说占统治地位。当然这个学说不是杜撰出来的，而是来自马克思、恩格斯这样认真、严肃研究世界整体发展的人。这个学说对中国的适用程度是有争议的。但无论如何，有必要考虑一下，尝试着看中国的实际如何与该学说对应，哪里合适，哪里不合适。到我们那时候，如果不合适，已经不会用镇压的手段强行推广。从另一个方面讲，如果大笔一挥，直接否定，也是不提倡或不应该的。更何况 1949 年后，中国人自己也接受了这种结构说。他们给封建制度设置了其他的时间框框，谈到封建制度的特点，但整体上采用了有关封建制度的说法。他们通过苏联科学走向马克思主义。

问：20 世纪六七十年代苏联的中国学家都批评中国，并一直持续到 80 年代初……

答：是的，的确。但我们研究的是中世纪的中国，没有参与其中。可以绕过这些辩论。我回忆起一个片段，那时两国关系已起冲突，而我是 20 世纪 60 年代初第一次到中国。我们当时定下来要跟群众见面，不知在剧院还是在别的地方。对的，我们当时应该去剧院。午饭的时候我们看时间快到了，就跟中方的同志说，大概该出发赴约了。他们说不要紧，可以继续用餐。过了约定见面的时间半小时后，我们说该走了，但我们被告知要再坐一下。我们问为什么这样？回答说，没关系，没关系，别担心！约定的时间过了 50 分钟，我们被安排上一辆车，带往剧院。那里坐满了人，幕布垂着。陪同我们的一个人走上台，对已经坐了 50 分钟或者更长时间的人们说："我们的朋友——苏联同志来了！"您明白吗，这是种宣传。他们故意拖延我们，让剧院里的人等了 50 分钟，然后才高兴地宣布苏联同志到了。也就是说，这使情况十分紧张。我们代表团里当时有中国学家、艺术家，总而言之，是知识分子，对中国抱着善意。然而仍然被利用，以再一次证明苏联人多么不好。但是另一方面，当我们到南京时，那里的态度是截然相反的。我们当时手里的火车票，是从南京站出发的。我们也是等，用餐，然后该出发了，被告知，没关系，没关系！我们就坐等。最后，当列车该发车时，大家开始着急了，人们告诉我们说，列车从南京过河是被分成几段用渡船摆渡的。简单来说，就是列车被耽搁一两个小时。他们觉得没必要让我们在车厢里等，然后找来快艇，把我们送到对岸，送上火车，我们就出发了！您看，从另一方面，也有人不但不会给我们使绊，而且正相反！跟我们一起坐坐，谈谈话，然后专门租快艇把我们送到对岸。也就是说，这次没有任何敌意。

问：这不是您最后一次中国之行吧？

答：不是，1964年我还去过。我和米亚斯尼科夫、克恰诺夫一起出差，或者说去进修。我们在中国待了5个月。但大学里不接收我们，我们被安排到教外国学生汉语的学校。在西北地区，靠近城市。给我们配了学汉语的老师。然后我们还可以去图书馆。一开始他们有点害怕我们借一些不该借的书。后来他们明白，像我是研究中世纪中国的，就没有给我设置任何障碍。我想在图书馆要什么书，就可以订，没有任何歧视。当时也有别的国家来的学生。俄罗斯人只有米亚斯尼科夫、克恰诺夫和我，还有谢罗娃和一个女大学生，她叫什么我已经不记得了。当时关系很正常，有紧张感，但没有针对我们的任何攻击。

问：您当时有没有跟中国学者建立一些联系？

答：没有。我们当时学习语言。特意不让我们接触学者。这可是训练外国学习者汉语的学校。但可以使用图书馆，他们会看着。如果某些书不合适，他们会说书被借走了。很自然，我找到一些资料。但我那时研究的是郑和。

问：从20世纪70到90年代，您是否还是感受到苏联国内对中国学家和中国学研究的态度区别？

答：我们终究可以研究想研究的东西。的确，在冲突开始的时候，有特意让大家转向近现代研究，以反驳中方在世界革命问题上的观点。这不是简单的双边关系，而是争夺国际共产主义运动领导权的斗争。您明白吗？中国领导人提出这一点，而我们的领导人不想让步。在这样的背景下，苏联对中国的态度，像对一个小伙伴。很自然的，中国人自己也清楚。并且不止中国人。所以，中国不愿再扮演小兄弟的角色，不愿再奉承逢迎，诸如此类。而我们这，您知道，是共运的中心。我们给指示，而你们去执行！这自然激怒了中国人。然后他们开始争领导权。因为我不是研究这个的，1964 年在中国接待我们时，他们告诉我们，请研究历史题目。如果谁研究政治，那就不会被接收。

问：我们很多老一辈的搞中国研究的学者，不是研究政治的，他们依然认为，当时苏联对中国奉行的是大公无私的国际主义政策，不要求服从。那么，您同不同意这一点？

答：不同意。"莫斯科—北京。北京—莫斯科。向前，群众们向前！"对吗？还有段副歌，什么"苏联向前行，新中国在旁迈步"。也就是说，不平等被当作是自然的。但从我们的角度来看，之所以这样，是因为我们的革命在 1917 年完成了，而他们是在 1949 年。所以，他们借用了我们的经验，他们是我们的学生和追随者。

问：20 世纪 70 年代，我们的中国学毕竟受到双边关系的一些影响，搞中国学研究的是不是很难找工作？

答：我不知道，我们没有感到局限。在别的方面有些限制。中国学研究所的关闭当然和冲突有关。关系友好时，把这个所从东方学研究所独立出来，之后又重新合并到一起。哪一年？我已经忘了。我记得大概是 1962 年左右。那时我们还在中国巷。然后我们搞中国学的被迁到霍赫洛夫斯基巷，靠近波克罗夫斯基大门。东方学研究所当时在阿尔米扬斯基巷。我们的领导是列夫·彼得罗维奇·杰柳辛。顺便说一下，要说哪些搞中国学研究的学者值得受到爱戴，那么杰柳辛就是这样一位。在这场争论中，他总能持一种慎重的态度，不会是攻击的支持者。自然，作为中国学家，他认为重要的是，我们两国间保持良好的关系，而不是激起冲突。在对中国近现代史的研究中，他无意中伤诽谤中国。他从来不会扮演热衷于侮辱中国的角色。

问：东方学所和远东所的研究领域划分是什么样的情况？

答：远东所脱胎于我们所。由于我国和中国在意识形态和理论方面的争论，曾分出一组人，最开始 11 个或 15 个，他们的任务是清查中国攻击苏联的所有理论，并为官方的还击做准备。也就是说，在国家机关工作，查看所有中国的宣传，并给国家机关提供建议，应该在回应攻击时采取什么样的立场。我记得这是在20世纪60年代。这些人员的工资高于正常标准。他们建议我去那里,我拒绝了。当然也不会强制我们去那里。最开始是这样。后来这个专家组开始扩大。有人来,也有人走。有些是从别的机构来的,不只是搞中国研究的人。有些确实是研究语言或者现代历史的。这项工作不断扩容,就这样就形成了从属于苏共中央委员会的远东所。那里讨论的是现时的问题。大部分学生去那里,因为不是所有人愿意研究历史,大多数研究现代中国。所以去那里的人比较多,来我们这的人比较少。这个所就这样成长起来,形成了这种平行。后来当一切都失去意义后,那里的人已经很多,而且很多人被安排去研究中国,关闭这个机构或者合并回去都不合适。他们那里大概100多人。我们所的中国部整个部门才15、20或者30个人,把他们重新合并过来,也不太合适。

问:在苏联科学院东方学研究所,中国部处在一个什么样的地位?要知道在其他部门也有从事中国研究的同事?

答:是的,但这是偶然的事情。事情发展成这个样子。

问:在过去的半个世纪里,您有机会和国外从事中国研究的学者进行交流吗?

答:当然,有碰到过,但没有特别深层的联系。因为如果是出差参加会议,就是你做报告,别人给你提问题。也可能有人会走上前。最好的情况是,有一些书信往来。会问到我们所的构成,谁研究什么题目。而且毕竟研究主题不完全一致,这样的联系也不是很长久。因此没有长期的联系,没有重大的国际性项目。苏联时期还有社会主义阵营,社会主义国家间还可以取得某些联系。比如波兰人会来我们这。但他们来是为查自己的材料。我倒不知道有什么共同的工作项目。可能因为我们是自给自足的。我们自己一直有很多中国学家。东方学研究所有中国部。有单独的远东所,既研究传统又研究现代。在经济学所也有一整个团队搞中国研究。所以没有进行国际合作的需要。

问:苏联的中国学学者没有被出国和与国外同行交流的机会惯坏。但苏联和俄罗斯的中国学对西方科学的影响是开放的。这对苏联的中国学有什么样的影响?

答:其实中苏间的冲突也是在马克思主义基础上发生的。这样或那样,我们都是马克思主义者。我们在校时就是这样被教育的。中国人自己也持这样的观点：封建时代、近现代、社会主义。这些都是一致的。我不会说20世纪80年代苏联的马克思主义中国学面临危机。只是不再持那些观点。有些人被迫调整自己，有些人干脆不再做这个。就是把世界发展划分为哪些阶段。不只在中国，而且在世界，它都具有特别的意义。的确，不管是对俄国还是中国来说，历史总归可以分为古代和近现代。这里当然会出现争论，因为自然的，中国人放长了自己的文明。我们则是站在温和中庸的立场上。

问：您是把中世纪划分为早期、发达期和晚期吗？

答：我认为可以划分不同阶段。我总是跟学生们讲，这些术语是相对的。划分中世纪和诸如此类的。我只是讲解中国历史上那些转折时期。我试图说明，这些转折时期不仅仅是转折那么简单，而是承上启下的。

问：您怎么看中世纪发达时期和晚期的区别？

答：这个情况下，我把它跟欧洲的中世纪晚期做类比。我认为就中国来说，很难分出中世纪的发达时期和晚期。中国是一个农业国家。根本的前进是在公元780年，废除了分地制度（均田制），实行自然的土地重新分配。"自然"的意思是，谁有更多的可能，谁就可以得到相应的土地。国家拒绝对土地关系进行监控，当然不是完全拒绝，但毕竟是在一定程度上。所以我同意的中国人的观点，即大约从公元780年开始，他们进入中世纪的发达时期。至于奴隶制，这里当然是存在争议的。因为在中国奴隶的劳动从来没有起到重要的作用。那么怎么命名这一时期？汉朝垮掉前这一时期，甚至说帝国前的时期有什么特点？我认为这个问题还没有解决。当然，秦代以前的中国，这是一个时期。而秦汉时期，这已经是另外一个中国了。这里其实可以化为两个时期。但是中国人按照马克思主义，认为他们的封建主义制度是在汉朝衰落后。汉朝衰落后也是一个转折时期，因为随之而来的是数百年的政治分裂。分地制度（均田制）存在于唐朝之前和唐朝早期。公元780年确实是个分界点，社会经济秩序出现根本变化。我认为马克思主义在这一点上是对的，即用某些社会经济的深层进步确定历史分期，而不是著名的历史事件。总归不是某些统治者决定一切。比如说，俄国的彼得大帝时期和彼得统治前。必须更深层地考察社会经济关系自身的周期性。所以，中国学者自己提出的历史分期结构还是足够正确的。

问：既然您是研究中国与邻国的对外关系，那么您也了解民族间的关系，中国历史上经历哪些重要的民族方面的变化？

答：中国一直是一个多民族的国家、农耕文明的伟大发源地。我认为，作为一种文明，中国无疑是一个统一的整体。它对周围的农耕国家产生了影响，主要是朝鲜、越南、日本。对游牧民族和中亚的影响较小，因为那里是完全不同的制度和生活方式，游牧经济和农耕经济。但说到远东文明，主要是中国文明。因为在朝鲜、越南和日本，国家出现得较晚，并且它们效仿了中国。这不是因为它们承认中国的优越性，而是因为对该地区来说这是已经成形的样板。

问：但是要知道，古代中国从来没有在政治上统一过，分南北，分东西。

答：我认为，这始终还是内部的一种划分。我认为中国的爱国主义抓住了所有人。当外来入侵使中国处于某种不好的境地时，会激起爱国主义运动和中国人非常强烈的共同性意识。所以我认为可以说中国是统一的。

问：但是，在20世纪70—80年代，中国学者倾向于把辽代、清代、元代视作中国？这个类比的正确性有多少？

答：这个问题要从不同层次看。由于蒙古人很少，他们来到中国并接受了中国的制度。上层是蒙古人，而整个体制则是取自中国的。而那些留在草原的蒙古人则继续游牧生活。那些来到中国的蒙古精英，采用了中国的生活方式，被中国化了。蒙古人非常明白，统治中国不能像统治草原那样。况且，这里有成型的体制，运转良好。他们就是简单地拿来。

问：清朝也不是满族朝代，本质上也是中国的朝代？

答：当然。从民族看这是满族，从体制看，是中国朝代。

问：您转而研究明朝的"藩王制"① 与什么有关？

答：我只是一直都对政治史更感兴趣，而不是经济史。而且我写过关于政治体制发展的东西。我认为，尽管这个"机器"是在古代中国就已经建成了，可以找出一些特点，像您说的，适合每个时期。但这不影响我们讨论中

---

① 原文 удельная система，直译为"分封制"，但考虑到是明朝，译为"藩王制"。

国的管理体系，就其本身而言。也就是说，这就像内部的发展，给定矢量的发展。的确，每个朝代都能找出自己的特点。明朝的特点在于，恢复分封制（"藩王制"）。要知道这在宋朝和唐朝是没有的。有人建议李世民实行分封制，但他没有采纳。当时有赞同者也有反对者。他听取了反对者的意见。他们明白，这对国家统一是个威胁。为什么明朝时恢复了这个制度？因为朱元璋上台的途径不合法。他只是个农民，从传统的皇位继承角度看，完全不合道义。他以武力获取皇位，完全不属于统治阶级。没有任何传统，背后没有任何权威。也就是说，他仅仅是依靠武力、残酷和自己的家族。他是个非常多疑的人。他明白，他能够当权，不是通过合法的继承，而是依靠武力。他认为，还有其他人也可以做到这些。所以他尽力把自己的族人安排到各处，希望以此保证中国的统一。但过了几代人后，这些自然会产生相反的作用。他在有生之年解决了这个问题。只是他没有看得更远，只看到当时的情况，做了当时对他有利的事情，没考虑未来会怎样。

问：您还做过关于"靖难之役"（1399—1402）的研究。您怎样评价这一时期的事件？为什么它如此重要？

答：这一时期属于明朝。好像关于这一时期的著作很少。总而言之，我从郑和转到朱棣，从朱棣转到这场战争。这是亲人间的第一次冲突。要知道他是和朱元璋的继承人打仗。

问：这场危机对明朝活跃的对外联系有影响吗？

答：是的，由于朱棣以非法的手段夺取皇位，杀死自己的前任和亲人，所以他不得不提升自己的威信。而他个人的威信与自己国家的威信是分不开的。这也是为什么会有海外探险，而不是因为他热爱海洋！他把来自外界的承认视为一种威信。因为他做了一些看似不合规矩的事，他需要加强自己的威信，国内和国外都包括。他认为，来自外部世界的承认会影响到内部的稳定。也就是说，他的对外政策和国内的政治态势是相关联的。

问：是否可以认为，这是中国历史上首次试图以全球主义的态度组建统治空间？

答：勉强可以这样说。

问：在20世纪80—90年代，您还参加过一些集体项目，比如编写中亚和东亚民族的历史、东方史。

答：是的，其中一些章节是我写的，比如东方史。据我所知，现在已经出了这个系列的第五卷。项目是通过苏联科学院进行的。关于它的决定由主席团做出。

问：您还写过关于苏联中国学家对义和团运动研究的文章？

答：这个，您知道，是为了某个讨论大家最关心问题的会议而做的偶然研究。

问：那么对中国历史上其他和朱元璋等量级的人物，比如对北魏的冯太后研究，对您来说也是一个偶然的研究吗？

答：冯太后是唯一一位掌握统治权的太后，武则天的统治是在这之后，而且她是称帝的，不是以太后的身份。冯太后是像摄政王一样掌握实权，她更换皇帝，自己没有称帝。从政治史的角度看，这是非常有意思的。

问：您是否同意这样的观点，即女性实际统治中国的时间至少占其历史的一半？

答：不，这是不对的。这是种刻板印象。尽管朱元璋在其遗训中写到不可让女人干政的必要性。

问：您还和涅波姆宁合写了《中国诸相》。这是本什么样的书？

答：这本书的写作完全是在阿列克谢·叶菲莫维奇的倡议下。古代和中世纪部分是我写的，他负责近现代部分。我想，再多一本关于中国的书也不无益处。

问：您去过中国很多次吗？

答：9次。第一次是1961年。第二次是1964年。之后中间隔了很久，由于我们两国间关系的原因。直到1987年我才再次去，还是在研究所财政困难的情况下。我们没有机会自费去。1987年那次是很短暂地参加一个会议，去了两周或者10天左右。1989年我有机会到北大进修，在专门教外国人汉语的系。那时两国关系已经正常化。我们被告知，可以来，只是不保证有导师。他们知道我们不是学生，没有禁止我们使用图书馆。他们只是免除了监督我们或者帮我们进行一些项目的责任。他们没有专门请一些学者作为我们的联系人。而上课的老师只是专门教外国人汉语。当时的政治背景是这样，中国人希望以此扩大自己的影响力，他们感兴趣的是，出现某种类似"院外集团"的团体，特别是在社会主义阵营国家中。当时有来自匈牙利和捷克的人在那里学习。但不只来自这些国家，还有来自非洲和阿拉伯国家的学生。总的来说有很多。给我们分配了老师，我们学习语言。他们是些上年纪的人，记得跟苏联关系友好的时候，所以他们对我们没有表现出任何不好的态度。

问：缺乏跟中国历史学同行的联系，是否跟相互间残存的警惕感有关？

答：1964年的时候，我们被限制在自己的学校里。没有任何正式的接触。1987年时已经有学术接触。我们到苏联科学院有过短时间的交流。当时是参加某个会议，重建了学术联系。从1987年起可以进行交流，尽管还是能感觉到警惕性，至少是来自中国方面。从苏联方面来说，已经不需要警惕了，当局对此没有坚持。1989年我们在那里几乎度过了一整个学年。他们对我们的限制在于，我们只学习语言。基本上还是可以认识一些中国同行。我们也去过大学，但没建立什么联系。我想，由于当时冲突没有完全消除，所以中国的学者害怕与我们接触，没有表现出主动性。尽管没有敌对的表现，但完全的开放也没有。之后我再去中国已经是在2002年，2006年去了两次，还有一次是在2007年。要么是因为互换项目去，要么是去开会，或是作为代表团成员。2000年后中国对我们的态度还是有些谨慎。而在2006年时，任何隐藏的或是公开的对立都没有了。相反，中国同行积极地与我们交流。当时是在中国的俄罗斯年，召开的一次俄中会议上，由于我是研究中世纪史的，所以在观点陈述方面没有任何问题。研究俄中关系史的米亚斯尼科夫也是如此。我记得当时出现了争论，为什么我们称东北为"满洲里"。我们给他们解释了很久，因为俄罗斯人不明白"东北"这个词，在俄语里一直称为"满洲里"。而他们，有位女士，我不记得她叫什么，一直问：怎么会这样，这里是东北，而且那里满族人很少，为什么是满洲里？简单来讲，东北是中国不可分割的一部分。如果这样是更正确的，那么为什么你们在自己的文章里不写作"东北"？她发言表示反对。我们不准备争论，但一直解释，这个称呼没有任何暗示。不那样写是因为俄罗斯的读者会不明白。他们会不明白"东北"是指什么。这个插曲说明，民族问题依然是非常尖锐的。

问：您去过中国多次，对您来说最惬意的回忆是什么？

答：北京——第一印象来自故宫、天安门。顺便说一下，最近几次访问给我留下了不好的印象，因为他们拆了前门，整个前门外。这是条传统的老街，旁边是两层、三层的小楼，有商铺和药店。城市中心这么一个保留传统的区域，然而被全拆了，可能要建些没个性的高层"方盒"，仿照西式的。这是很遗憾的。

问：这些年来，来自中国的最负面的印象是什么？

答：1987年和1989年时有一些限制。他们说，我们只被允许去专门对外国人开放的图书馆。那里的书是经过挑选的，有特别的限制。有些书是不可以借阅的。特别严肃的要求没有。没有公开的敌意。相反，我们被警告说可能有危险，但结果却没有感受到。

问：有这样一种观点，认为中国人自己最了解历史。所以，对待国外中国学家的态度上会有些优越性。您是否有感受到呢？

答：公开的，没有。他们怎么想是另外一回事。相反，我们对中国的研究兴趣受到欢迎。

问：您很清楚，中国学者在您研究的题目方面所做的工作。您怎么看中国学者在这方面的长处和不足？

答：这是个很难的问题。长处在于，他们对事实的掌握更全面。不足之处，我认为是，过于从"字面"上遵循马克思主义的纲要。比如说到中国的封建主义。但如果说他们"有中国特色的社会主义"，那么也应该说"有中国特色的封建主义"，区分出那些与俄罗斯或欧洲封建主义发展类似的特点。从另一个方面，也需要讨论不同的地方。在这一点上没什么不体面的。正相反，如果有自己的文明，也就应该有自己的"封建性"。在分期问题上，他们内部也有争论。在这个问题上有各种不同的观点。

问：还有中国数千年历史研究的传统。

答：我没看到这里有对立或是缺陷。现在他们在马克思主义的学说下做了一些调整。这里有一点不切实际。然而在实证研究中，他们有更多的来源，也可能看得更深。

问：但是要知道，对传统过度的崇敬会妨碍对前人的观点提出异议？

答：我没有遇到这个问题。当然，他们有自己的体系。但他们相互间仍然有争论。要知道他们没有一个唯一的观点。这是很正常的。在这个意义上，围绕封建主义的争论甚至可以说是有益的。即使是在马克思主义的指导下，也可以就中国历史的分期发表自己的观点。中国的历史学家做的是正确的，利用马克思主义的分期，以更好地了解自己历史的分期。

问：还有一个对任何中国学家来说都很实际的问题，您觉得中餐怎么样？

答：很好。对我来说中餐指它的所有种类。辣的我也喜欢。在中国我总是吃中餐。早餐喝茶，吃三明治，而午餐和晚餐我倾向吃中餐。

问：我们两国的关系近年来活跃起来。只要看下中国的俄罗斯年和俄罗斯的中国年就知道。您个人是否也积极参与到这些交往中？

答：是的，我参加了其中的两个会议。一个在北京，另一个在广州大学。我和艾达·谢苗诺夫娜·伊帕托娃一起去的。

问：去年有中国的代表团来我们这，他们是搞清朝正史编写的。您对这个项目有什么印象？

答：很宏大，很有益。但我们没有中国这样的机会、专业水平和文献。他们编写正史很正常。所以，让他们做吧！重要的是，他们也会拿给我们，我们可以利用他们的成果。

问：您现在的研究题目是什么？

答：现在一直在做的是齐赫文斯基院士的一个项目——十卷本的《中国史》。

问：您怎么评价俄罗斯这个十卷本中国史的项目？

答：这是个规模很大的项目。我们之前还没有这样的项目。中国通史只占一卷还是两卷本，我不记得了。所以这个项目非常重大，为详尽地介绍这段历史提供了机会。趁老学派的专家还在，可以借鉴他们的经验。这个项目类似做个总结。关于中国各个历史时期已有很多东西做出来了。我认为这个项目有充分的基础。从另一个方面，我们这一代已经该把接力棒交给年轻一代了。应该把现存的东西利用起来。

问：项目里各个章节的任务怎么分配呢？

问：分为古代史和中世纪史。更多的注意力自然是在近现代部分。俄罗斯各个中国学研究的中心都分配了任务，有新西伯利亚、圣彼得堡、莫斯科和符拉迪沃斯托克。杰列维扬科院士主持古代史部分。他研究远东考古。他那里有整个早期历史的研究力量。但他在当地拉了哪些人一起做项目我不知道。早期中世纪史由圣彼得堡方面负责写。现代史主要由远东所写。我们负责第五、六卷。第五卷是元明时期。第六卷是清代。我们是一起做，我们所里的工作跟这个有交叉。总的来说，这个项目的思路就是把已有的成果做个总结。只是补写一些东西，把材料联系起来。这不是写作。这是把已出版的都汇编到一起。没有的那些自然要补充上。每一卷都有一个负责人。我负责第五卷。阿列克谢·叶菲莫维奇·涅波姆宁负责第六卷。远东所的马马耶娃负责第七卷。为了写第五卷，我们挑选了所有研究这一时期的人。比如说，А. Ш. 卡德尔巴耶夫、谢尔盖·德米特里耶夫、Л. А. 博罗夫科娃和其他一些同事写元朝部分。而明朝时期，我们有一个作者组。我从已写出的书里挑选材料。包括：Н. П. 斯维斯图诺娃的《农业政策》，已过世的 Э. П. 斯图仁娜的城市和手工业史。挑选的作者不只有在世的，还有那些已过世的。材料分类的原则不是根据朝代，而是根据时期，尽管朝代是绕不开的。举个例子，第五卷是元明时期，而第六卷是清代。内容章节的划分取决于卷本的负责人。我对自己负责的那卷有完全的处置权。整个十卷本没有一个统一的设计。齐赫文斯基对我们并没有很多的限制。比如说明代吧。首先是明代政权的兴起，然后是政权的形成、国家机构的组建、争夺皇位的斗争等。接着是对所有皇帝的评述和政治史。然后是经济史、土地农业关系、城市和手工业。接下来是对外政策、欧洲人到来、俄中关系。然后是文化、文学、戏剧。应该还有关于语言的材料，但我们没有研究中国各时期语言的专家。比如说唐代时的中文、明代的中文。这样的专家没有，不过有文言文的专家。也就是说，应该有包含各个时期的全面材料。每卷本的内容大概要有 50 个作者页①，以及由编者挑选的 5 页插图。齐赫文斯基希望插图多一些，希望上面有签名。还应该有索引、参考附录和前言，可以概括每卷本的内容。项目的期限是 3 年。到今年底应该把初稿准备好。总体而言，这对我国的中国学研究来说是一个总结。

问：您主管苏联科学院东方学所中国部已经很久了，对这个部门您有什

---

① 作者页，俄罗斯对出版物内容长度的计量单位，1 个作者页相当于 40000 个印刷字符。

么可以谈谈？

答：最初刚建所时，领导是鲁道夫·弗谢沃洛多维奇·维亚特金——非常著名的中国学家，他和塔斯金一起翻译了司马迁的《史记》。他直到去世前都在从事这个研究。之后很长一段时间部门的领导是列夫·彼得罗维奇·杰柳辛。他是一个有经验的人，视野宽广，不拘泥于传统。所以跟他一起工作很容易。部门有他很幸运。之后我接过了接力棒。但是远东所的机会更多一些，甚至图书馆也搬到那里。那里的工资更高。在我们东方学所研究的是所有东方国家，所以相对来说我们这边招从事中国学研究的年轻人比较困难。部门的特点在于，这里工作的是有经验的专家，真正从事着科学研究。远东所组建时政治因素是主要考量。他们还是很不错的，可以在随后加强科研的方面，减弱一些政治色彩。但这不意味着，在政治形势尖锐的情况下，这种政治倾向不会再次出现。跟中国领导层的冲突关系对我们的影响不大。我们还是被允许从事一直主要在做的历史研究。研究纯学术问题更容易些。选题非常广泛。可能这也是缺点所在，没有一个总体的计划，或者说主线。专家们会更换题目，但是是在一个他们已经研究很久的领域框架内。这里面也是有一定理由的。对于外国人来说中国文献毕竟是很难的。当你研究某个题目时，你会接触大量相关的文献资料。这样一来，这些就足够了。而题目的变化意味着所研究文献资料的变化。如果是研究古代史和中世纪史，尤其明显。近现代史毕竟接触的还是现代的语言文本。

问：目前俄罗斯中国学家对中国中世纪史的研究处于一个什么样的状态？

答：圣彼得堡有一部分专家，他们这一派跟莫斯科的政治进程较少关联，地域上是隔开的，学术上历来较发达。尽管他们现在也面临年事已高的问题。那里也出现一些有才华的年轻人，但是政府会吸引他们。比如有个很好的研究中世纪的学者 С. Н. 冈察洛夫，后来成为驻华大使的顾问。当然，我们部门也有研究中世纪的专家。比如，我是搞这个的，还有 В. Ц. 戈洛瓦乔夫、С. 德米特里耶夫。不过年轻一代接班人的情况不太好。从这一点上，С. И. 库切拉很棒，他培养研究生。但他们也会离开。我们部门年轻一代接班人的问题很严峻，因为几乎没有年轻人。

问：苏联解体在很大程度上对此有所影响吗？

答：苏联解体对我们的中国学影响并不大，但是，解体的确使我们和原苏联加盟共和国中国学家的关系变得复杂了。首先是因为现在我们分处不同的国家。此外，现在很多高校都积极培养会汉语的专家，以便维护与中国的关系。但这都是在实用的层面，不是科研的层面。20 世纪 90 年代，俄罗斯汉学界很多中国学家辞世，还有一些学者不再做这个工作了。今天所有搞中国研究的地方，比如亚非学院，都在经历一种虚假的繁荣。但远非所有地方都致力于历史研究。尽管如此，我在那举办讲习班，有一批学生在学习中世纪和古代史，撰写论文。像 C. H. 冈察洛夫就曾是我的研究生。但最后，他们全都去做一些现实的工作。很遗憾，去搞研究的很少。

问：您科研活动获得的财政支持情况如何？

答：我们从苏联科学院获得薪水。此外还有一些资助。俄罗斯人文科学基金中没有历史基金，会给具体的研究课题提供资金，作为工资之外的一种资助。十卷本的中国史也是通过苏联科学院获得为期三年的单独资助。

问：您一般在哪里发表著述？

答：一般我们的文章发表在《东方》杂志和《远东问题》杂志，也有发在文集或独立出版物上的。文集和专著，按惯例是通过苏联科学院的"东方文献"出版社出版。

问：您 50 年来科研工作中最大的成就和遗憾是什么？

答：没有明显的成就和遗憾。非要说的话，遗憾的地方在于，曾经有各种各样的运动，人们都被派去参与到与中国的论战中。说到成就，毕竟我出版了三本书，参与了一些重要的集体项目。我想，多少有点威望。还有一个成功之处在于，我是研究某个时期和政治史上的一些问题，我被允许做这些研究。如果选择喜欢的题目，我喜欢研究就明代初期的历史，危机之前，包括朱元璋、郑和、朱棣时期的政治架构。我的专业较窄，但我不认为这是缺点，因为这可以对问题进行深度研究。但我没有什么轰动的发现。

问：您所做的中国学研究和西方的有什么不同？

答：苏联之前的中国学研究和西方一样，与其说是历史研究，不如说是对历史文献资料的深度研究。是我们所说的基础研究。后来，到苏联时期，它开始社会主义化和政治化起来。20 世纪 20 年代是尝试从提出的观点立场中进行总结。中国的革命程度，中国革命会是怎样的，要选什么样的道路和方法。而到了 50 年代，当我进入这个圈子时，已经没有这种要求逢迎的压力了，可以自由选择自己感兴趣的题目。我不能说西方的中国学研究专业太窄，他们也有文献研究，有不同的题目，有宽有窄。

问：今天哪些方向和题目最流行，最有需求？

答：我没看出这里有什么体系。也许这样也好，因为研究题目不是上面提出来的。有段时间我认为应该研究近现代史，其他的都不具有现实意义。尽管对迫切性的理解也有狭义和广义……让中俄之间相互有正确的认识和印象，我认为是所有中国学学者的任务。过去的友好或敌对关系都使很多人完全不了解中国，或者了解到不是真实、科学的。所以年轻中国学家的任务是，尽可能让俄罗斯各阶层的民众能够对中国有符合事实的、客观的和没有成见的认识。我认为这一点对中国来说也具有现实意义。俄罗斯民众对中国的尊重，尽管有时会受到政治层面的影响，但这种尊重过去和现在都有。过去冲突时期，双方都有一些极端的观点。我们对他们也有批判，但不会有显然是不明智的言论。20 世纪 50 年代我们是把中国作为与西方对峙中的盟友来宣传的。而 90 年代，尽管关系得到了修复，但之前那种迫切性和必需性已经没有了。没有战争的威胁，与西方矛盾的形式和规模不同往日，所以已经不需要自我封锁。另一方面，中国也强大起来，不再是苏联的小伙伴，而是一个伟大的强国。

问：最近 10 年中国有什么样的变化？

答：变化很快，而且朝着好的方向变化。60 年代我到过中国，记得当时民众所承受的压力。而现在人们的视野更宽广了。中国即使是向西方靠近，也是以一个平等国家的身份，是一个被世界承认的大国，是一个自尊但不傲慢的国家。

问：今天的俄罗斯是中国的大哥还是小兄弟？

答：我想，总的来说不是兄弟关系，是正常的关系，也是两个大国间应有的关系。好感的多少是另外一回事。我认为过去的密切关系还是有迹可循的。下一代会如何，我不知道。也许这会被全部遗忘。过去把中国视为小兄弟，但毕竟是作为兄弟。这不仅是当时来自苏联的压力，在中国国内也是这么宣传的。所以这种同盟的感觉还是有些残留,在俄罗斯大众中没有反华的偏见。大多数俄罗斯人认为,没有来自中国的威胁。然而对西方的偏见来自报刊、广播等等。比如,一直在批判美国,而其他的国家被视为美国的附庸。但中国与此完全无关,这是一支独立的力量。当然,有些人有情绪,认为中国越来越强大,有可能成为一种威胁。对此,也许中国学家和官方机构值得多做些工作。

问:俄中两国间的战略合作有可能变为战略竞争吗?

答:像常说的,世上没有不可能的事。但我认为,在可以预见的未来,可能性很小。它缺乏某些客观的前提。拿出口来说,中国在世界上是居于前列的,俄罗斯在这方面有点落后,那么竞争存在于中国和美国或欧洲。中国需要第三支力量,这就使回归与俄罗斯的较紧密关系成为可能。

问:是否可以说,21世纪是中国的世纪?

答:中国内部有很多问题:有限的自然资源,人口增长。要提高每个人的生活水平将不是件简单的事。

问:"中国的社会和国家"年会,您参加了所有39届会议吗?

答:是的,差不多。这个主意是列夫·彼得罗维奇·杰柳辛提出来的,最初是作为部门内部的一个会议。后来开始接受别的参会者,出版论文集。现在这个会议文集被列入高等评定委员会的官方出版物名单。遗憾的是,现在我们几乎没有经费来组织会议和邀请来宾。我们欢迎学者参会,但无法负担邀请来宾的路费。这个会议的特点是,发言的主题非常多样,题目涉及广泛,吸引了很多专业的中国学家和东方学家。

问:近年来哪些著作引起您的关注?

答:关于现代中国和中国历史的书远东所出版了很多。现在出版的多卷本中国宗教文化百科全书,也是很好、很有益的一个项目。顺便说一下,这个项目由我们部门的同事 А. И. 科布泽夫在负责。我们对宗教文化的关注,一般少于对经济和政治问题的关注。俄国汉学始于对北京教会使团的宗教研究。现在文化研究终于成为一种新的潮流。俄罗斯对中国的兴趣在增长,但大部分都是实践层面的。在学术和文明层面需要关注新的接班人问题这一点上,А. И. 科布泽夫是对的,需要总结保存已有成就,传承学派。为了把接力棒传下去，需要年轻的研究生和专家。不是随便什么人，而是真正的专业人士。他们需要更多的机会去中国看看，在那工作，但不会留在那里，哪怕工资更高也不会转行去做生意。

问：要成为好的中国学家，需要什么样的素质？

答：我不认为需要超人的素质。要勤奋，因为学习汉语需要勤奋。需要对中国进行集中深入的研究。今天学生们渴望了解中国。他们已经是带着某些兴趣在学习。现在他们会被送去进修，有时甚至不止一次。这在我们那时是没有的。所以我想他们有很好的机会，对中国也是真正持正面的态度。

问：提到中国您首先联想到什么？对您来说中国是什么？

答：我会联想到北京、故宫、天安门。

问：就您看来，有没有哪个中国人可以视为中国的化身？

答：我没有想过。对我来说，也许是明朝的皇帝们，比如朱元璋和派郑和下西洋的朱棣。

问：在十卷本的书之后，您未来有什么计划？

答：暂时没有具体的计划。

问：非常感谢您接受采访！

答：谢谢！

尤·米·加鲁什扬茨访谈录

访谈对象：尤里·米萨科维奇·加鲁什扬茨①

俄文姓名：Юрий Мисакович Гарушянц

职　　务：俄罗斯科学院东方学研究所研究员

学术专长：中国近现代史、中国的共产主义与革命运动

访 问 者：瓦连京·戈洛瓦乔夫（刘宇卫）

翻　　译：高媛

时　　间：2009 年 12 月 5 日

地　　点：莫斯科

问：我们这个项目所有的参与者在开始都要介绍一下自己，请您也自我介绍一下吧。

答：我叫尤里·米萨科维奇·加鲁什扬茨，1930 年出生于巴库。我是中国学家、历史学家。现在住在莫斯科。

问：尤里·米萨科维奇，能与您在这个项目中一起工作，我非常高兴。您的生活有很大一部分与中国有关系，与中国学结缘，但是，您年轻时在巴

---

① 已于 2012 年 1 月 18 日去世。

库的时候，是不是根本没有想过会成为一名中国学家？您是什么时候第一次听说有中国这样一个国家的？这个国家是怎么引起您的个人兴趣的呢？

答：我是看了《古代世界史》教科书（第一版）才第一次听说中国的，这本书的编者是米舒林院士①。书里印着"日"这么一个汉字。我跑遍了整个巴库，寻访了很多位教授，想向他们请教这个汉字是什么意思，但是没有人能给我解释这个汉字的含义。我的父亲在党内曾是做宣传工作的。他手头总是有很多关于革命的书籍，我很早，从五岁半吧，就开始阅读这些书。年轻的时候，我曾读过一本书，书名已经不记得了，这本书是陈云和另一位作者写的，写的是中国红军长征的故事。我把整本书都能背下来了，但却一点儿也不明白！不明白书中讲的事情是在哪里，以及发生了什么。因为书里提到的一些地名在地图上都是找不到的。那时候甚至连地图都找不到一本合适的。这就是我与中国的最初"相遇"，大概是在1936或者1937年。当时我读报的时候了解到一些零星的关于中日战争的事件，后来我收集了一整捆的报纸。

问：这就是说，您从巴库的青年时代起就已经开始收集关于中国的信息和资料了？也就是说开始建立自己的存盘数据了？

答：是呀。

问：是不是可以这么说，您的父亲间接地影响了您对中国的兴趣？

答：是的，这本书正巧在他的图书馆里。列夫·彼德罗维奇·杰柳辛还答应把这本书送给我。这本书可有年头了啊……

问：正是这本书，还有中国抗日战争这一事件在您的脑海里可能形成了战斗的和正在奋起抗争中的中国的浪漫主义印象？

答：那时中国的形象对我来说是充满了革命精神的，因为从父亲那里继承了对共产主义和革命的兴趣，因此对我来说是革命的中国的形象。

问：能否这样说，这种最初的兴趣促使您思考中国的命运，并且在某一时刻驱使您立志成为一名中国学家；还是说，像其他一些苏联同事那样，您成为中国学家完全是偶然的，还是说在某种程度上是意外的一些情况的

---

① 米舒林（А. В. Мишулин，1901—1948年）：历史学家，莫斯科国立罗蒙诺索夫大学教授（自1934年），历史学博士（1943年），1940年问世的第一版及1949—1953年每年再版的苏联5—6年级课本《世界古代史》的编者。

巧合呢？

答：我成为中国学家并不是偶然的，但说实话，最初我想读的是哲学系。当我进入哲学系的时候，系主任要求我用列宁的观点来评论民粹派。我当时还是一个十足的孩子，说他们是恐怖分子。他打断了我，打发我回家，我就离开了。在莫斯科大学附近我看到一块莫斯科东方学院①的公告牌，我不知怎么地看了眼就顺脚往那里走去。很快我就找到了，我与院长塔尔科夫斯基谈了一下，这是导演安德烈·塔尔科夫斯基②的叔叔。他给我说："不行，你不行，亚美尼亚人做不到……"

问：他是指的中文发音吗？

答：他指的是语言过不了关。我十分生气，内心燃起了愤怒的情绪，但并没有说什么。他仍在说："你是亚塞拜然人，应该会说亚塞拜然语，去土耳其部吧！"我给他说："谢谢你！那么，请允许我给父亲先发个电报，告诉他汉语系不接受我就因为我是亚美尼亚人！"他说："别说蠢话！"然后他举起拳头，他的拳头强而有力，告诉我："你要是学不好，我可要让你尝尝我的厉害！"就这样，我开始了我的学业。

问：除了面试是否仍然要通过笔试呢？

答：要通过笔试：历史、文学，还有其他一些考试……

问：您的同学中间有谁后来成了著名中国学家吗？

答：我们年级有 10—15 个人吧，是个大班，没招女生。这些人中，著名的中国学家没有什么人。

问：既然您的同学都没有成为中国学家，那么您能否详细谈谈你的老师？老师中间应该有一些有名和有趣的人。

加：我的第一位老师是著名教授格里戈里·纳乌莫维奇·维经斯基③，

---

① 莫斯科东方学院，前身为拉扎列夫东方语言学院，存在于 1920—1954 年。
② 安德烈·塔尔科夫斯基（1932—1986）是苏联著名电影导演，他的父亲阿尔谢尼·塔尔科夫斯基（1907—1989），苏联诗人、翻译家。
③ 维经斯基（Григорий Наумович Войтинский，1893—1953 年），真实姓名为扎尔欣（Зархин），中国学家、著名革命家、党务活动家，俄共（布）成员（自 1918 年）。1920—1927 年主持共产国际执行委员会的工作。1920 年作为共产国际代表到中国会见孙中山，参加了中国共产党第四和第五次代表大会，以及 1924—1926 年的一系列中国共产党中央全会。1926—1927 年担任共产国际驻上海的远东局主席。20 世纪 30 年代起在莫斯科工作。

是一位革命活动家。他的第一堂课讲的是李大钊。他讲课很有感染力，有此做基础，我们很快就成了朋友。在一年级时我就成为他最喜爱的学生之一，因为别人对此没有表现出强烈的兴趣。慢慢地，他督促我把李大钊1918年发表的两篇文章——《庶民的胜利》和《布尔什维主义的胜利》译成俄文①，并说："这个工作的价值就在于能否指出文献的来源——作者是从何处获得资料的。"我把其他的事情都做好了，唯一就是未能查明文章的来源，而李大钊的写作受到了日本马克思主义者河上肇②的影响。这就是我研究中国的初次邂逅，这是在1948年。

问：对于所有更年轻一些的中国学家来说，维经斯基已经不是一个现时代的人，而是一个历史人物，已经属于过去了。因此，我们很想了解一下，作为一个鲜活的人他给您留下了什么样的印象？

答：他是一个非常有活力、非常积极的人，哪怕是一件很小的事情，他也会随时伸手帮助你，甚至是物质帮助。这就是这位独特的人给我留下的印象……

问：那么再问一个个人的问题，您如何评价维经斯基20世纪20年代对苏中关系所发挥的作用？

答：如果从整体上，不是就个别事件来看的话，那么当时大家都发挥了负面的作用！因为所有人都是按照"列宁"的"左"和"右"的范畴来思考的，维经斯基当然也不例外，但他何以能够鹤立鸡群呢？主要是他曾受到当局的错待，这种情绪后来在他身上也表露出来。我记得有一次，郭沫若和宋庆龄从华沙开完世界保卫和平大会之后来到莫斯科。他们站在楼梯上和我握手，而维经斯基站在下面。当我走下去到他跟前时，他说："就这样吧，现在是加鲁什扬茨家族的天下，他去就去吧，还有别人都去！"他这么说的时候很是委屈。后来，在他去世之前我曾问他："到底怎么了？您的委屈是什么？"他说，他已经明白了，自己被人淡忘，他已经靠边站了。事情就是这样。

---

① 由加鲁什扬茨翻译的这两篇文章收录在他编辑的《李大钊文章及演说选集》（莫斯科，1965年）中，后再版于 Н. Г. 谢宁编辑的《李大钊著作选集》（莫斯科，1989年，第154—161页）中。
② 河上肇（1879—1946），日本革命家、哲学家、经济学家，马克思著作的研究和翻译家。

问：维经斯基是什么时候去世的？

答：1953年6月11日。

问：也就是说是在您刚刚毕业的前后？

答：是的，那时我快要毕业，头天通过国家考试，第二天就在研究所给他办了葬礼。

问：他的墓在哪里？

答：在列佛尔托沃，这是莫斯科的一处德国墓地。

问：除了维经斯基，还有哪位老师的个人魅力和博学给你留下了深刻印象？

答：还有一位叫鲍里斯·格里戈里耶维奇·穆德罗夫①，这位老师是著名的《汉俄大词典》的编纂者。我的汉语之所以有了语感，他对我的影响最大，尽管我起初汉语学得并不好。我本应该学习汉语，可我起初对感兴趣的俄罗斯历史，而对语法——我觉得没有意思。

问：我刚好想问您，就像塔尔科夫斯基所担心的，您的"亚美尼亚血统"对您磨合中文是否是个障碍？

答：没有，不是障碍呀！不过我一年级时学得不好，第一学期只得了2分！所有人都说：看来亚美尼亚人就是学不了汉语，但是，一年下来之后，是我第一个通过了汉语考试，还得了5分，之后的一切就顺利了。后来，到了二年级的时候，有一天，人事处处长，他是一位鞑靼人，喊我和什特卡诺夫及其他几名同学的名字，他叫我们"你们出来！"他很凶，我在嘀咕，是不是我们干了什么不得体的事情？他把我们带到办公室，让我们坐下，他通常是不会让我们坐下的。他通知我们："中国青年联合会代表团第一次访问我们国家，要派你们去当翻译！"这是在20世纪50年代初，1949—1950年前后的事儿。我开始和中国人一起工作。第一天我被分配到中国军人代表团，团里都是20多岁的上校。有一个女孩才19岁，也是一名上校！苏联代表说："你们要参观尼古拉·奥斯特洛夫斯基故居博物馆，你们要当翻译。他的妻子在故居博物馆见你们。"奥斯特洛夫斯基的遗孀接待了我们，她和蔼可亲，一

---

① 鲍里斯·格里戈里耶维奇·穆德罗夫（1923— ），1951—1954年在莫斯科东方学院任教。

开始讲话就吸引了我们。讲完后她给我们说："现在我们来听唱片！"我不知道"唱片"这个词怎么说，只好用手指比比画画。总的来说，我凑合着与他们度过了参观访问的一段时间，即使是这样，我与这个团里的中国军人们非常亲密！就是他们回国后，我们也一直很友好，并时常通信，直到朝鲜战争（1950—1953年）爆发。"文化大革命"期间，我在中共中央政治局委员的名单中看到了其中一个人的名字——陈锡联。还有一个人的名字我曾在一位在越南担任过军事顾问的大将军的警卫员名单中看到过，但叫什么名字我想不起来了。我给他们写过信，一个人回信了，另一人没有回信。看来是他的岗位不允许他这么做。

问：尤里·米萨科维奇，今年是中华人民共和国成立60周年和中苏建立外交关系60周年。1949年发生的事件对您和你当时那个时代的心情有什么影响？

答：我想起一句绝妙的话，是维经斯基单独告诉我一个人的："别欢喜！关系可以通过不同的方式来建立。关系有可能好也有可能坏。"

问：也就是说，在苏中关系上的经验使维经斯基在做预测和评判时也非常谨慎，而不是屈从别人，随大流，忘乎所以。

答：是的，他是一个非常谨慎的人，没有丝毫地忘乎所以。

问：您的毕业论文的题目是什么？

答：题目是"1935—1937年中国共产党人为统一战线的斗争：从遵义会议到抗日战争开始"。

问：您写论文的时候，主要用的是什么地方的数据呢？是中国的资料还是苏联的资料？在当时中文文献可能很少吧？

答：主要还是苏联的材料。当时基本上什么都没有！译成俄语的只有四卷本的毛泽东选集。你看，我手头现在还有这些选集，这是中国一位姓陈的翻译写了赠言送给我的，这里还登载了"关于党的若干历史问题的决议"的第一个中文版，我也根据这个决议来写作。

问：明白了！您毕业后找工作顺利吗？因为很多中国学家在结束学业后，特别是在20世纪50年代和此后的一段时期，都未能结合自身专业找到合适的工作。您大学毕业后的命运怎么样呢？

答：事情是这样的，我父亲当时还被关在监狱，他是 30 年代被镇压的。1940 年他获释回到了家里。学院虽然接收了我，但一些人还是无意中得知，我或多或少还是个"人民敌人的儿子"。在分配的时候，所有的人都坐在那里，等待着。挨着个儿叫名字，每个人都被叫到了，就是没有我，所以我就离开了。后来维经斯基对我说："我把你推荐到研究生部攻读研究生了"，于是就这么安排下来。

问：也就是说毕业后的安置还是很顺利的！

答：是的，非常顺利！

问：那您毕业后马上就开始从事研究工作了？

答：是，很快！

问：您是怎么选择论文题目的？您从自己广泛的学术兴趣中是怎么确定方向的呢？

答：维经斯基建议我说："让我们从中国共产党的创立这个题目开始吧"，于是我就开始了这方面的研究工作——"五四运动"和中国共产党成立。后来，我开始写作关于"五四运动"的文章。那时候，所发表的关于中国共产党成立的数据根本就没有什么。在 20 世纪 50 年代，没有发表和出版过关于这个题目的任何东西。仅仅到了 1961 年，我发表了一篇与此相关的论文——《共产党的创立：纪念中国共产党成立 40 周年》。

问：您早期学术活动的标志是研究中国的"五四运动"，您的学术兴趣后来发生了哪些变化？

答：当时，我对这个题目很投入，因为那几年我手头有《新青年》这本杂志。到现在我还有这些杂志呢。当时，根本没有其他的数据，即使是有，那也是一些英文的老书。而当时维经斯基已经不给我上课了，但还是会给我一些指导。他说："如果有哪一本学术书籍问世，例如关于'五四运动'的，你要搞明白作者为什么会写这本书。如果你不明白这一点，你就不懂学术的逻辑。"从史料学的意义上说，他助我良多。

问：答辩是在什么时候？您论文答辩之后从事什么题目的研究？

答：没有答辩，答辩是 20 年之后的事情了。

问：那么，您此后的学术命运又是怎样的呢？

答：读完研究生，就再次面临就业问题。起初我去了哲学研究所。到处都找不到工作。我在那里转悠了一阵子。谢宁、杨兴顺①都在这个所工作。他们是些大滑头，特别是谢宁。记得当时历史学家胡绳正在哲学所访问，他就说："杨兴顺——人还可以，可是脑子不太清楚。"这句话我一辈子都记得。于是我就去了那里。总的来说，我在那里挺无聊的。正好就在这时候，中国学研究所②成立了。

问：但是你和杨兴顺还曾合作发表了一篇文章，不是吗？

答：说起来也好笑啊！我已经写好了这篇文章，杨兴顺看到了说："收尾收得不好！"他提笔就加了一句话，可领稿酬的时候，他第一个跑去领！这是常见的事！

问：这篇文章的主题是什么？

答：文章的主题很有意思——中国的教育思想史。当时侯外庐教授③出版了一部著作。我批评了这部书，因为它重复了俄罗斯教育思想发展的大纲。尽管批评文章在当时是受禁的，但文章还是发表在《世界文化史通讯》（加鲁什扬茨、杨兴顺：《中国社会思想史研究》，《世界文化史通讯》，莫斯科，1957年第4期，第179—185页）④上，那时的主编是扎沃雷金⑤。在中国，这篇文章被刊载在一些内部材料中。后来，侯外庐造访莫斯科，我们见面并谈到了这个话题。⑥ 他说："我知道你这个人不错，我不会计较这件事。"就是到现在，我和侯外庐的孙子还保持着联系。

问：除了侯外庐，您与哪些中国知名历史学家还见过面，进行过交流？

答：还有史学家胡厚宣、哲学家贺麟，贺麟是黑格尔著作的翻译家。之后，还与北京大学辩证唯物主义教研室主任冯定交流过。

---

① 杨兴顺（Ян Хиншун，1904—1989），华裔苏联中国学家。
② 实际上苏联科学院中国学研究所成立得要早一些，于1956年。
③ 侯外庐（1903—1987），中国历史学家、思想家、教育家。
④ Гарушянц Ю. М., Ян Хин-шун. Исследование по истории общественной мысли Китая. / Вестник истории мировой культуры. -М., 1957, №4, С. 179 - 185.
⑤ 这里指的是 А. А. 兹沃雷金（1901—1988），技术史学家和经济学家，1949—1959年任《苏联大百科》（第二版）第一副主编，1957—1961年任《世界文化史通讯》主编。
⑥ 这发生在1958年11—12月侯外庐访问莫斯科期间，他作了10次报告，其中包括关于中国哲学史的。

问：您到中国学研究所之后是不是就长期在那里工作了？

答：1959年之前我一直在中国学研究所工作，这个所后来改名为亚非各民族研究所。① 在那之后我又工作了两年。当时我面临着论文答辩。准确地说，我不是要答辩论文，而是给了我一种荣誉（Honoris causa②），因为我对"五四运动"的研究而授予我学位，这是在1969年。

问：您是否从事过教学工作？

答：当我还在读研究生的时候，有一次维经斯基病了，要我替他给学生们当考官，这应该是我公开的教学生涯的开始吧。后来我在列宁师范学院和波将金师范学院教授东方史。当然，基本上是中国史，这是在1963—1965年。③

问：您在国际工人运动研究所和世界经济与国际关系研究所也工作了很多年吧？

答：是的，我在国际工人运动研究所工作过。④ 后来普里马科夫建议我调到世界经济与国际关系研究所。⑤ 于是，1973年我调到该所担任国际共产主义运动室的主任。我在世界经济与国际关系研究所干了几年，之后又调回到亚非各民族研究所。当时的所长 Б. Г. 加富罗夫⑥很固执。他不放我走，一直都不放。后来他终于签了字，但是警告说：你再也别回来了。我去找了苏联科学院的副院长，因为我曾经担任《工人阶级与当代世界》杂志的主编，⑦

---

① 加鲁什扬茨在中国学研究所一直工作到该所关闭（1960年），之后改名为亚非各民族研究所（从1970年开始改为东方学研究所），加鲁什扬茨在这里工作到1962年。

② 拉丁语，An honorary degree or a degree honoris causa（Latin："for the sake of the honor"），出于尊敬、荣誉的理由给予的学位。加鲁什扬茨是在1969年获得历史学副博士学位的，并不是出于"honoris causa"，而是由于他之前的工作所作的论文。

③ 读研究生时期，加鲁什扬茨不可能顶替当时已经去世的维经斯基，估计这一事件应该发生在更早的时候，即他读大学时期。而莫斯科波将金师范学院1960年就不存在了，加鲁什扬茨于1962—1966年在莫斯科克鲁普斯卡娅师范学院教书。

④ 加鲁什扬茨于1969—1973年在苏联科学院国际工人运动研究所工作，当时的所长是 T. T. 季莫费耶夫，他领导该所从其成立的1966年一直到2003年。1971年，二人联合发表了论文《列宁的世界革命运动纲要》。

⑤ E. M. 普里马科夫院士曾与加鲁什扬茨一起在莫斯科东方学院学习，他于1970—1978年担任苏联科学院世界经济与国际关系研究所副所长。

⑥ Б. Г. 加富罗夫院士（1908—1977）于1956—1977年担任苏联科学院东方学研究所所长。

⑦ 加鲁什扬茨于1971—1973年担任《工人阶级与当代世界》杂志的副主编。

我请求他，说这不是我的专长。于是我离开了，重新回到了中国研究上。这是在 1978 年，从此后我就一直在东方学研究所工作了。①

问：索菲亚·达维多芙娜·米利班德在《俄罗斯东方学家》辞典里介绍您的时候说，您曾获得过苏联的勋章和奖章。您能说一下这是什么奖吗？您是什么时候又是怎么获奖的？

答：我曾被授予苏联的"荣誉勋章"，那是 1971 年 7 月 20 日。

问：您是为什么被授予这个勋章的？

答：不知道，可能是因为我在《工人阶级与当代世界》杂志的工作吧。

问：那么获得奖章又是为什么呢？这是一种纪念奖章吗？

答：不是的。在卫国战争期间，普通老百姓也参与其中，比如挖掘防御工事，但参加这样的工作必须要年满 15 周岁。我当时瞒着别人，说自己已经满 15 岁了。所以后来我因为参加防御工作而得到了一个"保卫高加索"奖章。我得到的第二个奖章是"表彰战胜德国"奖章。这个奖章的授予同样是按照一般的程序。

问：这些奖励真是受之无愧啊！您同中国的首次邂逅是在什么时候呢？我指的是对中国的首次访问。

答：开始时，因为我父亲的问题，是不允许我出国的。后来，我和齐赫文斯基曾有过一次剧烈的争吵。我直接对他说：不让您参加伦敦的世界历史学家—东方学家大会是正确的。您在《19 世纪末中国的改革运动（"戊戌变法"）》中造了假。俄罗斯派了两个营的兵力去镇压，而您对这个事情却隐瞒不说。所以您不能去是说得过去的。哦！争吵就这么开始了！就因为这件事情，齐赫文斯基与我的关系后来一直都不好。

问：但齐赫文斯基当时是您的直接领导？！

答：是的，他是所长，所以不让我去中国。

问：不过您后来还是去中国了，这是什么时候的事情？

答：是在 1990 年，苏联解体前的最后一刻。我是从苏联去中国访问的最后一批中国学家之一。

---

① 当时苏联科学院东方学研究所的所长已经不是 Б. Г. 加富罗夫了，而是 Е. М. 普里马科夫。

问：这次访问是为了什么呢？过程如何？您都去了哪些地方？

答：这是一次学术出访，在北京大学历史系进修一年。我身边都是一些很好的人，而我本身也好交际。我慢慢就认识了很好的朋友。总的来说，很多年都没有让我出国。要么是齐赫文斯基[①]不放，要么是党组织不让。直到贾丕才[②]当上了苏联科学院东方学研究所的所长，事情才有些转机。我和贾丕才还打过架，是动手打架！真打啊！贾丕才问我："你怎么会在这里一待就这么多年，连中国都去不了？"我回答道："我可不会去拍谁的马屁！"贾丕才说："你敢？！"我对他说："你的马屁我一样也不拍！"他就说："你去中国吧！"我说："噢，不！"我当时并不相信他。后来我被叫到负责高等教育事务的高校委员会[③]，并让我填了一个表，之后我就前往中国了。

问：这一年过得怎么样？是不是熟悉一些资料，了解这个国家，结识一些人？你觉得什么最有趣呢？

答：我主要就是逛书店，一整天一整天地逛！早上出去，晚上回来。书呀、书呀、书呀！

问：您说，您与一些东方学家同事们发生过多次尖锐的争论，是不得已而为之。您觉得他们当中有没有真正的权威？有没有人使您产生过深深的敬意？

答：对我来说，维经斯基让我心怀敬意。

问：但遗憾的是，维经斯基留下来的发表过的著作很少。当然，他是一位著名的创新者，培养了许多优秀的学生，但毕竟，他在中国学研究方面出版的东西还是鲜为人知呀。

答：你这么说是站不住脚的！知道维经斯基的人可不少，还有一点，就是不让维经斯基发表东西。你知道让他写什么吗：关于吴佩孚、张作霖等人的文章可以发，但如果是关于党的东西就不行了。

问：除了维经斯基，您还可以谈谈其他什么人吗？

答：我已经提到过穆德罗夫了。还有一位中国学家鲍里斯·斯捷潘诺维

---

① 齐赫文斯基 1960 年任中国学研究所所长，1961—1963 年任亚洲民族研究所所长。
② 贾丕才（1921—1995），苏联科学院通讯院士（1987），1987—1994 年任东方学研究所所长。
③ 指的是苏联国家国民教育委员会（1988—1991）。

奇·伊萨延科①，他在中国生活了 25 年。

问：如果放眼整个俄罗斯中国学家群体，包括后来与您一起工作的人以及年轻一代的代表，您与谁的相处更友善，彼此之间也很尊敬？

答：列夫·彼德罗维奇·杰柳辛②。

问：能不能谈谈他？

答：当然可以。我起初并不认识他。我们班有一个同学在《文学报》工作，现在已经去世了。有一回，他给我出了个主意：你来写一篇托洛茨基主义的论文，我再抨击你。我起先同意了，可后来我一想，我父亲还在坐牢，现在我又写论托洛茨基主义的论文！不，不能这样！我就去跟他说这样不行。这一切都是因为我们当时在争论，在中国究竟是无产阶级专政还是革命民主专政？他是想拿这诱我上钩然后打击我。那时候，谢尔吉耶夫·阿尔乔姆、列夫·彼德罗维奇·杰柳辛、格·德·苏哈尔丘克③、日尔金和索罗金④等人刚从中国回来，到我们研究所讨论中国政权的性质。我在讨论中也发了言。在讨论的时候，列夫·杰柳辛往我的导师维诺格拉多夫⑤肩上一拍："你什么都不懂，就好好待着！"后来墙报上出现了一篇长文——《中国谁在专政？维诺格拉多夫出了洋相》。过了一段时间，我需要一本关于"五四运动"的书。有人告诉我说列夫·杰柳辛那里可能有。我当时根本不认识他呢。他们都已经是成年人了，而我们还是"孩子"呢。我给他打电话，他请我到他家里去。当时他们住在花园环形街的一个角上。我到他那里，他待我很好，并把这本书送给了我。从那时起，我们就有交往，关系也不错。顺便说一下，这本书我直到 80 年代的时候才还给他，而他从来没有向我要过。

---

① 伊萨延科（Борис Степанович Исаенко，1914—1965），中国学家，出生于哈尔滨，语言学副博士（1950），毕业于莫斯科东方学院，并曾在那里教书。苏联科学院中国学研究所研究人员。
② 杰柳辛（Л. П. Делюсин，1923— ），著名中国学家，历史学博士（1971）。苏联科学院东方学研究所中国部主任（1967—1990）。
③ 苏哈尔丘克（Г. Д. Сухарчук，1927—2006），中国学家，历史学博士（1982），莫斯科东方学院毕业生（1950）。
④ 索罗金（В. Ф. Сорокин，1927— ），中国学家，语言学博士（1979），莫斯科东方学院毕业生、教师；中国学研究所研究人员（1957—1961），亚洲民族研究所研究人员（1961—1967），远东研究所研究人员（1967— ）。
⑤ 维诺格拉多夫（Н. П. Виноградов，1923—1967），中国学家，莫斯科东方学院毕业生（1948），历史学副博士（1951）。苏联科学院东方学研究所中国部副主任（1961—1967）。

从那以后我们开始交流，成了朋友。后来他到苏共中央工作①，我在杂志社工作。我们总是惹出些事情，可他总是网开一面，对我们说："尤拉，不用考虑审查的事！"

问：您怎么看这些年列夫·杰柳辛在中国学发展中所起的作用？例如，在组织"中国的社会与国家"学术会议以及那些年各种学术讨论方面所起的作用？

答：他对所有的同事都很帮忙，但是如果有什么不到位，或者有什么他不喜欢的地方，他也会很强硬的。当然如果有什么人一开始就跟他把鸡毛蒜皮的事儿絮叨个没完没了，他就会把人直接轰走。他可是当过安德罗波夫的助手的人啊。我曾和他一起办过一些学术研讨会。我还能记得第一次办会的情景。当时列夫·杰柳辛还是国际工人运动研究所的副所长②。他建议举办一个研讨会，并让我第一个做报告。除列夫·杰柳辛外还有卡尔图诺娃③、海菲茨④。还有一位叫尼·米·古列维奇⑤，他现在在塞浦路斯。我并不是很想第一个发言，不过还是打了头炮。我推翻了传统的观点，并证明陈炯明原本是支持共产国际的，仅仅是因为共产国际的活动他才站到了敌对的阵营。当时很少有人知道这个问题，大家都不清楚。说实话，毫不夸张，我从早到晚一遍又一遍地研究所有能到手的资料。到后来，我正好就离开了这个研究所。列夫·杰柳辛调到了中国学研究所，开始组织"中国的国家与社会"学术会议⑥，每年都举办。

问：这个会议对于苏联中国学家来说发挥了怎样的作用呢？

---

① 杰柳辛于1959—1965年在苏共中央工作。
② 杰柳辛于1966—1967年在该所工作。
③ 卡尔图诺娃（А. И. Картунова，1924— ），中国学家，历史学博士（1981），莫斯科东方学院毕业生（1947），苏共中央马克思列宁主义研究院研究人员（1960—1991），俄罗斯科学院远东研究所研究人员（1992— ）。
④ 海菲茨（А. Н. Хейфец，1917—1985），东方学家，历史学博士（1964），1960—1978年在国立列宁莫斯科师范学院任教，1978—1985在苏联科学院东方学研究所从事研究工作。
⑤ 古列维奇（Н. М. Гуревич，1922—1983），东方学家，经济学博士（1967），莫斯科东方学院毕业生（1947），苏联科学院东方学研究所研究人员（1956—1983），关于他现在在塞浦路斯的说法是错误的。
⑥ "中国的社会与国家"研讨会由苏联科学院东方学研究所中国部从1970年开始，每年举办一次。

答：在 20 世纪六七十年代，我还记得，米哈伊尔·瓦西里耶维奇·克留科夫①写了一篇关于殷代青铜冶炼的文章，但是书刊检查时没有通过。于是，我就和副主编、突厥学家勒热温去找检查员。一个老太太正襟危坐在那里。我们问她，这篇文章为什么不能发？她说：在殷代青铜器以前，乌拉尔就已经有金属冶炼了。我们的这位当过上校的老编辑把她骂了一顿，然后摔门而去。

问：这么说，自从"中国的社会与国家"这一会议举办以来，就营造了一个没有愚蠢审查的小小空间。

答：可不是，创造了一个可以或多或少地畅所欲言和自由地发表和出版的空间，尽管霍赫洛夫②常常从中作梗。

问：在您的同事中，您还能记起谁吗？

答：还有两个人——弗拉基米尔·伊万诺夫·格鲁宁③和基姆·瓦西里耶维奇·库库申④。格鲁宁最初研究中国第三次国内革命战争，后来研究中国的社会主义革命，再后来出了两卷本的中国共产党史，大约在 20 世纪 70 年代去世⑤。他很有学问，同时治学很严谨，无论是对我还是对所有其他人，他从来都不厚此薄彼。他给我的印象很好。基姆·瓦西里耶维奇研究民族解放运动在中国的高涨问题，即抗日战争前夕的"一二·九"运动（1935 年 12 月 9 日至 1937 年 2 月），当时大批年轻人投身中国共产党。

问：1990 年之后您还去过中国吗？

答：我还去过一次，是我的朋友、中国社会科学院东欧研究所所长

---

① 克留科夫（М. В. Крюков，1932— ），中国学家、历史学家、民族学家，历史学博士（1972），教授，毕业于苏联外交部莫斯科国立国际关系学院（1955）、北京大学（1962）。苏联科学院东方学研究所（1955—1957）、民族学研究所（1962— ）、远东研究所（2002— ）研究人员，台湾淡江大学教授（1993—2002）。著述超过 350 部（篇）。

② 霍赫洛夫（А. Н. Хохлов，1929— ），中国学家，历史学副博士（1972），毕业于莫斯科东方学院（1951）。苏联科学院中国学研究所（1957—1961）、东方学研究所（1961— ）研究人员。

③ 格鲁宁（В. И. Глунин，1924—2004），中国学家，历史学博士（1977），毕业于莫斯科东方学院（1951）。莫斯科东方学院教师（1952—1954）、苏联科学院东方学研究所（1955—1964）、远东研究所（自 1966 年起）研究人员。

④ 库库申（К. В. Кукушкин，1926—2001），中国学家，历史学副博士（1955），俄罗斯科学院远东研究所研究人员（自 1967 年起）。

⑤ 这个说法有误——编者。

徐葵①请我去的。我们是在莫斯科认识的,那还是20世纪50年代初的时候。我给他写了一封信,他邀请我访华两个月,因为通过其他渠道是很难"挤"到机会的。这是我最后一次中国大陆之旅。

问:但是,此后您对台湾省的访问可是接二连三呀!您能谈谈您的台湾之行吗?第一次是什么时候去的?

答:我先后到过台湾5次。作为一个中国学家,台湾给了我非常积极的影响——我开始真正了解中国。我的第一次台湾之行是这样的:我刚好到北京访问两个月,适逢台湾的研究所所长也来了北京。我一到那里,就看到坐着一位姑娘,中国人,她和我打招呼,很可爱。开始我不知道这是谁,后来才知道她是余敏玲②。我问她:"你怎么认识我?"她回答说:"我见过您啊!"我一下子就觉得她很可爱。她对我说:"今年您可一定要到台湾来呀!"这是在1995年。就在那一年,我真的第一次去了台湾。

问:在此之后您隔多久去一次台湾?都和谁进行过交流?

答:我每年都去那里。最先交往的是近代史和现代史所所长陈永发③,他是一位出色的历史学家,很有才华。我还结识了国民党党史委员会主席。他们分别邀请我访问。这对我来说都是重要的经历,他们对我来说都是很重要的人物。他们都是国民党中央委员会成员。知道吗,我和他们平等地交谈:我们争论的焦点是蒋介石究竟功过如何。

问:这有些不可思议对吗?

答:瞧你说的!人们就尽管争好啦!比如说,我就某件事情开始批评孙中山。他们说,批评他很容易,但是要找到合适的方式,可别让人觉得你是无中生有。你看,我在那里学到的东西是什么呢?20世纪80年代末90年代初的时候,远东研究所得到了很多台湾的文献。所有这些书我一看,都为之惊讶!

---

① 徐葵(1927—),教授,中国社会科学院俄罗斯东欧中亚研究所(原为苏联东欧研究所)所长(1981—1998),俄罗斯科学院远东研究所荣誉博士(1994)。

② 余敏玲,博士,历史学家,台湾"中央研究院"近代史和现代史研究所研究人员,20世纪苏中关系史和俄罗斯文化专家。

③ 陈永发(1944—),多年担任台湾"中央研究院"近代史和现代史研究所所长、院士,中国现代史和中国共产党史专家。

问：也就是说您有机会亲自来比较中国台湾和中国大陆的科学文献，是这样吧？

答：比较之后发现，台湾人有坚实的科学历史流派和传统。

问：听说台湾地区的副领导人连战在一次访问中把他祖父连横的一部《台湾通史》亲笔签名后赠送给您，是不是有这回事？

答：这件事是余敏玲为我促成的。我和她的关系非常好，我对她就像对自己的女儿一样。非常喜欢她！她说："尤拉，我们现在就要告别了，我会很快给你打电话的。"后来她打来电话，又来看我，并带来了这部《台湾通史》。她说起我，说一位俄罗斯教授在从事这方面的研究等等。连战就很高兴地把这些书送给我。

问：您在学术方面更喜欢台湾，如果不算学术，在生活方式、环境或者名胜古迹方面呢？

答：我更喜欢台湾人。他们很直率！当我第一次到台湾时，有一次会面很是让我震动。一位普通的台湾人问我："你从哪里来？"我说："俄罗斯。"他说："从俄罗斯来？哦，不用担心，你们的生活会好起来的。我们以前也不好过。别担心，一切都会好起来的！"我非常惊讶，说实话，我被感动了。

问：说到这里，我还想问一下，您最近一次去中国大陆是在什么时候？

答：中国大陆吗？是在 1994 年。

问：不过已经过去 14 年了。说到这儿，有些地方我不同意您的看法。如果说过去，可能确实像您说的那样。2004 年以前，就是我本人，也没有在大陆连续生活过几年呀！但现在，我经常去大陆，我看到人们已经发生了很大的变化，他们能够心平气和地批评那些他们不满意的现象。首先，普通人在言谈中会不遮掩地表达自己的想法；其次，学者也发生了很大变化。他们同样开放了，能说出自己的想法。当然，他们有自己的一套特定的框架和原则。例如，所有的研究都要立足于一点：台湾是中国的一部分，而台湾的历史也是中国历史的一部分。在今天，他们中的很多人对自己所想的就公开谈论，公开撰写文章。这很明显。同样很明显的是，在某些问题上，他们受政局的影响并不大，甚至可能比台湾的历史学家受到的影响还要小，特别是在 2000 年民进党上台之后更是如此。

答：是啊，这一变化很耐人寻味。不过，不是所有的人都能摆脱桎梏，行为并不自由。我非草木，当然也理解那些人。我还记得，我曾在那里参加过一次学术会议，做了一个关于李大钊的发言。李大钊的孙女走过来亲吻了我，那是一位十分漂亮的小姑娘！后来大家集中起来，有人告诉我，说一些人说我是很好的中国学家。我们谈论各种话题。有人谈论我的时候是这么说的：他对中国的了解比我们所有人知道的加起来还要多。你知道后来我的威望上升了多少呀？

问：请允许我谈谈一些带有普遍性的问题。在 20 世纪 60 年代，在马克思主义方法论的轨道上开始了新一波关于发展形态、关于"亚细亚生产方式"的争论。您也参加了这一争论，能不能讲讲这是如何发生的？

答：是我开启了这场争论。当时我在《亚非各族人民》杂志工作。和我一起工作的部门主任是印度学家加马尤诺夫①。他说："我们一起做点什么，来搞点儿轰动效应吧！"我说："轰动倒不用，只是应该想想选什么。"就在这段时间，我们这里从马克思主义—列宁主义研究所来了一位亚美尼亚小伙子，他写过一本书叫作《亚细亚生产方式》。他说："我们进行过一次小小的讨论。"我说："那我们就在杂志上登一个报道吧。"告诉人们，马克思主义—列宁主义研究所发生了这样一场争论，至于实际上是怎么争论的并不重要。我们注销了一个简短的预告。在这之后，《历史问题》杂志的人来找我。主编特鲁哈诺夫斯基②请我写一篇文章。这时候已经出现了各种争论：是否存在过亚细亚生产方式。有人说，存在过"中亚细亚方式"。最后，我写了这篇文章③。在刊物编辑部里，这篇文章通过得十分困难。当时有斯卡兹金院士④、奇霍米罗夫院士⑤和东方学家斯米尔诺夫⑥。文章最终获得了通过。历史学研

---

① 加马尤诺夫（Л. С. Гамаюнов，1922—1969），东方学家、印度学家。
② 特鲁哈诺夫斯基（В. Г. Трухановский，1914—2000），历史学家，俄罗斯科学院院士（1992），《历史问题》主编（1960—1987），英国史和国际关系专家。
③ Гарушянц Ю. М. Об азиатском способе производства//Вопросы истории.-М.，1966，No2，С. 83 - 100.
④ 斯卡兹金（С. Д. Сказкин，1890—1973），历史学家，苏联科学院院士（1958），西欧史专家。
⑤ 奇霍米罗夫（М. Н. Тихомиров，1893—1965），历史学家、苏联科学院院士（1953），俄罗斯史专家。
⑥ 应该是指斯米尔诺夫（Н. А. Смирнов，1896—1983），突厥学家，历史学博士（1941），毕业于莫斯科东方学院（1924）。

究所的党组会议上做出决定，杂志有权发表文章，发表时可以引用我的文章。我的文章一被引用，在一定程度上就起到了致命的作用。苏共中央也马上参与进来。没有人点我的名字，但是有人通知我，历史学家别廖兹金①在《共产党人》杂志上开始讨论亚细亚生产方式的问题。那边的争执已经激烈起来。还有列宁格勒的格·瓦·叶菲莫夫②站出来做了毁灭性的抨击，他起初就反对使用这个概念。所有人都警觉起来，感觉到气氛已经白热化。然后，民族学研究所所长 Ю. В. 布朗利③发表观点反对格·瓦·叶菲莫夫。他问道："都已经过去 50 多年了。您的观点难道就不改变吗？"后来，美国学家叶菲莫夫④支持了布朗利的观点。除了格·瓦·叶菲莫夫之外，所有的历史学家都支持了我。但有趣的是，我们所随后开始讨论时，也有院士们参加，包括在《共产党人》杂志讨论中维护过我的那个叶菲莫夫也来了，他和叶菲莫夫同名。我还以为他就是格龙季·瓦连京诺维奇（指格·瓦·叶菲莫夫），就扑上去驳斥他。后来，我觉得可惭愧了！

问：后来解释清楚了吧？

答：当然解释清楚了！我后来当面向他道歉。他说："你怎么回事啊？！我倒是连你提都没有提及过呀？你呀！年轻人啊，年轻人……"

问：您还记得您这篇文章的题目吗？

答：《关于亚细亚生产方式的问题》。⑤

问：文章是署的您的名字还是以编辑部文章的名义发的？

答：署的是我的名字。我一下子就被人们奉为经典。随后，围绕这一问题的一场讨论开始了。有一位格鲁吉亚科学院院士和其他一些人发表了自己

---

① 别廖兹金（Александр Васильевич Берёзкин，1910—1968），历史学家，《共产党人》杂志编辑委员会成员。
② 格·瓦·叶菲莫夫（Г. В. Ефимов，1906—1980），中国学家，历史学博士（1958），列宁格勒大学教师（1941—   ）、副校长（1961—1965）。
③ 布朗利（Ю. В. Бромлей，1921—1990），历史学家、人类学家、院士（1976），苏联科学院民族学研究所所长（1966—1990）。
④ А. В. 叶菲莫夫（А. В. Ефимов，1896—1971），历史学家、美国学家，历史学博士（1938），苏联科学院通讯院士（1939），教授，斯大林奖获得者（1942）。苏联科学院民族学研究所研究人员（1957—   ）。
⑤ 原文题为《 Об азиатском способе производства 》。

观点。在这个杂志上发表文章的时候,所有人好像都是在谈论我,但并不是引用我的文章,他们都避实就虚。总之,这次辩论就是这样产生的。

问: 对本次辩论的结果您是怎么评价的呢?毕竟它持续了很多年,许多学者参与其中。涌现出许多新的和出乎意料的思想火花。

答: 你也知道,我们的不幸在哪里?我们总是步别人的后尘!对1928年美国的那场讨论我应该重新写一写。在中国没有过任何的封建制度。中国有一句口号——"耕者有其田",这是一个乌托邦式的口号,根本不可能实现。无论如何,土地总是不够的。因此,解决土地问题的唯一方法就是实现农业现代化。这是我写过的一个相对新的问题。我一个劲儿地从马克思那里找答案,寻求村社的可能性。美国人比我们讨论得要早,而且采用的不是马克思主义的立场。

问: 两年后的2001年是辛亥革命100周年。在台湾成立了一个庆祝委员会,因为这是一个非常重要的日子。中国大陆也开始重新评价辛亥革命。我知道,您也在研究这一时期。您认为,辛亥革命对于中国和整个亚洲的意义在哪里?

答: 您明白,列宁的观点到现在仍然占据主导地位。事实上,我已经说过了,中国的土地问题并没有这么尖锐,局势并不紧张。客家人、黑帮分子,——他们掌管一切。10年前台湾举办过一个研讨会,探讨辛亥革命的结果。参加这次会议的都是世界知名学者,包括美国、中国台湾等地的学者。他们认为,辛亥革命并不是资产阶级民主革命,而是反对清朝的民族解放运动。

问: 苏联解体以后,中国学家—历史学家们面临着重新评价中国历史的任务。从那时开始这种尝试就已经不止一次了。其中一次尝试是莫斯科大学亚非学院出版的由 A. B. 梅利克谢托夫主编的《中国历史》(《中国历史:教科书》,莫斯科大学,1998年,第736页)①。这本书本身不无争议,也不是没有错误和不足,但是,它问世后引起了一场卓有成效的讨论,您也曾参与其中。这场讨论也是一个时代的标志。这本教科书中有什么新的东西和什么

---

① История Китая. Учебник. Издательство:МГУ. -М.,1998.736с.

不足之处？

答：我当时专门研究了现当代史，而没有关注古代和中世纪时期。首先，我核对了所有的事实，没找到一个正确的事实。如果有这么多事实性错误，我为什么需要这本书？这是维经斯基一生都在教给我的：检查核对三遍，每一遍都要标出你的发现。我就是这么做的，实话实说！每一遍都核对引文，并签字。看看，有三个签名……

问：真是一个有趣的方法。如果我们谈到方法论，那么为什么还是要实证主义呢？

答：什么是实证主义？这是一个笼统的概念，描述所有的东西如何存在，并在此情况下建立一个严整的概念……

问：那么在您看来，苏联解体后的俄罗斯中国学发生了怎样的变化？

答：我觉得没有什么变化，这也是我们的中国学研究的悲剧之所在！

问：为什么会这样呢，是因为惯性还是缺乏资源？

答：既因为惯性，也因为缺乏自主思考的声音。齐赫文斯基想发挥这种作用，还够不上水平，而其他人——这并不重要……中国学的观念也没有发生变化。

问：现在，人们都热衷于谈中俄之间的"战略性伙伴关系"。您是不是认为，这种战略性伙伴关系有一天会转变成"战略性竞争关系"？

答：这里我完全同意你的观点。

问：这只是我的一个问题，而不是一种论断！

答：那么我确认我同意（这种提法）。在一个恰当的时刻——一个急转弯，就这样了……

问：让我们回到研究方法上吧！根据您的经验，中国学家该如何工作？您刚刚谈到了，对事实进行检查、再检查，研究数据源，查找原因……一般来说还有什么是必需的？

答：在历史研究中必须要加强史料学方法。这是什么意思呢？例如，我拿到一本出版于1913年的关于袁世凯的书，然后又拿到一本同样关于袁世凯的出版于1914年的书。再然后又得到一本他去世前出版的书。三本书是完全不同的，三种不同的评价！每后面一本书的评价完全推翻了前一种。这是第一点。然后，要弄清楚作者的政治观点，谁写的这本书。之后，了解作者的哲学观点。他是不是进化论者，诸如此类的。然后选择分析方法——比较学方法还是发生学方法。例如，将俄国革命与中国革命进行比较，然后再进行论述。之后我就得出结论。我能够用两年的时间来研究作者。我写东西很慢，顺便说一句。我发表过很多东西，但写得很慢，你甚至无法想象！我所有的时间都花在这上面。

问：您是指花在研究作者上吗？

答：是的，是研究作者。这样我就可以知道你写的东西是否正确。特别是用中国大陆的文献进行研究的时候，这点尤为重要。你有没有注意到？大陆的文献中通常都没有脚注。这是一个很大的问题！在这方面，我从台湾历史学学到了很多。对我来说，熟悉台湾史学是我认知上的一次革命。我开始明白，什么是历史学，什么是中国学。

问：是的，台湾人就是喜欢史料研究！

答：首先，台湾人非常喜欢史料研究。其次，他们非常重视史料来源。当你开始挖掘这些事实，那么整个观点突然间就通过别的方式建立起来了。因此我非常重视方法论、研究方法和研究逻辑，而不是简单地翻开书，抄写一遍书中的事例，就像现在很多人做的那样。

问：您刚刚提到有关于袁世凯的三本书和三种不同的评价。如果算上后来的研究者，那么可能会有几十本甚至上百本关于他的书，但是，通常对他的评价是以负面为主。那么，您怎么评价袁世凯其人其事？

答：我认为，袁世凯并没有出卖任何一位（改革者），告密的事情是徐世昌干的。当时他们两人都在天津参加一个宴会。后来回到北京，袁世凯担心徐世昌已经向慈禧太后告密了。[①] 他也就不能不报告了。他还能怎么办呢？

问：那徐（世昌）到底告密没有？

答：立刻就告密了。台湾和大陆对此都进行了大量的研究。我以前也研究过，并且就这一问题做过三个报告。

---

① 这里指的是 1898 年 6—9 月"百日维新"期间的事件。

问：那我们把话题转向民国时期，您如何评价袁世凯在民国时期的作用？

答：我们都低估了他。我们认为他是个刽子手，仅此而已！而事实上他是个国务活动家。作为一个国务活动家，袁世凯比孙中山站得高得多，但是，这一点我们写得很少，只是写他是如何叛变的。

问：是啊，一个没有原则的永远的叛徒。显然，关于袁世凯的真正的研究还有待未来呢。

答：当然！我刚刚开始研究袁世凯，没想到生病了。我已经看了很多资料。

问：也许，在某种程度上，辛亥革命100周年为转变对袁世凯作用的评价产生了影响？

答：那倒未必。我在自己的报告中曾经批评齐赫文斯基的一本书，他并没有理解透袁世凯，只是重复了传统的观点和评价。他称袁世凯为君主主义者。但他并不是君主主义者，他是立宪君主制主义者（конституционный монархист）！这是两回事。齐赫文斯基在书中写道，袁世凯是一个纯粹的君主主义者，但他指的是立宪君主制。齐赫文斯基生气了，他说："你有什么可批评的？所有的人都这样写！"我说："是啊，当然。以后你的学生也会这样写。有什么区别？！"

问：尤里·米萨科维奇，您致力于中国学研究已经超过60年了。您认为，您在学术领域、中国学领域最大的成就是什么？

答：抱歉，这有些不太谦虚。我认为，我在中国现代史研究上做了大量工作。不要误会我的意思。就像背乘法表一样，我可以毫不客气地说，我能够讲出1917年至1949年中国发生的事情。

问：确实是这样，您当然不用谦虚！那么，您有没有什么事情想做但是还没有做成？有什么遗憾的事情？或者未来有什么计划？

答：那就是研究孙中山了。列宁、斯大林对孙中山思想的评价对我们的干扰很大。例如，斯大林写道："近年来列宁高度重视孙中山——一个伟大的革命家……"列宁什么时候这样说过？相关档案在哪里？

问：您有没有参与过把中文文献翻译成俄语的工作？毕竟，您自己也说，目前缺少翻译过来的资料。

答：我翻译过一部很厚实的关于"五四运动"的论文集，出版于1969年。后来我翻译了孙中山的警卫员马湘的书①。之后我还翻译了郭沫若1959年写的关于抗日战争的书，题目是"洪波曲"（郭沫若：《洪波曲：抗日战争回忆录》，莫斯科，1962年）②，非常有意思。能想起来的就是这些了。

问：近几年，俄罗斯的中国学研究是否朝好的方面改善了？

答：可以说，我非常高兴有 А.В. 潘措夫③、萨沙·皮萨列夫④；非常高兴有萨沙·罗曼诺夫⑤、安德烈·卡尔涅耶夫⑥。这是新生代，现在，莫斯科大学里的学人是最好的一代，是真正的专业人士。在我看来，现在，中国古代文献研究也有所发展。司马迁、孔子、四书，都有翻译版本问世。虽然很慢，但正在发展进行中！

问：在我看来，这种积极的趋势已经逐步显露出来了。

答：也就是说，年轻人成长起来了。

问：在近几年出版的俄罗斯中国学家的书中，您认为有哪些最值得关注？

答：我毫不夸大，首先想提到的就是您的书（翻译盛岳的著作《莫斯科中山大学和中国革命》）。这是真正的史料！里面没有假话！我非常喜欢——就像书中写的——"激进派"和"民族主义者"。

问：再次感谢您！能想起来的还有 А.В. 潘措夫关于毛泽东和蒋介石的书。

答：是的，但是关于蒋介石的书我并不喜欢，尽管我读了两遍。

问：这么说您应该喜欢关于毛泽东的书了。

答：这里您可以看一下，李锐的一本书。（递给提问者）

问：（看了书名）李锐，《三十岁以前的毛泽东》，出版于1993年。

---

① 马湘：《跟随孙中山先生十余年的回忆》，《辛亥革命回忆录》（第1集），中华书局2010年版。

② Го Можо. Песнь обушующей волне. Воспоминания об антияпонской войне. -М., 1962.

③ 潘措夫（Александр Вадимович Панцов, 1955—　），中国学家，历史学博士（1993），毕业于莫斯科大学亚非学院（1978）。莫斯科大学亚非学院副院长（1998—1999）。在美国多所大学任教。中国共产党史、苏中关系专家。

④ 皮萨列夫（А. А. Писарев, 1950—　），中国学家，历史学博士（1992），莫斯科大学亚非学院教授，台湾淡江大学教授（1996—　）。

⑤ 罗曼诺夫（А. В. Ломанов, 1968—　），中国学家，历史学博士（2001），俄罗斯科学院远东研究所研究员。

⑥ 卡尔涅耶夫（А. Н. Карнеев, 1964—　），中国学家，历史学副博士（1996），莫斯科大学亚非学院副院长。

答：我在中国台湾买到这本书。读了之后似乎并不喜欢它。（"中央研究院"）近代史研究所的所长陈永发对我说："你没有好好读，请仔细读读！"我读得很仔细，就问陈永发："为什么说我没认真读？"他说："你读过之后没有爱上它！"这是什么意思？他分析了毛泽东30岁之前所掌握的那些著作，而由此已经可以描绘出毛泽东的肖像了。萨沙拿到这本书后说，它不值得关注。我没有对他说什么。这是一种不经心的态度。后来他重复了袁世凯是叛徒的这种观点。后来他又把彭真给搞混了。彭真是个无政府主义者，而他写道，彭真在1922年成了共产党员。其实彭真是在1924年才入党的。类似的东西在放大镜下能找到很多。但是我问过许多中国学家，问他们是否读过潘措夫写的这本关于毛的书，都说还没有。我是认真地读了两遍。

问：我也从头到尾读了一遍。我喜欢它。您觉得，今天应该最关注哪些方向和议题？

答：人物传记。这也是一个市场化的方案，而且谁也不了解。现在我有一个愿望就是人物传记、历史的人格化。这是历史学发展的普遍趋势。

问：您认为哪些学术问题非常重要但又没有得到足够的重视？

答：土地问题。

问：过去这曾是"马克思主义"的流行议题，但现在……

答：已经没人研究了。

问：如何从整体上评价俄罗斯中国学的特点？与西方或者日本的中国学研究有何不同？

答：如果谈到美国，那么对美国人来说，这是一个战略性的科学。对其的态度就是对战略性科学的态度。在这样一个复杂的世界，建立与中国这样一个国家的关系——就是这样！而我们则完全不是这样。还有一个问题，我们的图书馆已经有几年没有收到来自中国的文献了？

问：在这一点上我们已经远远落后于中国人了，他们完全理解研究俄罗斯的战略重要性，所有必需的俄语文献中国人都有。

答：他们也有国家的大力支持，而我们呢，就这样凑合做。

问：您对青年中国学家还有什么希望？

答：研究第一手资料，从事史料研究和遵循历史学发展的规律，遵循思想发展的规律。

问：中国学家要成为真正的专业人士，应该具备什么样的素质？

答：第一件事——不喝酒不吸烟！

问：您说这些话的时候还在吸烟啊！

答：我还喝酒呢。更准确些说，是以前喝。夜以继日地工作！坦白对您说，从1948年开始我没有一个晚上不读中文的。我头脑中有数千个计划！但生活因为吸烟早早地被破坏了，就因为这个……中国学家应该非常勤奋。因为这可是中国的历史，不是我们的或者西方的历史。读西方的历史，所有的似乎都很明确。但是，在中国很多情况是完全不同的。阶级的方法对中国是不适用的，至少在1949年之前是这样的。

问：您喜欢中国吗？

答：我喜欢台湾。我可以坦白地说。台湾的历史学——是真正的科学，那里就像正在进行的法庭审判。我既听取这方，又听取另一方。

问：您是台湾的一个真诚崇拜者。您怎么看，海峡两岸有没有统一的前景？

答：短期内这是毫无意义的，而从长期的发展前景来看，这是完全可能的。我听到过很多中国大陆和台湾的知名人士说，两岸是不能分开的。

问：看来，我们想讨论的问题已经几乎都谈到了。尤里·米萨科维奇，您能参与我们的讨论，又毫无保留地给我讲了这么多，非常感谢！

答：那么我们就做顿午饭吃吧！

利·伊·戈洛瓦乔娃访谈录

访谈对象：利季娅·伊万诺芙娜·戈洛瓦乔娃①
俄文姓名：Лидия Ивановна Головачёва
职　　务：俄罗斯科学院远东分院高级研究员
学术专长：中国近代史与中国古代哲学（孔子与老子）
访 问 者：瓦连京·戈洛瓦乔夫（刘宇卫）
翻　　译：李俊升
时　　间：2009 年 10 月 19 日
地　　点：北京（香山）

问：尊敬的利季娅·伊万诺芙娜，你好！在正式开始我们的汉学采访之前，请你简单地介绍一下你自己好吗。

答：我叫利季娅·伊万诺芙娜，我的专业是汉学，是史学家。我之所以学这个专业是因为在中国工作了很长时间。1937 年我出生在坦波夫市。我今

---

①　已于 2011 年 6 月 15 日去世。

年72岁，现已退休多年。

问：请问，你个人是怎么看待"中国学—口述史"，这个我们正在参加的国际计划？

答：我觉得这是一个很了不起的计划！我认为，尽管中国在20世纪80年代就已经出版了苏联和俄罗斯中国学家的索引词典①，但直到现在，无论是在俄罗斯，还是在国外，我国的中国学家知名度都不高。在我国，索菲亚·达维多芙娜·米利班德付出了非常大的劳动，出版了俄罗斯东方学家的传记词典②，其中也有俄罗斯中国学家的介绍。即使是这部词典，对中国学家的经历介绍得也不足，其中只是一些标准的履历：中国学家哪儿出生的，在哪里读书，在哪里获得了学位，而人们最想知道的是他是怎么走上学术道路的，是怎么成功的，这些却往往没有进入画面。

问：如果回忆您个人最初走入中国学领域，是否可以问您是怎么以及何时知道了存在中国这个国家？在你记忆中，对中国的第一印象是什么样的？

答：我大约5岁时，第一次知道关于中国的事。那是从外公在图书馆借来一本被人们翻得很烂的儿童画书中知道的。书名是《蓝娃》。

　　中国是一个广袤的国家
　　无论你走到哪里
　　馥郁的茶香扑鼻而来
　　全世界都畅饮之茶
　　上海港啊，迎接货轮吧！
　　货轮成一队即将入港
　　驮着那馥郁芬芳的茶
　　满载而归家……

这首诗里讲的是一名上海小孩，他溜到了一个货船上，就钻进了底舱。

---

① 中国社会科学院文献情报中心编：《俄苏中国学手册》（上、下），中国社会科学出版社1986年版。

② 米利班德，俄罗斯东方学家，20世纪—21世纪初。传记词典，两册，莫斯科，2008年。

船已驶入远海，一群恶狠狠的英国船员发现了他，就把他撇到了海里，可小孩子游泳游得很好。看到这个情形，英国人把他捞出来。他们把几个哑铃捆绑在他脚上，冷笑道："来，你脚上绑着哑铃去潜水吧！……"这个可怕的印象伴随了我一生。过了很多年，有人给我说，这是杰克·阿尔陶津（Джек Алтаузен）[①] 的诗作。

问：这是一个反殖民主义的形象。不过，这终归是一个虚构的文学形象。那你是什么时候真正知道世界上有一个国家叫中国？

答：在战争年代，我和外婆在地图上寻找南京和重庆。我在学校里读了些文章，看到远东的边防军是怎么目睹日本人在中国土地上犯下的暴行。我还记得一位俄罗斯小姑娘从中国写给《少先队真理报》的来信：她写道，很遗憾的是，中国人很温顺，很听话，中国不可能爆发革命。实际上却不是这样。在第二次世界大战取得胜利之后，关于中国革命的成就写了很多报道，大家为中国人感到高兴。在我念六年级的时候，少先队杂志《篝火》[②] 上发表了一篇介绍中国革命史和延安的长篇文章。这篇文章给我留下了很深的印象，况且，写这篇文章的作者是一名中学生。我感到很吃惊，一名中学生怎么能写得这么好，这一切他怎么都能知道呢（是否他的父母在中国工作）？而当我中学毕业，在考上列宁格勒建筑工程学院之后，我才知道，与我同班学习的还有5个中国人！当时和我们同岁的有10个中国人！我们学院总共有40人！这就是我第一次与活生生的中国人打交道。

问：这是不是中国来的留学生，他们来到苏联是为了获得高等教育，学到专业知识？

答：是的，他们是来留学的。我们当时与他们相处得很好。我们对中国有很浓厚的兴趣。我们之间的友谊就持续了一辈子。算到现在，我们友好相

---

① 杰克·莫伊塞耶维奇·阿尔陶津（1907—1942），苏联诗人，西伯利亚人，1918年在中国，在上海—香港这条航线的轮船上工作过。1920年回到了俄罗斯，战死于前线。在《杰克·诗集》（莫斯科：艺文出版社1976年版，第160页）的前言中，诗人叶·多尔马托夫斯基高度评价了他的诗作。上面提到的书的准确名称是《船长与蓝娃的故事》（«Повесть о капитане и китайчонке Лане »，1926）。

② 《篝火》（Костер）是儿童文学出版社出版的全苏联月刊，1936年发刊一直到1946年。然后经过十年的中断后，又在1956年重新发行出版，1949年戈洛瓦乔娃读六年级时，该刊并未发行，可能提及的是出现在《先锋》（Пионер）杂志上的文章。

处已经有 50 多年了。

问：据我所知，你的专业是工程师。尽管你是与中国人一起上大学，可你的第一个专业与中国没有关系。您如何终究成了一名中国学家？是什么让你转到了汉学领域？

答：说起来话可就长了。我的父亲是一位建筑师。在战后，我们全家迁到了被毁得面目全非的塞瓦斯托波尔市。这座城市已变成废墟，需要重建起来。所以我的第一项专业是以父亲为模范所做出的选择。[①] 但我偏爱学习外语。我很想进入列宁格勒大学中国部，可这事儿我连提都不敢提。从参考书上看，列宁格勒大学不提供宿舍，而我去学习的时候是与我的孪生妹妹一起去的。她上的是医学系，那里也不给宿舍。妹妹已经有意向了，而我还要选择将来干什么。我家里的小弟和父母都是清寒的知识分子，日子过得很拮据。我当时是这么想的，要学一个实惠一些的专业，这样我就进入了建筑学院。我是没有参加考试就被录取了：因为我和妹妹都是中学获得金牌毕业的。命运对我的安排还是正确的，把我分到了当时很吃香和人多的列宁格勒（今圣彼得堡）大学中国部，到了 1959 年，因为苏联与中国的关系恶化而遭到关闭。大学生都被拆分到其他各个高校，而我留在了列宁格勒建筑工程学院与中国人一起学习，后来我就与同学中的中国人结了婚。大学毕业后，我在中国生活了很多年，在清华大学俄语教研室工作。这是 60 年代的时候。当时居留中国具有私人身份的外国人，只要学习汉语，都引起了怀疑。我基本上学会了阅读，掌握了一点日常用语。那年代我基本上接触不到中国的传统文化。所有古老的东西都受到了批判。不过，我很仔细地阅读了俄文版的古典小说《红楼梦》《三国演义》《水浒传》，而对中国当代史我觉得还没有兴趣。对中国革命的介绍既没有引起我的兴趣，也没有唤起我的冲动，这与童年的那种兴奋劲儿恰好相反。也有一些让我感兴趣的事情，比方说，一些老人，坐在公园僻静的地方，两耳不闻窗外事，双手摆在肚子上，那他们能看见什么，他们在想什么？这可能是与佛教有关的事情，但我身边的人基本上都是说俄语的，他们对佛教一无所知。不过，有两本书突然勾起了我对历史的兴趣。

[①] 伊凡·格里格里耶维奇·戈洛瓦乔夫（1909—1997），苏联著名建筑师，在坦波夫、列宁格勒、塞瓦斯托波尔等城市居住、作战和工作过。

第一本是娜塔莉亚·伊莉伊娜描写哈尔滨和上海俄罗斯侨民的书。① 此书让我弄清楚一些事情。在我们教研室工作的有安德烈耶夫夫妇，他们曾侨居哈尔滨。我对他们是持批评态度的。他们讲哈尔滨的事情，但总是断断续续地不连贯，因此我不能把这一切与俄罗斯历史中所了解到的革命时代和国内战争时期的知识衔接起来。而现在，在读了娜塔莉亚·伊莉伊娜的书之后，条理就出现了，况且，所有的底细都不是我以前所想象的那个样子。第二本书是加琳娜·维什尼亚科娃－阿基莫娃的《在起义中国的两年》②。她的生活真是让我赞叹不已。在 20 年代初期，她在莫斯科开始学汉语，但她看到，在这里也学不出个什么名堂来，所以就蹭上大货车，穿越了还是一片废墟的俄罗斯来到海参崴，进入了东方学院。学了两年之后，她被派到中国。当时，反对帝国主义的革命在中国已经如火如荼，有苏联军人和政治顾问在国民党部队工作，他们需要有人担任翻译。这个姑娘被派到冯玉祥将军的部队当翻译。她在中国度过了两年，亲眼见证并参加了 1925—1927 年从发起到最后失败的大革命。对我来说，那个时期的历史篇章突然以一种新的形式展现在眼前。新的资料与译成俄语的中国现代史教科书中所写的相距甚远。革命似乎变得有血有肉起来，一下子就能勾起人的兴趣。突然，我想起童年在塞瓦斯托波尔的一件事来：那就是著名的黑海"胜利号"邮轮上的一场大火，这好像是 1948 年的意外。据说，有一位中国将军叫冯玉祥，他在这场大火中牺牲了。况且，我们在北京的熟人冯颖达，她住在旁边的一栋楼里面，她常常来我们家里做客，主要是想说说俄语。原来，她就是那位冯玉祥将军的女儿。你看，多巧啊！这样，真没有想到的就是，燃起了我对中国现代史的兴趣。后来发生了"文化大革命"。我是这场革命无助的见证者，它也毁了我的家庭。我不得不回到苏联，但我已经离不开中国了。没有中国我无法生活，尽管我也试过一次。我再次试过重新捡起自己抛弃的工程师的职业。③ 我办好了这个事，不过我已经明白了，这不是我的命运。那我又该如何寻找自己的命运呢？我

---

① 指的是伊莉伊娜自传式小说《归来》（莫斯科：苏联作家出版社，两册，1957，1965 年）。
② 维什尼亚科娃－阿基莫娃：《在起义中国的两年：1925—1927》，莫斯科，1965 年。
③ 戈洛瓦乔娃于 1969 年回到苏联，与父母同住在塞瓦斯托波尔市，并在先进的浮式起重机建造中心——中央建造局"扩拉尔（珊瑚）"担任工程师。

在设计局继续做专业的工作，同时我在 1970 年考上了列宁格勒大学哲学系，进入函授学习班。我当时有个想法：要学习古代中国哲学，自学汉语，然后再观望看看。我知道，我回到中国的可能性很小，但哪怕是将来找一份与中国相关的工作也好呀。在上第一堂课的时候，老师给我们列举了列宁格勒大学前校长亚历山德罗夫院士的一句话："大学生不是必须灌输的器皿，而是需要燃起的火炬。"不过很快地我感觉到了自己就是一个器皿，给这个器皿不仅仅是使劲地灌输，而且还给灌得满满的。只要记性好就行，别的都不重要。在一年级学习的时候，我就知道，列宁格勒大学的东方系还是存在的。系里面有中国部，甚至还是两个部——一个语文部，一个历史部。来列宁格勒参加学期考试的时候，我趁机会开始参加东方系中国史教研室的会议，在那里经常有学术报告发表。突然，又有一个意外的收获——我碰上 В. Ф. 古萨罗夫正在讲 40 年代的延安"整风"，也就是在共产党内部开展"整风运动"。我一下子豁然开朗：一位旁观者所看到的事情与事件的亲历者所思考的东西不一定完全符合这些事件的真相。总的来说，如果说有真理的话，那它好像不在此处，那能在何处呢？曾经有一度，我很渴望从哲学系调到东方系。我又办成了，尽管也不得不克服很多组织程序上的困难，还需以自学的方式通过两年的汉语、日语、法语的考试，以及通过中国、日本和亚洲其他国家从古代到近代的历史考试。我非常感激父母的理解和支持。他们当然想让我留在他们身边，留在塞瓦斯托波尔，因为他们也不怎么年轻了。塞瓦斯托波尔是很宜居的城市，但是对未来中国学家而言，那里都无事可做。父母也就把我放啦！在 33 岁的时，我成了列宁格勒大学东方系三年级的学生。既没有宿舍，也没有助学金。小孩留了住在塞瓦斯托波尔的父母身边。有一个学期我是靠失业补助、靠父母、靠学院时期的老校友为我提供能够栖身的宿舍而度过的。但是，这仍远不如维什尼亚科娃—阿基莫娃在内战结束后蹭大货车前往远东。下次学期考试的时候，我都考到了优秀。大学给我发了最高助学金，还给我安排了宿舍，一下子跻身未来东方学家的圈子我就觉得其乐融融。我在三年级时候插的那个学员不多的中国历史学习班，由于学习困难、就业无望，慢慢也就没有几个人了。在大学毕业的时候，我们就只剩下三个人。据我所知，到现在还一直从事中国研究的就只有我一个了。

问：列宁格勒大学东方系的汉学学派历史悠久，其根之传承可以追溯到阿列克谢耶夫院士①和19—20世纪其他很多著名的中国学家。你在70年代上学的时候，有哪些大师教过你？

答：我是1975年大学毕业的。我有教我的老师，但谈不上是大师。不过这些都是很好的老师！首先，列夫·阿布拉莫维奇·别列兹尼（Лев Абрамович Березный）②是我们系里的明星老师。格·瓦·叶菲莫夫（Геронтий Валентинович Ефимов）③长期担任我的指导老师。他很耐心地对待我对哲学的兴趣，却很用心地把我带到了中国现代史的路子上。他也如愿以偿啦！我很喜欢盖·亚·斯莫林（Георгий Яковлевич Смолин）④讲的中世纪史学史课。也有年轻的老师，如鲍·格·多罗宁（Борис Григорьевич Доронин）⑤和鲍·米·诺维科夫（Борис Михайлович Новиков）⑥，他们给我们既讲中国历史，也教我们学习汉语（相应的词汇）。鲍·米·诺维科夫开了一个专门课程，讲的是中国的秘密会党。我后来经常回忆起他来，我也想，秘密会党在建立中国的共产主义制度方面起了什么样的作用。说真的，他本人没有碰这个题目。维·瓦·彼得罗夫（Виктор Васильевич Петров）⑦是一位很出色的演讲者，他给我们讲中国文学以及词典和参考书的课程。维·瓦·彼得罗夫真是与众不同。他发言的时候，听众都安静地听他的演讲。他没有获得副博士学位，尽管人们说他写了三部现代文学的论文。不巧的是，只要他快结束论文的时候，他所选定的研究作家在中国就开始遭到批评，有时简直就是到了被镇压的地步。

---

① 阿列克谢耶夫（1881—1951），伟大的俄罗斯中国学家之一，院士（1929），1910—1951年在圣彼得堡大学（列宁格勒大学）执教。
② 别列兹尼（1915—2005），中国学家，历史学博士（1969），教授、讲师，从1949年开始在圣彼得堡大学（列宁格勒大学）东方系执教。
③ 叶菲莫夫（1906—1980），中国学家，历史学博士（1958），教授、讲师，从1949年开始在圣彼得堡大学（列宁格勒大学）东方系执教。
④ 斯莫林（1930—2011），中国学家，历史学博士，教授、讲师，在圣彼得堡大学（列宁格勒大学）东方系执教。
⑤ 多罗宁（1928— ），中国学家，历史学博士（1993），教授、讲师，从1968年开始在圣彼得堡大学（列宁格勒大学）东方系执教。
⑥ 诺维科夫（1929— ），中国学家，历史学博士（1976），教授、讲师，从1957年开始在圣彼得堡大学（列宁格勒大学）东方系执教。
⑦ 彼得罗夫（1929—1987），苏联中国学家、语言学家、文学家，生于列宁格勒（1951—1987），在圣彼得堡大学（列宁格勒大学）东方系执教。

这样他就一直答辩不了。我总是很仔细地听自己的老师讲课，尽量从他那里学习所能学到的东西。说真的，也不能说我接受了他们的观点，或者说我属于他们的学派，因为我已经是身处另外一个时代的人了。

问：这么说，这些老师教会了你很多东西，他们也培养了你研究中国历史的兴趣，是不是？

答：当然，事实上就是这样。从这个意义上说，他们以前是，现在仍然是我的楷模。

问：你后来独立展开了自己的科研活动，是从哪个具体课题开始的？你的毕业论文写的是什么题目？

答：我最早的独立科研活动的题目很有意思！写的是有关20世纪20年代的《东方杂志》。

问：这部杂志是什么样的？

答：这是著名的"商务印书馆"在上海办的一份杂志。这本杂志有一个特点，它一直不间断地发行了50多年，先是在中国大陆，后在中国台湾。当我得到这个题目的时候（我的指导老师是叶菲莫夫），苏联科学院社会科学学术信息研究所在莫斯科刚刚创建起来。那里有全套的这本杂志。这深入了那个时期的事件与想法当中，是我无法想象的！我看到了，中国的人文思想在20世纪20年代是多么的发达。社会思想里面有多么耐人寻味的思潮。我也看到了他们对待马克思主义和俄国革命史的态度。这一切简直让我为之震惊！我并不认为我当时很好地完成了这个题目，但熟悉这本杂志对我的生活起了很大的帮助作用，因为在我生活的各个阶段，这些事件常常会"浮现"出来。熟悉《东方杂志》里所叙述的那些人对我日后的科研活动具有重要的意义。

问：你1975年从列宁格勒大学毕业后差不多35年已经过去了。在这几十年内，当年与你一起学习的大学生是不是也成了著名的中国学家？

答：遗憾的是，我的同年级的学生很少有人从事汉学的研究工作。可以这么说，这主要是因为，我们大学毕业的时候碰上了苏中关系最不好的时期。大概，我唯一可以提到的女同学的姓名，她从一开始就研究中国，直到现在还从事这个工作。她就是著名的中国学家玛丽娜·叶甫盖尼耶芙娜·克拉芙佐娃①教授。她现在是圣彼得堡大学哲学系的教研室主任。我们年级的其他同学都转行了。

问：你们那个年级总共有多少大学生研究汉学？

答：学习中国历史的中国学家，毕业的时候总共才三个人！学语文的有五个人（玛丽娜·克拉芙佐娃正好就是学语文的），其中两个人是保加利亚人。招收的人不多，准确些说，名额倒是不少，但后来很多人被刷下来了。从事汉学当时很困难又没有前景的，比方说，从专业工作（专业就业）的角度来看。

问：你刚才已经说到了，在你毕业的时候是苏中两国关系最不好的时候，两国之间的交往基本上完全中断了。在毕业的时候，是不是你找到专业对口的工作也很难呀？

答：是的，当然是这样。

问：你是怎么找工作的，你最后找到了什么工作？

答：这时候，在远东的海参崴正好建立了苏联科学院远东分院的汉学分部。准确地说，这还算不上分院，而是苏联科学院的远东科研中心。

问：看来，在你去远东之前，是不是也想办法在列宁格勒或莫斯科找工作？

答：是的，但当时这一点可能都没有。在那时，国家一点儿都没有按专业分配工作。必须有列宁格勒的或者最好是莫斯科的户口，才能随便找个什么工作。我是从乌克兰来的，既没有列宁格勒的户口，也没有莫斯科的户口。当有人给我建议在海参崴工作的时候，我就同意了，尽管心里并不舒服，离家真是太远了。回过头去看，我做的是对的。不过，如果我想要研究中国，就没有别的什么选择。

问：在远东的这份工作具体是干什么？

答：我被推荐到苏联科学院远东科研中心远东各族人民历史、考古和民族学研究所担任副研究员。这个所有一个中国处。我们主要研究中国东北地区——也就是我们所说的满洲里的历史。

---

① 克拉芙佐娃（1953年出生），中国学家，语言学博士（1994），自2003年起担任圣彼得堡大学的哲学和政治学系的教授。

问：也就是说，当时你必须要加入其他中国处的同事已经开始研究的那些问题？

答：可以说，当时这只是刚刚开始的研究，因为 Ф. В. 索洛维约夫（Фёдор Владимирович Соловьев，一位非常热心研究中国历史的人）① 所领导的这个处不久前才刚刚成立。主要的研究题目还没有确定。我们是按照不同时代的先后来分组的。我和一组同事受命写成已被列入计划的满洲历史专著的最后一卷。

问：这个系列总共计划写多少卷？

答：计划写三卷：第一卷是从古代到 20 世纪初；第二卷是从 20 世纪初到 1945 年；第三卷从 1945 年一直到现在。顺便说，这三卷都已经出版了。第三卷出版的时候，我已经结束了在这个所的工作，也已经退休了。这卷是 2004 年出版的（海参崴"远东科学出版社"）。

问：但是，除了集体的学术研究之外，你也研究过个人的课题，就是后来成为您副博士论文的题目。那是什么题目？

答：我写的是"文化大革命"这个题目，它在我的生活中起了太大的作用。因此我想好好琢磨一下始于 1966 年一直到 20 世纪 70 年代中期在中国发生的那些进程。我觉得，在我国当时所发表的那些文章中还有什么是没有全部道出来的。

问：是没有全部道出来，还是没有全部搞明白？是不是说这两种情况都存在？

答：最可能是没有搞明白。为了研究我使用了当时的省级报纸。当时在苏联没有一个人研究省报。这些报纸在刚刚成立不久的苏联科学院远东研究所历史处堆得很多。当时该所位于克尔日让诺夫斯基街，占据一栋楼的两层而已。为了翻阅这些报纸，我就不得不从海参崴出差到莫斯科。我们当时在海参崴能看到的只有中央报纸：《人民日报》和《光明日报》，而我们的任务是研究地方的生活。说真的，去莫斯科的机票当时很便宜，但那里很难找到

---

① 索洛维约夫（1913—1999），中国学家，远东国立大学东方系毕业生（1934—1939）。历史学博士（1980）。1961—1990 年在苏联科学院远东科学研究中心的远东各族人民历史、考古学和民族学研究所工作。

住处。在苏联科学院内部宾馆弄个床位真是难上加难。有个朋友和熟人，就在他们那里蹭房子，为他添了不少麻烦，而私人出租房给外地人当时也并不提倡。但是，为了能看到省市的报纸，就不能不吃些苦。省市的报纸不仅更为开诚布公地讲述了当地所发生的事情，而且也发表了一些具有指导意义的文章——谁要做什么，怎么做。我就注意到了这个特点。

问：你的副博士论文是什么时候答辩的？论文的名称是什么？

答：我是1982年在莫斯科答辩的。论文的名称是《毛泽东的"文化大革命"期间的干部改造机制》。

问：据我所知，你有一段时间就这个题目还出版了专著，另外还有中国东北当代史的专著。

答：是的，我出版了两部专著，其中的一部论述的就是"毛泽东对干部改造的态度"；另一部论述的是中国东北的"文化大革命"进程。这两部专论都寄存了一份，保存在苏联科学院社会科学信息研究所的图书馆。苏联科学院远东研究所学术委员会曾两次决定出版基于我副博士论文的专著。论文甚至通过了编辑程序。但是，事情最后却由远东研究所编辑部主任给压了下来，他催着我问了很多次：我们在远东的鲑鱼怎么样啦？当他得知我手里没有鱼，他就声称说："这些中式的玩意儿不值得搞出来！从心理上改造干部的这些细节没有必要告诉广大的苏联读者。"当时的风向就是这个样子。在这种情况下我就把自己的专著寄存在苏联科学院的图书馆。可能，也许有人读过我的专著。在苏联驻华大使的专著中，我看到他引用我的资料，他是在我之后答辩了关于"文化大革命"的论文。我们两个人都是同一个导师。大概，也没有人向他索要过鱼。

问：在20世纪70年代和80年代初，苏联汉学界和史学界参加了反对中国的宣传。你作为苏联科学院的研究人员，当然不可避免地要在民众面前讲解苏中关系和当代中国的现状。你当时是怎么开展这项工作的？你是持一个什么态度？

答：当然，我也参加了这些工作。当时，除了这类的讲座，大家实际上也没有什么其他的信息渠道。就连讲课人，他们自己的信息来源也是有限的。可用的来源首先是塔斯社的信息通稿，这上面有报纸的综述。但我比较走运，那是因为我们研究所另外收到来自中国中央的报纸《人民日报》《光明日报》等。我经常翻阅这些报纸。除了翻阅报纸之外，我还在我们研究部组织了对这些报纸进行经常的讨论。尽管由于我们汉语掌握得不够好也影响讨论的进展，但是不管怎么说，我们还是持续进行这种讨论，也能从这些来源中获得一部分信息。

问：那么，你所提及的外省市的报纸，是不是你也能随便翻阅到？

答：不是这样，没有外省市的报纸。这些报纸只有在莫斯科的汉学图书馆才有。我已经提及过了，为了能读到中国报纸，就要从远东飞到莫斯科！

问：虽然如此，你当时还是积极地讲课，为当地的民众讲述中国的情况。如果我们考虑到一点，中国本身当时把苏联称为"头号敌人"，两国在边境也驻扎了大军，那滨海边疆区和远东的居民对中国是一个什么态度？

答：实际上，在我到了远东所的时候，"文化大革命"已经快结束了。在我到远东所不到一年，毛泽东逝世了。这个时候，中国开始发生一些变化。起初的时候，大家都以为不可能有什么变化。当时我们在远东有不少人很害怕中国，害怕被入侵。在"四人帮"被逮捕后，我们所的所长说的一句话我记得很清楚："中国形势严峻。如果那里不爆发内战的话，他们会扑到我们这边来！"而那些人鼓励我们学者也要保持这样的恐惧。

问：那这些恐惧感有多大的根据？

答：我想，这种恐惧感是鼓噪的结果，是因为完全不了解中国的形势，也是因为对局势做出了与事实不相符的评价。而且这样的情况不仅仅是在"偏远地区"（苏联远东）才有的。根据我的观察，连中央的一些中国学机构，就是要把自己的资料上呈苏共中央委员会和外交部来制定对华外交政策的机构，基本上也做出过同类的评价。我国的中国学，眼光狭隘，尚未准备调整自己以前在多数学术作品所确定的观点。所以在研究对象中从一开始就没有发现业已发生的变化。在远东，情况变得更为复杂，那是因为有经济的困难，货物供应也非常不好，这在某种程度上就为我们面临外来威胁说找到了托词。如果说要承认没有这种外来威胁，那我国国内的形势就必须彻底发生变化，对此，谁也没有准备好。我本人认为，针对来自中国的恐惧是没有什么根据的,至少是夸大了很多。当边境地区居民听完来自州市讲师的演讲,出来的时候竟然是泪流满面,对此,我是坚决不能同意的。我常常在这些类讲师之后做报告。我就试过安抚听众。当时,有些当地官员还责备我的乐观主义是站不住脚的,但是,与他们不同的是,尽管我看的资料有限,我还是在关注中国的事情。我看到了向好的方向变化。其实,我也没有想到,这些变化实在会变成这么彻底的。到后来,资料的范围就稍微宽一些了。莫斯科(又是在莫斯科!)开始寄来外省市的杂志,包括党刊和学术的刊物。那时我就决定,关于东北三省政治和经济形势的综述情况要写几个小册子。我写完之后,我的同事根据自己所掌握的资料作了一些补充。我们就出版了这些小册子,封面印有我们研究所的图章字样。我们也不想引起多大的反响,但后来不知怎么地,一些在远东军区军事宣传工作者中间散发的小册子落到了我的手里。我一看,他们是一字不差地从我们的小册子上抄来的,当然,没有说明引文出处。我觉得还不错:总没有白干呀!有一点应该说明,在对中国的形势进行评价的时候,我对"文革"的深度研究对我帮助很大。在这时我就自信了:最重要的并不是要知道很多实事,而是要厘清这些事实之间的彼此关系。

  问:你从研究中国近代史、政治斗争问题和苏中关系转向古代历史和哲学的研究,这样的转型是怎么回事的?

  答:这个转型过程很耐人寻味,也很漫长,直到今天还在转变过程中。首先,在我生活遇到很困难的时候,我的手头有了一本列·谢·佩列洛莫夫(Л. С. Переломов)的书,此书给了我很大的影响。这本书写的是中国的"批林批孔"运动。① 在开始讲"批林批孔"运动之前,这本书对孔子学说进行了专门介绍。在阅读的过程中,我生平第一次得知,几千年来,围绕孔子学说的核心范畴就一直争论不休,那这些核心究竟是什么?讨论也是此起彼伏。在此之前,在接受我国的权威观点的时候,我毫不思索地接了过来,一切就是这样,而不可能有其他观点。实际上,谁都不能准确地知道,孔子学说最核心的"仁"这一范畴究竟指的是什么。人们众说纷纭,莫衷一是。有点巧

---

① Переломов Л. С., Конфуцианство и легизм в политической истории Китая.-М.: Наука, 1981. 340с.

合的是，在阅读这本书的时候我思考了良心。我眼前突然一亮——我顿悟了，孔子讲的也是良心。孔子学说最核心的"仁"这一范畴并不是什么奇怪的"人道"，而是"良心"呀，这是打开人内心生活谜团的一个杠杆，是把人对外部事件的注意力导向内心的感受层面。从这时起，也就是从80年代初的时候，我就爱上了孔子。我之所以痴迷于孔子，在很大程度上是瓦·米·阿列克谢耶夫院士的书①燃起了我的兴趣。他从总体上告诉读他书的所有人，孔子是怎么被阐释的。阿列克谢耶夫院士介绍了孔子的生活和那个时代的很多细节。可以这么说，列·谢·佩列洛莫夫和瓦·米·阿列克谢耶夫的书，尽管成这两本书时间相隔几十年，都对我产生了很大的影响，也正是他们把我引上了研究孔子学说的道路。

问：可是，你一旦把注意力投向古代，你后来研究的范围是不是就不仅仅限于孔子，你还研究老子、研究《道德经》？你对《道德经》的兴趣是怎么产生的？

答：我对《道德经》感兴趣比痴迷孔子要早得多。还在大学学习的时候，我写的第一篇有关中国的年级论文就是论《道德经》的。早在苏联时期，杨兴顺在50年代所翻译的老子著作就显得不同凡响。他的译文还附有原文。在其他的汉学著作中，原文与译文并行地摆在一起的现象是从未有过的，而在这部译著中，中文文本神气地耸立在眼前，简直就在迷惑你、诱惑你，让你感到弥漫其中的魔力在抓你。从那时起，我就禁不住一次又一次地阅读这个译本。在研究孔子学说的时候也是这样。我在学术研讨会上最早的一次发言是建议把孔子的"仁"解释成"良心"，这一提议引起了人们的注意，也遭到了批评，还好是善意的批评。有人说，我提的建议很诱人，但也值得怀疑。我本应该夯实自己的观点。比方说，孔子的同时代人是怎么理解"仁"的？第一个念头就是老子，是人们把他当成是与孔子信念正相反的人。这样一来，我就不得不着手研究《道德经》，而一旦拿起就轻易放不下来。过了一段时间，孔子已不是我的主攻方向了。我花了8年心血来研究《道德经》。

---

① Алексеев В. М., Китайская литература (Избранные труды). -М.: Наука, 1978. 595с.

问：在这长达 8 年的时间内，你对《道德经》究竟弄懂了什么？在研究这一古代文献的过程中，你的主要发现有哪些？

答：在各种不同的文艺理论会议上，我多次阐述了自己对《道德经》的观念。

问：是不是可以这么说，你成功地确立并形成了完整的观念？

答：是这样。关于《道德经》我提出了这样的一个假设：在春秋时期，竹简或小木板上刻画的古代文献，长期保存在某个隐秘的地方，但由于潮湿，结扎竹简的皮绳就烂掉啦，于是，这些竹简就乱缠在一起。在那个时代，这种事件是常有的。那么，为什么说是保存在隐秘的地方呢？那是因为，首先，古代文献保持了自己的完整性；其次，还必须在很多很多年内谁也不会碰它，不会翻弄，不会晾晒。也就是说，在很长的一段时间内人们并不知道世上还有这部文献。不管怎么说，尽管传说中孔子与老子还见过面，但在孔子时代人们可是不知道还有这部文献。只是到后来，这部文献被人们发现，并对它做了修复。而且还有好几个修复版本，但是，所有的版本都有一个共同特点：由两部分构成的竹简（即道和德两部分）并没有混杂在一起，可是在每部文献的内部它们调换过位置。这么一来我就产生了一个想法，无论那个隐秘的地方是一个什么样子，它应该有两个室，那两部分是单独存放的。郭沫若当时就提出了一个假设，认为《道德经》的作者是哲学家，郭沫若是这么推测的，因此，一个传说就这么传开了，似乎是在老子"西行"的时候，把自己的作品留给了某个函谷关的关令。对这个郭沫若的假设谁都没有当回事儿。有人认为，郭沫若对古代文字和对一些文字可以替换其他文字的可能性做了过度想象。可我认为，他的这一假设是非常有成效的。不久前，我有幸参观了郭沫若的北京故居，这是他的最后一处住所。在他办公室的椅子上放着很多小小的笔记本。博物馆的专家给我讲，这是郭沫若释读甲骨文和铜器文献的手稿，是不久前日本转赠给该博物馆的，这是作者在日本时写的手稿。当然，我对郭沫若论述中国文字的两卷集很熟悉。不过，他有这么大量的前期准备材料，真是让我钦佩。既然他已经这么深度地掌握材料，还有人说什么他是"过度想象"这种风凉话，那是说不过去的。更有可能是可以这么说，他碰到了一个他奋力思考的现象，但也许一时还不敢相信这一现象。而实际上，他明白了，在中国古代象形文字背后还隐藏着语音文字。如果你对这一点感兴趣的话，我下面还要讲这个事情。现在，我们还是回过头来说《道德经》。在研究这文献的过程中我发现，在一些地方，它的部分片段合拢得就像两个手的手指合拢在一起的样子一样。但最让我感到吃惊的是，这些片段摆在不同的地方。再到后来，当我熟悉了马王堆的相关文章之后，我才明白，原来文献的句子可以调换位置，而对片段的这种次第编排起初并不存在，也就是说，这部文献的结构与现代的结构是不同的。所发现的两本马王堆抄本，句子的次第编排是不同的，各部分之间的位置也是不同的。从象形文字看，两个抄本也是有区别的。马王堆文本是西汉时代的，从起源来看，它们是比较晚期的。考虑到这一点，我为自己确定了一个任务，那就是恢复文献的原始结构。我之所以产生恢复其原始结构的这个想法，是因为读过了维·谢·斯皮林（В. С. Спирин）那部关于中国古代文献结构的具有革新意义的著作（参见维·谢·斯皮林《古代中国文本的结构》，莫斯科，1976年）。当时，所有的中国学家都对这本书趋之若鹜。维·谢·斯皮林追求的目的就是确定现有的经典版本《道德经》的结构。而我对《道德经》的结构做了另一种假设，这种结构能够揭示出文献各个部分之间的平衡关系和连贯性，也找出其符合数学原则的结构上的严格。除此之外，我率先解释了马王堆中所发现的论述道和德各个部分之间的逆向序列。多年来，每到夜深人静时，我把刻着竹简的纸条就铺在地板上，绞尽脑汁找这个结构。有一天，我很清晰地看到一个人的身影，他俯身于摆在地上的小木板上，不时地把小木板翻弄来翻弄去。这我才明白了，有某一个人就像我现在这个样子，也是挖空心思寻找被破坏的文献的结构。说时迟那时快，就在那时我想起了郭沫若的推断。发现了！闾原可不是《道德经》的作者！他找到了那个隐秘的地方，这是老子写完了经文在去世（西行）之前把它藏到了这里。在老子在世的时候，还未必有一位能慧眼识巨著的人，老子也可能是写给未来的。说到老子著书留给关令的神话，就是说到找出这个隐秘的地方并按照自己的理解修复文献的闾原。看来，闾原（或者是另一个处在相同情况的人）在找到文献的两部分之后，搞不清楚哪个是第一部分。所以他在修复的时候就做了两个版本，这两个版本一直延续到公元前2世纪中期。马王堆坟场是归属于这个西汉时期。当时为了给皇家图书馆收集和重新抄写出来古代文献，其中也包括《道德经》以新体字写出的版本。但马王堆版本未收集到皇家图书馆。之所以未收集，也可能是因为把它当作珍宝特意藏了起来，并作为皇家的陪葬品一起给埋了。人们并没有跟踪这些手稿的去向，只是到了20世纪70年代得益于考古发现，世人才恍然大悟。

我对《道德经》的研究工作还没有结束。我提出了自己的假设，对结构的修复也完成了一部分工作。但是怎么能让我花样翻新式的假设与文本相符且让它言之有据，要达到这个目的还有很多工作要做。工作之所以还没有完成，是因为最基本的历史—语文问题的出现：就是说，春秋战国时期的中国古代经典是用哪种文字记录的。我把自己对《道德经》的研究工作与北京大学中国古代哲学史教研室（1994）和安徽大学哲学系（1999）进行了交流。我把自己所做的修复工作赠送给了北京大学。需要说明的是，他们对我的礼品并不欣赏，接受赠送的时候也是漫不经心。他们对我说，我在修复的过程中使用很多汉字替换了其他汉字，而这是对传统的不尊重等等。我在研究的过程中确实替换了很多的汉字，但用一些汉字替换其他汉字的时候，我一直恪守了音似形不似的一个原则。古代的阐释者一直都是遵循这一方法来替换的，因为他们认为，古代的文字在使用的时候并非全都使用了这些词的原始意义，而是用为"假借字"，也就是说是为了表达词语的声音。况且，随后我发现，我自己独自所做的所有替换是在中国学者注释中都有的。而安徽大学则与北大相反，他们乐意接纳我的工作并对此抱有浓厚的兴趣。但后来由于我很少去中国，我们之间的关系也就没有进一步发展下去。我刚才也说过，我致力于这一工作，花费了8年的心血，我觉得我的工作是很有成效的。我希望有天还要把《道德经》的研究恢复起来，而且我也有了新的理论武装。很希望，我在有生之年是能够完成这个事情的。

在研究老子7年多的时候我暂时把这一主题搁置下来，这主要是因为要按照自己对孔子的新理解完成翻译工作。翻译完之后，在1992年我把自己的译文发表在远东的《界线》（Рубеж）文集上。这论文集自称为在哈尔滨曾经多年出版过的有相同名称文集的接班期刊。当时，这是第一个苏联时期出版的《论语》全译本。当时我还没有明白，在"既济卦"之后仍有"未济卦"，而实际上还确实是这样，就《论语》来说，我确实还是"未济"了。

问：你对汉学志存高远，矢志不渝已有 35 年。你 30 多年如一日，既研究过《东方杂志》，也研究过"文革"和中国现代史，后来又研究孔子和老子。在所有这些研究题目里，你认为哪个是你最看重的？

答：我认为孔子对于我来说是最主要的题目。

问：你为什么这么想？

答：其实我认为，直到今天，孔子还不是人们已真正读懂的作家。

问：但是，你也知道，现存的已有很多个译本！多少个世纪以来，有几百位翻译家殚精竭虑，把孔子翻译成世界上的几十种语言，所以，以你的说法来看，这听起来有点自相矛盾！

答：是的，我十分清楚这一点，但在学术上，这是常有的事。看起来，好像是什么都研究过了，都钻研过了，都是传统学术千百年来的权威所尊崇的。有一些没搞清楚的地方是确实存在的，只不过是故作视若无物。然后一下子出现一个外来人，对传统学术来说肯定是一个外来人，因为他眼光新锐，把一切都给翻个个儿，把底细给抖搂出来，把问题摆在光天化日之下。只有在这时候才会找出这些问题的解答。这种情况一般都是与具有重大意义的发现紧密连在一起。尽管这听起来有一点不谦虚，我就得出了这种发现，这也是孔子助我做出的。

问：您所说的具有重大意义的发现是什么？

答：具有重大意义的发现需要有根有据的基础论证，但接受你的采访不等于学术专著。不过我还是尽量给你讲一下我的发现是什么，而且我为什么说这是一个重大发现。那么，有谁思考过一个问题："《论语》的原著是用什么文字写成的？"显然，它是用"古文"写成的，因为在孔子汉代传人家的墙壁内里找到了《论语》和其他用"古文"描摹的抄本。但是，以前还有《论语》的其他一些抄本，其与"古文"的抄本一起构成了当今文本的基础。是有人在念这些抄本的时候，另一个人用"新"文字抄下来的。那什么又是"古文"呢？关于"古文"，人们只知道，在"古宅壁中的古本"被发现的时候，谁都看不懂这样的文字。再后来，与墙上的"古文"的一个抄本（但不是《论语》）相对应的是，出现了用"新"文字根据声音而抄写的平行抄本，因此"古文"才被破译出来。这种情况与另一种情况是不是有些相似呢？我觉得这很像尚—佛罕索瓦·商博良对罗塞达石碑的解读。罗塞达石碑上写的可是人们看不懂的埃及文字，旁边还有平行的希腊文。那尚—佛罕索瓦·商博良是怎么破译古代文字的呢？他明白了，在石头上的文字之外隐藏着语音文本，文字能传达的是词语的声音，而不是词语的意义。那我们所遇到的《论语》呢，怎么有人发现了一个读不懂的文字文本是与另一个文本平行的？怎么有人发现了，古宅壁中的所谓的"蝌蚪文"抄本就是与"新"字表达的是同样的词？看来，在外形上有某些共同之处。20世纪的著名学者马叙伦（1885—1970）根据古代词典《说文解字》研究了"蝌蚪文"的字样。他的结论真是让人为之一惊：在《说文解字》这部词典中，"蝌蚪文"与其他种类文字的区别只是形状的薄厚不一样。写字的时候，落笔的笔画比较厚，而收笔的笔画比较薄。因此，"蝌蚪文"的名称看来就是这么来的。马叙伦认为，"蝌蚪文"之所以独特，那是因为在古代人不是用墨和毛笔写，而是用硬的手写笔和漆来写字。手写笔里的漆快用完的时候，写字的收尾笔画就变得越来越细。那么，"蝌蚪文"的文字究竟为什么让人看不懂呢？这里就会出现一个发现。人们看不懂这些文字，并不是人们不认字，而是因为这些文字是所谓的"假借字"。应该注意到的不是这些文字的意义，而是这些文字的声音。这么一来，两个平行的文本按照声音的相似程度是怎么实现合二为一的，就不难理解了。新文字既传达声音，也体现词的意义。它是由"声旁"和"部首"组成的，而"古文"只有声音，其没有部首，这只是形象符号。而且，为了传达同样一个声音（词儿），有可能使用各种各样的"假借字"。那么，文本很复杂的《论语》和作为破译钥匙的《尚书》（亦即《书经》），怎么会用假借字来抄写的，这是怎么回事呢？这可是很复杂的文本！中国的语法学家们，还有步他们后尘的外国中国学家都认为，使用假借字的文字是不可能存在的，就是说，因为这种文字所表达的意义完全不是他们应该所指的意义，所以人们不可能看得懂这种文字。虽然他们不得不承认，假借字还是使用过的。比方说，春秋战国时期，铜器上的题词就是那个时代的原文，而铜器上的假借字可不少。至少所谓"喜欢驰骋想象"的郭沫若就是这么认为的。有学者说，那些假借字是用在一些题词中的，但记录哲学文本和一些复杂文本用的则是表意表音文字。表意表音文字从商朝就出现了，但这种文字只有在春秋战国时期才得到了很大的发展。那人们不禁要问，是谁在推动了这种文字的发展。语法学家回答说，是人民推动的。因为他们明白，采用假借字就是文字语音化的初期阶段，而文字的语音化又对中国境内的人民统一（当时个战国割据的中国尚未统一）产生过阻碍作用。人民经过创造表意表音文字就自发地渴望统一。从一般的概念上讲，这说法听起来是无懈可击，但并不能令人折服。而一些中国学家，他们受中国文字别于世界的发展道路这一神话所魅惑，因此就对表意表音文字视而不见。我的发明新就新在这里：春秋战国时期还没有出现任何表意表音文字，当时只有形象生动的表形文字，而且那是当假借字来使用的。孔子和他的弟子们就用表形文字记录下来中国古代的所有（此前靠口传才流传的）古典作品和自己的哲学文字。他们当时无法造出一种其他的文字，也已经无法"描绘出"新的概念。于是，文字的语音化就得到了迅猛的发展。那么，这一迅猛的进程怎么又中断了呢？中国文字是什么时候回到了自己独特的有别于世界的道路上呢？这只有是在秦始皇统一中国之后才走上了正轨，这不是自发的，而是抱着坚定的目的矢志而不渝。不是人民，而是秦帝国的政权于公元前213年经过文字改革开始推行表意标音的文字，把它作为管理帝国的统一工具。其实，在新统一的秦帝国境内，人民所讲的语言和方言有几十种，与此同时他们使用过比较相似的表形文字，就是可以按照各地规则随意阅读和解读的文字。

　　这就是我现在正在阐发的一个概念。以此为依据，我认为，孔子还是一位有待研究的作者。对语音文字可以有不同于汉代做出的阅读。我把自己的概念都发布在俄罗斯和中国的各种学术会议上。我还不能说，我的这一概念在中国和我们广袤俄国的境内受到了满腔热情的欢迎。但无论如何，在孔子时代人们是用语音符号来写字的，这个事实已渐渐地被我国学者所接受。我认为，这一概念有朝一日终归会被承认！但这一天何时会到来，我确实还有些拿不准……

　　问：那么，在中国学术界和西方汉学界是不是也有类似的观点？

　　答：你指的是中国史学界吗？需要说明的是，有这么一种类型的人，他们在精神焕发的时候就别出心裁，而后来才明白，这种新的东西已经存在了。我们在俄罗斯把这叫作"发明自行车"。我也就属于这种发明自行车的人。在中国漫长的历史长河中，学者们多次发现过一个现象，即古代文字是语音文字，况且，关于这一点在我们国家的百科里也有记载。只不过是，人们在过去对中国文字语音化的规模究竟有多大，也许之前还没有完全认识到。要是说到西方的汉学，那研究中国语音文字的祖师爷就非高本汉（B. J. Karlgren）莫属。他极为仔细地研究了很多古代中国文献古籍（在研究的过程中他认为，古代中国文献古籍也是用表意表音文字写成的），他研究阐释者替换过那些原文的字，又是用什么具体的字来替换原文的字。他也提出了自己的假设，即中国古文字是先使用假借字，然后逐渐向表意表音文字转变。而且，他甚至把表意表音文字的思想归功于"某个大天才"、某一个人物。

不过，高本汉把所有这些发展进程都列入古典前的古代。他还没有明白一点，即现代文字，其中的大部分象形文字是属于表意表音文字，都没有在蛮荒的远古时代形成，也没有自发地发展，而是按照秦朝时代皇家的旨意才创立。而且，发明表意表音文字的"大天才"，是一个有名有姓的人士。让我感到庆幸的是，高本汉的著作让我摆脱了很多本应该由我必须做的工作。就是说，面对西方中国学家需要证明在阐释古典文学的时候中国人都好容易会自己把一个字换成另外一个同音字的这一份工作。高本汉都完成了这个工作，我就不必要做这个了。只要援引他的结论。

问：这么说，秦始皇的文字改革在当时是具有进步意义的。既然是这样，那秦始皇为什么要焚书坑儒呢？准确地说，坑的就是学者。

答：这里一下子就带出两个问题，我必须把它们分开来谈谈：一个是统一文字的进步性，另一个是导致了文化灾难的焚书坑儒。秦始皇之所以焚书是与文字改革有关，而不是因为与儒家的思想体系有分歧。是的，坑儒的时候是处决了一些儒家人士，因为这些人基本上都是文化程度的代表，是读书人。他们认识本地文字，也知道语音假借的方法。当秦始皇把各种部首合并到表形文字（秦国使用的就是这些表形文字，同时也是把他们当作假借字来使用的）的时候，在使用中的字数就增加了很多倍。要记住这些有部首的字当然很不容易，识字的人是不会喜欢这么干的。而说到地方贵族，他们之所以不喜欢这些符号获得了秦国本来应用的固定的意义，就是因为这样一来，想要改变文字的意义和随意解释中央政权命令为己所用的可能性也消失了。但是，要把重新解释的事情落实到位，还得需要读书人。正是他们对改革持抵触情绪，秦始皇消灭了旧文字，取缔了抗上的老死硬派，目的就是要让新文字大行其道。与此同时，秦始皇还培养了一批博学的学者，他们本应该把旧文献抄成新的，也就是说，用新文字来抄写。为此还编写了字帖——古代的词典，但是，秦始皇没有来得及把全部事情都做完。中国学者认为秦始皇的文字改革是进步的，尽管他们对这一改革有完全不同的理解。他们是把这当作文字简化来看待的，而我不能这么说。如果说中国文字语音化成功了，那谁会说是一种什么情况？我总是认为，象形文字对文化传播是一个很大的障碍。

问：你说的这种观点很具有革命意义……

答：我认为这都是具有革命意义的思想。我想，这场革命有朝一日会取得胜利。

问：在西方的中国学家中，除了瑞典的高本汉，谁对你的研究滋养最多并对你产生了很大的影响？

答：基本上来说，我对美国和法国汉学比较了解，但是我还不能说，有哪位西方中国学家对我的影响能超过俄罗斯中国学家。

问：你是否以前与西方的中国学家通过文字对所研究的问题进行探讨？

答：是的，有一次我正好写了一篇文章与赫伯特·芬格莱特（Herbert Fingarette）进行商榷，但我并不认为这是一个真正的辩论。只不过是在当时，我国有一些持不同观点的人责备我不了解芬格莱特的著作，因为他似乎已经证实，在孔子的时代中国人没有任何内心的生活，所以我来谈良心是枉费心机。对这种观点我就不得不撰文进行反驳。① 顺便说一下，直到现在，还有一些学者朋友对赫伯特·芬格莱特顶礼膜拜。他的著作已经被译成俄语。比方说，可以在伊·伊·谢缅年科（И. И. Семененко）的《我相信古代》这本书里读到他的著作（孔子：《我相信古代》，编者、翻译和注释：伊·伊·

---

① Головачёва Л. И., Герберт Фингаретт и требование «депсихологизировать» Конфуция//XVI научная конференция «Общество и государство в Китае»: тезисы и доклады/АН СССР. Институт востоковедения-М., 1985. Ч. 1. С. 42–49.

谢缅年科，莫斯科，1995 年）。

问：现在，在我采访你的时候，我们是在北京，这里刚刚举办了一次纪念孔子诞辰的学术大会。你能不能简单地讲一下这次学术大会和你在大会上发言的题目？

答：这次研讨会是为纪念孔子诞辰 2560 周年而举办的。自从孔子的地位在中国开始重新提高之后，这样的学术会议已经举办了 20 年。中国的很多民众和国家领导人都很关心怎样来教育年轻一代。看来，变化已迫在眉睫。孔子的价值也不再像从前那样无人问津。孔子对许多问题都进行了研究。今天，在中国的学者中爆发出了一种很独特的孔子研究"热"。15 年前，当我在黑龙江省社科院进修的时候，我有幸与该院的哲学研究所所长进行了交谈。我很想与他谈一下孔子，但他给我说，你看：老子——这是热门，是受人欢迎的题目。而孔子是"冷门"，也就是说，在这个领域你什么也找不到，不会热起来的。在当时，西方的一些学者也是这么认为的。比方说，著名的杜维明，顺便说一下，他前不久在中国刚获得了孔子文化奖，他当时也认为，孔子——这是"博物馆的化石"。可事实上，当代的"热"就是与孔子的名字紧紧联系在一起。而杜维明现在也因此而获得了奖金。

问：在这次纪念孔子诞辰的学术研讨会上，你的发言题目是什么？

答：我的发言题目是"孔子并不是那么单纯"。这篇文章我最近可能还要用俄文来发表。我在报告中很想说明一点，那就是孔子的每个文本之后还有好几种听上去十分相同但内容不同的文本。说实在的，我不知道我在多大的程度上说清楚了这个问题。为了充分培养自己弟子的思维，孔子创立了这么一些文本。其实，真的很难想象，他是怎么创立这些文本的。他一遍一遍地念这些文本，要求弟子们（当然，用假借字，按照自己的理解）把这些文字记录下来并且要摆在自己的眼前。不过，很可能还是默记，尽管《论语》中也有这样的记载，说词语要记在牛车的车辕上，以便在赶路的时候也能看它在眼前。学生的任务就是要在记载的文本中看到不同的内容。在当时，学生们无法以书面形式表达自己的理解，因为当时没有现在所拥有的这些相应的汉字。他们要想检查自己记得对不对，只有在与老师交谈之后才能恍然大悟。现在，可以用文字做到这一点。所以，我在自己的报告中就要尽量说明，重构（重建）是怎么做成的，而且是怎么来检查重构是否正确。怎么来重构，重构是否正确，那就要看，如果以不同的顺序阅读文本，比方说，在水平阅读、垂直阅读或对角线阅读的时候，在所有的被修复的片段中，文气是否贯通，结构是否匀称，每行的第一个字母是否贯顶。

问：是不是可以这样说，由于对记录的文本缺乏明确的理解，所以就导致对同一种论述有不同的理解？

答：是这样，也就是说，用假借字或语音文字抄录下来的文本呈现出来的是多个层次。我把这些层次称为"虚拟文本"。顺便说一下，"虚拟""虚拟的现实"——这在我们当今的学术中是很时髦的话题，就像从"虚拟的现实"转向"常态的现实"和"重复常态的现实"一样。固定在记录中的文本——这永远都是一个常态的现实，这个文本是可以看到、可以触及的，它"在这里"，而你在文本中所看到的东西、你的阐释和理解要用其他方法触摸和感受是不可能的。但这不是错觉，这也是事实存在的东西，只不过这是一个"虚拟的现实"。这个"虚拟的现实"是否真实，可以来检验，可是为了检验其真实性，必须赋予它"重复常态的现实"这么一个形式，或者用外界能够感到的形式来表述它。就是说，这是对任何阐释的学术解释。这样的解释能够证明，阐释与作者本人想要表达的意向是有区别的，是"另一种"现实。我在中国所做的报告中就想证实这一点。我也希望在莫斯科举办的下一届"中国的社会与国家"学术会议上再做进一步的阐释。这个学术会议从20世纪70年代起一直由俄罗斯科学院东方学研究所主办。

问：那在中国，在这届纪念孔子的学术会议上你的报告反响怎么样？

答：有些人表现出了一些兴趣。有学者走到我跟前，提了一些问题，但是，对这个问题要展开深入的交流，开会期间当然不允许。

问：如果说到你与中国同行的合作，除了纪念孔子的学术会议，你与中国学者是不是在其他方面也有合作的经验？比方说讲课和参加其他学术会议或共同发表文章等？

答：是，我有这方面的经验。我在安徽大学讲过两次课。而且，我在那里讲的内容恰好是《道德经》，因为安徽大学是研究道教的著名的中心。有意思的是，在哲学系，他们花力气最大的不是老子的哲学，而是老子的生平，因为有一种说法，说老子是安徽出生的。在我讲课的时候，他们抱着很大的兴趣听了我对结构变化的见解，但他们更感兴趣的是俄罗斯的现状，所以也请我对俄罗斯的现状做了一些讲解。安徽大学当时的校长是研究文字学的，他研究的是象形文字和象形文字的历史。由于他很忙，我与他只谈了一次，但基本上把自己对文字史的假设都简单地说了一遍。他不同意我的结论。在那时中国正好发表了1997年从郭店楚墓考古出土的竹简。这些文本第一次向全世界展示了公元前4世纪的时候古代中国哲学文本所使用的文字真正是什么样子。我当时还没有看到这些文本，但是我大胆地肯定，这些文字不应该有部首符号。校长已经看到了新发表的这些文本，所以他指出，那些文字里有部首。但是，过几天，离开安徽大学之后，我也接触到了郭店楚墓的竹简。我就很惊奇地看到，那些文字上确实没有部首。而被校长当作部首的东西，是表意符号的结构成分。此后，我就在乌克兰发表的一篇文章里与校长展开辩论，可中国有谁能够读到乌克兰的杂志呢？

问：也就是说，郭店楚墓的《道德经》文本实际上也证实了你的结论？

答：我认为，我的结论完全得到了证实，尽管并不是所有的人都相信这一点。除此之外，我还在江西南昌大学讲过课。总的来说，我总共有三次讲学的机会。还有一次，我在贵州省举办的纪念王阳明哲学思想的学术会议上做了发言。贵州是王阳明受流放的地方，在那里他悟出了"道"的意义。从那以后，接到邀请我去贵州参加"王阳明文化节"，尽管很有意义，但遗憾的是再也未能成行。

问：那你在俄罗斯远东所工作了20年，可后来却成了乌克兰科学院的研究人员，这是怎么回事呢？

答：由于我父亲生了病，所以我不得不调到乌克兰的塞瓦斯托波尔市，我觉得这是我的故乡。当时我已到了退休年龄，所以也就很快办成了搬家的事。在塞瓦斯托波尔度过一段时间后我就想，也可以在乌克兰工作呀，因为基辅也有东方学研究所。这已经是2001年的事情了。基辅的东方学研究所接纳了我。这个所没有设专门的中国部，只有远东和中东部。所里懂中文的研究人员只有一名，当时他正好在准备副博士论文的答辩工作。其实，这个部的在编研究人员中有一位是住在敖德萨市的日本学女学者，还有一位是住在卢茨克市的藏学学者。现在又有住在塞瓦斯托波尔市的我补了进来。并不是说乌克兰完全没有通晓汉语的人。正好在这时,国家把培养中国学家的事情提上了议事日程,因为在苏联时期,乌克兰没有什么人研究中国。就连乌克兰国家科学院也没有中国学家。在2002年的时候,东方学所的资金来源状况也开始恶化,这个情况在乌克兰国家科学院普遍存在。这样一来,苏联科学院就颁布了一项命令,把其他城市的学者都裁减掉。于是,我在乌克兰科学院的工龄总共也就一年多一点儿。不过,我还是发表了两篇关于文字改革的文章。一切到此也就这么结束了。

问:我们来回忆一下你更早期的活动吧!你是什么时候第一次到了中国?你第一次到中国后,这个国家给你留下了什么印象?

答:我第一次到中国是在1961年10月。这对中国来说是一个困难时期。而当时使我大吃一惊的是我的中国同班同学。他们在苏联留学的时候都显得很健康很精神,可在这里他们疲惫不堪,显得很瘦。我的邻居们大都是这么一副样子。

问:也就是说,异域的旖旎风光曾遮蔽了政治和经济困难,这些问题在当时的中国还比较突出。就是说,危机和饥饿问题。

答:最有意思的是,我与参加苏共二十一大的周恩来是同时到达的,他中途中断了莫斯科的会议日程。在此之后,苏中关系就急转直下。这当然也对我在中国的整个生活进程产生了影响,但是应该说明,普通中国人,也就是我的那些邻居的友善简直让我震惊。

问:我在这里要问一下,你在中国的时候,确切地说是住在什么地方?

答:在列宁格勒建筑工程学院毕业后,我的丈夫在清华大学找到了用武之地。可以这么说,这所模范大学历史悠久,是当时中国最主要的综合技术大学。我来到中国之后,在清华大学俄语教研室找到了工作,我在这里教过俄语。我想找一个与所学的建筑工程专业相关的工作,可是并不顺利。我也试过几次!应该提及的是,周围的人在这方面都帮过我,但是,后来开始的"文化大革命"把这一起都弄得没有了。至于说到中国人的友善,那这种友善真是让我震惊!我周边的邻居从来没有干过什么对不起良心的事情!不但如此,他们在各方面都帮助我,对我十分体贴。1969年我离开了中国,时隔20

年之后我又一次来到中国，我又与这些在困难的时候患难与共的人重逢。他们也是好不容易才找到我，直到今天我与他们都是朋友。

问：你是哪一年又重新来到中国的？再到中国后你发现了哪些变化？这时的中国与你1969年离开的时候有什么区别？

答：过了20年之后我又来到了中国，是在1989年的秋季。我是来参加在中国第一次举办的孔子诞辰2540周年纪念会的。同年的几天前，中国刚庆祝了中华人民共和国成立40周年。当时变化还不是很大，一切还都能认得出来。但人民的情绪已经有了较大的变化。改革开放已经开始了。人们对苏联重新产生了兴趣，人们对苏联的改革情况也希望知道一些。在中国，大家当时都注视着我们，把我们当作自己的一个示范。这也是过了这么年之后又一次开始关注我们。

问：你现在是不是还能跟踪中国所发生的一系列事情，你是怎么来关注的？

答：现在，我关注的机会要少一些，尽管网络能有一些帮助。我也能从台湾收到一些中文和俄文的报纸和杂志。对那些关注中国大陆和中国台湾的人来说，中国台湾会为他们免费寄来报纸和杂志。但是我现在对政治和时事没有太大的兴趣，基本上只是浏览一下而已，因为我的研究兴趣还是集中在儒学和孔子身上。中国的学术杂志——无论是哲学类的还是语文学类的，我都是利用一年一度在莫斯科出差的机会在各个图书馆翻阅，尽量多复印一些资料。远东研究所的同事总是帮我免费复印。不久前，国际孔子研究会为我提供了进入中国学术图书馆的网卡，但遗憾的是，我还没有来得及使用就把它给弄丢了。我也没有多少时间跟踪中国的局势，况且，最近几年，我也在翻译文艺作品，翻译道教的炼丹技术文献。

问：不管怎么说，你现在在中国。从你第二次到中国那一刻起已经过了整整20年。今天已经可以肯定地说，中国朝着好的方向发生了变化。你现在觉得中国是一个什么样子？

答：中国简直让我认不出来了！我现在还是住在清华大学，也就是说，正好住在我曾在中国度过我"第一次生命"的那个地方。中关村科技城离这里不远。在40年前，这里还是农村，街道很窄，房子很矮，而现在这里是一个很大的科技园，高楼大厦林立。人们住在条件不错的现代化住宅里。周围绿色不少，也很干净。城市公交也不错，这与以前形成了鲜明的对比，因为以前要到城里跑一趟可费劲了。清华的校园以前在郊区，离市中心差不多十公里。现在可以这么说，由于城市面积急剧扩大，清华已在市区以内了。地铁已经远远地经过清华大学，到了颐和园。北京的现代建筑真是让人可以驰骋自己的想象，令人赞叹。当然，本应该对城市的历史文化古迹、对市中心的一些著名胡同的保护花费更多的精力，很遗憾的是，在这方面关注得很少。但是，据说，保护这些城市传统建筑古迹的决议已经出台了，其中的一部分建筑名胜已经有几百年的历史。现在人们已经意识到了存在的问题。总的来说，北京是一座美丽的现代城市。沙尘也少一些了。据说，为了取得奥运会举办权，减少沙尘飞扬是一个必须达到的条件。这个问题解决得非常好。奥运会也为装点中国的首都立下了功劳。

问：你不仅仅到过北京，你还到过其他城市和省份吗？从总体上来说，当代中国及其正在发生的那些变化给你留下了什么样的印象？

答：当然，中国其他地方我去得不是很多。至于说中国的农村，按中国的形象说法，我只是"走马观花"一下，也就是隔着车窗看一看。但如果看一下中国的农村，把它与我在60年代看到的景象比较一下的话，还是有天壤之别的。现在，农村都是结实的新房子，常常是好几层的小楼。遍地的农田都精耕细作，机械的帮助也不少。到处都有秩序！今天的中国，特别是当你从俄国远东来到中国的时候，你就觉得你进入了一个有秩序的国度。秩序也是严格管理换来的呀！所有的中国人都承认这一点。但是中国人口过多，大家都明白，只有严格管理和秩序才能保持当今的和平和好日子。

问：那当代普通中国人的情绪和人心状况怎么样？中国人是不是开始过得好一些，生活更愉快一些了？

答：物质上当然是好起来了，这是肯定的。但出现了新的问题。这在孔子的会议上也能明显地看得出来！问题与我们的有些相似，比方说"父与子"的关系、能不能上得起学、能不能看得起病、能不能找到高薪的工作。老一代担心的是，怎么来教育独生子女家庭环境中长大的孩子。以前，中国家庭都是多子女家庭，父母没有时间呵护他们、照顾他们，也很难让所有的孩子都接受教育。当然，在传统的大家庭里，尊敬长辈和互相帮助就是天经地义的事情。现在，情况就完全不同了。家里的一个孩子被当作"小皇帝"。大家现在都在思考，怎样才能教育好孩子。但是，也有其他的声音，他们认为："要让'小皇帝'服从，我们能做到。但是怎么来激发他们内心的自由？因为内心的自由才是创造的条件。"现在这个问题在西欧也存在，我们国家也存在。中国人自己也承认，要做到这一点很难，但我们需要这么做！我在中国现在感到的就是这样一种情绪。至于说有什么不满情绪的话，那当然也有不满的理由。但中国人基本上赞成政府的政策，而政府倡导孔子的和而不同的思想。这也是让人高兴的事情——因为总不能一刀切吧。顺便说一下，这也可以从大街上年轻人的各种发型上看得出来。

问：你刚才说，你现在对政治并不怎么关注。不过，在当年，你是中国问题和苏中关系有经验的资深专家。我深信，虽然你已经不怎么关注，你还是会观察这方面的问题。请问，你对俄中关系的现状及其发展前景怎么评价？将来会不会这样，就是现在大家都挂在嘴边的"战略协作伙伴关系"突然变成"战略竞争"关系？当然，我对这个问题是不是有点夸大？

答：我希望，我们两国将来还要合作，而不是竞争。中国早就宣布，对俄罗斯没有领土要求。中国善于在自己的国土上组织起来搞建设，这并不意味着中国人不能或者不想在俄罗斯生活。尽管有中国人在西伯利亚和远东工作，但说什么那里已经挤满了中国人，这是不符合现实的，是谣言。我以为，在那里工作的中国人还不够多。但是，正是由于中国人的参与，西伯利亚和远东现在才活跃起来。其实，以前在远东人们都没有吃的。但是现在，要吃的有吃的，要穿的有穿的。这可是合作才开了个头呀！现在，问题的关键是不能仅仅往中国运木材或其他什么原材料，而是要让中国帮助我们发展重工业和加工工业，兴建公路和铁路。轻工业就更急需了。如果我们抱着一个消极的态度，这里就会出现问题。中国的劳动力和专家可望流入俄罗斯。毫无疑问，他们来的时候是与自己的翻译一起来的。那我们呢？在我们这里，有谁与他们一起工作？或者说他们与我们的工人和工程师因为中国翻译而形成一道墙？我认为这就是消极的观点。我认为，只有在俄罗斯开始把即将开展与中国合作的地方的青年派往中国的高校和专业技术院校学习，这个长期的也可能是长效机制的方案才能取得成功。如果算上学习语言的一年时间,这要花 5—6 年的功夫。虽然人才培养时间长,但是我们接回来的是懂汉语、懂专业的专家。派人去,不是派一年、一个月,不是让他们进修一下,而是要接受全套教育。不要担心,说什么中国培养这类专家的水平比俄罗斯低。中国高校的硬件条件不错,师资力量也很强。那学费贵怎么办?不用怕,这是可以得到回报的。孔子的一个重要美德就是善于向自己的朋友学习、向竞争对手学习,甚至要向自己的敌人学习他们的好品质。如果我们不能明白这一点,那我们与中国的合作规划就会出现问题。要学习中国人的优点,那就必须在中国培养专家。在 20 世纪 50 年代的时候,在国家财政和经济状况很困难的情况下,中国把自己几千名很优秀的有天赋的年轻人派往苏联学习,全部费用都由国家负担。他们学成回国,成了中国经济的栋梁,为国家经济的恢复发挥了作用。现在该轮到我们这么做了。俄罗斯人对中国了解不多,学汉语的人也不多,而中国对学习俄语是很重视的。我们又碰到了这么一个状况,那就是中国拥有汉译俄和俄译汉的优秀翻译,而我们的翻译却很紧俏。

问:当然,俄罗斯以前有,现在也有很好的翻译家。尽管你说得没错,这样的好翻译为数并不多,比实际需要的要少得多。比方说您,您多年来一直积极地从事翻译工作,您的翻译工作不仅触及古代中国的哲学经典,您还翻译当代关于道教传统的著作。我这里所说的就是您对道教"龙门"派十八代传人王力平的翻译。您为什么决定来翻译这一本很难翻成外语的书?

答:1991 年底,华夏出版社刚一出版此书之后我就接触到了这本书。在此之前,我已经花了几年的心血来编排《道德经》的顺序并对其进行翻译,但对当代的道教实际上是一无所知。我当时去中国访问的一个主要目的就是拜访道教宫庙,我当时想了解一下,道士是怎么来进行教育的。

我在中国访问的时候,有幸拜访了几座著名的道教宫庙,既与年轻的道士,也与一些老道长进行了交谈。在很多时候,他们也乐于与我交流,但都说话不多,我很想了解的事情也没有得到圆满的回答。有一次在西安市,在我拜访八仙庵的时候,我问了一位道士几个问题,他看到我手里有一本刚刚在宫庙小书厅购买的陈开国和郑顺潮合著的《大道行》。他就对我说:"把这本书读一下,你什么都会明白的。"这本书让我感到很震惊。我对这本书做了不少介绍，并在学术讨论会上做了报告。我每次一讲都会引起人们很大的兴趣，他们纷纷提出，让我把这本书翻译出来。过了很多年，我最终才抽出时间来从事这本书的翻译工作。① 到今天为止，我的译本已出版了三次。在每次再版的时候都进行了完善，根据人们的反映，这个译本在俄语读者群中很受欢迎。②

问：这本书的主题是什么？书的内容是什么？

答：《大道行》这本书讲的是做人的道理。如何做人是生活的目的，是一个人在"取得"本质的过程中实现自我修身的过程。在我看来，"取得本质"指的就是全球人耳熟能详的一个中文名词——"道"或者"道路"。"道"永远在鞭策人去上升，需要其付出艰辛的努力而实现自我超越。《大道行》就是一个讲天梯的故事。在攀登天梯的过程中，人渐渐地拓展了自己的视野。到了某个阶段，他就开始明白，世界与他此前所想象的是不同的，与地位高的学者在书本所写的东西也是有区别的。那么，怎么才能了解真实的世界的完整性呢？只有一个相似完整世界的，一生遵循微妙宇宙秩序的，以及所有神、情、行为三合一的人，他才会开通这种真实的世界的完整性。根据道家的观点，宇宙所存在的各个阶层，其在人这个完整的生命体内、在那个"小宇宙"里都有微妙的类似点。当作一个"小宇宙"——这就是《大道行》的精髓。在我们读者的眼前，有一个人——我们的同时代人王力平这位东北抚顺市的小孩——在道家全真教龙门派三位老师的指导下一步一步行进在这个大道上。老师们不让王力平像他们一样，也像千百年来他们的老师和老师的老师——那些道家全真教龙门派传人那样隐藏在深山老林里过隐居生活。几千年来，道教文化的精华都是秘密传授的，只能由老师传授给学生。但是，让"道"发扬光大的时代到来了，为了让地球上的人类能够保存下来，就不是让个别人，而是要让成千上万的人触摸到"大道"。王力平就肩负一个使命——把

---

① 最早把这本书译成俄语并发表的是 B. B. 马良文。参见陈开国、郑顺潮《追寻"道"》，B. B. 马良文编辑并翻译，莫斯科，纳塔利斯出版社 1997 年版；利季娅·戈洛瓦乔娃是 1991 年开始翻译的。两位翻译家是同步翻译的，彼此之间并不知道对方在翻译。

② 陈开国、郑顺潮：《大道行：访孤独居士王力平先生》（经过修订补充的第三版），莫斯科：罗多维奇出版社 2007 年版：（梦寐以求的中国系列），利季娅·戈洛瓦乔娃翻译并作序（2006 年），第 9—12、15—21 页。

"大道"（或者说至少一部分）的知识，传授给普通人使用。因此，他就应该生活在人间，过普通人的生活，而且应该仍然作为道教的真人，并在自己的周围营造和谐的气氛。在"道教"的传统里把这样的人都称为"人间的独居道人"。

这本书的作者是两位中国人。他们在 20 世纪 80 年代认识了王力平。当时他刚开始在人间履行自己的使命。这两位作家记录了与王力平谈话的内容，记录了他个人的回忆，所以他们把自己的著作叫作《访谈录》。他们并没自己也坦言，他们并没有完全理解王力平所说的内容。他们的心智能理解多少就接受多少。作为一名翻译，我也把书中所叙述的内容能接受多少就收取多少。从总体上来看，这本书有一个特点，它不是单次阅读的一种书。当然，这本书也可以把它直接当作一位奇妙人的故事而一次读完。读完之后，心里为之一惊，就永远把它放到一边。这也就是说，这本书没有打动你的心，这本书不是写给你的。但是，不管怎么说，也许它只是暂时没有打动你的心，不过有朝一日，在你思考生命意义的时候，你会想起这本书来。在这种情况下，一位探索的人把自己的目光投向世界各族人民和各种文化的智慧瑰宝就是顺理成章的事情了。在世界各族人民和各种文化之林中，中国文化的璀璨明珠——道教文化在世界上唤起了越来越大的兴趣。《大道行》讲述的就正好是道教。

问：您是不是有幸亲自认识了王力平？

答：多年来我一直都在找机会认识他并与他亲自见面。曾经有一度，王力平通过自己的徒弟转告我，说在方便见面的时候，我们一定会相遇的。在 2009 年 5 月，这个日子到来了。在王力平到莫斯科与自己的俄罗斯徒弟举办第二届讲座的日子里，我们认识了。今天晚上，在北京郊区，在香山我们又见面了，我们谈得很好，整整谈了两个小时。

问：请问，你们是怎么谈的，都谈了些什么？

答：我们在一起谈得很开心，就好像我们很久前就已经认识了似的。我们谈得最多的是传播道教文化的问题，那些并不少于传播儒家文化所遇到的问题。比方说，王力平想创建一所老子学院，以便让在此工作的人能够修炼道家的自我修炼方法，能够表达自己对老子的理解。现在，在中国有很多研究老子的组织和协会。但大多被某些官僚和教权派分子篡权并霸占着。据我所知，王力平在各种学术会议上多次提出了《大道行》这本书论述的三界理论。他说什么，学者们都不感兴趣。我认为，这些学者这样做只是为他们自己。现在掌握理论与实践的这一种新人的时代慢慢来临。对他们来说，内功术也很重要，老子学说就以全新的风貌绽放开来。我没有把自己对老子的理解展开来讲，时间也不允许。心想，万一还有机会见面呢！王力平将要在莫斯科再次举办讲座。总的印象是，他人很朴实，是个憨厚的小伙子。他问了我很多问题，问我过得怎么样，问我靠什么来生活，问我怎么来工作，问我怎么能做这么多事……他也没有空口答应什么，我也没有求他什么。我只是说，奇迹还是需要发生。当然，要经得老师的批准。他说了："也许，我可能会去你的家乡。"此后，我们就告别了。

问：那么，我们到此告别道教，又回到汉学的题目。请问，你怎么评价俄罗斯汉学的总体状况？怎么看它的发展趋势？从总体上看，它的发展趋势是积极的还是消极的？

答：我记得，早在20世纪70年代我上大学的时候，有一位访问过美国的学者给我们做报告，向我们讲述了美国的汉学状况。当时，我们几乎中断了与中国的关系。美国与中国也根本就没有外交关系。但美国有500名中国学家还是持续研究中国，教授汉语的就有50所大学。当然，这些中国学家都在新加坡、中国香港和中国台湾进修过。可我们呢，什么实际的交往都没有。尽管当时成立了远东研究所，但交往也很有限。现在，时代发生了根本性的变化，但我认为，即使是现在，我们俄罗斯的汉学也发展得极缓慢。这与我们国家的规模，与我们与中国关系的规模都是不相符的。我们总是处于这么一个位置，那就是中国是主导方。我已经说过，中国出版了俄罗斯所有中国学家及其著作题目的词典，而且是早在1980年初就已经出版了。而我们到现在，与中国相关的此类的书籍什么都没有。我认为，应该提高学习汉语的规模，要让汉语的学习就像在美国一样在各个高校展开。要让俄罗斯的中国学家在工作的时候不要把自己分内的工作交给或者转让给中国人。要让他们在承担翻译的时候，直接把中国人、把中国的规划和中国的文化介绍给我们。而当翻译家拥有同等的人数和同等的品质，那我们就可以说，势均力敌的形势到来了。从总体上来说，我认为俄罗斯当今的汉学状况不尽如人意。

问：当然，这种状况在很大程度上是因为资金缺口很大，资金来源也很不畅通。

答：是这样，不过资金的来源需要寻找。尽管，我国学术是有国家补贴的。但是，我也注意到了清华大学是怎么解决学术经费这一问题的。

问：那么清华大学是怎么来解决的？

答：清华建起了好几栋高楼。当我第一次见到这些高楼的时候，楼里面灯火通明。我想，这里面是不是通宵达旦地在开展学术研究。可实际上呢，学校的主管部门把这些楼出租给公司、银行和办事处，比方说出租给谷歌。他们把租金用于开展自己的研究工作。当然，清华大学不仅拥有这些高楼，他们还有很好的教学大楼，拥有很多现代化设备。我参观了一下大学的图书馆，大学生阅览室的每个桌子上都有一台电脑。那我们哪个图书馆有这种条件？你看，中国人自己挣钱养活学术，我们应该向他们学一学呀。

问：你一般在哪些学术杂志和文集里面发表自己的学术论文？

答：我现在发表的文章很少。主要是在俄罗斯科学院远东研究所和东方学研究所的学术会议文集里面发表文章，也在不同的出版社发表一些译著等作品。

问：除了你已经取得了大量的研究成果，也可能还有一些题目和问题由于种种原因你还没有展开研究。到今天为止，你没有做或还没有做完的题目有哪些？是什么让你感到不满意或者说是有些失望？

答：在研究中国东北历史这个课题的时候，其结果是最让我失望的。在研究的某个阶段，当中国的改革已经突飞猛进的时候，我看到，我们在大学所学到的东西还不足以让我们理解中国正在发生的那些事情。这可能不仅仅是我一个人的感受。在研究中国历史和中国经济领域的所有人当时都有这种感受。除此之外，研究所需要的资料也很难弄到。因此，在研究中国现代史的时候，我明白了，我们简直是不能也没有足够的准备来完成这项工作！这本书出版的时候，我已经退休了。在书出版四年之后给我寄了一本，但我再去读这本书的时候心里都有些害怕，因为我觉得，当时所做的那些结论（当然，这是我们的集体评价，所依托的是我国资深专家的观点，而且也是变来变去的观点）是这么一个样子，以致我现在（上面已经说过）都不忍心再去阅读这本书了。

问：可以理解呀！尽管资金不足，对中国学研究的极端重要性也认识不足，但不管怎么说，俄罗斯的汉学还是慢慢地活跃起来了。对中国问题的迫切性也提高了，对职业中国学家的需求也增加了。这表现在出现了大量的论述中国的通俗和科普类文献。那在你看来，在论述中国的学术著作中，哪些值得特别关注？

答：我现在对古代文学表现出了很大的兴趣。伟大的中国文明吸引了更多的注意力。如果以前我国对孔子、老子和其他哲学家翻译得不完整或者说只有个别译本的话，而且还有一种观点，说什么已经翻译一次了，那就没有必要再翻译了，那么现在，出版的译本就有十多种。这是让人高兴的事情，因为出现了新的解释，产生了新的思想。最主要的是，俄罗斯社会对中国文化的这些方面的兴趣越来越大，而对政治事件则没有这么大的兴趣！可以这么说，如果说现在通知人们即将举办关于中国时事政治的讲座，那来参加的人肯定要比关于孔子和老子讲座的要少得多。这恰好是我喜欢的现象！《中国精神文化大典》引起了我的注意。这是一套六卷本的大部头百科。当然，这部百科也有瑕疵，但是，作为一部答疑解惑的参考资料和知识的汇总集，这部百科卷帙浩繁，是众多学者的心血结晶，博得了人们的深深敬意。

问：汉学中的哪些题目你认为特别重要也很有现实意义，但却没有得到应有的重视？

答：多年来我参加俄罗斯科学院语言研究所的学术研讨会。根据这些研讨会的经验，我认为，对中国文字及其历史的研究根本没有予以足够的重视。目前，这里还是有一个窠臼在作祟：当年，也就是在20世纪50年代到80年代已经有几位学术权威撰写了大型或小型的学术专著，再也不会有人胆敢向他们发难，并认为，这里已经不存在什么没有研究的问题了。但是，这个领域还是有问题，而且有很大的问题。尤其是在出现了新的金石文献之后就更是如此。我觉得，在这方面，我们完全把它给忽视了。既然我们前面已经触及了语言学问题，那我要表达以下想法：即使是浏览一下现在能到我手的中国学术杂志，那就可以看出，中国现在对语文学理论有很大的兴趣。况且，中国已经宣布以汉语的资料库为基础，对西方已经接受的索绪尔的普通语言学理论进行重新审视。我国关于中国语文学的理论著作少得可怜,如果掰着手指数一下的话,连五都数不到。与此同时,俄罗斯中国语言学的细分好像又走得太远。给人这么一个印象,似乎是每个人只阅读自己的专业杂志。即使论述语文学的文章在其他杂志上有幸能发表,那人们也是视而不见。尽管如此,我还是试着把这类的中文文章(包括已做好的俄文简介)发给一些德高望重的而且是首都的语言学家,我的尝试没有激起什么反应。由于全球化的冲击和对外开放政策,汉语也发生了有趣的变化。从其他语言中引进其他词汇是每一种语言发展的必要因素。在中国,象形文字的书写结构使得引进并不那么容易。不过,目前中国人也试图把外来词中国化。这也是符合规律的进程。我们回想一下,在罗蒙诺索夫之前,俄人说的就是"квадратуум",而不是"квадрат"。而在中国,外来词的中国化是要选择那些能够表达外国词汇意义的象形文字并且听起来要相似。比方说"拖拉机"这个词就引进得很成功。这些词的书写要经过国家专业委员会审议并通过。但专业委员会能追得上引进的速度吗?如果跟不上,那怎么办?将来会不会出现某种中国式的片假名(标音的符号已经有了)来补充象形文字,或者说语音文字终归在什么时候会替代象形文字?这一切对我来说都很有意思,因为其涉及我提出的中国文字在中国的先秦时代的语音化的假设,[1] 而且因为这些问题本身就很有意思,是理论上很有意思的。我不仅很想听到专家的意见,"得到他们的帮助",而且也很想参加专业的学术辩论。但遗憾的是,我还没有看到有这样的论坛。一提到"论坛"这个词,我的思绪马上就会飞转到网上的中国学论坛。遗憾的是,高级的俄罗斯学者几乎不参加网上讨论。大概是因为他们使用电脑还不那么利落。在这方面,年纪大的人还有很大的困难。

问:30多年来,你一直参加俄罗斯科学院东方学研究所从1970年开始举办的一年一度的"中国的社会与国家"学术会议。顺便说,2010年是值得庆祝的一年,这一学术会议将举办第40届。你能否简单地介绍一下这个学术会议,也请你谈一下你个人对这个学术会议的看法。

---

[1] Головачёва Л. И., Изучение 《Луньюй》 и гипотеза развития китайской письменности // Проблемы Дальнего Востока. -М., 2000. No 3. С. 148 – 160.

答：从 1975 年开始，我几乎每年都参加题为"中国的社会与国家"这个学术会议。这个学术会议对我本人、对我的研究题目和我个人兴趣的养成产生了很大的影响。我特别喜欢这个学术会议开始举办的最初几年的氛围。年长的那一代畅所欲言，争论和讨论中国的问题，讨论中国文化的范畴。说实话，在后来的一些年份，气氛就不那么活跃，来参加这个学术会议的非中国学家的人数又有所减少。他们之所以来参加这个会议，是因为会议上讨论的问题没有什么禁区。审查机关和安全部门对东方学盯得不是太紧。现在，参加会议的这样的来宾也少一些了。有一个倾向，就是开会期间讨论越来越少。大家一来，把报告一念就走了。况且，来参加这个学术会议的与以前一样，还是外州市的专家居多。这个论坛成了聚人气、聚朋友、获信息的场所。会议的气氛很宽松。只要你来，从来也不会有人问你是什么学位，有什么职称。你一登上讲坛做报告，大家就把你当作该问题的专家来看待，人们的诉求也就是这样。一句话，我很爱这个学术会议！尽管最近几年我参加的次数不是很多，我非常珍视这个会议，我也希望这个学术会议的生命能够长久地持续下去。

问：那在你看来，俄罗斯汉学的特点或者特色是什么？它与西方汉学或日本汉学的区别是什么？

答：我觉得，苏联时代的汉学有很强的意识形态色彩，这一点给一切都打上了烙印。让你倾斜什么，你就沿着这个斜面往前滑，尽管你自己都能意识到，侧重的方向有些不太对劲。好在现在这一切都过去了。学术语言变得更抓人了，更有亲和力了。没有什么刻板的陈规旧套，但是我们内心的自由还不够，苏联时期的遗风我们还不少。

问：但是，我国的汉学还不仅仅是苏联汉学。我觉得，俄罗斯汉学有不同于苏联汉学的特色。你能界定和描述一下俄罗斯汉学的特色吗？

答：我想，主要特色是对中国和中国人民的尊敬，是对中国人民的兴趣和尊敬。

问：可能，还有很悠久的传统，因为俄国汉学已经有 200 多年的历史了。

问：那很像比丘林，一旦爱上中国，他觉得没有中国就无法生存。后来俄罗斯的很多中国学家也都拥有这种情感，他们与比丘林共命运。

问：你认为俄罗斯汉学现代的使命和前景怎么样？对此你已经谈了自己

的一些观点,但是如果考虑到当今的现状和现在正在发生的代际交替,你能简单确切地谈一下吗?

答: 我认为,现在年轻人献身汉学的还不多,其中的主要原因当然是因为工资不高。纯学术知识的用武之地也有限。还必须更多地拓展在中国学习和进修的机会。如果回想一下过去的话,那我们这里最好的中国学家,即使是在苏联时期,他们都在中国生活或工作过一段时间。比方说,永远不能忘记的维塔利·费多罗维奇·费奥科吉斯托夫(В. Ф. Феоктистов,中国人都把他叫费先生)就是一位讲汉语很完美的人,总是让所有人都惊叹不已,他就在中国工作了很长时间。如果没有这种机会,那他作为中国学家就有很多缺陷。因此,要让年轻人有机会去中国,要是能在中国留学,那就最好不过了。至少,要在那里长期居住和工作,而不是一两个月,也不是个把来年。

问: 除了在中国生活这一条,年轻人要真正成为一名好的高精尖的中国学家,还需要什么?

答: 要成为一位很好的中国学家,要是有很好的眼力、很好的听力和很好的发音就最好不过了。有眼有耳是为了把汉字写得的形神兼备(古代的书法艺术到现在都很值钱)。如果你喜欢自己的研究对象,又有一个好记性,再加上吃苦耐劳,那听力差一些,写得不漂亮总体上也能对付。经验是水滴石穿中慢慢养成的。很多东西也需要背诵。要吃透已经研究的东西或者刚碰到的东西要难得多。吃透——这已经是特殊的比一般的知识更高的境界,因而是哲学的境界。在我看来,能不能吃透就是区别一位"高精尖的"中国学家和一位"真正好的"中国学家的标准。看起来,这就是所谓的"两个大区别"。中国哲学认为,只要把自己置于微观宇宙的状态,无缘无故的世界秩序是可以理解的,因为同类是以同类可以求证的。求证不是靠眼睛,不是靠耳朵,不是动手,而是要全身心地使尽浑身解数。人不是生而完整的,他只有自己聚精会神才能变得完整起来。换句话说,对一位"高级的"中国学家来说,中国不是客体,不是对象,他与中国是融为一体的。

问: 年轻的俄罗斯中国学家正在接替年长的一代,我们希望,他们即将获得可观的资金,拥有更好的条件,他们将义不容辞地继承我国汉学的传统,接过接力棒,您对他们有什么祝福呢?

答：这个问题并没有看上去那么简单。我想说的是，应该尽早地答辩论文，目的就是要尽早地腾出手来，以便获得自由发展的空间。因为在你答辩论文的前前后后，无论是思维还是表达方式，你都容易受很多条件限制，而当你做完这一切，你就会有接受新东西的冲动。在写论文的时候，你就要死守传统，而在此之后，你才有了施展的自由！应该利用这个自由，接受新的东西，顽强地探索新的东西，也要相信，人总是有知新的空间，该做的事并不是在你来之前已经全部做完的。年长的一代开创了一个工作。我们应该依靠他们，要研究他们的著作，但是要有所突破呀！你也知道中国有一句谚语"青出于蓝而胜于蓝"啊？要知道，这说的就是超越了自己老师的学生。要用胆识让老师惊喜，而不是光靠顺从。还有很重要的一点是我想希望年轻人的。你记得鲁迅的《阿Q正传》的主人公吧？阿Q到过城里几次，"然而他又很鄙薄城里人，譬如用三尺三寸宽的木板做成的凳子，未庄人叫'长凳'，他也叫'长凳'，城里人却叫'条凳'，他想：这是错的，可笑！油煎大头鱼，未庄都加上半寸长的葱叶，城里却加上切细的葱丝，他想：这也是错的，可笑！"年轻的中国学家，记住阿Q吧，别怕人们觉得傻瓜就是你们自己！只有这样，你的眼前才能出现一条康庄大道。

问：还有一个问题。你对中国最深的印象是什么？也许是谈一下中国的哪个角落的印象？一提到"中国"这个词，你的第一联想是什么？

答：中国在我的思绪里面总是与我在50多年前就认识的中国同学和朋友联系在一起。他们是怎么工作的，直到现在还在工作，在每一次见面的时候，他们都有新的创造成就让我吃惊，使我印象深刻！在困难的条件下，他们善于成长，成了建设自己国家的主力。我任何时候都忘不了这一点，这对我也是一个很高尚的榜样。当然，关于我的印象和具体的人还可以讲很多很多，但这是最深的印象！对我来说，我的中国朋友就是一座座灯塔。我想，整个中国从总体上都可以成为我国一座良好的灯塔。当然，在某种意义上是这样。

问：感谢你给我这么有意思的、内容很丰富而且也很坦诚的采访！祝愿你在中国的访问顺利成功，希望你顺利回到祖国！

答：也非常感谢你，再见！

列·彼·杰柳辛访谈录

访谈对象：列夫·彼得罗维奇·杰柳辛①
俄文姓名：Лев Петрович Делюсин
职　　务：苏联科学院（现为俄罗斯科学院）东方学研究所中国部主任、社会科学学术信息研究所所长及国际经济与政治研究所研究员
学术专长：中国近现代史、邓小平时代的中国改革和政治
访 问 者：辛涅兹卡雅
翻　　译：胡逢瑛
时　　间：2009 年 2—6 月
地　　点：莫斯科

问：您好，列夫·彼得罗维奇！请您自我介绍，您是谁以及您在何时何地出生的？

答：您好！我叫列夫·彼得罗维奇·杰柳辛，我于 1923 年出生于莫斯科市。职业是中国学家。我毕生都从事中国研究。

---

① 已于 2013 年 5 月 22 日去世。

问：您何时初次认识到存在中国这样的国家，而这又是如何发生的？在那个时候中国的形象在您的认知当中又是怎么样的？

答：第一次知道有中国这样的国家，事实上，是在中学的地理课堂上。而且由于在那里建立了苏维埃的政权。甚至在那些苏维埃地区还庆祝了11月7日，这被苏联的报纸和广播广泛地报道。在广播里听到了朱德、毛泽东、蒋介石等姓名。还讲述了孙中山推翻帝制与建立了民主共和国，而蒋介石继承了国父思想并且领导对抗苏维埃地区的战争，也就是成为反革命者与反动者。我们帮助成立（中国）共产党，领导了全世界革命的理想，试图让中共成为国民党的集体成员，为了使共产党员保证在全国革命工作的正确方向。但是蒋介石走上了反革命的道路。

还有就是书籍在我的中国形象建构上扮演了同样重要的认知角色，我依稀记得20世纪30年代在中学时读过了谢尔盖·特列季亚科夫（中文姓名是铁捷克）的纪实文学《邓世华》。（"生命的、生物的"在那个年代是非常时髦的前置词，值得回忆的是梅耶荷德开创的"生物力学"这一戏剧表演艺术体系）。小说被视为在特定时期内的过去遗留的残余物。显然作者并不想成为写文章的作家，因为这意味着他只是故事的杜撰者。"纪实文学"概念按照作者自己的解释是因为他写的是关于"活生生的人"。该作品创作的基础是访谈，是他在北京大学俄文组任教期间对自己学生进行的访谈，他于1924—1925年在那里任教了半年。后来与在莫斯科孙逸仙学院的中国人有许多的交流，不过他自己作品中的中国主人公的原型是出生在长江边，先在北京读书，然后到莫斯科求学。主人公邓世华不是共产党员，"父亲的国民党精神传给他继承"。作者与主人公在1927年分离，当时他从莫斯科回到了北京。他后来的命运作者就不清楚了。但他表达了"国民党将领的变动引起了他痛苦的困惑"，最后带领邓世华进入了争取自由中国的真正战斗阵营当中。当时这是在我自己的年代很受欢迎的一部著作，这是我对中国的第一个印象，该书写得非常好。生活、思想、感情如此突出与鲜明地传达出来，创造了完全进入了这些情境当中的效果。当时苏联上演了话剧《怒吼吧，中国》，作者同样是铁捷克，应该就在梅耶荷德剧院上演，讲述中国对于帝国主义的抗争。我没有看过话剧，不过读了剧本的文本。该剧被翻译成多国语言，戏剧在其他国家上演，不仅仅在苏联。不过作者后来被逮捕囚禁，由于被镇压，作品被禁，在苏联共产党第二十次代表大会后的解禁时期，他的作品又被重印出版。我想推荐现在年轻的中国学家去读这部纪实文学的作品，因为这部著作带着对这个国家和人民深厚的情感，是对中国良好且细腻的介绍。

事实上，值得一提的是，在30年代，我的父亲——身为一名共产党的工作者，也应该去中国，我们就这个主题讨论了很多。（父亲于1917年8月入党，很年轻。在莫斯科的莫斯科列兹基区开始了自己党的活动，父亲那一辈的人都信仰党，信仰作为列宁继承人的斯大林）为了帮助中国同志在苏维埃地区建立苏维埃政权而准备派送我们党的工作人员。后来那里局势变化了，开始了长征，到了北方，而且也就没有派遣的必要性了，父亲就没有前往中国了。

问：谁影响了您的兴趣和职业的选择（父母、朋友、熟识者）？您是如何与为什么成为中国学家（从事了研究中国的工作）的？

答：当我还在前线时，心里想着，如果我能够活着，以后要去东方的某个地方，或是更远——印度或中国。战争以前我几乎没有离开莫斯科去过任何地方。我在战争期间从东到西跨越了苏联的欧洲部分，仿佛第一次展开了旅行。然后我在斯大林格勒战役中受了伤，到莫斯科治疗。转业后，我于1945年进入了莫斯科东方学院①就读，本来我是要准备去印度组，但是学院的院长建议我进入中国组，我的推论是，很快就需要很多的苏联专家到中国去，我当然是极佳的人选——前线退役兵、苏共入党候选人、中学五分优秀成绩毕业生。而校长的建议等同于命令。

问：您是在哪里以及如何完成了中国学专业的学习？谁是您的老师（其命运、专业、性格如何）？

答：我们在莫斯科东方学院的教研室主任是科罗特科夫（Н. Н. Коротков）（他对于现代中国语言、古代中国文言文以及文法的许多问题研究，都有相当显著的贡献）。他教授我们中文，种下了我们对于中国的爱，透过这份爱来学习中国语言和中国文学。同时，他还是文选编纂者——各种哲理寓言和故事

---

① 莫斯科东方学院，成立于1921年由莫斯科不同高等院校的东方学部门合并而成，于1954年关闭。

作品，我们也读了；我到现在还特别清楚地记得课堂上老师提出了一个哲理寓言的问题：死后好不好？我回答了，明显地，死后在那里应该很好，因为没有人从那里回来。

而基本上我们学习语言是在没有教材的情况下读了孙中山的著作《三民主义》，三年级的时候我们学习了他的另一卷作品《行易知难》（《行动——这是容易的，知晓——困难的》），文章是用文言文写的。那时候的课本就是由欧沙宁（И. М. Ошанин）编纂、军事学院出版的。但是这本教材还是薄弱的，尽管如此我们还是使用了这本教材。在战后一段时间我们大量学习了政治语言，欧沙宁编纂的教材也都是政治性的词语。一般生活用语我们都没有学过。

从外交部卸任后来到我们这里教学的是伊萨延科（Б. С. Исаенко）。他本身对语言的认识非常了不起，因为在哈尔滨出生，他在语言学习方面传授了我们很多经验，讲述了很多有关中国的事物。

科罗特科夫不是很喜欢欧沙宁，但是仍邀请了他给我们上中文课。欧沙宁讲的课非常有意思，我们总是满怀热忱来上他的课。他的课不是关于政治语言方面的，而主要是教会我们关于中文的象形字体、结构、文法以及诸如此类的内容。

学校的重点基本是放在学习专业语言上（以我们为例——专业是中文），尽管在学院中有人提出了重点还是放在俄语上，而不应取决于专业上国别的区分。

我们老师当中有以汉语为母语的人，但是中文教学几乎没有任何技术设备（没有录像机，也没有录音机）。这样一来教学的质量不能称得上是很高。

对我们而言，中国历史和东方历史的教学力量比较薄弱，我们完全没有学习经济方面的课程。课程最后一年，有一位曾在中国大使馆工作过的彼得罗夫（Петров）来教我们中国哲学。他的课程我们非常喜爱，还有他在讲课的同时，会用汉语在黑板上写出基本的专有名词。我们还上了康拉德（Н. И. Конрад）的东方学课程（他是苏联科学院东方学研究所日韩部门的前领导，在1938年好像被冠以破坏罪名遭到逮捕。1945年康拉德被授予了列宁勋章，也就是说不仅是赦免了他，而且等同于向他道歉了）。当然，他是日本问题的专家。但研究这个国家总是离不开中国的传统文化，他是关于文学方面的专家，主要是古代文学。虽然，在本质上，在传统哲学和文学方面并没有教我们什么。

在莫大的历史系，或许会教授比较深入的关于中国的问题，我们与某位同班同学去了那里登记注册。不过自然地，我们没有被接受录取（第二教育不受到鼓励）。在本质上，我们要被培养成为翻译家。而马克思主义在那个时候是主要的学科。

有一次，我们开始学习俄罗斯史与欧洲史的课程——库尼兹基（Куницкий）讲得非常有趣。总体来说，他是一位亮眼的人物，尽管他没有学位。再者，图罗夫（Туров）博士也是非常优秀的老师。不过即使是这些令人感兴趣的教师的课程也是非常短暂的。有时候因为某种原因，它与课程计划问题无关：例如，为我们讲授了半年东方历史的一名优秀专家，后来被捕了。维经斯基（Г. Н. Войтинский）〔他的真名是扎尔欣（Зархин），远东和西伯利亚的内战参加者，共产国际执行委员会里的一名负责任的工作者；在上海的共产国际执行委员会远东支部担任代表；自 30 年代起就在莫斯科从事科学研究与教学的工作〕教授中国历史课程，但是这是新时期的历史了。我们的老师还有费森科（Фесенко）——教的是古代中国历史，从中国人来自海洋一端讲起（而这位仿佛是半个古代原始人的老师在那个时候是莫斯科东方学院的院长）。

我们莫斯科东方学院拥有非常棒的图书馆，那里还并入了前文史哲学院的图书馆（1941 年莫斯科哲学、文学和历史学院解散了），此外也收入了共产国际在莫斯科出版的中文材料和从被逮捕者以及各类关闭与解散机关没收来的数据。但是在图书馆中发生了奇怪的事情：我们被告知，十本清华辞典当中有九本被盖上保密章（或许，原因是外文的关系），结果就是，不借给我们。有一次在伊萨延科的请求下，为了实际学习的需要我才能够带一本词典回家。

问：您与谁在同一组（或在同一年级、系别、学院）当中一起学习？

答：和我们同年级在一起学习的有一对知名情侣，就是著名的语言学家科托夫（Котов）夫妇（他们在莫斯科东方学院里相识并在学习期间就结婚了），一直到他们去世以前我们都保持非常好的友谊。亚历山大·瓦尔拉莫维奇（科托夫）（Александр Варламович）二年级来到我们班就读（他被军中勒令退伍，是从远东军区司令部退伍的，原因与他个人资料的确认有关，其中发现了诽谤他的状况——他的父亲曾被清洗）。他已经有了一定的语言基础。根据外文图书出版社的约稿，我们一起翻译了从哈尔滨带回的书——《中国近代史》以及胡绳的《帝国主义与中国政治》，我们劳动的成果于1950年与1951年在莫斯科出版了。

而在1953年他出版了《俄华字典》（共同作者是陈昌浩），共出了三版。科托夫大量翻译中文资料与教授中文课程（在莫斯科东方学院就开始了）。安东尼娜·费多罗夫娜（科托娃）（Антонина Фёдоровна）（她第一段婚姻的先生与她离婚就是因为知道了她是被镇压者的女儿）是语言学副博士，有副教授职称，写了很多关于中文翻译学与方法学的文章，教了一辈子的书。

大我们一届的还有克拉拉·费多罗夫娜·克柳奇科娃（Клара Фёдоровна Крючкова，翻译家，现在还是俄中友好协会的积极成员）。在哈尔滨实习期间我和她成了好朋友。我和弗拉吉斯拉夫·费多罗维奇·索罗金（Владислав Фёдорович Сорокин，语言学博士，中国文学专家）在一起学习。他的太太当时也是我们的同学——已故的塔季扬娜·苏茨基维尔（Т. А. Суцкивер）。她是语言方面的大专家，在学院时我已经预料到她将会前途无量。不过她是犹太人，又是女性，当时没有一间中国学的机构愿意收她，包括无法进入副博士研究班就读。结果就是她进了莫斯科国立国际关系学院开始教授俄文。在我到了苏联科学院社会科学学术信息研究所（ИНИОН）就读之后，我邀请她到那里工作。这样她终于可以利用到自己的中文知识了，她开始撰写非常高质量的中文资料研究报告。在我们班上还有妮娜·米哈伊罗夫娜·卡柳日娜娅（Нина Михайловна Калюжная，和我一样是第二次世界大战的参加者，历史学博士，研究义和团运动与章炳麟思想体系的专家）、瓦季姆·米哈伊洛维奇·索恩采夫（Вадим Михайлович Солнцев，语言学博士，1984年俄罗斯科学院通讯院士，1986年担任了俄罗斯科学院语言学研究所所长）。

需要特别一提的是，战后时期两个因素影响了未来中国学家的发展方向：第一，在特定时间里阻断了犹太人的科学研究。第二，严峻地限制了科学追求的主题。在这层意义上，贝格尔（Я. М. Бергер，他比我年轻，好像小我两届）的命运就十分典型。我和他认识，事实上，是在苏共中央执委会工作时。生活的条件迫使他不仅要选择东方学作为学科路径，而且专攻经济地理学，因为只有地理学院使他可以安顿下来。他搜集了关于新疆的丰富资料，答辩准备得很好。但是这个区域的特殊性导致这个题目没有办法在公开的论文学术委员会中进行答辩，贝尔格尔带了某位写的拜托信来找我，而我能够帮他的就是转移到不公开的学术委员会中进行答辩。答辩不仅是为了提高学位，而且也是为了达到比较正常的经济条件。格利布拉斯（В. Г. Гельбрас）作为老布尔什维克党员之子，可以加入远赴新疆的队伍，这帮助他搜集了副博士论文答辩所需要的大量资料。而我邀请他进入了新的研究所——国际工人运动研究所，领导中国工人运动的部门。

顺便一提，毛泽东的两个儿子——谢廖沙（毛岸英）与科里亚（毛岸青）也在我们东方学院就读。谢廖沙大一届，科里亚在我们班，智力有点问题，听说是抚养他的天主教牧师打了他的头之后留下的后遗症。他们学习中文，因为在伊凡诺夫斯基儿童之家中没有教语言。听说，科里亚请求死后不要在石碑上刻上父亲的姓，而是母亲这边外祖父的姓——杨。

基本上，其他班级的情况我知道得较少，多数时间我都去上中文课，从家中往返学校的路途当中我准备了单字卡，一面是汉字，另一面是俄文字义解释，以及转抄。我与热尔加科夫（А. Д. Желтяков）很要好，他在新疆组。在列宁格勒结婚后，他转到列宁格勒大学东方系就读。那里无法学习维吾尔语，热尔加科夫转到土耳其组去。不过我们的友谊长存，直到最后他离开了人世为止。

问：您何时以及是如何到中国的？您对中国的第一印象是什么？您如何看待中国菜？

答：当我们大三的时候，学校来了某位人士，造访目的是要组一个学生翻译团队到中国东方铁路（КВЖД），那里称为中国长春铁路（КЧЖД）。这是从未有过的喜悦：要去中国！并且待很长一段时间！去看活生生的中国！要在实习中检测自己的中文！挑选的过程是非常严格的：我还知道他们去找了我的邻居，确认一些关于我的个人情况。尽管在那个时候，要进入高等教育机构及相关单位都要经过非常严格的审核且非常仔细地检查个人资料档案。

我们住在哈尔滨。每天上午在铁道部门当翻译。部门管理层主要由苏联人组成，那里有在日本占领期间服务过的老员工，其中包括非常棒的医生、翻译家［我记得有一位在日本人那里工作过的很优秀的翻译者伊科尼科夫（Иконников）］，下午我们则在政治技术学院学习，除了中国人之外，教我们中文的还有巴朗诺夫（Баранов）教授，是老中国通。他教得非常好。

第一次认识中国，让人感觉最有异国情调的是哈尔滨各式各样的生活形态，中国的建筑物，另一种生活的形式［之前我从未到东方，虽然有到过中亚，自修读过特列季亚科夫（Третьяков）的书，已经对中国人以及在中国的生活有了若干的概念了］，中国菜与中国客栈。欧洲风格的（实际上是俄罗斯风格的）城市哈尔滨给我留下了非常深刻的印象。这可以说是我第一次真正地"出国"。哈尔滨这座城市，就好像是由多个城市组成的。我们住在紧邻铁道管理部门的地区。在哈尔滨有大量的俄罗斯移民，大多是1917年之后的移民，也有革命前到中国的。部分城区感觉不像欧洲城市，而是让人想起了俄罗斯中世纪的省城，感觉像是俄罗斯经典作品的具体物化。自然地，这座城市也受到东方的影响，反映在城市建筑和生活形态上。我们被安排住在领事馆的宿舍里，在铁道管理部员工餐厅用餐——饭菜好吃且价格比较便宜。餐饮是西式的。后来把我们转到领事馆的食堂吃饭，在那儿更便宜，而且更好吃（也是西餐）。

在消费市场里，对我们这些从战后莫斯科来的人而言反差是惊人的。所有人都在买东西而且是全部买光，我们薪资不错。而在很大程度上，我们影响了哈尔滨的物价。我们可以这么说，我自己当然也决定买给自己"胜利"牌手表（在莫斯科我口袋里可没有这么多钱买这样的奢侈品）。当第一批翻译人员买过之后（他们来得早些），我买的时候价格就更高了（每次来一次这样的需求，价格立马上涨）。商店里还可以讨价还价。有一次我买了一条棉被要20万元，而售货员一开始要价却是200万元。

我们和当地人交流很少——因为时间不够用。领事馆的工作人员似乎容易紧张，不太喜欢让我们去聊天。他们照顾我们，生怕我们做错了什么事情，或者去错了地方，等等。工程师比较开放，自由多了。特别是那些住在哈尔滨的人，定期去修复被炸毁的桥梁（他们对政治局势，大体看来，是比较不感兴趣的）。他们最担心的问题是，如何从每次出差的任务中平安归来。

大家彼此交谈着，彼此交朋友，也和那些来我们宿舍的中国人交流。自然地，友谊没能延续下去，大家与中国人住在不同地方，而且没有特别多的时间维持彼此的联系。

基本上，当时我们不被允许进城，尤其是单独一个人行动。当然，我们没有严格遵守这些规定，还是进城里逛街，逛商场，去河岸边以及去了客栈等地方。

关于中国食物，我们去哈尔滨时是在（俄历）新年，而且很快参加了一次政府高层的餐宴，我们是学生翻译，也受邀参加了。中国当地的领导请我们吃了中国菜。但是我第一次接触中国菜还要更早一些，就在火车的车厢里。当时我们正从"满洲里"车站出发，我带着新鲜感以及好奇心品尝了富有异国情调的食物，并且爱上了中国菜。不过变成中国菜的仰慕者则是在担任驻北京的特派员的工作时期，在北京有特别好的北京烤鸭餐厅。还有其他地方也有非常有趣且好吃的食物，我几乎什么都吃，我也没有特别的忌讳。有一次在广东我还吃了狗肉。20世纪80年代当我最后一次到中国的时候，当时《人民日报》的编辑们请我们吃饭，我都认识他们，在这顿非常棒的晚宴中主要有一道菜就是炸蝎子，还是很贵的一道菜，他们点了很多，所以给了我不止一份，非常好吃！在家我们也煮中国菜来吃。我们做客时也享用过中国菜：在科托夫夫妇那里；阿法纳西·葛夫里洛维奇·克里莫夫（Афанасий Гаврилович Крымов）、卡拉别奇扬茨（А. М. Карапетьянц）的太太也为我们做中国菜。夫妻俩都是莫斯科大学亚非学院的老师。中国餐厅我们常去。以前在莫斯科，有家叫"北京大饭店"的中国餐厅，现在经过很大的变化，各种不同的原因导致饭店最后停业了。

哈尔滨的商店令我惊讶。我主要是买书，许多书后来都无法带回家。我的大部分书都被列在海关没收的"反苏维埃"书籍的名单当中。我认识了一位售货员，专门搜集唱片，特别是古典的。我还买了夏里亚宾（Шаляпин）的音乐带，可能是某种原因，他也成了"叛逃者"，在莫斯科没有贩卖他的唱片。我的唱片中有一些关于宗教的音乐，也有不少抒情浪漫乐曲。我们海关人员没收了我很多唱片（也不只我一个人被没收东西）。我们站立在边境的外贝加尔湖车站许久，在月台上逛来逛去，听到要没收唱片的声音，（这样，某人买的"黑眼睛"唱片我们就常常听)。我留给自己"衬衫"唱片作纪念。回到莫斯科之后,一段时间后从格拉夫立特(Главлит)来电话通知,可以归还那些被海关没收的唱片了(但是,自然地,那些宗教音乐唱片还是因为某些原因没有归还给我),不过把夏里亚宾创作的"黑眼睛"送给我作为赔偿。

在哈尔滨我们发现中文的复杂性。首先是,人们讲的是一般日常生活的用语,对我们而言,都是超过我们学习的语言范围之外。我们大部分学习(说和读)是透过罢工、示威、抗议和其他政治性语言范围。而且,自然地,还有一系列的铁路方面的专门术语——对我们而言都是全新的语言。两位上年纪的中国人帮助我们学习专业用语,不晓得他们在东方铁路工作多少年了。对于我们提出的问题,假如他们当中有一个发现不清楚,会打开字典,指出相应的汉字。不过经常是有关铁路方面的用词没有找到(字典里没有),不过指出了"含义"。然后我再询问工人,这个应该怎么表达。就这样,我知道了很多专有的术语。不过,毕竟我们开始翻译的时候,有时候还需要面部表情和手势穿插其中。

后来我去了中国一个小镇工作,是重要的火车站。那里有工程师巴戈达诺维奇(Богданович)和谷林(Гурин),在如何掌握中文(包括口语和专业方面)上给了我们很多帮助。(必须承认,就在那时候我花很少时间在学习中文专业语言上,反而抱着极大的兴趣读了一本在哈尔滨买的法文书——《包法利夫人》)。

然后出差到齐齐哈尔,我担任了地方铁路领导的翻译员。齐齐哈尔与哈尔滨有很大的区别,也是中国的一座大城市,那里有革命之前移民过去的俄罗斯人。他们住在普通的中国家庭里。那里有我们的铁路维修工人队伍,他们经常拜托我读读地方报纸的新闻给他们听。有一次在会议上,纪念某个革命的节日,中国党工(公开)发表了一篇报告,我担任翻译,但是他讲了不知道哪个地方的方言,我感到很恐慌,完全听不懂在讲什么。事实上,我可以从他的语言中听出一些单独的字词,大致猜出报告人在转述刊登在《东北日报》上的一篇毛泽东的文章,我也读过了。就这样(在那个时候)我开始逐字逐句以自己的话翻译转述了他的报告(后来在场的中国人称赞把这篇报告翻译得很好,地方语言对他们来说,显然也听不懂)。

翻译员和我们相处很融洽。当我们在预定时间之前返回莫斯科时(出差时间是从 1948 年 12 月到 1949 年 8 月,非常想赶快地从莫斯科东方学院毕业,在莫斯科等候我的有我的太太和我的小女儿),我经常听到领导和某人谈论要给我什么礼物。我自己提议送给我清元详解字典,现在偶尔还会用到这部字典(在哈尔滨,我被赠送了许多那时候出版的毛泽东的著作和其他的中国书籍)。

问:您科学研究的兴趣范畴是在什么样的情形之下形成的?您的研究与教学活动是从哪里开始的?您的研究兴趣是如何改变的,而这又是为什么?

答:就这样,我开始了钻研中国现实性问题的研究。我在最后的学年开始思索关于农业改革的议题,还没有论文答辩。当时觉得研究这个问题很有意思。我们大量从中国报纸汲取消息,报纸到的时候已经很滞后了。从我们的印刷刊物当中也发现了相关的资料。在我自己的实习当中还没有什么具体的东西,不过,在那时谈论了并且写了很多这方面的主题。

学年报告我写的主题是关于"列宁和斯大林的中国论",维经斯基非常喜欢这个题目。论文答辩我以"中国的战时控管委员会"的主题获得了特优的五分成绩,中国共产党于解放中国之后在各个城市里成立战时控管委员会(革命委员会的形式)。在实习的期间,我搜集了不少这方面的资料(在上班的路途中我们会经过一个这样的委员会):出版了许多小册子,报纸材料相当的丰富。维经斯基完全不知道这个情况,尽管他当时被公认是现代中国的专家。

从中国回来之后,根据科罗特科夫的建议,我在高年级教授了半年的中文,也因此感觉太早身为这些学生们的老师,自身能力是多么的薄弱。

问:您的中国学研究生涯是如何形成的?您在哪些学院或是机关工作过?

答:从莫斯科东方学院毕业之后,大部分邀请我到苏联国家安全局的各个分支机构去任职。我拒绝的理由是还没有读完列宁的全集,而且我说得非常诚恳。从所有的工作机会当中我选择了特派记者的职务,担任《真理报》中国问题的观察员。在《真理报》工作时,我很自然地就从事当代问题的研究。基本上,我当时就要准备进入副博士班就读了(和维经斯基说好了,他同意担任我的指导教授)。但是《真理报》非常需要懂中文的专家(而且还必须有好的个人档案背景)。在伊利乔夫(Л. Ф. Ильичёв)(自 1949 年起担任

《真理报》的副总编辑，后任总编辑）的坚持下，几乎是在命令的情况下，我被派到报社（从头开始在中国工作，自 1954 年起，我以同样职务回到莫斯科工作）。在《真理报》开始工作之初，3—4 个月的时间，我在莫斯科修改关于中国问题的报道（当时有许多没有知识的特派员）。根据《真理报》前总编辑的命令，我到中国的行程提前了。

我被派到一个特派记者站，是《红星报》的军事特派记者维索科奥斯特罗夫斯基（Высокоостровский）组建的（他用笔名维索科夫发表文章），他早于我到北京，在参加朝鲜战争之后。

就是在北京我认真地钻研了中国史，买了许多书。一位中国史专家传授我很多。这是纯粹的中文学习：阅读文本与详解。这位专家是中国人，很有学问，当时是失业的，而我们的合作显然是互惠互利的。钱是由记者站支付的，我的老同志维索科奥斯特罗夫斯基做的决定，学习费用列入所谓的代表处的开支。就这样有了特定学习中文的资金了。

在这个国家的行车出访都是受到中国外交部的管控，不过我们的行走都是自由的。周恩来促成了我去沈阳和哈尔滨的旅程。那时在某个接待会上我作为新到任的苏联特派记者被介绍给他认识，他对此感到很有兴趣，刚好我有任务必须出访。我感叹了没有去东北的可能性，表示那是我过去实习的地方。他打了一通电话，批准了一道命令，就这样我可以前往了。我一个人坐火车去，不过一般邻座都有贴身的伴随者。我造访了沈阳、哈尔滨、鞍山、抚顺的许多工厂。在抚顺时有人送我了一个煤制的雕塑品，在那里出产了许多类似的纪念品，包括这座雕塑——一匹黑马。马是中国艺术当中非常受欢迎的对象——在绘画作品中，在彩陶艺术中（西安出产了非常漂亮的彩绘马，我也有，也是别人赠送给我的。基本上，马——以绘画、雕塑或是其他类似的工艺制作的形式——在中国经常被当作馈赠礼品）不排除，赠送者也并非了解这个动物的象征意涵，在绝大多数的情形下，也没人告诉我这方面特殊含义，而我那时候也不清楚。

与我同行的有当地的记者（当然所有人都是共产党员）——经验丰富且是参加抗日战争的英雄，想向我学习有关于新闻的专业技能，尽管当时我并未掌握这项专业。

在旅行期间我搜集了许多关于农业的资料,准备要写一篇长篇报告(关于写论文的念头始终没有离开我)。在前往杭州的旅途中,一名专门负责管理农业改革的地方政治工作者,送给我非常多的资料。

当然,我在北京工作期间写了很多关于出现在我面前的一些不足的现象或是本质不对的事情。不仅如此,在全国旅行的途中,有时也会有农民或工人过来告诉我自己对于这样或那样的政策的不满(可能他们本身并不害怕告诉外国人这些事,尽管是来自苏联的外国人,或是某人会推他们出来做这样的事)。地方同志尽量装作没发现,不过也会把这些埋怨者从我身边赶走。

经常这样的批评材料会反映在共产党的中央委员会记录中,定期引用这些记录是我担任特派记者的职责。不是所有记录都是有利的,曾经有些引起对我的不满。就像有些文章我发给《真理报》,根据编辑部的意见,要不就是有影射我们自己某些相似现象的猜忌,要不就是没有符合我们领导层对于中国事实情况的预期,要不然就是担心引起中国领导层不赞同的反应。不过实际上所有我从北京发出的文章都以这样或那样的形式刊登在《真理报》上(尽管有新闻钳制的要求,报社编辑有时候做了注解,有时候加写补充进去)。我据实报道与写文章的后果,就是接到了所谓的关于"偏离党正确路线"的谴责。

另外,撇开苏中的友谊,我的行为当中有引起中国人不喜欢的部分:记者感兴趣的多是令人伤痛的事。而这个特点引起了某种谨慎的对待。

当然在全中国的采访还是成果丰硕的。我到四川省的那段时间,邓小平和贺龙正巧在重庆。接待我并且询问了我想与领导层什么人见面。我拒绝了,因为我们有规定不与高层见面(原因是担心我们给中国记者做了榜样,导致他们也要采访我们的领导人)。邓小平在他办公的地方亲自接见了我,当时已经是夜里 11 点了。我们之间关于中国西南方农业改革的谈话是非常有意思的。他说了改革的困难之处,并且某种程度上坦然指出了问题所在。这不是关于成果的报告(在地方上,当然,我知道的会多一些)。后来我再没有与邓小平见过面。尽管毛泽东逝世后,大约在 1979 年,我们和鲍文(А. Е. Бовин)去了中国,与邓小平见面是有可能的。但是安德罗波夫(Ю. В. Антропов)当时不准我这么做,他说了,我实在已经是很大的叛逆者了。我与邓小平和贺龙见面的消息在西南方飞传开来,这在某种程度上帮助了我对于地方改革所进行的各种会晤与交谈。因为我已经与邓和贺见面了!而且他们对我很亲切且信任。

中国与苏联的矛盾之一是经济方面的问题。我们可以说,分歧是卢布与人民币的关系,以及后来的移转旅顺港的索赔问题,还有在华苏联专家的薪资问题。(斯大林提出任用苏联专家的赔偿问题,因为他认为这影响了我们自己国家的经济,需要中方补偿他们在苏联工资的损失,也就是要求两倍以上的工资给付)。中国人在与我方的友谊对话中经常提出,为什么不能减免中国的债务(比较当时我们对波兰的关系)。阿尔希波夫(Архипов,在华首席经济专家顾问,非常热爱中国且与周恩来的交情很好)这样在北京告诉我(我已经在莫斯科的《真理报》工作了)。而我有时候也从中国人那里听到的,我们的帮助对于中国来说成本支出是太昂贵了。

实际上苏联公民居住点是在国际饭店和友谊宾馆,不能不说,这可能引起当地居民的反感,特别是从事服务领域的人。苏联专家的生活条件(主要是他们的家庭成员)过于铺张浪费,特别在餐饮的铺张程度上。同样的,无法不注意到给苏联专家要求的食品和商品缺乏限制,特别是棉纺织品和棉花,过去对于普通中国人来说,这都是稀缺的物品,取得的数量都是非常有限的。冬天套装的衣服需要不少的布料与棉花,棉袄完全不是俄罗斯人民冬天的服装。

在全国旅行当中我也听到我们自己的专家讲他们遇到的问题。经常是关于没有在规定时间内安装设备与材料。就如在长春组建汽车厂:我们的工程师从莫斯科到达准备要组装,应该从苏联送到工厂的组装器械,却没有看到。士兵和众人不得不用手、凿和铲子完成工作。还有一间工厂没有运到设备,专家空闲在那里,因为他们无设备可以安装,也就没有什么可以教导当地工人的。但是这种事情在广大公众面前不允许谈论(我只能够以密函写出所有的事情,但是由于这方面的报道不大受到赞同)。

我没有写任何的日记(包括与阿尔希波夫的谈话)。还有初次到中国实习的伊萨延科也告诉我,希望我在任何情况之下都不要写日记(有听闻传开,他就是因为自己写日记并且因此遭到外交部的革职)。

新闻事业里总是存在新闻检查。当我在中国时,在送往莫斯科的资料中我无力坚持自己的立场。但是,在莫斯科工作时,我已经有能力在某种程度上奋力争取自己的观点(不保证成功,这是可以理解的)。

问:谈谈您与中国学者和中国知名人士见面的情景吧?还有您与中国人交往和合作的经验?

答:与彭真、毛泽东、周恩来、刘少奇以及其他人都是经由介绍,见面时握手问候。但是除了与周恩来和邓小平以外,我与其他人没有真正交谈过。

郭沫若对我而言,首先应当是诗人,尽管他被视为社会活动家,尤其在争取和平方面。而当我对他进行采访时,和他的谈话就如同和一名诗人在交谈,这在北京也引起了某种不解。访问甚至遭到"改写"。我也和作家赵树理见过面,对他进行了采访。

在与这些中国知名人士的交往当中,与艺术家徐悲鸿的结识很有意思,他以画马闻名天下。我的友人切卡诺夫(Чеканов)——使馆的秘书,专门给《苏联文化》写文章。有一次我特别开采访车载他去拜访画家(当时他还没有专车)。这段时间我开始买中国画珍藏,而徐悲鸿还会给我提供建议。我们算得上经常见面。从他家乡(他是南方人)送来的黑米成了促使我们见面的因素,他会召唤大家去做客,款待我们用餐。之后他担任行政工作比较多,较少作画,我去中国最后几次都没有机会与他再见面。他死后,他的遗孀在莫斯科时曾到我们这里做客,兴致盎然地看着几幅徐悲鸿的画作,交谈中告知我们她自己家中却一幅他的画作都没有留下,她全部捐给了国家的博物馆。

在去满洲里路途中我见到从哈尔滨到我这里来的翻译家高莽。除了当时的工作以外,我与高莽的结识还是因为他是刘宾雁的朋友,我与刘宾雁在此之前已经认识许久了。我与高莽的友谊一直维持到现在。他是一个非常谨慎的人。记得在1958年时,当我到中国访问时住在北京饭店,便询问了来我这做客的高莽刘宾雁现在在哪儿。高莽拉着我到饭店走廊的一个角落里说话,他说刘宾雁下放到某个农村进行改造。

我在中国做采访工作的那段时期,与中国同行相处形成的良好关系维持了很久。例如,与《人民日报》总编辑邓拓和他的副手胡绩伟;和张佩的结交——他当时就职于《东北日报》。和他们最后的见面都是令人感到温暖的。

当我到中国或是他们来到莫斯科时我们都有一起用餐,经常是以家庭聚会的形式。在那个时期相互关系很单纯。例如,陈伯达,在那时是毛泽东的秘书,经常到记者站找我,他喜好西餐(我们那里有很好的食堂,曾经有一名法国厨师;他当然也能做中国菜)。我们交谈的内容多半是讨论马克思列宁主义。和邓拓则很坦然地畅谈中国局势的问题。他向我叙述了非常多。

我想,与中国同行们交往所留下来的友好关系,主要因为我们每一个人都爱自己的人民和国家,希望我们国家之间保持友好关系,可以让我们了解造成我们不幸的原因,我们就是以这样尊重的态度去和对方的人民和国家进行交往。

阴影,当然地,从两边蔓延开来。这可以明显感受到。尽管有"爱与友谊长存",我也深深坚信着,每一名记者应该独立于派遣他的国家,担任驻地的情报员。而他们的意见应有论据基础而非凭空捏造。

问:您的研究兴趣又是怎么改变的并且是为什么呢?

答:我仍然一如既往地对当代的形势感兴趣,但是这个时刻在我们面前展示的是改革的最急迫议题,主要是邓小平之后执行的政策。当代对于毛泽东的评价也是令人感兴趣的。

农业问题仍然和过去一样的重要和有意义——这在历史上是相当重要的问题,当前仍然是这样的。在中国共产党与国民党之间发生了争论。遗憾地,关于这些问题我没有讲出来,由于上层新闻检查的规定,使我们无法把重要意见带给工作单位,不得不以脚注和意见补充形式说明(例如,维经斯基关于进行农业革命和类似问题的观点)。

尽管我写了一本关于邓小平的书,但是我认为,尚未完全揭示他的作用。他主张政治改革,一如既往地推动经济重建。他也谈了民主,且认为是必要的。

我在中国期间,到各地访问,当然,这影响了我个人的世界观。因为我从书上读到的是一面,而看到的则是另一面。有时候我也甚至被指责对中国人的态度不好。而且,许多过去写的事情,我并没有亲眼证实。尽管如此,信任还是可以理解为是有期待和预期的。当然,有看法认为,在落后国家建设社会主义时不能避免错误,而马克思主义中国化没有什么不好的。(关于这方面,陈伯达于20世纪30年代在上海出版了一本小册子,试图采取把马克思主义融入中国的环境当中,毛泽东拿来当作武器。)因为对于许多偏差的指控还是令人信服的,偏差的呈现是符合规律的,而不是凭空想象的,只是为了让人相信这些偏差是制造出来的。举例来说,和资产阶级"右翼"分子的斗争,这整体来说,是非常复杂的。我当然依据中国印刷媒体的数据来撰写,因为当时不这样做文章完全无法刊出。(刘宾雁在一篇文章中说,中国驻莫斯科的记者仅仅在苏联报纸基础上写新闻,我当时在莫斯科《真理报》工作,陪同《人民日报》特派记者李何到高尔基城,参观了高尔基汽车制造厂,还去了什么地方,我的感觉他的报道明显是依据自己的观察印象去写。当然,我也应该写中国媒体报道的事务,但不能因此就说这是逐字按照命令写的文章。)我关于运动的文章都是尽量公正客观,严格遵守马克思原则的客观规律报道。现在有时候我感到惭愧的是,在莫斯科出版的许多小册子当中我重新写了些评价,是关于资产阶级"右翼"分子的斗争。

现在出现了新的事实,我也会重新写小册子。况且这也没什么好大惊小怪的,要知道已经过去半个世纪了。事实上,我在这本小册子当中没有提及刘宾雁,我对他认识不少,尽管在中国当局对他个人指控不少,但我不能想象,他会是右派,"走帝国主义的道路"。对他大量的批判主要是他在上海发表领导生活水平和人民不平等的批评之后产生的。我和刘宾雁的交往好像在莫斯科学生时期就开始了,(当时)他以翻译身份随青年代表团来莫斯科。在"文化大革命"期间他先入了劳改营,然后送到农村。我和他20世纪80年代又见面了。现在他已经死了,死在美国,他多么想回到自己的故乡!很遗憾地,为了避免伤害他,在他生前我不能写关于他的事情(尽管我一直在不断搜集有关他的资料)。是的!在中国人当中,我真的不乏有许多好朋友,现在有的死了,或者有的也(活着)在美国。

问:您的工作生涯在《真理报》工作之后又是如何形成的?您在哪些学院和单位工作?

答:在《真理报》工作之后,1958年我受到鲁缅采夫(А. М. Румянцев)院士——他是《世界问题与社会主义》期刊的总编辑(通过交谈之后很快让我进入副博士班研读)——邀请,派我到布拉格担任民族解放运动部门副主管,负责国际共产杂志工作(一名中国人领导部门,不久他自己离职了)。我原计划只会待一到三个月，编头两期的期刊（在南斯拉夫事件之后位于贝尔格莱德的《追求和平与民主》期刊关闭了）。但是事实上我在那里待了一年。这个团体一共选了 15 个人，也包括我在内［与伊诺赞采夫（Н. Н. Иноземцев）一起，他后来成了院士］。在布拉格气氛比较轻松一些，其中由于鲁缅采夫个人的因素。当时他作为苏共中央委员的候选人，努力把杂志做得国际化，坚持独立于波诺马廖夫（Б. Н. Пономарёв）的观点，也就是，独立于苏共中央委员会国际部的领导意见，包括有权筛选自己的特派员出差到不同的国家而不需要国际部的同意。尽管，自然是，期刊必须要坚持中央委员会的"苏维埃"路线，不管在编辑部领导层当中是否存在争论（不同国家的共产党员所组成的编辑部）。作为《世界问题与社会主义》编辑部代表，我出访了埃及、苏丹、叙利亚、伊拉克、印度尼西亚、印度、韩国、中国、蒙古等国。

有时候编辑部出现小小的（也不算太小）碰撞。例如，一名来自非洲的人士不以个人喜好在自己文章当中评价了英国人。在这种情况下需要在编辑部把问题提给英国同志相互磋商（对待问题须有幽默感）。除了阅读中文数据（当然也不仅是中文数据而已），我还帮忙鲁缅采夫与编辑部的中国成员沟通。有时候在校订数据或是文献编辑之后，编辑部的这名中国成员的妻子因为担心我在他们的文章中做出修改，经常也会向我发出抗议和质疑。

鲁缅采夫向我承诺，替我争取了不参加 1959 年的入学考试就直接进入苏共中央委员会附属的社会科学院研读的机会，因为我已经通过了副博士班所需的基本资格考试（伊利乔夫认为我还在《真理报》工作时就是一名自由主义者，阻挡我进入就读并坚持我入学须完成共通科目的考试。）我想，鲁缅采夫与苏斯洛夫（Суслов）良好的个人关系在某种程度上救了他。他从布拉格回国之后担任了苏联科学院的副主席。

一年之后我把副博士班课程全部学习完毕，我受邀或是说在几乎是被命令的状态下到了苏共中央委员会"共产主义与社会主义国家工人党对外联络部"工作，该部由安德罗波夫掌管。在这里我工作不少于六年。在苏共中央委员会工作时期，我拓展了眼界，也拓宽了看问题的角度。几乎所有新进人员都和我一起工作，我们相处愉快并且一起在中央党部的编辑出版部门消磨时间（很奇怪，鲍文也在里面）。

那时候在部门里担任智囊文胆的有阿尔巴托夫（Г. А. Арбатов）、鲍文（我们几乎成为最要好的朋友）、沙赫纳扎罗夫（Г. Х. Шахназаров）、博格莫洛夫（О. Т. Богомолов）。第一位顾问参谋是托尔库诺夫（Л. Н. Толкунов，后来成为安德罗波夫的副手）。我们与国际部的同仁保持密切的联系与接触，国际部由波诺马廖夫领导。

在部门里气氛很自由。自由到有一次差点变成了《共产党人》期刊副总编的灾难。我们与安德罗波夫谈论各种事物都是持自由思想，自由表达我们的观点，有时候几乎是冲突对立的，安德罗波夫鼓励自由讨论，然而必须是他本人在现场参与讨论。但是这种讨论绝对不在部门之外进行。不遵守这样规定者会被革职。波诺马廖夫也是遵循这样的路线：《历史文件》（党和政府的声明，国家有关单位领导者的报告）的编写，经常在库兹涅佐夫、斯大林居住的其中一间行馆进行，他亲自挑起这些智囊参谋之间的公开对谈（后来经常被不可信任的速记员给泄密了）。当然，害怕还是存在的，但是在这样的隐秘场合里大家都敞开地表达自己的意见。

苏共中央委员会的工作者与成员当中很少有一致的意见。在所有情况下，就我所知道的——那些涉及与中国关系的问题。伊利乔夫与苏斯洛夫都在本质上是斯大林主义者，演讲时尖锐反对所有问题，即使是有点自由的问题。（例如，准备了一篇关于毛主义的文章，篇幅和论点都很好。本质上，不是关于斯大林主义。安德罗波夫和波诺马廖夫支持刊出文章。尽管拿掉了赫鲁晓夫的名字，准备刊出的修改版本还是在伊利乔夫—苏斯洛夫的机关体制检查之下胎死腹中，不能刊登）。

在1964—1965年安德罗波夫离开我们部门进入国家安全局。鲁萨科夫（Русаков）、卡图舍夫（Катушев），甚至更多人试图支持权衡路线，尽力要找出解决之道，希望两国关系不要出格。拉赫马宁（Рахманин）是之后的部门副领导，则坚持加重对中国的评价，尽管他在北京大使馆工作过很长一段时间，确信与中国人的争吵是避免不了的。他交代任务给我们以及列宁格勒的分支部门，希望展示中国与俄罗斯在历史根源上的冲突，证明当前的争论路线和困境，都是由历史决定的。我和巴文却与此看法不同。拉赫马宁还指责我与毛泽东关系好，我给卡图舍夫写一份材料（在 1966—1967 年也给安德罗波夫做了报告），关于两国关系迟早要改善变好，需要为此做好准备。首先批评要理解事件的原委本末才好，要研究根源。我展示给拉赫马宁看时，他对我的观点做了声明脚注，就是不改善两边关系。

问：俄中关系对于中国学的影响是什么？提升还是下滑？

答：就是在苏中两党激烈争论的时期我提出了成立学术研究单位，作为过渡的某种中间阶段（起初成立的是秘密单位），就是那个而今已经是全世界知名的俄罗斯科学院远东研究所。成立这个单位必须经过苏共中央委员会的决定（萨尔蒂科夫—谢德林在《外省人旅居彼得堡日记》中说过了只有那些科学散播出来的光，有助于完成领导者的要求）。因为苏联那时候缺乏关于中国正在发生事件过程的客观讯息，丧失了对发生在这个国家中的意识形态、政治、经济以及其他生活领域方面各种重要问题的科学性思维。而结果就是——对于 20 世纪 50 年代末开始发生的苏中争议显现出完全没有准备（应该早点奠基发展睦邻友好关系，尽管两党之间有着激烈的争论）。结果却是关闭了中国学研究所、《苏联中国学》期刊以及东方学院（在莫斯科与列宁格勒仅保存下来的中国学研究机构主要从事中国传统文化研究，也就变成了只研究历史方面的情形了）。在"伟大友谊"时期，中国领导层对苏联大使表达停止"干涉中国内部事务"的要求，在莫斯科就理解为这项命令将付诸行动：在中国找到了"好心人士"，低声向"伟大的舵手"说出，中国学——这是殖民者的科学，而伟大的中国人民不应该允许任何人"管理"我们。我，当然，原则上反对关闭中国学研究所。不过最终领导层仍然关闭了研究所，因为苏联在处理中国事务的临时待办苏达里柯夫（Н. Г. Судариков）发来电报，表示中国人对于在莫斯科存在类似这样研究中国的学术机构感到愤慨。其实，应该是我们自己的领导层对于中国学研究所的工作者感到不满才对：在中国学研究所的《苏联中国学》期刊中刊登了在伟大友谊时期特定的几篇文章，内文不总是说明中国或是中国共产党在各种生活方面的正面情况，期刊本来就是学术研究性质，也没有公开向大众发行，结果就是期刊发行两期之后与存在四年的研究所一起遭到关闭（事实上，中国学在苏联受到第一次重击是在 1937 年，那时候的中国学研究所被当局认定是间谍行为并且研究人员都遭到了清洗）。

　　成立若干已经关闭的机构这样的想法产生了而且是有了根基，不过仍需要通过苏共中央委员会的决定。当契尔沃年科（С. В. Червоненко，1959—1965 年苏联驻华特命全权大使）在莫斯科的时候，经常到我们的中央对外联络部门来找我。有一次例行性会晤，契尔沃年科要到阿布哈兹会见赫鲁晓夫，他来问我：有哪些问题可以提问？我告诉他，应该要提出成立中国学研究所，因为急需理论研究基础——这有助于与中国共产党之间的有效对谈。赫鲁晓夫答应了，并且提出一个要求，即不要提及"中国"这个字眼。我就想出了建立"远东研究所"来"研究当代中国"。这样，一开始成立的中国部属于秘密单位，尽管在苏联科学院的体制内，正如我之前提过的，它是在 1965 年根据苏共中央委员会的决定成立的。它的第一任领导是齐赫文斯基（С. Л. Тихвинский）。这个单位最初附属于苏联科学院社会主义体系世界经济学研究所历史部门，设在苏共中央委员会附属的马克思主义—列宁主义学院大楼，主要研究中国当代问题，并且为苏共中央委员会、苏联外交部、国家安全局以及其他相关部门提供各种关于中国的资讯。

　　问：您之后的中国学研究生涯是如何形成的？您在哪些研究所或是机关工作过？

　　答：在中央委员会工作期间，我于 1961 年通过了副博士论文答辩，题目是"农业改革时期（1950—1952）中国华中—华南的农村阶级斗争"。1964 年我出版了《中国共产党斗争寻求解决农业问题》一书。我的美国同行傅高义对我的书给予的评价是非常"公正客观与资料丰富的研究调查"，他认为此书的结论"极为有益"，（1972 年以前多次去中国完成类似的访问几乎是不可能的）没有亲自实地田野调查的研究无法取代它。

　　从中央委员会出来之后我到了那个极为秘密的中国部门。在齐赫文斯基再度回到外交部工作之后，这个部门的领导位置空缺出来，我说服安德罗波夫，希望他同意我离职，因为我非常想从事学术研究的工作。从我非常年轻的时候，实际上是从小，"资深研究人员"这一种呼对我而言，如同是美好的音乐，总是召唤着我。似乎最幸福的事情就是担任资深研究人员，从事研究是最有趣的事情！尤里·弗拉基米罗维奇对我的请求第一反应就是强烈反对。

他甚至非常愤怒，对我发火，但最后还是同意了我的请求并且决定让我离职，我就像一个自由人工作了一段时间，然后即从这个部门离职，并且被派任到他处担任领导。

我离开原来的部门后进入了世界工人运动研究所（ИМРД）担任副所长，并从事学术研究工作。该所创立于 1966 年。形式上该所附属于全苏工会联盟中央委员会（ВЦСПС）。我成了该所的正式人员之后，我把格理布拉斯从中国部（秘密地）找来，开始负责领导世界工人运动研究所的中国工人运动部门。我开始讲课，课程的题目一开始没有完全确定，简单命名——关于中国。一开始有来自中国香港的学者被我邀请在课堂上做报告，不同部门的专家来到研究所做不同的专业的报告。中国议题当时非常急需。例如，马马尔达什维利（Мамардашвили）有一次讲到没有资产民主且没有无产民主，民主——非有即无（我记得在 1989 年参加中国举办的纪念五四运动的会议里引用了上述的说法，中国听众感到非常兴致盎然）。扎莫什金（Ю. А. Замошкин）也发表了演讲。戈尔东（Л. А. Гордон）当时研究印度工人阶级，后来成为非常知名的社会学家。他们相继发表了报告，从哲学、政治学以及其他学科的观点分析了当时中国的问题，比较了不同国家与中国现象类似的问题，这样一来，中国问题就进入了世界历史研究的范畴里，新的观点让人重新理解中国现况问题，总体而言这也更多地推动了中国学研究的脉动（尤其是对于部分中国学学科的老师）。后来我离开了世界工人运动研究所，课程也结束了。

再后来我进入了苏联科学院体系的东方学研究所中国部，一直工作到 1990 年。希望在东方学所对于保存中国学的历史发展中有我的一点作用。（新成立的远东研究所我没有特别参与。有一些从东方学所到远东所的工作者，此前那里主要是秘密部门的工作人员，这些学者绝大多数必须要重新定位自己对于现代中国问题的研究兴趣。）而保存东方学所的中国部并不容易。国家当时存在"拒绝外移者"问题（主要是苏联时期同意犹太裔公民申请移民到"历史的祖国"——以色列，后来苏联政府在阿富汗战争之后又取消了这项举措，遭拒绝者就成为"拒绝外移者"），还有"签名者"（抗议压迫所发出的各种签名的信函，在我们国家很盛行），但你永远不知道会有什么样的问题出现。当然要承受得住打击，尽量保护部门的员工。有时候我们会收到最后通牒式的信函，要求开除某人："不是他走，就是我走。"我费了好大工夫与精力才将扎瓦茨卡娅（Е. В. Завадская）留在中国部，她被禁止前往中国，她最后能够与中国文化有关当事者交流也是在非常年长的年纪了。她无法得到进行博士论文答辩的机会，她留下来工作，仅能够参加我们举办的学术研讨会，博物馆与图书馆她可以使用，简言之，她仍可继续自己的研究工作。

我不打算重新定位东方学所，让中国部同仁转向现代化研究：他们一如既往地从事传统中国的研究。

曾任东方学所中国部领导的维亚特金（Р. В. Вяткин）是非常谨慎的人，宁愿不与领导层争论，他中校退伍且曾在军事学院任教，有严格遵守纪律的传统。就是他推荐我担任后来的东方学所中国部领导。我当时只想做一名资深的科研人员（实现自己原来的梦想：从事我最喜爱且最有兴趣的研究工作，可以不需要服从任何领导者的命令并且从事独立而忠于自己思想的研究工作）。维亚特金是非常认真且了不起的中国学家。维亚特金和塔斯金（В. С. Таскин）一起翻译司马迁的《史记》，但是因为原则性问题而闹分歧：塔斯金认为没有必要批注，外语的规定需要翻译，维亚特金则认为需要广泛引起兴趣，包括以外国语言做出批注。塔斯金就走了，从事自己独立的研究工作。我和塔斯金在哈尔滨实习期间就认识了，他在贸易代表团中担任翻译。塔斯金回到莫斯科之后进入东方学研究所主要担任翻译的工作。我想塔斯金没有受过特殊的教育，不过语言掌握得很好。他坚持是一种消息来源的纯粹逐字翻译，维亚特金则将时间投入讲课中（苏联时期"知识协会"分布广泛，专门给予讲者发送各种问题，目的在于把苏共主要在政治与国际政治方面的政策方针借由讲者在课堂中传递给广大的听众，传递科普知识也是如此。许多人非常喜欢与听众见面，的确有时候会有感兴趣的听众，讲者可以与听众有长时间的交谈与互动。许多人喜欢行走全国到处讲课，政府给予的公费补助很充裕并且有利于许多人取得博士学位）。我经常告诉他花多点时间在翻译上，我想替他确认某些帮忙的人选，但他只想自己工作与自己设想完成工作。遗憾地，他未能顺利完成自己的工作。

卡柳日娜娅（Н. М. Калюжная）研究义和团，并以此题目出版了两本书。在她之前没有人研究这个主题。布罗赫（Л. Н. Борох）写了一本很棒的关于梁启超的书，关于中国改革的社会思想。可惜她现在从事其他问题的研究了。鲁宾（А. И. Рубин）的中文很好，遗憾的是鲁宾去世得太早且太意外了——在以色列出车祸丧生，他终究移民到那里了。他不仅精通中文，本人还非常有才能，但也是有些令人难以理解的人。有一次想要在部里支持我们军队进入捷克斯洛伐克的大会上发表演说（那时候普遍进行这样的大会），抗议这样的行动。我劝他这样做完全没有意义，且后患无穷。后来他决定前往以色列，因为他厌倦了反犹太主义。我表示我没有看见在苏联那个时期有反犹太主义，特别是在学术界。不过他说他就是有这种感受。

瓦西里耶夫（Л. С. Васильев）经常被反驳对中国理解不准确——使用英文参考数据是因为中文不够好，他喜欢引用英文材料然后变成一套解释中国问题的理论架构，结构的确很有意思，但是经常与中国问题的实际状况相违背。我知道瓦西里耶夫的课其实还很受学生欢迎的。

我和杜曼（Л. И. Думан）在一起工作时相处时间不少。他研究的是古代中国，语言掌握得很好。伊柳舍奇金（В. П. Илюшечкин）很务实地研究中古世纪（有一次由于特殊原因写了一篇关于人民公社的热情洋溢的文章，由于在杂志公开发表，没有批评的思想在里面）。

作为《世界与社会主义问题》编辑部成员在中国时，我亲眼见过人民公社，并没有建设共同幸福的景象。首先映入眼帘的是清扫过的街道和看似无人居住的护理之家，没有任何迷人之处。而当我坚持要求带我去别的农村时，随行人员一开始拒绝了我的请求。我下达了最后通牒，于是终于成行！我甚至没有去北京。他们始终不带我去那些偏远且肮脏的贫困农村，在那里没有任何迈向人民公社所要建构的美好未来景象的迹象。当然没有人向我解释原因。

有些是专门向外国人展示的人民公社。其中有位来自公社的领导表示，未来都会不一样了（但也低声坦承目前不是所有都如预期中的好），而中国已经往社会主义方向前进且要追赶上苏联。没有一位中国研究者感到人民公社的魅力。当我1959年回国之际，我在伊尔库茨克短暂待了一段时间，我听到许多苏联专家对于人民公社抱持好评。我不懂到底他们是否被带领去看过那些人民公社，一旦向他们展示过人民公社的实景之后他们还会这样喜欢吗？或许他们处于平等的美梦当中，正如同中国报刊所叙述人民公社的理想，在苏维埃俄罗斯建构的那样受到欢迎，某种对于苏维埃政权建立初期的怀旧之情的浪漫情怀。对于公正平等社会的理想，会继续永恒存在，这个理想本身就是一种魅力而吸引着许多人。

部门的同事当中有位克里莫夫（Афанасий Гаврилович Крымов，真实姓名是郭肇堂），是一位中国共产党党员，出生于中国浙江省，毕业于莫斯科的红色教授学院，在诺里尔斯克建造的钢铁厂工作过，1955年复员之后，成为东方学所的工作者，历史学博士，是位亚细亚生产方式的激进反对者。他不仅是中国当代史的专家，也是新中国建设的参与者。这与他年轻时期的坚定信仰不可分离，尽管在劳改营或是苏共第二十届代表大会上，对于自己生命的徒劳无功而大为感叹。

与欧沙宁的结识，如我之前讲的，是在外交部，后来又在东方学所的中国部见面，因为字典由他管理，是我们部里的字典工作小组中的一员。

特别是，我们同事的工作内容都被印出来，想看的人可以自己翻阅与组织自己的展示内容。库泽斯（В. С. Кузес）是从军事学校毕业的。在我的建议下，借着字典完成了买办资产阶级的研究工作（可惜的是，工作完成了，却并没有决定将它出版）。

部里主要的中文专家是杜奕辛（音译）（中国人，到远东打工后进入工厂学习，而后在一间技术学校读书，遭到清洗后平反，成为我们研究所中国部的顾问）。库泽斯也在法院和邮政总局当过翻译。工作被认为还是不错的。帕纳苏克（Панасюк）踏入社会后是在邮政总局负责审查信件，翻译邮件时，有时候突然从信封取出信件时看见一些美元，便偷拿去"白桦树"（曾经革命后存在一段时期的外资合营的大型连锁商店），他就被送进监狱了。不过帕纳苏克的这段历史也是在我进入中国部之前发生的了。

当然许多人会尽量配合党的需求来研究，对他们而言目标明确也容易了解如何完成任务。但有些科研人员反对按照党的指令来研究中国学，自己找些有兴趣的主题来研究。这些学者像是鲁宾、瓦西里耶夫、佩雷莫夫、伊柳舍奇金，还有一些文学与艺术的翻译者与研究者（艾德林、契尔卡斯基），另外有些人则是做自己想做的研究，研究古代与中世纪的中国，推动着汉学研究的发展，做出自己对于理解这个国家的贡献。

我们比邻的部门是文学部，中国学家施奈德（М. Е. Шнейдер）专攻中国的俄罗斯与苏联文学。契尔卡斯基翻译了许多中国古典诗歌。艾德林翻译了许多非常好的作品，最重要的是作为远东所文学部的领导，他给予自己研究同仁——文学专家许多研究的自由和空间。在莫斯科东方学所攻读副博士学位期间，艾德林与费德尔连科的领导就是阿列克谢耶夫（В. М. Алексеев），他们前往列宁格勒找他咨询解决时任院长的佩雷维尔塔罗（А. С. Перевертайло）的问题。[阿列克谢耶夫非常博学，是一位经常出国的中国学家，他认为唐朝以后中国文学基本上已经没有文学了。他对舒茨基（Шуцкий）翻译的《易经》有一些内部不公开的评论，舒茨基在列宁格勒学的中文，《易经》本身也非常复杂，阿列克谢耶夫则不止一次到过中国，视野非常宽广，在翻译过程中发挥了不少关键性作用。]艾德林找我担任格里戈里耶娃（Т. П. Григорьева）关于日本传统著作的责任编辑，费德尔连科当时已经处于半退休状态故拒绝了，担任责任编辑的切利舍夫（Е. П. Челышев）读了格里戈里耶娃的著作，认为其是反马克思主义的。在东方学所学术委员会上确认了该书的出版，切勒舍夫跑来悄悄告诉我，这样做是不对的，同意担任责任编辑会犯错误的。可是我读了这部作品后很欣赏，并且同意担任责编促成该书出版。

加鲁什扬茨（Ю. М. Гарущянц）来到中国部之后，我就有了一个可以讨论现代中国问题的对象，可以找他来写些文章。普里马科夫（Е. М. Примаков）来到东方学所担任所长之后，中国部的同仁才开始了对当代中国的研究，当时几乎以命令的形式（确切地说，以特别升迁和奖励来引诱大家），要求大家往现代研究方向走，参与所谓的现势分析的工作（形势的分析）。显而易见地，政策有了指挥棒的作用。前所长加富罗夫（Б. Г. Гафуров）就比较无所谓，他不会阻止我可以对中国局势持有自己的观点。普里马科夫则较害怕我会使他和拉赫马宁（Рахманин）发生争执。在一次党的会议上，我呼吁要分析毛泽东，彻底研究他，了解他学说的核心。似乎感到有悖于拉赫马宁的意见，我被叫到普里马科夫面前，几乎是被建议和谴责，副所长金（Г. Ф. Ким）尽管为人谨慎，但对我还是比较友好与支持。

政治上的指责就是，在客观上或是继承马克思主义方面，我们从事研究传统中国问题确实也无法回避。意识形态总是影响科学研究。有时候非常妨碍，有时候也能帮忙。我们可以说，在中共与苏共争论期间，我开始频繁出国，也开始与来到莫斯科的外国人士见面。和他们见面非常有意思，他们总是带来一些新的想法，或是赠送书籍与杂志作为礼物，还有一些我们当时非常欠缺的特殊文献。

除了克鲁申斯基之外，就没有从亚非学院来我们这里工作的了。进入这所学院非常困难，还必须得到共青团的推荐。该院非常政治化、意识形态化，可以说是特殊阶层。他们很多研究人员、研究生与优秀学生都会来参加我们的"中国的社会与国家"学术研讨会，并发表文章在我们论文集当中。例如，卡尔涅耶夫（А. Н. Карнеев）与科兹雷夫（В. А. Козырев），经由尤里耶夫（М. Ф. Юрьев）推荐，开始在大学四年级发表文章。这样很快地，我们的研究人员开始在亚非学院授课并且还可以持续授课。

目前年轻一代的学者研究中国已经进入了新的阶段，包括可以接触到我们那个时期被禁止的丰富丛书。他们比较了解中国，也经常去中国。学校现在技术设备都有了（各种影音设备等），这对于掌握流利的语言非常有帮助。年轻一代更多享有自由与全球信息。而且产生了新的研究中国历史的方法基础。布利兹涅夫时期学生出国学习语言——从莫大亚非学院到新加坡学习者以10—15人为一团（中国在那个时期对我们是封锁的）。在这段语言实习的时间内，可以买一些中文与外文书籍——关于中国哲学或是历史方面的书籍。我们当时受到意识形态障碍的限制非常多。年轻一代开始从我们习惯的表述方法"我们觉得""有人认为"，转变成为"我认为""在我看来"，在谈论他人时似乎不害怕承担责任，并且有自己的意见（因为有了这样的权利，也获得了它），正因为如此，在我们的"中国的社会与国家"学术研讨会中，他们是新的现象，也是推广该会的新动力。

新一代学者，很可惜，现在他们应该是50岁的年纪了，开始研究以前谁也没有想过的议题。

由于我是一个比较宽容的人（但我不喜欢告密者和不明智的人），会议来了一些新的人，我对此没有特别的感觉。希望可以拓展研究视野，比方说关于西藏和佛教，神秘学思维在文化中的角色，甚至以命理学观点分析教规与朝代编年史——这些都还挺有意思的，我想对我们东方学总体来说还是有益的。我认为，任何事情从探讨的角度都是有益的，随着时间就会慢慢消逝，禁止任何事务都是无益的。

问：您有自己的学生吗？您与学生关系如何？

答：我的研究生当中，许多人也都从事其他领域的工作，他们有人在国外（也有哪儿都没有去的）。学生当中首先我可以提到的是伊莲娜·斯塔布罗娃（Елена Стабурова），非常有才华与前途的研究者，现在的确算是外国人了（苏联时期嫁给了一位立陶宛诗人且住在里加，和我们的联系一直没有中断，不过她好像没有变更俄罗斯的国籍）。这是我早期的研究生，现在算是我们外国的同行了。她目前研究中世纪的中国。在读研究生时期，她的研究主题是我建议的，是关于中国的无政府主义（一开始绝不相信这是实用的），并且她很好地完成了论文，也出版了专著。她是非常能干的研究者，不过可惜的是她离开了研究意识形态问题的领域。还有一位研究生就是我之前提到的克鲁申斯基，在完成了新中国历史的著作后（《严复与翻译问题》）开始研究中国古代的逻辑学，研究了《易经》。当然，这也似乎符合规律，当研究若干意识形态领域中的创新过程，主题本身就会带领学者走向根源——传统的国家意识形态和与之互动的方法。

当我们在布拉格工作时，从那里买了一些书并且带回了国，我一箱子书都被没收了（在20世纪40年代从哈尔滨回国，在边境都没有过这样的检查没收）。我被迫以杂志编辑部的名义表示，书籍是事先预定好的要提供给《真理报》图书室的（当然，这些书我哪家图书馆都没有给）。这些信件让我后来收到从国外寄回的书作为礼物。一段时间和主管当局的互动关系让我们不仅需要和主管当局报告自己出差行程，也要说明和哪些外国人见面（不可避免会有这样的结果，就是电话监听，从使馆派来或是专门服务外国人的饭店），他们的员工会建议提出一些特定问题，正是这些单位感兴趣的。假如问题完全与我的兴趣不符合，被要求的问题会让我的学者声誉受到质疑，有时候我也会坚决拒绝这些提议。

问：众所皆知，您也是"中国的社会与国家"学术研讨会年会的创始人之一，到 2010 年已经举办 40 届了。40 年——算是让人赞叹的传统与很长的时期，对于任何一场国际盛会而言！这个学术会议是如何产生的？

答：转到东方学所中国部之后，我开始举办这个后来称为"中国的社会与国家"学术研讨会年会的活动——一开始这是定期的关于中国局部问题的专题研讨会，我想这很快就会结束了，不会持续下去。然而下年度（2010）就是学术研讨会 40 周年了，当中没有中断过一年，即使在国家没有资助的最艰难时期——所有这些都让我感到惊讶。

在东方学所中国部举行的"中国的社会与国家"学术研讨会的第一个主题就是"关于中国传统"。我重申，我们部的研究专家很多都是研究中国传统的，我无法引进人才来中国部，院长不会给予名额的；仅有鲁宾来自社会科学学术信息研究所（也是研究传统中国哲学的）和梅里克谢托夫（А. В. Меликсетов，研究中国近现代史）。

第一届学术会议广发邀请函，参会者既有从自列宁格勒、海参崴（人数众多）、哈萨克斯坦（阿拉木图）来的，也有从乌克兰来的。从德意志民主共和国来了我的朋友菲力伯尔，从匈牙利——波洛尼亚，从波兰——斯拉文斯基。我和这些中国学家之前就认识了：他们曾到莫斯科来实习过。社会主义国家来的同行感到在自己国家框架内缺乏专业的交流。当时在莫斯科还没有其他的讨论会（远东研究所在重组之后才开始举办会议——该单位的半封闭性没有办法促进太多自由意见的交流）。

也来了一些不是中国学家的莫斯科人。要知道东方学与纯粹的社会科学不同，在学科专业的基础上，可以自由探讨一系列的热门问题：对亚细亚生产方式的讨论（这与苏联现实有关联性，这么多年还是如此）可以用这样的形式延续。

关于亚细亚生产方式的研究始于"二战"前夕，1931 年曾有很热烈的讨论。然后，讨论停止了。战后中国预期要爆发快速革命——农民的起义。正因如此，俄罗斯也预期农民问题的尖锐化，不过没有发生，就是对于亚细亚生产方式理论的探讨作为基础。在 20 世纪 30 年代马克思主义理论与社会主义建设过程不相符的结果，人们想起了马克思对于亚细亚生产方式的关注。1960 年讨论再次复活。这个时期对于这样社会形态的苏联支持者有瓦西里耶夫与梅利克谢托夫。加鲁什扬茨对于这样的讨论得出结论，写了一篇长文，反驳了这样的观点，非常有争议性（载于1966年的《历史问题》期刊）。不过这并不能影响对于亚细亚生产方式想法支持者的观点。在亚细亚生产方式中最主要的是土地分配的问题，在许多国家存在国有土地。有位法国人证明欧洲没有独立的土地所有者。问题在于同样现象的程度。要知道卡拉姆津到了法国，很惊讶法国地主也掠夺法国农民，但总体上与俄罗斯还是有很大的区别。

第一批的论文集印刷还是比较自由些，这是德烈耶尔（О. К. Дрейер）促成的（自1957年东方文献出版社创立开始就担任出版社社长，1992年才决定离开该岗位。东方文献出版社保持了自己的财政独立，1992年改制为东方文献出版公司——ИФВЛ）。自然地，论文集受到了出版检查，出版是手工方式的。招募了打字员之后，经过内文审查，我们的女性同事用胶，用镊子粘黏，然后把文本以"神圣"的样貌且偏斜的方式印出。审查者用笔标注的地方，霍赫洛夫（А. Н. Хохлов，在很长一段时间成功地负责了会议资料的出版）必须在审查后用剪刀修剪审查版面，重新编排与改变页数来填补修剪后的缺口，因为我们没有多余的经费可以重印。由于经费有限，我能够用在印刷这些论文集上的钱都花完了。为了能够支付打字员工资，不得已只好从事一点不合法的生意——将论文集卖给有兴趣的同事，作者就象征性地收一点钱。工作伙伴当然不让我知道这小小的投机性操作，好像让我免于受到金融监管机构可能的批评。

问：您希望见到年轻的中国学家成为真正的专家学者吗？

答：首先强调要掌握好语言，可以直接阅读中国文学：当代与古典。当代文学反映出中国知识分子的思想和愿望，他们对于国家局势的理解。必须要知道儒家与佛教的哲学思想，在中国也有些人将儒家与佛教和基督教融合为一个价值整体，作为中国整体精神思想的意识形态，而更多的是古典儒家思想的专门概念，就是经济词汇也包括意识形态且有儒家的成分在里面。

为了了解中国的意识形态，必须具有足够的能力，包括掌握语言与文学，了解生活、文化以及中国人的心理精神层面，中国是庞大的国家，但是不能代表整个世界，或是不同地区的现代化问题与不同阶级，一定要研究这个国家，但也不能避免理解层面的不同。我会建议现在俄罗斯年轻的中国学家学习英文之外，再学习日文，日本对于中国文献的典藏量以及对中国和中国人的认识也是超过西方国家的。

卓·德·卡特科娃访谈录

访谈对象：卓娅·德米特里耶芙娜·卡特科娃①

俄文姓名：Зоя Дмитриевна Каткова

职　　务：俄罗斯科学院东方学研究所中国部高级研究人员

学术专长：中国近现代史、中国与列强的关系、中国外交家

访 问 者：阿格耶夫

翻　　译：高媛

时　　间：2009年9月26日

地　　点：莫斯科，俄罗斯科学院东方学研究所

问：您好，卓娅·德米特里耶芙娜！欢迎参加"中国学家——口述史"国际项目！

答：您好，你们的邀请令我十分惊喜和荣幸。我会尽力回答这些有趣的问题。

问：那么让我们从一些基本问题开始吧。请介绍一下您的工作？您是在

---

① 已于2014年2月10日去世。

何时何地出生的？

答：我是卓娅·德米特里耶芙娜·卡特科娃，1932年2月2日出生在莫斯科。我是历史学副博士，在俄罗斯科学院东方学研究所中国部工作。

问：您是在什么时候第一次知道有中国这样一个国家的？当时的情形如何？

答：那时是1950年，我中学毕业，希望进入莫斯科大学历史系深造。因为1949年新中国成立，我们国家（苏联）对中国产生很大的兴趣。苏联人都很关心这个美丽国家的发展，也对她投注了怜悯之情，而书报上有关中国的消息我们也都尽可能地阅读；也是在这时，我对于毕业后该到哪里深造开始犹豫起来。我的朋友开始说服我，要我进入莫斯科东方学院中文系。最终我被说服了。同一年，我在顺利通过法语入学考后进入了那里。

问：请具体地谈一谈您在学校的学习，例如学习的课程、老师和整体的环境！

答：我们在那里学习东方和西方两种语言。一年级时，我们的老师大部分都是之前从我们学院毕业的。他们都很年轻，教得很有趣，我们学习也很有兴趣。在中文课上，我们先学写笔画，然后学写完整的汉字，接下来是词句。我们学习按四声读出汉字。为此我父亲给我买了一个留声机，而学院也发给我们留声胶片。我们尽可能模仿胶片的发音来背熟课文，为上课做准备。一开始听的是一些短句和问答，非常有趣，上课时我们就来对答这些问题。渐渐地课文变得复杂，课文的内容和词汇是政治方面的。所有的内容都和政治、美帝国主义等有关。我们还学习中国历史，授课的是著名的中国学家鲁道夫·弗谢沃洛多维奇·维亚特金，他后来把历史上的重要著作——司马迁的《史记》——翻译成俄文；大家都很怕维亚特金。我们还学习中国及亚洲地理（由格里戈里·亚历山大罗维奇·甘申授课）。接着，维诺格拉多夫教我们近代史课程。因为我们没有教科书，为了顺利通过考试，大家在课堂都要记笔记，非常努力地学习。然后还有一门课，我们都叫它"电椅"。在这门课上，被叫到黑板前的学生要坐在两个老师中间——一位是中国老师，另一位是俄国老师。老师们在翻译的帮助下展开对话，而那名学生就是翻译，他要将两人的对话互译。总的来说，我们四年的学习十分有趣，也令人满意。这可能是我生命中最美好的几年了。四年级结束后，我们通过了考试，然后就各自离开放暑假，这时，我们收到了一个意想不到的坏消息：在我去立陶宛看望我当军人的丈夫时，在那里收到了一封信，信中说我们的学院要被解散了，要我尽快返回莫斯科。这是在1954年，大家当然马上就聚在一起，很受挫折，不知道该怎么办。他们说我们可以转入任何其他学院重读一年级，但这相当不合理，我们之中有很多人已经成家甚至有了孩子，重新开始学业并不容易，这是第一个原因。第二，所有的人都已经对中国产生了浓厚的兴趣，并且已经以此为方向制定了未来的生活规划，当然不希望改变自己的专业领域。所以我们决定写信给苏共中央，请求他们允许我们学院五年级的学生完成本科专业，并且获得学院颁发的学位文凭。

问：那这件事是怎么解决的？后来结果如何？

答：后来我们等待了整整一个月，回复终于来了。很幸运地，他们允许我们在国际关系学院完成学业，让整个五年级学生都转了过去。我们在那里学习了国际关系史和国际法史的课程。我现在已经不记得这些教授的姓名了，但我记得他们都是十分精干的教师。在这之后我们开始撰写论文。我的论文是关于太平天国的，指导老师是杜曼，也是一位非常著名的中国学家。我的论文答辩获得了"优等"。

问：毕业后您是怎样获得工作的？

答：当时就业分配困难，等待我们的并不是光明的未来；因为当时中国人对俄语的掌握度已经很高，并不需要我们这样的专家。我们当中已经成家的人拿到可以自由选择职业的文凭证书，至于还没结婚的人则被派到边境和中亚地区去教授英文。大致说来，我们什么都做过，就是没做过和中国有关的事。我到立陶宛待了一段时间，之后回到莫斯科。在莫斯科我没能找到和自己专业相关的工作，最后被安排到了一个科技机构做英语翻译。在这里我倒有了和中国人交流的机会。有一次，一个中国代表团来参加经济互助委员会的会议，他们有三个人：一个是来自东北的游击队指挥官，另一个是广州的资本家，还有一位是他们的随行翻译。有趣的是，他们彼此间互相都听不懂对方的语言，而因为我们学习的是北京口音，我讲的他们也很难理解。奇怪得很，我们最后得用英语交谈。不过送来的书面文件（包括各种协议）都是中文，所有这些我都能够翻译。可以说，这是我和中国人唯一一次的会面。1969年达曼斯基岛①事件后，苏联的情况发生了变化，他们开始接受中国学家进入研究所。于是我进入了国际关系学院的研究生班，在那里开始研究对外政策和国际关系，并准备我的博士论文——《抗日战争时期国民党政府的对外政策》。我在1972年通过了答辩，然后转到东方学研究所中国部工作（20世纪70年代初），并在这里继续研究这个主题。我在1978年出版了《抗日战争时期（1937—1945年）国民党政府的对外政策》一书。接下来的几年里我继续研究国民党，但主要着重在国民党的早期活动。然后我往前回溯十年，开始研究"南京十年"（1927—1937年）。我写了一部书，大约是20张作者页。

问： 请详细地谈谈这部书。

答： 这部书叫《中国与列强（1927—1937）》（《Китай и державы》，东方文学出版社，莫斯科，1995年，278页），介绍范围从1927年国民党在中国掌握政权开始。国民党的官方意识形态是孙中山的学说，孙中山是国民党的创建者和领导者，是中国20世纪初重要的政治家。孙中山在1924年1月国民党一次大会上提出的政治纲领，旨在建立一个统一、独立且经济强大的中国。而统一纲领的实现落在了新组建的、以国民党右翼领导人蒋介石为首的南京政府肩上。

蒋介石和他的追随者继承的是沉重的包袱。当时中国正陷于一系列不平等条约里，让列强有了从政治、经济、军事等方面奴役中国的最佳时机。在实现中国复兴的伟大道路上，中国政治家和外交家们必定面临挑战。如果这些列强背后有强大的经济、政治和军事力量，那么新的中国政府能够依靠的只有国际舞台上偶然的有利局势、国家的外交手腕以及外交官的专业能力了。国民党的外交是建立在传统教义和孙中山理念的结合上，也因此，可视为东方与西方、新与旧的独特融合。

书中检视了从1927年4月南京政府成立开始，到1937年6月7日抗日战争前夕期间，中国与主要的帝国主义国家——美、英、德、法、日之间的

---

① 即珍宝岛。——译者注

关系。其中对中日间的关系有特别着墨，因为这一阶段的中日关系在南京政府的政策里占据了中心地位。在这些年中，中国的独立主权受到了日本帝国主义的直接威胁。

总的来说，研究南京政府执政的第一个十年间与帝国主义列强的关系具有重要的学术意义，因为，就是在这些年里，中国政府开始了独立的对外政策，为了与其他国家获得相同的平等地位而奋斗。

问：众所周知，在世界汉学界和中华人民共和国的历史文献中，国民党在中国争取解放中的角色长期被回避、低估甚至扭曲。

答：正是因为如此，《中国与列强》在某种程度上已经在世界汉学界流传开来。我的任务是把国民党争取中国复兴、摆脱帝国主义枷锁的客观画面重现出来。我认为有必要放弃旧有成见，避免用陈腐的政治典型术语如"卖国""投降"来评价蒋介石的对外政策。我力求把中国及其政府作为国际关系体系中一个一贯维护国家利益的主体来呈现。这段时间以来，新史料文献的出现让人们得以避免早期在 20 世纪 50—70 年代，评估国民党活动时过于简化且主观的研究方式，并且将研究重心放在那些因为迎合政治局势而遭到湮没、甚至不为人知的历史时刻。例如，许多俄国和中国学者把阶级斗争放在研究首位，并以此评估蒋介石政府的对外政策。因此长期以来，其活动的真实动机隐藏在阴影之中，所谓真实动机，包括让中国政治体系现代化、将其转化成强国，以及消除殖民依赖的枷锁。

问：后来发生了什么事，使您从国际关系转而研究中日的相互认知呢？

答：撰写前面提到的几本书的那几年，我读了当时十分有名的约翰逊（Johnson）的文章《日本和中国如何看待对方》（*How Japan and China See Each Other*）。中国和列强——主要是日本——之间关系的研究使我对它们互动关系当中的心理层面产生兴趣，也让我觉得应该把影响中日传统认知模式发展的重要事件描绘出来，并揭示那些成分的稳定性在转型过程后仍然延续到了今日。在当代及近代历史中，这个主题与更广泛的、因受外力而强势发展的中国公众意识反思问题紧密相关，包括传统中国如何投身当代国际关系之中，以及中国现代化的发端。解决这个问题，便能更深入地揭示封建保守精英以及社会进步力量代表在对外政策思想方面的特色和影响。

问：可能这些研究在某种程度上也改变了您个人原本对中国的看法吧。

答：当然。收集资料时，我看到人们对中国领导者有各种各样的看法，而我对蒋介石也有不同的见解，这在我自己的著作中也阐述了。我认为他是一位渴望为祖国争取主权的爱国者。他奉献生命的一个关键，而且极其重要的使命是：让中国摆脱西方列强的不平等条约，并把它变成一个强大的国家。虽然从许多方面而言他没能达成这个任务，但他确实为祖国利益而奋斗不懈。"不想受日本人操纵，却又沦为他们的傀儡"——一些学者如此描写蒋介石，然而这却是完全错误的。在这个工作之后，我和同事（尤里·弗拉基米罗维奇·丘多杰耶夫）开始撰写一本关于中日关系的书，书名叫《中国与日本：爱或恨？》（Китай-Япония: любовь или ненависть?）。

问：请您谈谈这本书。

答：那时还是20世纪80年代，我和中国部的同事、高级研究员丘多杰耶夫一起写了一篇文章《中国—日本：相互认知的社会心理模式的演变》（Китай-Япония: Эволюция социально-психологических стереотипов взаимовосприятия）（《中国的社会与国家》，莫斯科，1982年，第94—106页）。在1987年，我和丘多杰耶夫累积了许多关于这个主题的专题论文，终于在2001年，我们发表了共同作品，名为《中国与日本：爱或恨？——相互认知的社会心理和政治模式的演变问题》。这本书是我们共同撰写完成的。全书共分为五章，时间涵盖公元7世纪中日关系建立至20世纪30—40年代；更确切地说，是到1945年第二次世界大战结束时。全书376页，20多个作者页。

问：您现在在研究什么样的主题呢？

答：最近几年我在研究中国的外交家。我希望能更客观地检视整个时期：谁在那时候当权，而他们在中国命运中扮演的真实角色如何？目前我选取的是英美学派的外交家，包括顾维钧、王正廷、陈友仁等，也就是在国外接受教育的那群人。他们十分能干而且有优秀的外语能力，最重要的是他们都十分爱国。他们在战争时期所有国际会议上捍卫着中国的权利。因此自第二次世界大战起，尽管参战之时仍被不平等条约所笼罩，中国还是成了一大国家势力，1943年，中国终于摆脱了这些不平等条约。其中关键点是因为中国与美国达成了协议，于是其他国家之后也就自己废除了那些条约。因此，这些中国外交家的活动理应受到铭记并得到正面评价。

问：您或许也发表了一些其他主题的研究成果？

答：我的文章涉及各面向的、中国和帝国主义列强之间的关系，它们发表在许多研究所的论文集里。例如《当代台湾》《英国的中国学》《1925—1927年的革命（西方史学）》《中国社会经济问题》等。也有文章被收入到年度论文集《中国的社会与国家》（中国部年度学术会议论文集）。目前我正参与由齐赫文斯基主编的十卷本的《中国史》的撰写工作。我负责撰写巴黎和会和华盛顿会议的部分，以及中日在国际联盟中的冲突、布鲁塞尔会议、1928至1931年废除不平等条约的谈判等。

问：未来您有哪些研究计划？

答：我还没有决定要研究什么。今年我们研究所有一些变化，领导层有变动，因此我们的共同研究可能会受影响。例如，20世纪80年代我们的所长是普里马科夫时，我还在从事所谓的"形势分析"［《ситанализами》(ситуационными анализами)］，即在各专家出席的会议上分析当代形势问题。我还写了一些史学文章，其中有一篇是关于台湾的（见上文）。我也参加了纪念第二次世界大战结束的国际会议。我现在还在思考接下来要从事什么研究。

问：您第一次到中国是在什么时候，是什么样的情况？

答：很遗憾我只到过中国一次，在我们这里这样的事情并不容易。但那次拜访我在北京能待上12天。当时是1990年，看到中国时我真的很震撼，要知道，我研究中国这么久了，却一直到1990年才来到这里！我一直在北京城里逛，参观了几乎所有的所有庙宇，因为刮大风而没能参观长城时我觉得好失望！我好想把这美丽国家的每个小角落都看一遍。这次经验令人感到心满意足，也留存在我的记忆里。连我在中国社会科学院近代史研究所遇到的人们都是那么的亲切——他们是如何接待了我，还有我们之间的那些谈话！在中国的两周里我曾去过研究所几天，这几天里他们都给我留下了最好的印象。

在近代史研究所访问时，我试着和中国同行们讨论我关于南京十年的作品——《中国与列强》。这么说吧，我们把我的看法和中国当时普遍的意见做了比较。中国当时的意见从文献上就可以得知，总的来说，它把民国时期的影响当作主要研究方向，因此，我试着从不同角度去切入，并尽可能地阅读各方数据。但有个难题是，我们能获取的中国书籍实在很少。我们苏联科学院远东研究所里有个专门的汉学图书馆，但过去两年来我能获得的书籍不多。就在那次中国访谈之前图书馆才来了三本有关蒋介石的书，同一年又有一些抗日战争的书籍出现，并引进了一本《中华民国近代史》。仅这些就是日后研究所能使用的数据了。

问：您中国学家生涯的形成过程是如何？

答：关于这点我已经讲过，从20世纪70年代开始我一直在苏联科学院东方学研究所工作，从未调动到其他机构去。

问：您参加过哪些科学学会？

答：之前我们有"俄中友好协会"，它的目的是保持与中国的友好联系，几乎所有苏联的中国学家都曾参加过这个协会。那时无论与中国的关系如何跌宕起伏，我们总是举行一些非常有意思的会议。

问：您和哪些知名中国学家一同工作过？您有什么共通点？

答：我和院士齐赫文斯基以及梅利克谢托夫一起工作过。他们的研究和我的主题类似，而我们对中国发展也有相似的想法与评价。现在不就在重新检视清朝对中国历史的重要性嘛。当然，这事得要深入思考和研究。

问：整体上您怎么看俄罗斯的汉学？意识形态对科学有什么影响？

答：毫无疑问，意识形态过去和现在都影响着科学。我会说，苏联的发展和俄罗斯的汉学，都取决于意识形态创造的环境条件。一个研究者应该要到他所研究的国家去，应该要有可供他研究的文献。如果他只是看一些随机出现的文献资料，那么当然写不出正经的东西。

问："冷战"和中苏对抗年代对您产生了什么样的影响？

答：对我来说这些都没有影响。我对我所研究的议题抱持的看法还是会一以贯之。于我而言，当前的俄罗斯汉学现状是，我们并不非常积极地从事科学研究。这当然又与我们国内的情况有关，我们一切都还没稳定下来，不能定期的出差。我们也不能长期买书，因为它们的价格对我们的薪水而言负担太重。我一个高级研究员和历史学副博士根本买不起这么昂贵的书籍。因此，我使用的文献大部分都是从图书馆借来的。但图书馆现在甚至连订阅中国杂志的机会也没有，例如一些精彩的中国杂志《民国档案》《历史档案》等，我们正是从这些杂志里得到一些文献档案的信息。蒋介石离开大陆时把档案转移到了中国台湾，因此研究台湾档案对我们研究论文的撰写是非常重要的。

问：您有没有在其他国家从事过研究和教学？

答：没有。我的生活就是如此，大致说来我没做过教学工作。

问：您对国外的汉学和中国学家有什么看法？

答：国外的中国学家和我们非常不一样，而他们本身的看法也各异。有时候我们可能会同意他们的看法，有时就是无法同意。遗憾的是我们和他们的交流很少，而且经常只靠通信往来。一般来说，我不觉得西方思想和西方科学有对我产生直接立即的影响。我尽力在自己的研究工作中保持客观，现在则努力对那些刚拿到的新中国文献做更多研究。

问：您对中国菜感受如何？

答：中国菜真是很特别！有时我们光顾中国餐馆，每种菜都会想尝尝看。当然我们不可能真的吃遍所有东西，菜肴种类太多了！我个人特别喜欢糖醋鲤鱼，我觉得我一个人能吃掉一整条那么大的鱼呢！

问：您有参与现代中俄关系的发展吗？

答：唉，身处在莫斯科的我如何能参与呢。如果可以我也希望能更多地参与其中，但遗憾的是我的中国之行仅限于1990年。当然，与我们关系密切的远东研究所与中国朋友会晤时，我也常会参加。不久前，他们所来了几位来自上海一个研究所研究中华民国的教授们，我们就和他们见了面。每当有中国学者来到莫斯科，我们都尽可能与他们会面。最近几年，有越来越多来自中国社会科学院、台湾"中央研究院"和香港地区的学者来我们的中国部拜访。

问：在您看来，俄国人对中国是怎样的印象认知？

答：所有俄国人都认为中国是伟大的国家，它企图走上世界前列，对自己相当有信心。中国人是勤奋善良的民族，我们对他们的印象很好。我们还能记得学院上学时唱的歌《……斯大林和毛泽东听我们唱》，直到现在，当年在学院的情景仍旧留下深刻的印象。很可惜我们没能在那完成学业，因为发生了刚才讲过的事。

问：您是否尽可能在关注中国发生的事情吗？

答：是的，我们一直关注着中国的动向，主要是透过媒体，包括中国和俄国的媒体。

问：您如何评价近几十年中国的发展？

答：近几十年中国的表现令人惊艳，这段时间内，他们有如此快速的发展、如此巨大的进步，中国人获得了这么多的成就。我认为中国未来将成为一个伟大的国家，跻身世界强国之列，甚至超过美国位居第一。这些事情现在已经在发生了，对此我们表示欢迎。

问：俄国和中国的未来会如何呢？

答：我们希望未来中俄之间仍旧是友好的，一如我们在20世纪50年代时的友谊那样。虽然这是20世纪中叶的年代，但某些东西还是传了下来。因此，看起来——我们也如此期望——我们作为友谊之邦已经携手共进了。

问：我们两国的命运有何相似之处？

答：过去，俄国和中国都曾是弱国，都受到了压迫，但最终它们都设法突破西方强权的枷锁。在两国共产党都掌权过，建设社会主义，而目前则都积极进行市场改革。

问：是什么划分了俄国和中国，又是什么连起了两国？

答：首先，我们有相当长的共同边界，这应当让我们齐心协力，我们应该要把这种紧邻的地理位置转变成真正的友谊。我认为俄国与中国不该只是"战略竞争者"的关系，而应该要成为朋友与"战略伙伴"。

问：您的研究一般都发表在何处？

答：现在我们的研究成果很少发表。在更早之前的苏联时期，研究成果都会在《科学》出版社出版，或发表在《东方》《远东问题》和其他一些杂志上。出版和研究经费来自国家，而且通常颇低。我们由国家资助。研究主题主要由我们自己选择，但也要与部门的领导配合，才能避免产生误会。

问：您最大的成就和最失望的事是什么？

答：大成就可能没什么值得说的，失望的事当然有了。因为我们的学院被撤销，我们的职业与人生从此踏上了另一条路。当然，在这件事上我们并非尽了所有努力，虽说本来想尽可能多做些，但力不从心。

成就方面，我已经写了四部书，以及 30 篇甚至更多的文章。我们中国部每年都举办一个叫"中国的社会与国家"的会议，俄罗斯科学院东方学研究所中国部的所有研究人员都要在会议上做报告，并且为会议论文集撰写文章。

问：俄中关系对汉学有什么样的影响？

答：当然了，汉学在苏联和俄国的发展取决于国际形势，不论本国的情势或两国间的关系都对其产生可观的影响，所有这一切都影响到汉学的发展。20 世纪 50—60 年代，俄中关系明显反映到汉学研究中。赫鲁晓夫上台一开始两国仍旧友好，后来中苏关系开始恶化。这当然对汉学产生了影响，比如珍宝岛事件等。挫折出现了，两国也曾相互批评与憎恶，幸运的是那段时期终于结束，我们的关系也从柯西金会见周恩来开始大幅回升。双边关系开始趋于平稳，并于 80 年代快速发展。也因此 80 年代对中国研究的兴趣开始复苏，并让我们的职业声望增加。但随着市场改革开放开始，苏联科学院的汉学研究变得缺乏资金。想要从事汉学科学研究的兴趣降低了，年轻人更热衷利用中国与中文的知识来从商，而非科学研究。

问：与中国的边界冲突对您有什么影响？

答：我主要是做对外政治的研究，因此中苏边境冲突当然对我的工作产生负面的影响：人们印了许多具有宣传目的的特别通讯以及其他一些不怎么具有科学精神的产品。幸好我们两国的边境冲突已经是过去的事了，已经成了历史的一部分。

问：有参加什么集体研究的计划吗？

答：我已经提过，我参与了十卷本的《中国历史》的撰写，另外我目前正参与中国精神文化百科全书及研究会议后都会出版的论文集文章的编纂工作。

问：您认为在现代汉学研究中，哪些研究方向有优先性？

答：我们中国部很注重中国历史文献，会利用古代或中世纪时期的书面数据来研究。例如，斯维图诺娃研究《大明律法》，库切拉研究《周礼》。部门里的同事还研究《易经》（周易），也研究中世纪的金石学。这只是一个方向，与此同时我们也做历史、哲学、宗教、艺术和文化的研究。俄罗斯科学院东方学研究所中国部对经济和政治问题的研究则关注较少。这是我们的研究特点。

问：俄国的汉学和西方的汉学有什么区别？

答：总的来说，无论是俄国或西方，国家与中国的关系都会直接影响汉学的发展。俄国汉学的发展优势是即使研究环境封闭，研究人员仍然能够了解世界汉学的研究成果，也能利用俄国丰富的汉学潜力与研究传统。原则上大部分的西方中国学家缺少后者的可能性，因为他们很少人能使用俄文。

问：考虑到世代交替的现状，您如何评估俄国汉学的使命与前景？

答：现在还很难说。目前科学研究的危机还在持续，我认为我们目前的前景仍旧不怎么好。当然，不同世代的人其评价与看法都不同，对科学整体的态度、对研究主题与方法的看法也在改变，去中国做科学研究也变得越来越可行。随着人们与中国联系的增加，一个逐步的汉学"全球化"正在发生。

问：您对俄国汉学的未来有什么期望？

答：我希望它能更加积极地发展出一个更自然客观的研究态度，也希望它不会屈从于任何意识形态及政治的影响。顺便说一句，在汉学全球化的研究上，我们很乐意与中国的中国学家合作，共同研究。这是个有趣的提案，值得考虑，它或许不是今天能达成的，也不是简单的事，但是已经有了实现的可能。

问：要成为一个专业的中国学家，需要具备哪些素质？

答：首先，要很熟悉中文，要留心关注中国出版的所有文献，并努力分析中国的任何变化。重要的是研究应该有趣、客观，而不要受到其他人的影响。另外还有一个对年轻中国学家不变的期望是，努力、努力、再努力。

问：非常谢谢您，卓娅·德米特里耶芙娜，感谢您接受采访！

答：也感谢您提供我一个机会来忆述和展望俄国汉学的过去与未来。

斯·约·库切拉访谈录

访谈对象：斯坦尼斯拉夫·约瑟弗维奇·库切拉
俄文姓名：Станислав Иосифович Кучера
职　　务：俄罗斯科学院东方学研究所首席研究员
学术专长：中国古代史
访 问 者：С. В. 德米特里耶夫
翻　　译：林筱筑
访问时间：2009 年 4—9 月
访问地点：莫斯科

问：您好！请您先进行自我介绍，您的姓名？何地何时出生？在哪里工作？工作性质是怎样的？

答：您好，我叫斯坦尼斯拉夫·库切拉（Станислав Кучера），在 1928 年 5 月 5 日出生于利沃夫（Львов）城，当时属于波兰，不过现在被划入乌克兰。我的专业是汉学与历史，在俄罗斯科学院东方学研究所中国部工作已经超过 40 年了。

问：您何时开始知道有中国这样一个国家？是怎样认识它的？

答：我不记得了，这已经是很久之前的事，不管怎样，我在小学时就已经明确知道有这样一个国家，也知道它位于哪里。

问：在那个时期，你对中国的第一印象为何？

答：很大的国家，那边住的人，脸的颜色与我们不同，当然，在这样的画面勾勒中，有着异国情调的元素，不过我不记得这些曾引发我的兴趣。真正对汉学产生兴趣，是因为我读了许多书籍，那时才发现对中华文化有独特的情感。

问：谁影响了您的兴趣和职业选择（父母、朋友、认识的人）？

答：这绝对是我个人的决定，就像字面上意思如此。我在回家的路上走着走着，忽然灵光一现，有想要从事学术研究的想法，然后，当我进入大学后，我清楚地明白我热爱汉学。

问：您认为忽然灵光一现的原因为何？

答：虽然我对当时依旧记忆深刻，但我不知道怎样说。那时是20世纪40年代的春天，正是第二次世界大战期间，我的家乡被苏联占领，当时开始融雪，有阳光且温暖，我在回家的路上经过一间戏院，这家戏院当时属于乌克兰，虽然已经是苏联时期，但依旧是乌克兰的戏院，它到二战前都存在着。我突然明白，我想要从事学术研究，虽然我还不知道我想要学习那个领域，但我想要研究，这对我来说已是毋庸置疑。

问：您的双亲期待您成为怎样的人？

答：我母亲很早就过世，那时只剩父亲，我们不曾谈过这样的话题，如果我母亲还健在，我也不认为他们会讨论这个问题，我想他们会尊重我的意愿。我非常清楚地记得我早一年入学，这是我自己的意愿，为了提早入学，必须有教育机构的许可，类似苏联的国民教育处，我拜托家人帮我这件事，我非常坚持。我不知道为什么我如此坚决要早一年入学，没有任何外部因素影响，只是我单纯想要这样做。我与一般的同学有很大的差异，我非常喜欢做测验，非常乐意上台回答问题，还有考试。当暑假开始，我当然很高兴地迎接它的到来，但到了暑假的第二个月，我已经感到厌烦，我非常想回到学校，到了暑假最后一天，我已经如坐针毡，真的好想回到学校。

我们学校非常的棒，在二战前只收男生①，是苏联式的教育方式，而老师也只有男老师，他们是真正的教育者，总而言之，这在波兰是非常有威信、非常好的职业，那里有许多真的想把学生教好的人。我记得我们有一位数学老师，他非常关心学生，为了让我们有更好的理解，在下课后花许多时间教我们七巧板，连最笨的学生都学会了。我记得我们下课时，是老师吃早餐的时间，我们班一同作战，就为了从食堂拿早点给老师享用，第一个人拿玻璃杯，第二个拿茶，第三个拿糖，第四个拿了三明治或甜点之类的，我们排着队走进教师办公室，真的非常好笑，因为我们打扰到其他老师，还被说了一番，我们真的很爱这位老师，当然对其他老师也一样。至今我都还记得当时的校长，他是个非常严肃且严苛的男人，留着白色的胡须，我们有点怕他，因而对他做了一些不好的事，真是不可思议。

　　这是一间很不错的学校，而且它位于典型的工业区，属于贫穷地区，两房的公寓在那里就已经算是豪华且少见的了。不是全部学生都能进入中学读书，那时候的中学常常以名人的名字来命名，像我的中学位于华沙，名为"斯洛瓦茨基②中学"，这是华沙四所最好的中学之一，这四所中学分别为"巴托里国王③中学""斯洛瓦茨基中学""米茨凯维奇④中学"，最后一所学校的名字我忘记了。除此之外，还有个人宿舍，环境非常不错，但必须付钱。我们学校非常普通，在贫穷区，但一切都很好，我们住宿条件还可以，没有人挨饿，但有一些同学无法有第二份早餐⑤，在二战前，我们没有食堂，如果有人可以多带一点，我们会分享给没有的同学。

---

①　1918 年 5 月苏联取消男女分校，1943 年时，在大城市引进单性别教育，1954 年废除。

②　尤里柳斯·斯洛瓦茨基（Юлиуш Словацкий，Juliusz Słowacki），波兰诗人与剧作家，波兰浪漫主义先驱。

③　斯特凡·巴托里（Стефан Батори），特兰西瓦尼君主（1571—1576 年在位），波兰国王（1576—1586 年在位）。

④　亚当·米茨凯维奇（Адам Бернард Мицкевич，Adam Bernard Mickiewicz）（1798—1855），波兰最著名的浪漫主义诗人之一，也是评论家。

⑤　波兰学生通常在家里吃过第一份早餐后，在十一点左右有个较长的课间，会吃第二份早餐，回家三四点吃中餐，晚上八点左右吃晚餐。

同学们都很友善，我们从一年级开始同窗至1939年，到五年级，中间没换过班。之后发生一些变化，我们在这个学校求学至二战前。这是一栋四层楼的建筑，它位于军事仓库附近，在那里建造了军营，所以我们搬到另一栋建筑，这并不方便。另一个变化发生于1939年12月，因为那时人口开始往西伯利亚移民，在1939年12月23日，突然之间我们班消失了三分之一的学生，大约十人，之后才知道，他们跟着自己的父母去了西伯利亚，就这样消失了。

问：您如何又为什么成为汉学学者（学习和研究中国）？

答：我不知道怎么说，我怕我无法回答这样的问题。我认为我可以胜任像突厥学家这样的角色，有两个原因，第一，有一部名为《从基座撼动世界》的匈牙利小说，其中"我们行动，是为了向前"[①] 这句话，非常适合用波兰语来发音，这本书的作者是约卡伊·莫尔[②]，描写匈牙利人的生活，他在撰写此书时，还未清楚了解匈牙利人是如何来到欧洲，在小说中，他创造出一些有天分且学识渊博的中国学家，这些东方学者在研究这些问题。这些虚构的人物被他描写得非常博学。在一些桥段里，校长和教授间的谈话有些错误，例如谈话间用匈牙利语问对方，但对方却用印度话回答，他用印度话问，而对方又用阿拉伯语回答，然后他用阿拉伯语问对方，对方又用鞑靼语回，最后他停止问他问题，因为这位校长不知道中文，并且吓到了，因为他知道怎么说中文，而校长不知道，这个桥段让我特别印象深刻，尤其对当时还是孩童的我。第二个原因大概影响我更深，众所皆知，波兰在世界大战时损失惨重，所以当我进入华沙大学东方学院[③]时，只有两位教授，一位是扎约奇科夫斯基[④]教授，研究近东，是位非常帅的阿拉伯学、突厥学与伊朗

---

① 原文出自1872年，匈牙利文为"Eppur si muove-és mégis mozog a föld"，1886年翻译为波兰文"Poruszymy z posad ziemię"（俄文为"Сдвинем мир с постамента"）。

② 约卡伊·莫尔（Mór Jókai, Móric Jókay de ásva）（1825—1904），匈牙利诗人与剧作家，在匈牙利深具影响力。

③ 华沙大学东方学院（Instytut Orientalistyczny Uniwersytetu Warszawskiego）成立于1932年，汉学研究室为其中四个元老研究室之一，1952年纳入语言学系，2008年改名为东方学系（Wydział Orientalistyczny）。现在有11个研究室，大约有130名职员，1200名学生。

④ 扎约奇科夫斯基（Ananiasz Zajączkowski）（1903—1970），波兰东方学者、语言学家、历史学者。http://encyclopedia2.thefreedictionary.com/Ananiasz+Zajaczkowski。

学学者，另一外是亚布隆斯基①教授，他研究远东，也研究中国，这两位教授都非常有学识。一般而言，战前的教授都具有非常高的学术涵养，他们能轻松地讲述多国语言，至少他们一定会说德语、法语和英语，他们通常也通晓俄语，不过这我不能保证。当西方学者到来时，我可以有机会听到他们如何讨论，亚布隆斯基教授用法文教我们，教我们一些关于北京的法国作品，当然他也知道怎么讲中文。

亚布隆斯基教授对我影响很大，他是具有渊博学术涵养的知识分子，所以他上课非常有趣，虽然当时对我来说有点深奥。例如，他可以以秦始皇历史作为课堂的开端，之后开始引用相关诗词，然后他又开始介绍一些不太相关的诗，最后还会谈论到建筑和艺术，当然也许我现在能与你们进行这段谈话，这对我来说很有趣，都是过去这些经验所致。当时我对许多事情都感到有兴趣，我几乎对各项学业都能轻易掌握。前两年我是他唯一的学生，因此他进教室时总说，斯坦尼斯拉夫先生，为什么我们在这里坐着，不远处有间好餐厅，我们去那里上课吧。我们前往那间餐厅，他点了午餐或晚餐，且付了钱，我想他会这样做，是因为我当时的物质情况并不是很好。我们就在餐厅里聊天，并进行课堂讨论，但如果餐厅里有乐队或钢琴演奏，我们就像其他人一样，只在餐厅里用餐。

最重要的是，他钟情于中国与中国文化，这点影响到我。我研究中国，不是因为我必须学，而是我真的觉得它有趣，我也非常喜欢中国。我喜欢中国以及中国的大自然，我在中国旅行感到非常愉快，虽然旅行非常辛苦。我想我的学生之中，在中国求学的那些人，看到的中国可能远不及我，这都是亚布隆斯基教授的功劳，他非常严格地教导我的汉学。

还有另一位教授也扮演了重要的角色，那就是拉诺舍克②教授，他的专业是楔形文字与古代近东的苏美与阿卡德人等，他是波兰这领域的著名学者，在战争时，他右脸被严重烧伤。我去过他的课堂几次，他对我解释我还不明白的学问，举例来说，他让我了解事实，他说我不能什么领域都研

---

① 维托尔德·亚布隆斯基（Witold Andrzej Jabłoński）(1901—1957)，波兰著名中国学家，波兰汉学创始人，在华沙大学语言系就读，1924—1930 年就读于巴黎。

② 拉诺舍克（Rudolf Ranoszek）(1894—1986)，波兰语言学家，古代东方学学者。

究，当时我对中国、日本、苏美、古埃及、波斯文化都有兴趣。甚至在我进行硕士考试时，专为我一个人延长了三小时。他对我说，我必须只专研某一领域，他认为中国研究很适合我，建议我专注其中，因此我与研究日本和其他领域的教授讨论此问题，并思考，最终决定专研汉学，但是考试时，我选择了波斯语。恰好之后对我是有用的，当时我们被指派到专业的东方活字印刷厂，为工人进行东方文字的专业课程，并进行了一次阿拉伯字母的考试。在这些工人当中，有一人因此产生兴趣，并开始进行专业训练。之后，在我从中国回来时，他来听我在中波友好协会①的演讲，他结束了高职的训练，成为一名工程师，但依旧继续从事阿拉伯与波斯文化书籍的印刷工作。

问：总的来说，在您读书的时候，学生多吗？

答：不，在我上学那会儿，简直是灾难，我入学时有九个学生，最后只留下我一位，当我开始二年级的课程时，一年级又进来几个学生，他们只坚持了一两个月，之后就消失了。之所以这样，是因为有些学生没有钱，因此无法花很多时间于学业上，这很复杂。当我升入三年级时，有一个班的学生入学，12—15 人，他们很年轻，是这个年级应有的年纪。而在此之前，我们几乎所有人都比应届年级该有的年纪大，大个两三岁、四岁不等。很多人都是战争前入学，在经过一个长期的中断之后重又回到大学继续学业。而新来的这些年轻人，他们受到过良好的训练，父母都健在（而我们几乎都是单亲了），所以他们这一班人大多都顺利毕业了。之后每个专业都开始每两年招一次人，汉学专业每两年招收 12 人。

问：在求学过程中，您何时开始感受到苏联的影响？

答：1947 年，在我进入大学时，入学考试中已有苏联的影子，这在战

---

① 波中友好协会（Общество польско-китайской дружбы, Towarzystwo Przyjaźni Polsko-Chińskiej）于 1957 年成立于格但斯克（Gdańsku），是有一些常与中国打交道的波兰大公司的代表倡议成立的。第一次大会于 1958 年在华沙举行。在协会最为繁荣的时期（20 世纪 60 年代上半期）会员将近两万人，出版月刊《中国》，后改为《视野》，并在全波兰举办展览和讲座。60 年代中期苏波关系恶化后，协会的工作基本停滞了，1985 年才恢复。然而 1989 年东欧剧变，协会得不到国家财政支持，活动再次受到巨大影响。直到 2000 年后情况才有所好转，协会各地的分部重新恢复工作。参见 http://www.tp-pch.pl/historia.htm。

争之前是没有的。考试中已经有这样的科目，当时还未被冠上马克思—列宁主义哲学，但其实本质上是相同的。我记得我被问了关于波兰社会主义政党和阿尔巴尼亚劳动党的之类的内容。当时有个规定，就是在每学年结束时，有口头或书面考试，这样的课程不会超过六门，而且不是很重要。我可以修法律或古罗马史课，并进行这些课程的考试，不过必须至少要有两门考试与自己的专业相关——语言、文化、文学和历史等，除此之外，还必须进行三项硕士考试，这些考试并不是课堂期末测验，而是与自己专业相关的资格考试，这些考试必须由教授进行测验，不像一般考试可以由助理进行，如果你是历史学专业，不管你有没有修过这样的课，你都必须进行世界文化史的考试，而后我上了语文学课程，我必须要通过语言学考试，我也必须知道这个领域全部的知识，应该拥有语言学理论和未来从事学术研究的知识。第二种考试是专业领域的测验，像我进行了中文和中国相关的考试项目。第三种考试是哲学，当时是可以选择的，可以选马列哲学，或者历史哲学，大部分学生都选择了历史哲学，因为在这个领域我们有非常多的专家，例如塔塔尔克维奇①教授，而我没有经历过历史哲学的培养，在家里也没有相关书籍，所以无法了解此类著作，因此我选择马列哲学作为考试项目，而对我进行这项考试的是当时波兰非常著名的马克思主义者沙夫②教授。当他的助教在进行这项考试时，他们把考试时间延长了十五分钟，而且把分数基准放在 4—5 分③，因为他知道人们还没办法深入了解马列哲学。而沙夫教授的考试，我进行了四小时，他跟我说考试花太多时间了，总体而言，我在这门考试可以拿五分，不过他只会给我四分。一般来说，当时苏联势力的影响并不深，甚至在最糟糕的斯大林时代，对大学的影响也很少。虽然公立大学失去自主权且归教育部管辖，但华沙大学或在克拉科夫的雅盖隆大学，他们有十分强大的议会，由学术议员与校长组成，而这些人都

---

① 塔塔尔克维奇（Владислав Татаркевич, Władysław Tatarkiewicz, 1886—1980），波兰哲学家、哲学历史学家与艺术评论家。可参考 http://en.wikipedia.org/wiki/W%C5%82adys%C5%82aw_Tatarkiewicz。
② 亚当·沙夫（Adam Schaff, 1913—2006），波兰马克思主义哲学家，波兰统一工人党的官方思想家，此政党为波兰社会主义政党。考参考 http://en.wikipedia.org/wiki/Adam_Schaff。
③ 俄国分数采五分制，五分最高，一分最低。

没有被惹怒，还未出现过类似警察没有经过法律许可就到大学校园来等这样的事件，当然在1953年有许多人退出，不过大学处于十分独立的学术状态，学术没有被外来的势力影响，不过另一方面，言论已开始带有一些政治色彩。

问：您是如何接触和学习中文的，是谁教导您的？

答：在华沙是由亚布隆斯基教授教我的，但非常有限，而且时间不够，因为还要研究文学和其他与中国相关的领域，除此之外，虽然亚布隆斯基教授自己中文能力很好，但他的发音并不非常准确，所以我的中文基本上是在北京大学学习的，不过很可惜，我犯了一个错误，我在专修班就读预科四个月，我二月到达，只学到当天的夏天，九月入系就读，我应该再多花一年来就读预科，并学好语言，虽然我当时知道要怎样做，不过我真的很赶，之后在系里，我选了中文讲授的课程，有些博士生与助教帮我讲解不懂之处，我也一点一点地增进中文能力，但我刚开始到中国时，我什么中文都不会说，我的知识是非常不足的，我能读一点中文，因为我已经从亚布隆斯基教授那里学了《庄子》，教授非常喜欢这本书，并且翻译成波兰语，不过原则上，我的中文口语能力还是在北京习得的。在完成华沙大学的学业后，1953年2月我到达北京，后来于1960年12月离开北京。

问：谁和你在同个团体中学习过？（班上、系上和院上）

答：在华沙刚开始班上只有我，后来学弟学妹入系后，我就跟他们一起学习，不过我不能被认为是这个年级的。而在中国我已经是研究生了，我可以选择我感兴趣的课程进行学习，所以我不归属任何班级，当然，我认识一些中国同学，不过班上有四五十位中国人，只有我一个外国人，所以他们对我非常熟识，而我相反，之后常有人跟我提到他与我一起上过课，不过我并不记得。假如提到外国学生，我们一起住在北京大学体育馆附近的宿舍里，那里有四个宿舍园，同学们都非常熟识。我住在第一园，现在是历史学系的所在地。刚开始一个月，我和我波兰的同学一起住，因为当时我的房间还没有准备好。之后我就住进了那里，那里像是国际宿舍，我们在同一个学生餐厅一起用餐，一起打排球和乒乓球，当然，我们之间关系非常好，我朋友中有匈牙利人、德国人和捷克人，当有苏联人来后（他们来得比较晚，第一批在 1957 年到达），我和他们很快就熟识并亲近，因为他们很吸引我，然后我的俄语变得很好，在战争之前，我学习了乌克兰语，学得不错，在乌克兰学校教授波兰语，而在波兰学校教授乌克兰语①，之后苏联政权入侵后，第一年我们并不需要学习俄语，但第二年，就是 1940—1941 年，在苏联军队从利沃夫城撤离前，我们已经需要学俄语了，不过俄语和乌克兰语很接近，虽然我已经忘记乌克兰语，不过俄语学起来还是因此比较容易，我是在中国学习俄语的。一般来说，我们在北京的交流语言是俄语，例如，和捷克人与罗马尼亚人交流很少用中文交谈，虽然我们也可以这样做，而和匈牙利人我们通常说中文，和德国人通常使用俄语，因为他们也在东德学了一些俄语，不过大家一起交谈时，使用中文。苏联人有很多，有医学生、林业专家、地质学家，每个人有不同的专长，他们之中有真正的汉学学者，受过非常好的教育，且来自莫斯科和列宁格勒的高等学校，他们当中也有博士生。苏联人从不同的专业毕业，他们只是年轻人，不过已经通过了专业训练，而有一小部分是三、四年级生，他们都是有学问的人，拥有许多有趣的想法，他们进行报告时，我也加入，除了听也一起讨论，然后自己再做报告。这时我已经在中国待了一段时间，我知道很多他们所不知道的，一般而言，他们都是第一次离开苏联，对什么事情都感到新奇，在之前对中国一无所知，此外，来中国之前，他们对中国都有相同的刻板印象，来之后，他们了解了真实的中国模样。而我当时完成了特别的学术报告，这份报告很有趣，我比他们更了解中国的资料，而他们比较熟悉方法学，所以我们有深厚的友谊，当然现在我们都是老人了，有些也过世了，有些离开了，和他们的联系也中断了，但和有些人从那时开始就一直是很好的朋友，例如，克留科夫②现在住在俄罗斯和中国台湾（最近在中国大陆），娜塔莉亚·帕夫洛芙娜（Наталья Павловна Свистунова）也在同一班，叶戈罗娃（Люся Егорова）到现在还在外交学院教中文，而她先生在我们学院工作，当时也在中国，还有戈尔戈涅夫③是语言学家，他比

---

① 1931 年普查，利沃夫波兰人占 63.5%，乌克兰人占 7.8%，俄罗斯人占 3.5%。
② 克留科夫（Михаил Васильевич Крюков），中国学家，为俄罗斯科学院民族学研究所研究员。
③ 戈尔戈涅夫（Юрий Александрович Горгониев, 1932—1972），汉学与高棉语专业，第一位俄语与高棉语字典的编纂者。

第一批苏联人来得更早，他1953年或1954年就来了，然后离开，他也在我们的学院语言系工作，在列宁格勒还有很多，例如列舍托夫（Саша Решетов），当然也有很多不是莫斯科和列宁格勒人，很多医生和林业学家从乌拉尔或远东来，与他们分开后，我们就失去联系了……

问：之后亚布隆斯基教授的命运如何？

答：你知道他死得很安详。他在1957年夏天到达中国，住在北京大学，而那时我还没在那，所以很可惜，我并没有与他碰到面，7月22日当时是波兰诞生节，现在已经没有这个节日了，1944年7月22日在卢布林①宣布成立临时政府，从那时开始了社会主义的波兰，为了纪念此事，所以把7月22日定为纪念日，在节日期间，他受到大使馆的邀请，在那里唱了一些歌，也喝了一点酒，天气很热，他回到北大后，坐在书桌前继续完成他的工作，而在深夜，心脏病发作过世，我认为他走得很安详，第一，他是中国学者，死于中国，而且不仅仅在中国，是在北京大学；第二，不仅仅在北京大学，而且在书桌前，还有什么可以比这个更好的？他没有感到痛苦，也许，他甚至没有感觉。

问：亚布隆斯基教授是否来得及在波兰建立起他的学术流派，还是他只有很少的学生？

答：假如在他死之前我可以回乡，那我就可以延续他的工作。在他之后，来了一个人，他是亚布隆斯基在战前的学生，是位语言学家，亚布隆斯基同样也是，全部的东方学者都视语言学为最重要的，因为我们东方学系隶属于语言学院，虽然形式上它是独立的。当我入学后，我们已经是独立的学系，属于人文科学，学院中还有历史、哲学与语言学，在苏联势力进入后，分成三部分，历史学系、语言学系与哲学系，而东方学隶属于语言学系。亚布隆斯基教授学识渊博、视野广阔，所以他当时认为我必须前往中国，他说：斯坦尼斯拉夫先生，我学习中国文学，赫梅列夫斯基②（他的学生与接班人）

---

① 卢布林—布列斯特战役，请参考http：//zh.wikipedia.org/wiki/%E7%9B%A7%E5%B8%83%E6%9E%97%E2%80%93%E5%B8%83%E5%88%97%E6%96%AF%E7%89%B9%E6%94%BB%E5%8B%A2。

② 赫梅列夫斯基（Janusz Chmielewski，1916—1998），波兰中国学家与语言学家，研究中国古代逻辑。

学习语言学,如果你去学历史,这会很好,你如何想?对我来说,他非常有威信,所以我对他说:教授先生,我未来会学历史。之后在中国我成了历史学家,对此至今我仍然非常感谢,因为我认为研究历史非常有趣,而在这之前,我已经有一些语言学的基础,和从教授那边获得的中国文化观,我往常引用诗句,不只是《诗经》,还有屈原的诗,都是出自汉代和中世纪的诗词。赫梅列夫斯基只是一个狭义上的语言专家,甚至无法说他是语言学家。当我回国时,他对我说:"我把我们的研究室只留下语言学,历史不需要,这世界只需要语言学,我们自己可以教授这些。"他真正摧毁亚布隆斯基教授交给我们那些有趣的东西,阻碍了发展。例如亚布隆斯基教授教过一位学习中国文学、名叫日比科夫斯基①的学生,很可惜,虽然他比我年轻,不过已经去世了,不是文学专家,如果亚布隆斯基教授可以多活20年,他一定可以留住年轻人,而他的离开是无法改变的事实。可惜他离开时,还没有准备好由谁接替他的工作,我当时是第一顺位可以返国而进行独立研究的人,而且我是最年长的,而日比科夫斯基低我两届,我都无法成功,何况是他。很可惜,这一学派没能建立起来,这对波兰的东方学者来说很不幸,因为实际上我们没有学术意义上的中国学、汉学。当然在华沙大学有汉学教研室,但遗憾的是,它并不是本该成为的那样。一般而言,我当然非常怕权威的意见,因为我没有足够的数据,我猜想在此之后有很多教研室都消失了,有亚布隆斯基和扎伊翁奇科夫斯基(Зайончковски)(扎伊翁奇科夫斯基恰好是唯一的一位东方学学者,是位苏联科学院院士)两间教研室,之后其他的教授像是拉诺舍克(Раношек)——近东研究专家;还有里谢维奇(Рисевич),非常知名的语言学者和东方学者,他会讲18种语言,我曾经参加过他教授学科的考试,考试时间延长了几个小时,他给我一些梵语的例子,让我和立陶宛语做比较,因为在古典语言学观点里,立陶宛语在欧洲保留了非常纯粹的印欧语言。他后来自己结束了生命,是被追杀的可怜人,他是位典型的战前知识分子,而战后,他被要求搞马列主义的东西,这对他来说,绝对是格格不

---

① 日比科夫斯基(Tadeusz Żbikowski,1930—1989),波兰中国学家、宗教学家、文学研究家、译者。华沙大学教授。

入,这无关乎政治,只是在学识渊博的脑袋里,无法适应,他已经有二三十年都是这样在做研究,所以一时之间如何知道这些新理论,更何况,刚开始学习马尔①思想,之后是斯大林。里谢维奇是非常厉害的教授,但他也没办法适应,而米哈洛夫斯基②教授因为埃及的挖掘工作,而成为世界知名的埃及学者,他也离开了,还有塔乌边什拉格③教授,他是位楔形文字和古代法律专家,这些都是战前的教授,到现在几乎所剩无几。而考虑到德国人和东方的朋友,知识分子们认为最好待地远一点的好,像是伊尔库茨克或是海参崴地区,在那边对他们比较好,这边不需要他们,所以这边才留下不多的知识分子。当德国人占领利沃夫后,他们抓了许多利沃夫大学的教授(利沃夫大学在战前是波兰排名第二的大学,仅次于雅盖隆大学④,当时华沙大学并不强,虽然它位于首都),这里教授非常多,他们都在外国留学过,在战争开始的两三年间,他们不曾到过美国、日本、中国、法国、近东或其他地方,这是以前都没有的情况。在利沃夫⑤,德国人枪决了十几位利沃夫籍的教授,他们想要消灭任何利沃夫大学遗留的色彩,所以到1945年时,这些教授几乎无人幸存下来,毕竟战争持续着,人们陆续死亡。1944年,苏联战机在华沙投下了炸弹,他们想要摧毁铁道枢纽,但毕竟不像现代,炸弹投掷地点并不那么精准,更何况这时候是起义时期⑥。战争前,东方学系有一栋独立的三层楼房,里面有图书馆,所以人们常常会到这里,捐赠一些他们自己的书,或者为图书馆购入典藏,系里也专门从政府那取得经费来购藏书籍。这栋建筑于1939年时被炸毁,图书馆也无法幸存,因为当炸弹来时,教授们无法抢

---

① 尼古拉·马尔(Николай Яковлевич Марр,1864—1934),俄国与苏联东方学者、语言学家与语文学家。可参考 http://zh.wikipedia.org/wiki/%E5%B0%BC%E5%8F%A4%E6%8B%89%89%C2%B7%E9%A9%AC%E5%B0%94。

② 米哈洛夫斯基(Kazimierz Józef Marian Michałowski,1901—1981),波兰考古学家、埃及学家与艺术评论家。可参考 http://en.wikipedia.org/wiki/Kazimierz_Micha%C5%82owski。

③ 塔乌边什拉格(Rafał Taubenschlag,1881—1958),波兰法律历史学者,研究罗马律法与莎草纸。

④ 雅盖隆大学(波兰语 Uniwersytet Jagielloński w Krakowie,英语 Jagiellonian University in Krakow)位于波兰旧都克拉科夫市。

⑤ 德国人于1941年7月30日进入利沃夫,主要枪决波兰重要政治家、艺人、学者和牧师,为了消灭波兰杰出人物、文化与政府,类似的行动也在波兰其他地方进行。

⑥ 指华沙起义。

救全部的书籍，只有大约五分之一的书安然无恙，后来发生了起义，而谁会把书带在身上呢？当然是藏起来了，例如亚布隆斯基教授有一间很不错的地下室，他把书放在箱子里封起来，虽然建筑物上层坍塌，但地下室安然无恙，而这些书也得以保存。另外还有一批也得以保存，是因为华沙大学被德军占领，当然当时已经不是大学，也没有人在教课，德国人用来作为指挥中心，而因为这个原因，图书馆才没被干扰，虽然图书馆对他们来说并不需要，不过他们也算是文明人，所以抽烟时，并没有拿书当烟卷，所以这些书幸免于难。总体而言，在战争结束前，不管教授或是图书馆的书，都所剩无几，系馆被炸弹炸得支离破碎，几乎什么都没留下，现在那个地方只是个广场而已。

问： 您何时开始个人的研究或是教学生涯？

答： 教学工作的意思很复杂，第一，指涉大学的教学，第二，指的是其他地方，而我的教学生涯始于中学，为了赚钱，也为了帮我同事的忙，我教授一些对他们来说较难的学科，像是物理和化学，这些我都很感兴趣，而且也学得不错，所以开始了这些附加课程，不过这些都是非正职的。正式的教职使于北京，在北京外国语学院，那里离人民大学不远。那时波兰研究室的一位波兰女负责人离开了，她的位置由昆斯特勒[①]顶替，昆斯特勒是赫梅列夫斯基的学生，他已经大学毕业，之后来到中国见习一年，而后又申请延长，接下这个工作，是在他见习期间，他想要留下来，但亚布隆斯基教授过世了，当时是华沙研究室负责人的赫梅列夫斯基教授写信给他，让昆斯特勒决定，是要回国还是留在北京，而他最后决定回国。之后昆斯特勒在年中时必须离开，因为波兰研究室还没有人可以替补，所以当时他亲自问我是否可以代替他。我同意了，最后在1957—1958年的第二个学期和1958—1959年，我成为波兰语研究室的负责人，在研究室内，我负责教授语言、波中与中波翻译以及波兰历史，而研究室还有一位以前我在华沙大学认识的女士，她只教授波兰语，无法教授翻译，因为她不懂中文。我刚开始负责二、三年级，第二年年负责三、四年级，还有开始招收新的学生，每班有12—15名学生。

---

① 昆斯特勒（Mieczysław Jerzy Künstler，1933—2007），波兰中国学家与语言学家。1972年成为波兰科学院东方学委员会院士（1933—2006年为该委员会主席），1978年成为华沙大学教授。

在波兰，汉学训练以研究与书面翻译为主，战前有很长的时间，外交部、国际贸易或者政府中，并没有汉学的介入，因为还没有准备好。汉学招生是有限的，实际上，这样的专业者不需要那么多，而对中国，较重实务而不是学术研究，其中只有两位后来成为院士。原则上，这些学生都以实务为主，那时不只和苏联有很好的关系，与其他社会主义国家也都关系密切。像我在中国旅行时，有几次遇见了波兰工人队伍，波兰当时有很好的煤矿开采，有好的采矿方法，例如利用水压采矿的方法，还能在矿场直接进行碳化。所以在山西有许多波兰的采矿专家，并在那边提供采矿设备，因此需要大量为这些专家翻译的人才，其中恰巧有位年轻人，他在波兰分公司待过，学过俄语，不过这些矿工教他的西里西亚语①与标准语非常不同，在波兰，有两种与标准语非常不同的方言——西里西亚语和海滨的卡舒比语②。这位中国人其实不明白波兰语，但学会了西里西亚方言，能顺利与工人交谈，不过不包括工程师。

而我下一个阶段的教学工作与俄罗斯有关，是在俄罗斯的莫斯科大学与国立俄罗斯人文大学。在波兰我做过很多学术与政治报告，但从中国回来后，我没有再教授过。

至于研究工作，我的第一个研究成果是把学术文章从中文翻译成波兰文，这是我们于1956年出版的关于中国历史资料的论文集。我们出版了一份丰富厚实的杂志，应该是《波兰历史》杂志，当时决定出版专门的一卷，收录的都是从中文翻译过来的译文。那还是在1955年时，我唯一一次在波兰度假时被邀请，我同意为他们翻译周一良关于西方汉学、关于胡适的文章。这是第一次。而第二次是在1961年，我在《古代历史通讯》③上发表了关于周礼的学术研究。

在中国我没有发表过文章，因为不被采用。当时对于论文答辩来说，发表学术成果还不是必要的。总体而言，那时学位体系还没有很稳固。例如，

---

① 使用于波兰西南部与捷克东北部，在波兰被认为是方言，介于波兰语和捷克语中间，使用人口大约50万人。

② 使用于波兰格但斯克南部，使用人口大约15万人。

③ Кучера С., К вопросу о датировке и достоверности 《Чжоу ли》. 《Вестнике древней истории》—ВДИ, No 3, 1961. С. 111 – 120.

我的论文答辩可以说是真正的保卫战了。当时由一个八人组成的答辩委员会来进行，由历史系主任翦伯赞所率领，里面有副主任周一良、我的导师张政烺教授，还有一些中国古代历史专家，他们的任务就是向我证明我自己是笨蛋，什么都不懂；而我的任务则是证明我其实是懂点什么的，他们对我没有任何放水，我是第二位进行论文答辩的外国研究生，第一位是位韩国女生，她为了参加抗日，在中国已经居住了20年，她跑到中国来，然后开始对抗日本人，之后反对国民党，这位韩国女生被认为是中国公民，她的论文是关于韩国历史的，这对她来说非常轻松，至少跟我相比的话，她的答辩只进行了一小时多一点，我的则进行了四个多小时，几乎快到五个小时！

他们七点打电话给我，跟我说今天是我论文答辩的日子，我没有吃早餐，也没有准备得很完善！答辩时，讨论很生动，甚至非常有力度，张政烺和翦伯赞对我很和善，但周一良还有位年轻的学者徐大龄，很少请我证明我论文中的疑问，我现在可以坚决地说，中国到现在从来没有奴隶制度的存在，当时全部关于亚洲生产方式的讨论都是胡说八道，我承认在社会或政治中有过奴隶，不过就奴隶制度的定义来说，不曾出现。

在汉代有大量奴隶，他们扮演很重要的角色，不过在周朝并不多，顶多用来点缀，像是近卫军是从奴隶中所征召。在欧洲的梵蒂冈，到现在护卫队都是由瑞士人组成，不过在经济上，他们几乎没有影响力。一般而言，只有希腊或者罗马具有真正典型的奴隶制，虽然我知道现在在希腊和罗马情况不同，不过这样的思想还遗留在罗马的法律里。在全亚洲是没有奴隶制的，在日本、韩国也不曾存在，如果硬要说的话，只有在近东存在，虽然他们不这样认为，不过我有一些他们无法反驳的证据，这些证据他们或许比我了解，不过对他们来说没什么。我对其中一位说：我们对何时结束奴隶制度与何时开始封建制度的讨论，我将引用，我已经很了解了，有一派学者认为封建制始于周朝，而另一派认为开始于春秋战国，此时是奴隶到封建社会的过渡期，还有人认为是始于三国时期。之所以会有那么大的差异，就是因为这些理论还不明朗，或者还未有具体的材料和论点，我们可以运用这些，但是不足。他们对此没多下评论，在罗马，没有人会怀疑何时开始有了奴隶制度和奴隶制度的形态，而我们的论点是如此的不同，也就是说，我们对问题的争论，我可以讲我自己的观点,我认为中国不存在奴隶制度。总体来说,他们让我通过了,在北大的期间我感到很满足,我知道他们想要摆脱我。他们请我去,宣布不完全同意我的观点,但是他们认为我熟知语言、文言,掌握大量数据资料,所以让我论文通过,但他们无法给我精准的学位,因为当时学位没有学士、硕士或是博士的区别,他们只是让我的博士论文通过。在战争前存在学位等级[①],但后来中华人民共和国成立后,他们废除此制度,因为这需要法律的基础,而当时中华人民共和国法律中没有这样的制度。而想要制订学位等级,必须要有稳固的基础,必须指出时间、对象、依据什么,还有如何决定等级等,这些在邓小平时期才慢慢被引进,毕竟在毛泽东时期,不曾与西方的学术制度接轨,只与苏联和一些社会主义国家接触而已。而现在中国人到处参加研讨会,学位等级对他们来说很需要。

问:论文答辩后,您在中国做了些什么?

答:在考试后我立即就离开了,考试是在12月5日或6日,而两周后我就离开了。我有很多书,必须有许多大箱子来装书,我无法随身携带它们离开,必须要花很多时间邮寄,如果扣除这些时间,我几乎是马上离开。这是在1960年的12月。这和我已经没有奖学金有关,那之后我为了论文答辩,等了两三个月,我依靠存款过活,不过钱已经所剩无几,而我也没在研究室工作了,我那时还没毕业,而波兰政府派了一位专业的人士过来,而我只能教授翻译,因为其他人不懂中文,我就这样在研究室度过了两年,然后有新的人来。一般而言,没有人在这个位置上待很久,大多都只来个两三年;也没有人愿意来很长时间:他们有家人,有工作,气候上也不适应。例如一位波兰女士,我接替她担任了研究室的负责人(我教书的第一个学期,是在她的领导之下开始的,但第二年我已经当了研究室负责人),她待了两年,就强硬地提出,这份工作对她的健康非常不好,需要有人来接替她。

在波兰这样的工作地位虽然与苏联有些差别,但这种工作从来都不是特别有威望。在1956年后,我们开始民主化,到国外不再那么困难,而哥

---

① 1935年中国引进学位制度。

穆尔卡[①]上台后，国家门户打开了，这是内政部所提议，我有次与内政部的高阶公务人员聊天，他说："您明白吗？我们之所以这么做，是因为我们不想要让出国申请被许多表格和同意书所困住——想去哪、想在哪停留，就去吧！对我来说就是这样？"所以之后出国变得很简单，这在波兰显而易见，就像被钳制久了，一开国门，人们立即狂奔出国，已经尽可能开放了，为什么要跑呢？我跟他说我要去旅行，同行的还有三位建筑师，他们在德国或法国都有两到三年的工作经验，赚了些钱之后回国，他们跟我说非常高兴可以离开一两年。他们在波兰非常受人尊敬，在各地区都是有声望的人士，其中有位从比得哥什[②]来的女士，她是位非常优秀的建筑师，她说："你知道吗？我是部门的主管，他们对我很尊敬，而我在国外，我只是个学徒工，我交给他们计划书和作账，没有人认识我，虽然他们付给我比这里更好的薪资，但一点都不快乐！所以我只在那待了一两年，赚了些钱就不再待了。"所以真的很难找到可以驻外的女教授，这位研究室负责人是从华沙劝说很久才允诺来到中国，不过也仅仅待了不到两年。

"文化大革命"期间研究室步履维艰。当我最后一次到中国时，是在1988—1989年，研究室还存在呢，由我之前的学生领导。我这位学生身体虚弱，心脏不好，在我到时，如以往惯例，他住在系馆四楼，几个月后，我与他通信，他说他搬到一楼去了，因为已经无法爬到四楼，他可是比我年轻10岁呢！很遗憾，他在15年前就过世了，之后研究室就任其荒废，没有人从事政治活动，只学习波兰语，因为那时会被怀疑，当时开始了反右运动。一些人跟波兰人有关系，他们没机会解释，就被贴上右派标签，这些人很不幸，他们是共青团中的佼佼者！这些人被贴上右派标签，他们哪都不能去，什么事都无法做，只能来找我，或是找其他人，跟我们解释不是这样的，他们只是需要懂这些东西，只是看过这些书而已，就只有这样！而他们全部被判刑。

---

① 哥穆尔卡（Władysław Gomułka），波兰政治家，1945—1948年任波兰共产主义工人党（统一工人党前身）总书记。后因被指责有反苏倾向而被撤职。1956年波兹南事件后出任波兰统一工人党第一书记，1970年因经济政策失误而被迫下台。

② 比得哥什（Bydgoszcz），位于波兰北部的一个城市。

即使是在两国关系还不错的时候,波兰都被认为是不好的国家。因为当时哥穆尔卡上台了。尽管公开场合他们不这么写,但是在非公开的会议上(我有时可以阅读内部资料),他们说,波兰正在发生的一切很明显是修正主义。波兰从1956年后几乎不存在法律,而我是修正主义者,我不知道对此我是否有影响力,有一天,学系想要我去中国修复关系,但中国人回说,我是位知名学者,很遗憾他们无法接待我。不过实际上这根本不是他们拒绝我的真实理由,我去过很多趟了。和我第一次到中国的差别在于,我已经不需要随行人员的帮忙,我能妥善处理任何问题,我自己已经知道很多东西很明显,这个理由十分牵强。我认为,我的名字在某处被标记为"修正主义者"了。

问：张政烺是如何成为您的指导教授的？这在您到中国前就决定了,还是您自己的选择？

答：这在我离开前都还没决定,甚至到我抵达北京时,他们都说他们没有中国古史的专家,那时我非常惊讶,因为那里是中国,应该有丰富的中国古史知识,竟然没有任何一位专家,他们不止一次对我说,不管是在北京大学还是中国高等教育部都没有这样的人,我请他们给我郭沫若的电话,我打电话给他,与他谈,他当时是中国科学院院长,另外,他也在政府工作,整体来说,他扮演着某种政治角色,特别是在1949年后。当有人和我谈论此事时,听后都觉得不太妙。而隔天他们说有一位专家,就是张政烺教授,当时他在北京大学任教,他其实就在身边,根本不需要去别的地方找,除此之外,他还在苏联科学院历史研究所工作。当时中国只有这一个苏联科学院,不像现在,有中国科学院和中国社会科学院两家。从那之后他就开始指导我。这个决定我非常满意,第一,他是位非常优秀的专家,我跟他学到了很多,第二,他对我非常感兴趣,还有他没有依照一般的课程安排教我,而是超出进度,他是真正的教育者。此外,他有宽阔的视野和兴趣,所以和我谈了很多,内容常常超过我们师生应该谈的,有关于中国和外国的问题,他也很喜欢问我关于欧洲和美国的事情,所以我们关系很多面,而我跟他的助理吴荣曾关系也很好,他之后到了呼和浩特大学担任教授,因为他是非常厉害的专家,所以被派任到内蒙古去,那边需要加强那里新建的大学的力量,吴荣曾当然没有张政烺教授厉害，但他年轻许多，是非常有才能跟学识的年轻人，比我年长一点而已。之后他在80年代返回北京，当时我也在中国，他回到北京大学历史学系任教授。

问：在您从中国离开后，还在其他地方见过张政烺教授吗？

答：没有，因为那时候他们无法出国，之后我到了莫斯科，他和我失去了联络，他知道我也许在华沙，试着找我，毕竟我还有一点人气。他在波兰找到了我，"文化大革命"结束之后，教授到了日本，或许到了美国吧，不过他无法做长途旅行，因为年纪不允许他这样做，我们在1988—1989年，当我去中国时，见了一面，他那时已经不在北大任教，我认为他已经不再正式工作，领了退休金，不过还是与离他家不远的历史研究院有联系，当我跟他约好要见面，研究所派车带他前来，我们进行了很长且很好的对谈，我之后还去过他家几次，报告了我的工作内容，我想要向他证明他对我的教导没有白费，我在这个领域的工作是有所成就的，他和他妻子都非常有趣，我总是想起我们的会面情形。

问：您如何改变了自己研究的方向，还有为什么？

答：改变就改变了，很难说为什么。首先我读硕士时，我的专业是语言学，之后我到了中国，我的教授亚布隆斯基建议我成为历史学家，这是第一次的转变，应该说我离开华沙大学时，是位语文学家或语言学家，这些底子帮了我许多，因为在任何工作中，总比没学过的好，像是语言难被翻译时，举例来说，现在《周礼》① 的翻译，我时常从原著里直接翻译，在翻译上，时常出现一些争议，如果遇到这样的情况，我会选择用语言学的方式来解决问题，从文字中找到意义的延伸。之后我成为历史学家，我很难解释为什么我会对古代历史有兴趣，这个选择是无意识的，我到了中国，我就想要学习古代历史，也许可以说，因为我的硕士论文是关于古代的主题，是关于公元前500年至公元元年的道教，虽然我读的是语言学，不过也必须了解之间蕴含的文化，而且我非常喜欢学习古代历史。第二，这不是什么惊人的改变，不显著，我以前对考古学很有兴趣，但是我对此没有深入研究。在中国发生

---

① Раздел I. Небесные чиновники. Вступительная статья, перевод с китайского, комментарии и приложения С. Кучеры (Памятники письменности Востока. CXXXVI, 1）. М.，2010.

了"文化大革命",那个时期许多杂志都消失了,人文科学在中国完全停滞了,"文革"后首先恢复出现的是某个考古学杂志,另外,我还读《光明日报》,里面有很有趣的考古讯息,这份报纸与《人民日报》完全不同,他们总是报道关于科学、文化和艺术等题材,我通过系上订了这份报纸,从中了解了许多有趣的知识,当时历史、哲学和语言学还没那么兴盛,他们揭开了以前未曾明白的事物,帮助科学复兴。第一本考古学杂志在1972年出版,而第一本历史学刊物于1974年诞生,这些我都在关心与阅读,这些读物的编者努力传播讯息与发表论文,还包括了"中国社会与国家"学术会议[①]的论文集。确实,当我为《苏联考古学》期刊撰写长篇论文时,文章曾遭到远东研究所删减,因为我写的没有符合正确的政治方向。不过我没有因此被打败,毕竟这些东西很有趣。这使我的学术兴趣发生了改变,不过考古也算是历史的一部分,所以我并没有离开我的学术领域,考古学迫使我注意到一些特别的学科,像是古生物学、古植物学、骨质学,我应该要拓展我的科学视野。在旧石器课程中没有地质学,这很麻烦,因为时间是需要靠地质层中发掘到的东西来测定。我也对当代我不了解的事物感兴趣,想清楚了解我听来的东西,我也阅读了大量的文学作品,是为了让一般非专家的读者能轻易了解我的文章。之后我的学术研究兴趣就没怎么改变,当然,往后我在写关于历法的论文时,读了一些天文学,包括天文学在内的其他学科都非常有用。我以前的古代历史研究,都和考古学以及其他科学都有所联系。

问:您认为那个学科对您来说是最重要的?

答:有两个,第一个是我自己喜欢的中国考古,首先是因为它总是发现新的东西,发现的不只有中国旧石器与新石器的文物,例如以前不认为中国人在制造木乃伊,但木乃伊在马王堆被发现,而制作方法更胜古埃及,古埃及木乃伊被填入木屑,他们被烧干,还有被取出内脏,再被进行缝合,而中国的木乃伊不一样,其皮肤依旧保持弹性。另外,以前不了解什么是金缕衣,不知道是用金还是银所制作的,金缕衣在古籍中时常被提起,但不很清楚到底是什么,当在河北满城和其他地方被发掘后,可以看到衣服是用金线缝制

---

① 从1970年开始,由苏联科学院东方学研究所中国部举办的学术会议,在中国学界极具重要性。

玉片所制成。很多文献中记载不详，现在通过考古学而重现光明。还有例如针灸被发现始于新石器时代，因为在墓地中发现了针，考古学不能只被认为是考古学而已，它也为历史研究带来许多新的元素，这些我都很感兴趣。第二，在莫斯科期间，我在研究中国历史的各种问题的过程中，也翻译了不少文字，像是在莫斯科大学印制的学术出版物①中，有 10 页是我翻译的中文文献，从甲骨文和金文开始。还有在两卷本的关于中国哲学②的著作中，有我翻译的许多哲学文章，这些都是学术出版翻译。此外，我也随意地把大量文献资料翻译成俄文，因为当我阅读时，我习惯把它们写下，证明我是真的明白，如果某处我不是非常了解，读者就必须自行判断我写的哪些是对的，哪些是错的，所以把中国古代文献翻译成俄文，这是我学术工作的第二个主要方向。

问：您目前的研究题目是什么？

答：比较宽泛地说，我现在正在翻译《周礼》第一卷。而比较精准来说的话，我目前正在写一篇学术论文，这文章和我先前的不同，我不只有翻译和评论，我将至少写成四篇术论文，我称之为《增编》（Addenda），这不仅是附件（包括索引和书目等），还是学术论文。现在我正在写的论文是关于中国古代音乐以及音乐与祭祀活动的关系。我们知道，西方社会的教会歌曲是与文化相连，在教会中，由管风琴所演奏，在犹太教中有人领唱，但从来没有哪个地方像中国一样，音乐与祭祀活动的关系如此密切。

问：您如何规划您的研究生涯？曾经在哪些机构就职过？

答：其实没有很多，在波兰我只在波兰国际关系研究所待过一段时间，虽然之后不在那工作，但还是会与机构和那边的朋友保持联系，像是我常在那边进行演讲，机构非常重视我的到来，虽然听众不是中国学家，但我努力使他们明白。另外，当时我回波兰，中国和苏联的关系已经很不好，不过这没影响到中波关系，1961—1965 年，中波友协能量很大，这是波兰的协会，当时中国并没有为协会投入任何资金，他们每周都会举办中国之夜，中国之

---

① История Древнего Востока. Тексты и документы. М.：《Высшая школа》，2002.
② Древнекитайская философия. Т. 1-2. М.，1973. Переводы С. Кучеры см.：Шу цзин：т. 1，с. 101 - 111；Ле-цзы：т. 1，с. 213 - 224；Чжуан-цзы：т. 1，с. 249 - 294；Гуань-цзы：т. 2，с. 15 - 25，42 - 51.

夜被安排于华沙中心一座不大的古宅①中，那有非常大的厅堂，可做宴会场地，可容纳五六十人，而平时也有一些活动，像是演奏中国音乐，或是提供一些中国菜肴等，民众很喜欢来到这里，这里还有间小图书馆，有一些关于中国的波兰书籍和当期的英文与俄文版的中国杂志，他们每个星期都会邀请我，我刚从中国回来不久后，对中国有很多新鲜的印象，我的演讲牵涉当代政治、经济与文化问题，我还做了一系列的报告，像是讲古代中国，从远古到中世纪，再到明代。我也讲了关于诗歌、文化、长城、秦始皇陵等很多题目。尽管是科普性的讲座，也来了很多听众，我尽力使讲座维持一个比较好的专业水平，没有任何杜撰和幻想成分，如果有内容我不太敢肯定，我也会特别强调出来。再来谈谈这些晚会，虽然我是特别的，但不只有我，同样也来了许多人，宴会厅时常爆满，宾客有时甚至坐在走廊上。除此之外，在其他城市里，也有许多中波友协的分部，除了波兰首都外，在克拉科夫②、波兹南③和弗罗茨瓦夫市④中心都有这样的分部，我也常在那些城市进行我的论文演说，如果这些地方不远的话，我会乘车去，有时也有人会与我同行，同样也发表短篇文章、进行演讲或举行摄影展。通常这样的行程包含两到三个城市，我们在午餐后抵达第一个城市，然后前往第二个城市，这些城市都相距不是很远（你应该知道，毕竟波兰不像俄国，这里车程不需要十小时），大约在傍晚时抵达另一个城市，按照惯例来说，一般晚上的演讲是对大众开放的，是更为通俗的，而白天的演讲则被安排于企业、工厂或军事机构中。如果我去比较远的地方，我会乘坐火车，晚上在旅馆过夜（当然是由协会付钱），然后到第二或第三个城市进行演讲，最后回到华沙。

问：您在波兰的国际关系研究所工作时，主要是从事分析工作吗？

答：对，我总是使用一些我同事可能没有的材料，我在亚洲部门工作，更精确来说，是亚非部门，所有的同事都是当代研究的专家，有人研究阿拉伯国家，有人研究印度，我总是努力利用历史材料来了解当代事件，因为必

---

① 1958—1997年，中波友好协会于布翁基尼（Błękitny）宫殿或扎摩斯基（Замойский）宫殿举办，宫殿建于18世纪。
② Kraków，波兰南部的城市，波兰旧都。
③ Poznań，波兰西部的城市。
④ Wrocław，波兰西南部的城市。

须要知道他们的历史来源，像是我写了一篇很长的文章，是关于喜马拉雅山一个小王国锡金的①，那时他们刚成为印度的一部分。另外，还有像是中国和印度的冲突，我揭示了这个情况发生的过程（这评论之后被注意到），中印冲突不是从万隆会议的不结盟开始，我点出了两国这几世纪以来的关系。正式来说，我在那里研究中国，但写的文章不一定跟中国有关，也会关于古代东方、印度、韩国和日本。我也代表研究所对外做过许多报告，这些报告大多具有政治宣传色彩，通常为期两天。如果我去弗罗茨瓦夫，对波兰人来说，这距离很远，并不是每天都会有华沙人到访，所以当地机构会最大限度地利用这个机会，我至少会在这个省的两个地方做演讲。我努力保持中立观点，但总是很难实现，例如，当我在讲中东冲突时，我总是指出阿拉伯国家的错，以色列都是对的，虽然一般都是这样认为，但我努力保持客观，不涉及任何立场，当然，我不是毛泽东主义者，如果我没到过中国，只在波兰，我不会有这样的论证，而会陷入简单的分析里。我单纯想要客观地呈现中国的情况，以及为什么这样发展，不管是正面的还是负面的。

答：您为何会迁居到莫斯科？

回：你明白吗？这些都是因为学位认定的问题，在中国，我通过了博士论文考试，但那时候的中国并没有学位等级的区别，所以当时虽然通过考试，但没有说明这是博士学位还是其他学位，那时候没有这样的学位系统，而在波兰，刚开始与我的关系就很好，对这个研究所，我没什么好抱怨，一开始他们立即就给我很高的职位，不过为了我未来的发展，我必须通过学位考试，在波兰我没办法进行这样的考试，而如果我选择转行从事政治宣传性质的工作，研究所有举行答辩的权利，我可以直接在研究所进行答辩，但我没有这样的打算，因为我是位中国学家，受过古典汉学教育，对中国古代很感兴趣，而这些他们都不需要，所以我不能在那里进行答辩。而第二个我可以进行答辩的地方是华沙大学，不过那边的中国学家不太喜欢我，他们害怕我，因为我带了大量的学问与知识返国，他们知道这些，因为这些人也在中国待过，我在那边帮了他们很多，他们确定我可以讲中文，而且我知道北京的古迹、书籍杂志，中国历史与

---

① Kuczera S. Sikkim i stosunki chińsko-indyjskie // Sprawy Międzynarodowe, 1966, No 5, c. 84 – 89.

文化的许多不同问题,所以他们害怕我,但我并没有要把他们任何人赶走的意思,这是他们自己内心的感觉,我并不这样想。后来证明了,你对他们好,他们只会忘恩负义。其中主要有两个人,他们在中国时受到我许多照顾,包括我要回国之前,我有一辆车,可以载人在北京城或近郊转,我也是这么做的。虽然这没什么,但对他们来说,方便许多。然而此时他们却决定立即拒绝我的申请,让我无法在华沙大学进行答辩。之后我决定前往莫斯科,因为在那会有很好的发展机会,那有位娜塔莉亚·帕夫罗芙娜·斯维斯图诺娃(Наталья Павловна Свистунова)女士,我和她有非常亲密的友谊,当时还不是恋人关系,之后我们就结婚了,我们那时真的是纯友谊,我这个决定非常理智与聪明。而之后,我在这里认识了许多人,也接触并了解了许多机构,当我从中国回到华沙时,我在莫斯科停了一会,在莫斯科大学和东方学研究所①做了一系列报告,我认识了很多没有和我一起在北京待过的人,比如西莫诺夫斯卡娅②,她是莫斯科大学历史学系中国历史研究室③负责人,当时我和许多研究所的职员见面,其中有康拉德(Николай Иосифович Конрад)④。在那之前我并不知道他,但很高兴认识他。我已经准备好来到这里,在这里我不只认识许多人,也有许多人认识我,在中国时,我与苏联团队关系很好,像是克留科夫(М. В. Крюков)、西尼钦⑤、瓦西里耶夫⑥、佩列洛莫夫⑦,我认识他们,他

---

① 苏联科学院东方学研究所于1950年从列宁格勒迁至莫斯科,在列宁格勒留下了一个分所(现为俄罗斯科学院东方文献研究所)。东方学研究所1960—1970年曾更名为苏联科学院亚洲人民研究所。

② 西莫诺夫斯卡娅(Лариса Васильевна Симоновская,1902—1972),历史学家与中国学家,主要为中古史学家,1944年起在莫斯科大学历史系任教,1967年开始担任教授。

③ 莫斯科大学东方学研究室结束于1956年,之后成立东方语言学院。

④ 康拉德(Николай Иосифович Конрад,1891—1970),俄罗斯重要的东方学家、日本学家与中国学家,1934年取得语言学博士,1958年成为苏联科学院院士,1941—1950年于莫斯科大学担任东方学院教授。

⑤ 西尼钦(Евгений Павлович Синицын,1933—2002),中国学家,1978年取得副博士学位,研究古代中国历史与历史编纂学,1956年毕业于莫斯科大学历史学系,1962年毕业于北京大学历史学系,1966—1998工作于苏联科学院东方学研究所。

⑥ 瓦西里耶夫(Леонид Сергеевич Васильев,1930—),东方学家、历史学家、社会学家与宗教学家,1976年取得汉学博士学位,从1956年开始于苏联科学院东方学研究所工作。

⑦ 佩列洛莫夫(Леонард Сергеевич Переломов,1928—),中国学家,研究历史学、古代中国哲学,1970年取得博士学位,从1955年起工作于苏联科学院东方学研究所,从1973年开始工作于苏联科学院远东研究所。

们也认识我。我知道这个我非常感兴趣的地方能为我开创工作机会。我不想讲我在波兰所学的中国当代问题,因为我一点都不感兴趣,我对什么领域感兴趣,我就会一直地努力研究。

问:您到莫斯科后,就立即开始在东方学研究所工作吗?

答:当时还叫亚洲人民研究所。当我从北京经过莫斯科做停留时,当时还有一所中国学研究所①,我和娜塔莉亚·帕夫罗芙娜曾去拜访过,不过当我在波兰时,这个研究所就解散了,其中一部分的职员筹备远东研究所,而另一部分的人,成为东方学研究所的学者,当时它的名字是亚洲人民研究所,我在那边工作至1967年4月。

问:您认为自己属于任何学术流派吗?

答:没有,不认为。有些人,我和他们的研究计划很接近,但我不认为我属于什么学术流派。

问:您加入过什么学术团体?

答:我加入过欧洲汉学协会②,不过这是我私人的决定,没有人为我支付费用,不过有人支付,也不总是很方便。那时苏联时期,我只有经过邀请,才能参加正式的研讨会,那时候有个很愚蠢的体制,研讨会的邀请函不能办理出境公文,我也不能从这里寄出会费,为了付清会费,我还必须前往法国或是德国。前往研讨会,必须花钱在交通、住宿上,当然还有参会费,不过费用并不是很多,有时研讨会有许多有趣的论文和新的信息,通常这些研讨会会给我前所未有的感受。我认为我们的"中国的社会与国家"团队最好也要参加这样的研讨会。来参加会的人都彼此认识,所以不会恶意毁谤对方,当然,如果有这些情形,他们也会无视,因为对他们来说没什么,他们只想发表他们的成果,与会者都很努力把发表做到更好,留下好的观感,所以我们每个人尽力把论文提升到最好的水平,研讨会有时候也会来一些跟汉学领域较远的人,他们不是专业的汉学学者,而是与汉学相关的读者。这些研讨

---

① 中国学研究所存在于1956—1961年,曾出版《苏联汉学》(Советское китаеведение)杂志。
② 欧洲汉学学会(Европейская ассоциация китаеведов,European Association of Chinese Studies)成立于1975年,总部设于巴黎,每两年举办一次协会研讨会。

会原则上都很有趣，因为与会者彼此间能建立私人的联系与对话，也能收到一些研究材料，买到一些我们绝对没有的西方图书，不过对我来说，总体上支付这些费用并没有得到等值回馈。当然，如果其他人是苏联的官方代表去参加这些研讨会，政府除会支付费用外，还有给一些零用金，当然，这对他们来说，是少有的可以逃亡外国的机会，而我是波兰公民，所以我可以自由前往，这样逃亡的机会我是不需要的。

问：您对俄罗斯汉学的整体观感如何？以您的观察，俄罗斯汉学在之后发生了什么变化？

答：很可惜，我必须说，俄罗斯汉学的发展在走下坡路。这不是谁的错，也不是汉学界的错，是整个体系的问题，以我们部门来举例，在1967年我前往俄罗斯工作时，那时大约有50位职员，在古代中国组有六七位，其中的维亚特金[①]、杜曼[②]、塔斯金[③]、鲁宾[④]、瓦西里耶夫就像是扑克牌中的Ace牌，是非常强大的团队，对彼此都能有很大的帮助，部门内总是热烈讨论学术研究，我们聚会非常有组织，不只讨论例行的出版，也会讨论学术问题，我们写论文，并一起讨论。而现在，这些有留下来吗？现在只有18个人，在古代领域，不错，有您[⑤]在，您、玛丽娜[⑥]和布柳姆辛[⑦]，你们都可以

---

① 维亚特金（Рудольф Всеволодович Вяткин, 1910—1995），中国学家、《史记》译者，1939年毕业于国立远东大学，1956年起在苏联科学院东方学研究所工作，1960—1967年为研究所中国部负责人。

② 杜曼（Лазарь Исаевич Думан, 1907—1979），中国学家与历史学家，1965年取得博士学位，工作于苏联科学院东方学研究所（1935—1940, 1952—1956, 1962—1979），1956—1961年工作于中国学研究所，为研究所副所长。

③ 塔斯金（Всеволод Сергеевич Таскин, 1917—1995），中国学家与翻译家。父亲为国家议员，在哈尔滨成长与学习，1954年迁居至苏联，1957年开始工作于中国学研究所，之后转职于苏联科学院东方学研究所。

④ 鲁宾（Виталий Аронович Рубин, 1923—1981），中国学家和哲学家。研究古代中国政治思想史，1951年毕业于莫斯科大学历史系，1969—1972年为苏联科学院东方学研究所职员，1972年前往以色列，因为被解雇，所以成为异见分子，1976年离开以色列。

⑤ 德米特里耶夫（Сергей Викторович Дмитриев, 1979— ），库切拉的学生，研究中国古代与中古历史和中亚，从2005年开始工作于苏联科学院东方学研究所中国部。

⑥ 库兹涅佐娃-费季索娃（Марина Евгеньевна Кузнецова-Фетисова, 1978— ），库切拉的学生，研究中国古代历史与考古学（商朝），从2005年开始工作于苏联科学院东方学研究所中国部。

⑦ 布柳姆辛（Сергей Иванович Блюмхен, 1956— ），库切拉的学生，研究中国历史与古代思想，于苏联科学院东方学研究所中国部工作。

取代我。不过在这个部门,只有我留下,我们没有刻意去评断,或许留下来的都是最好的,当时我们有15人,再加上一些,大概有18人,研究所全部就这么多人,可惜,之后成立的远东研究所也没办法拯救这样的形势,有人从我们研究所转职到那去,有人著作等身,像是佩雷洛莫夫和索罗金①,这些都是很好的专家,他们能做很多事情,所以他们动员一些人,出版几卷关于《中国精神文化》②的百科,我认为这是非常好的工作,这是巨作,或是科布泽夫③写的《汉学大全》也非常出色。但整体来说,俄罗斯的汉学变得越来越弱,特别是我们研究所。我听说新西伯利亚有一群能力很好的年轻人,考古学专业,也研究中国考古,经常到中国做研究,不过也有人从研究团队中退出了,不再研究中国,中国研究的现状不乐观。出现这样的情况,我不认为是人们能力越来越差的问题,而是总体的情势使然,人们对研究不感兴趣。当还是苏联时期时,申请来我们所的研究生通常都比录取名额多两到三倍,现在几乎来就会录取,因为几乎没有人申请了。年轻人不来是因为我们薪水不多,如果他们去其他机关,会赚得更多钱。而现在情况依然没有改变很多,我们工作量很大,不过薪资很少,而我在西方工作的同事,他们工作和薪资成正比,待遇很不错。除此之外,我们还有很多尚未解决的问题,那些在西方工作的同事在旅行时,几乎没有什么困难,他们可以从大学那边拿到出差费,不需要努力争取,也不需要什么证明,另外,他们也比我们容易购买图书与订购杂志,比如说,我没办法订阅中国杂志,但对于那些在法国的中国学家来说这很简单,只要去邮局,然后下订单,就这样而已。更惨的不只是钱方面的问题,还有工作条件,以前在苏联科学院主席团中有专业部门,他们当时会支付博士和院士一年50卢布(等于70—80美元)的书籍采

---

① 索罗金(Владислав Фёдорович Сорокин, 1927—),中国学家、文学研究家、翻译家。1957—1961年工作于中国学研究所,1961—1967年工作于亚洲人民研究所,1967年开始工作于远东研究所。
② 《中国精神文化大典》(《Духовная культура Китая》),由季塔连科(М. Л. Титаренко)担任主编,共六主题卷,出版于2006—2010年。
③ 科布泽夫(Артем Игоревич Кобзев, 1953—),中国学家,研究中国古代与中古哲学与思想,1975年毕业于莫斯科大学语言学系,1978年开始工作于苏联科学院历史学研究所,1989年取得哲学博士,2011年成为历史学研究所中国部门部长。因为《中国精神文化》百科的工作,获得俄罗斯政府颁发的奖项。

购费，之后提高至一百卢布，这些费用的核销不是利用单据，而是直接向苏联科学院订购，当时中国的书籍资料很便宜，一年的购书费真的可以订购许多书，实在是很大的贴补，而如果有人想要在西方买到很不错的书，一年的购书费可能只能买一到两本书而已，不过这样也不错。后来苏联解体后，这样的制度也没有了，现在根本没有人想恢复这项传统。不过现在也不错，因为国家变强了，人们也有钱了，政府有经费成立研究机构。

以前在中国部，可以收到全世界专业书籍出版的目录，因此很容易订购，但现在我不再订购了，因为我不知道怎么做，当然现在可以在网络上买书，不过这当然完全是私人购买，费用很高，我也可以这样做，但俄罗斯的邮政系统不保险。

以上所言，不只涉及中国学家或是东方学者，我想，现在的人文学科的老专家们都面临同样的处境，他们都习惯了这样的处境，继续领着微薄的薪资工作着，哪里也不去。

问：您在苏联汉学界工作20多年了，在此的学术生涯顺利吗？

答：在这里算顺利，因为之前很动荡。在1949—1960年，苏联和中国关系非常好，当时有许多古典文学译著、远古与中古历史的书籍，甚至还有专门的杂志得以出版①等，不过之后这些都没有了，这都是因为政治的原因，中国学研究所被迫关门，可惜当时人们不认为它必须存在。我在莫斯科居住时，认识许多不一样的人，其中有在外交部工作的人，他们承认他们当时的一些行动（不只关于中国，也包含非洲和其他阿拉伯国家）考虑不周，他们没有想到可以借助东方学研究所的力量，如果他们当时给了研究所生存机会的话。当时普里马科夫②上台，汲汲营营地拓展他的政治生涯，他逼迫我们同事为中央委员会搜集情报，但这些资料不曾有过任何影响力。一般而言，我怀疑他们不怎么有能力。当我在华沙工作时，我们研究所和波兰外交部有密切的联系，一点都不像俄罗斯这样，如果他们要求我们写报告，我们可以给他们许多帮助，他们不只看我们的报告，也会听取我们的意见，我们认为

---

① 《苏联汉学》（《Советское китаеведение》），出版于1958年。
② 普里马科夫（Евгений Максимович Примаков，1929— ），东方学者、苏联与俄罗斯政治和政府活动家，1977—1985年为苏联科学院东方学研究所所长。

我们被需要。当苏联和中国关系开时紧张起来后，我们被逼迫撰写关于中国的报告，这非常蠢。

问：毛泽东逝世后中国的改革对俄罗斯汉学界产生了什么影响？

答：很快就产生了影响。当时我要出版一本书，在书的序中，写着对中国各种负面的评价，我之所以这样做，不是因为有人指示我这样做，或是我想要得到某些人的好感，只是因为需要批判，所以我就这么做了，批评是需要说的，也是必须说的，不过当你在陈述中国当代时，又必须要有明确的回避，因此我们头脑总是很混乱。在邓小平时代，一切才豁然开朗，开始停止反中国，释出友好讯息，不过对此我们几乎没有触及，我们几乎没有做任何政治宣传的事，我当时这样写，不是为了讨谁的喜欢，而是因为客观的环境使然。一般而言，当时写文章必须骂中国人，我们部门没有参与这样的活动，这要感谢杰柳辛①，他是我们研究所唯一一位不让自己屈服的人，他不允许我们像远东研究所那样全力参加反中运动，因为他们认为这样做是他们的职责。因为杰柳辛，我们部门在反中运动中，只有小部分的涉及而已，不过我们当时立即明白，还是可以写比较平和和比较客观的事情。然而，实际的情况总是和人有关，像是总有人特别喜欢引用马列主义，总是写入参考书目中，不需要的时候，也是尽力引经据典，他们当然引用了斯大林，而在斯大林失势后，怎么没有继续引用列宁和马克思呢？在我的人生中，只有一次引用了恩格斯，因为他写了关于德国的符号，他写的完全可以印证我的想法。一般而言，这些人都是受过教育者，我并不认同他们的政治理念，不过也无须辱骂他们。毋庸置疑，他们存在过，而且是很大群的学者群，他们提出的政治理论，你可以相信，也可以不信，我当时引用这些理论，只因为我的文章适合，但有很多人引用这些理论，是因为他们不知道要写什么，只想要文章看起来很漂亮。

问：是说苏联汉学的兴起是在 1949—1960 年，而 1960 年后，开始对中

---

① 杰柳辛（Лев Петрович Делюсин，1923—　），中国学家，1971 年取得博士学位，研究中国当代历史，1950—1953 年为《真理报》驻中国记者，1953—1958 为此报评论员，1965—1966 年为苏联科学院世界社会主义系统经济学研究所（现今为苏联科学院经济学研究所）职员，1967—1990 年工作于苏联科学院东方学研究所中国部，1970—1972 年为苏联科学院社会科学信息研究所（ИНИОН АН СССР）所长，从 1990 年开始工作于苏联科学院国际经济与政治研究所。

国失去兴趣了吗？

答：不，兴趣没有降低。只是第一个时期真的做了很多事，而后只是无法持续那样的力度而已。当时已经翻译了《红楼梦》、《水浒传》和《西游记》①，那之后还要做什么呢？当然，中国文学非常丰富，必须找到其他可以翻译的著作，但都没有这些重要。必须要记得，不是每部作品都必须翻译成俄文，并不是每部作品读者都感兴趣，这些独特的作品，并不是每个人都喜欢，也不是每个人都能接受，当然，在市场上，中国文学大量出现，质量势必下降，此时就必须稍做休息。不过就客观面来说，质量的下降就我来看，还有许多外部因素，像是国家崩溃等原因。作品的质量下降是必然，因为已经有过多的版本，不能再多了。

问：您如何看待国外的汉学和中国学家？

答：有4个国家的汉学发展程度很高，当然，首先是美国，可以明白美国在国际政治上的地位，非常重要，中国在其中扮演重要角色，所以必须了解它。当我们和中国关系从好变坏这段时间内，美国都不曾和中国有任何政治上的往来，美国人不曾到中国，中国文学也几乎不曾在美国现身，因为这样，所以汉学很难发展。之后情况改变了，当我们和中国关系不好时，他们和中国关系开始转好，当然他们很努力，就我的观察，他们教育体系里，有大量的研究材料，我和很多美国年轻学者见过面，当然，他们可以讲很流利的中文，很了解中国人，此外，他们也能说日文，至少可以读懂。和我们不同的是，我们如果有日文图书的列表，通常没有说明，人们读到的只是图书馆目录中的书名而已，而他们书籍几乎都会附上英文摘要，美国人在这部分处理得很好，虽然西方应该都如此，不过其中美国人对此特别用心。

当然英国、法国和德国在汉学部分也都发展很好，首先，他们在学术研究上有很悠久的传统，这非常重要。其次，那边居住着大量的中国人，其中我一位法国朋友说道："你明白吗？我们心怀恐惧与忧虑地居住在这里，你看，在法

---

① 帕纳修克（Владимир Андреевич Панасюк，1924—1990）翻译了《红楼梦》，出版于1958年；罗加乔夫（Алексеей Петрович Рогачев，1900—1981）翻译了《水浒传》和《西游记》，《水浒传》出版于1955年，《西游记》出版于1959年。

国有多少中国人在此居住，他们其中至少有两千人拥有高等教育，如果他们开始研究汉学，我们将什么都不能做！"这样的情形已经开始了，因为他们居住在法国，他们可以流利地书写与讲述法文，当然，他们也知道现代汉语和文言文，而我们真的很难与他们竞争，所以这些中国人总是取得很好的成果。如果这些中国人不自己撰写文章的话，他们或许可以给予一些建议。

我们部门曾经有两位中国人，郭肇堂①和杜日新②，郭肇堂进行独立研究，他通过了副博士和博士的学位考试，除此之外，他只研究当代，他是党员，在共产国际工作过，研究当代政治、思想等。杜日新和他不同，他帮我们解释古文，给我们一些建议，不过杜日新的工作是什么呢？他只是山东来的农民，为了工作到了远东，但是现在他无法回国，因为边界被关闭了，他的家人在中国，而他待在这里，当然他识字，不过就只是一般人的程度，不是专家。当时他很害怕苏联政权，所以申请了很长时间的政治庇护，后来苏联统治者下台，他重获自由且恢复名誉，最后移居到莫斯科来，在我们的部门工作，并给我们工作上的建议和协助，在经过几年的工作适应后，他对我们部门来说不可或缺，他很严肃地对待他的工作，帮助我们了解许多上古与中古的文献，不过他不像居住在法国或是德国的中国专家一样，有非常好的专业底子，法国或是德国专家除了有非常好的中文底子外，他们还毕业于中国国内的中学或是大学，之后又在西方大学取得学位，他们有高等教育的专业底子，知道当代的学术研究方法。

我非常喜欢且尊敬杜日新，我喜欢和他聊天，不过与他交谈有点困难，因为他没有专业底子，而且他是山东人，所以他的中文有点难懂，不过我的教授也是山东人，所以我多少可以习惯他的腔调，张政烺当然说的是普通话，但带着山东口音，而且时常使用山东方言字汇，我刚开始不怎么明白，但之后就了解了，原来他是土生土长的山东人。因此要了解杜日新说的话不轻松，有人想要寻求他的帮忙，或是想与他谈话，只能使用俄语，我认为这样很不

---

① 郭肇堂（Крымов Афанасий Гаврилович, Го Шао-тан, 1905—1988），中国学家，研究中国当代历学，第三国际工作人员，中国革命家。

② 杜日新（Ду Жи-синь，因为私人因素称之 Ду И-син），20世纪50—60年代，东方学研究所中其实有三位中国人，第三位名为 Линь Цзе-юнь，给予中翻俄技术上的协助。

好，因为就没有机会练习中文了，当然，他们不能练习中文，多少也是因为他们不懂中文，不过反过来，杜日新的俄语也说得不好，而郭肇堂也一样，虽然他拥有博士学位，但常常不懂我们在说什么，所以他们对我们的帮助有限，不过现在他过世了，部门内再也没有这样的人可以给我们协助，而在西方，他们没有这样的问题，反过来，他们有太多这样的人想在大学或研究所工作，我们相较起来，情况不容乐观。

还有一些人，我认为很特别，他们研究日本的汉学，他们都是很好的中国学家，他们做很多事，因为日本的文化是在中国文化上发展起来，中国就在旁边，对于他们来说，除了美国，中国比任何国家都来的重要，不过现在中国变得更为重要，因为日本开始害怕中国，中国现在拥有核武器，这对他们国力提升不少，而日本要用什么来对抗中国呢？现在以中国的飞弹来对付日本，绰绰有余，所以日本汉学的发展很兴盛，不过他们常常使用快捷方式，他们单纯保留了中文文章，只用片假名在旁标注了文法规则，有时这可行，但有时行不通，你会发现你在阅读时（特别针对古文），根本读不懂，只明白表面，而不知道文章真正要述说的内涵，这种情况在汉学专家中时有所闻。而我们一点都无法藏拙！我们可以说谎，但马上就会被发现，如果我们想接近真相，我们应该时常自己去挖掘事情的本质和承认我们不明白的地方，我常这样做，如果我有不明白的地方，我会写下我不清楚的问题，或是在旁边标示注解。而他们不这样做，这部分是他们汉学的弱点，至少在几年前他们是如此，也许现在情况有所改变，我已经很久没去日本，也没有和日本的中国学家会面，不过我知道，他们有些专家备受质疑。而我们很可惜，我们汉学的专业人士，通常不通晓日语，如果他们也懂日语的话会更好。这样做的话会涉及两个层面：第一，大学的专业准备，如果多学日文，很明显，会比较困难；第二，薪资方面的提升，毕竟人们付出更多的时间和精力在学习专业上，总希望得到更多的回报。而我们薪资与付出的劳力不成正比，现在比以前好，不过人们总是没有善用他们的能力，应该要再提升专业水平，再多学个日语又如何？

问：您能谈一下中国大陆和台湾地区的汉学吗？

答：很可惜，尽管台湾地区的技术水准高于大陆（现在这方面大陆已经和台湾地区并驾齐驱，香港地区在其中扮演很重要的角色），台湾地区的汉学已经没办法和大陆的汉学相比，原因很简单，台湾地区没有办法像大陆一样设立那么多的机构，没有大陆那么多专家，也没有如此广大的出版市场，台湾地区只有两千两百万人，大陆有十三亿五千万人，所以他们有很多的大学，每个省有他们的省博物馆，有广大的研究部门，除此之外，以前这些博物馆只有考古团队，而现在几乎在这些省博物馆内都有考古研究部门，或是物质文化研究部门。在许多省份，也有历史研究所，他们大量出版杂志和书籍。而台湾地区有历史语言研究所，有几十位研究员，当然还有"故宫博物院"，台北"故宫博物院"以前没有开展研究工作，不过也许现在有些改变，因为现在的院长①是以前历史语言所的所长，也许他开始了博物院的研究工作。在台北和其他城市的大学有历史系，把这些学系的研究力量总和起来，程度大概与南京大学差不多，或许也可以和上海大学相比，但一定比不上北京大学。

  问：不过他们能利用中国大陆学者的成果，不仅能保留失去的研究传统，且又能产出更好的作品？

  答：你明白吗？理论上是可行，学者不管研究什么议题，都扮演非常重要的角色，他们知道要在其中立足，必须特别有能力，必须学识渊博，达到某种累积的效应，落后的人努力制定目标，在前位的人努力保持。如果特别指的是通史或是古代历史，考古学成果扮演非常重要的角色，考古发现越多，就会出现更多的新研究材料。在中国大陆，有非常多古代文献，存在许多物质文化的新材料，这些关于人们生活、农村经济和贸易的资料都不可能在台湾地区被发掘。在台湾地区也进行研究，不过多锁定在旧石器和新石器时代，研究的领域完全比不上中国大陆，一般而言，没有一个国家像中国一样，那么重视考古研究，台湾地区则没有出土与中国历史相关的文物。事实上，台湾地区和大陆的联系一点都不密切，像是汉朝、唐朝对台湾地区历史影响一点都不深，没有发掘什么重要文物，因此，所以很多台湾学者和美国大学有密切的联系，这些学者从美国的学校毕业，在那边讲课，有更好的薪水，也比较有声望，如果可以，他们会尽全力想办法去那边工作。也有人选择到澳洲，这在历史学界和语言学

---

  ① 指的是杜正胜。

界蔚为风潮,而这股风潮在考古界比较少见,他们虽然也常在澳洲工作,或参加太平洋岛屿的考察,但这些都必须使他们丢下在台湾的工作。

问: 在90年代,您曾在中国台湾进行过研究,那边有很强的研究机构,像是"中央研究院"?

答: 对,我在中国台湾工作过,专门研究澎湖群岛的考古。这些研究所(在"中研院"里)有最好的资源,他们总是拥有最先进、最好的设备,最新出版的书籍,这样的规模在世界上都是少见的,不过他们组织小,只有几十人,也许有时会达到将近一百名员工,就像我们研究所一样,现在只有小部分的人留下,鼎盛时期四五百人的情况,我在那没有遇见,也许全部"中央研究院"有一百多人,这有可能。我想台湾地区的研究员比大陆少得多,我在那边的时候,几乎傍晚就遇不到什么人。一般而言,"中央研究院"比不上大陆的中国科学院或是中国社会科学院。

叶·伊·克恰诺夫访谈录

访谈对象：叶甫盖尼·伊万诺维奇·克恰诺夫①
俄文姓名：Евгений Иванович Кычанов
职　　务：俄罗斯科学院东方学研究所首席研究员、原所长
学术专长：西夏学
访 问 者：瓦连京·戈罗瓦乔夫、库兹涅佐娃-费季索娃
翻　　译：中国大陆与两岸关系教学中心
时　　间：2012年6月29日
地　　点：圣彼得堡

问：您好，亲爱的叶甫盖尼·伊万诺维奇，就让我们以您简单的自我介绍作为本访谈的开场。

答：我叫叶甫盖尼·伊万诺维奇·克恰诺夫，出生于1932年6月22日基洛夫边疆区一个名为萨拉普尔的城市，该城市1939年改归属为乌德穆尔特共和国。我出生在一般阶层的家庭，父亲是一名土地建筑工程师，母亲是学

---

① 已于2013年5月24日去世。

龄前学校员工。到 18 岁以前我都住在萨拉普尔。现在我是东方学研究所的首席研究员，我的主要专业为中国的历史。

问：在您个人简历的网站写道，您是西夏学家以及中国学家，就您个人看法认为，这两个专业您如何优先排序？

答：我认为，我的主要专业当然是中国学研究，再来是党项族①研究，我的第二专业。

问：您出生于萨拉普尔市，当地的居民应该对中国无深刻认知，而您的双亲亦没有中国研究的背景，您当年还是个年轻的萨拉普尔市民，如何对中国产生兴趣？

答：首先，我告诉您，如果说当时没人对中国有任何认识，是不完全正确的。萨拉普尔市位于卡马河畔，跨越河的桥上有连接喀山与斯维尔洛夫斯克的铁路通过，那座桥是第一次世界大战时盖的，当时有很多中国工人参与工程，这是我妈妈告诉我的，她对那段历史记忆相当深刻。因此我不会说，当地没有人了解中国。

至于我对中国最初的了解，这么说好了，是通过阅读。在拓荒者大楼的市立图书馆相当不错，我记得当初作家赛珍珠女士②对于中国人的着墨，是我一开始的印象。然而我是在俄罗斯科学院的出版物中读到阿列克谢耶夫的翻译作品。我们当初还有一位地理老师，对中国人相当同情，她说中国人"相当穷困，甚至在马以及骡子身上挂着布袋，以收集肥料"。所以我在很小的时候，便对中国有了一些了解；升上高年级后，还遇到一位班主任，他曾在远东地区打过仗，且去过中国与韩国，他那时也兴致勃勃地告诉我们许多关于这些国家的事。

问：几乎没有什么特殊形式。

---

① 党项：本身语文称作：MI；西藏文称呼为 MIHYAG；中国称呼为党项或范；土耳其—蒙古称呼为 TANGUT，为西藏缅甸民族，操党项语。于公元 982 年于中国北方建立西夏王国，绝大多数的人口信奉佛教。公元 1227 年，西夏国被成吉思汗所击败，16 世纪前党项民族渐渐归化为中国人。

② 赛珍珠，原名 Saidenstriker，（中文名字赛珍珠、西珍珠，1892—1973），美国作家，诺贝尔文学奖得主。是一个传教士的女儿，在中国度过了她的童年和青春期，并获得启发开启自己写作的人生。

答：就是这样，我对中国的兴趣就这样油然而生，更不用说当时还发生了中国革命、国共内战、1949年中华人民共和国成立等。

1950年我高中毕业获得了银牌奖。但是，不论是中央或伊热夫斯克，都没有发给我任何奖项，我发现自己在几个选择之中摇摆，到底该怎么样呢？起初，我打算去莫斯科就读应用化学专科，因为化学是我在非人文学科中表现还算好的，但我当时一些同学说服我去列宁格勒，我便开始犹豫，到底要去历史系、语言学系还是东方学系呢？然而后来我的那些迟疑都以简单却实际的方式解决了。那时一位东方学系的副教授鲍里斯·诺维科夫①帮了我的忙，刚好碰上1950年大批招生，他就说服我进入东方学系，学习中国历史，他说那是历史系的课程，但主修的是中国研究。而最有力的理由在于，每个东方学系的学生都可以住宿，这对我来说是非常重要的，所以我就这样进了东方学系，然后通过考试。也就是说，你们看得出来，我当时对于中国并没有什么特别的向往。

问：所以说您的选择应该是相当偶然的？

答：在某个层面来说，我是相当偶然地变成中国学研究者的。

问：您当时对于中国的印象如何？是否已经有一个整体轮廓了？

答：我父母记得许多中国的工人与商人，很奇怪的是，当时那些"走路人"（对中国人的贬抑称呼）还在萨拉普尔出现过。至于我对中国的整体印象，首先是他们的内战和革命，另外讲实话，就是中国是个相当贫穷的国家，应该同情他们。

问：您进入大学开始学习中文后，有没有文化上的冲击？

答：没有任何冲击。不过回溯当时，政府和党中央做的教育推行的决策并没有完成。为何？因为1950年时的招生规模相当大，李福清②当时写信说，当时招收了超过100人，可能是收了太多，有五个语言组和一个历史组，但并

---

① 鲍里斯·米哈伊洛维奇·诺维科夫，1929年生，为中国学家，圣彼得堡大学（列宁格勒大学）东方学系副教授、教授。
② 鲍里斯·李沃维奇·李福清（Борис Львович Рифтин，1932—2012），中国学家、文学评论家、翻译家、语言学家（1970）。苏联科学院特派研究员（1987）、院士（2008）、研究员世界文学IMLI（1956年以降）、亚洲和非洲文献首席科学官，同时亦为中国文学、远东与近东国家文学之世界巨擘。

没有人教那些科目，许多1950年应届毕业生，包括谢列布里雅科夫①、伊特斯②、马利诺夫斯卡娅③、亚洪托夫④等之前的学生，后来都从事教职工作。

问：老一辈的不是战死沙场，就是受到打压。

答：老一辈的都不在了，院士阿列克谢耶夫⑤1951年初过世，我记得曾见过他，而他并没有教过我们。他只有在中国语言组教中文课，后来就由亚洪托夫上。主要教我们的教授是马林诺夫与库德林⑥，他们人都很好，热爱自己的工作，尤其是马林诺夫。我们当时中文都读得不错，但必须老实讲，我们并没有会话课，当时有一位名叫"尼特金"的中国人有教过我们几堂课，我认为他本名应该是"倪德坚（音译）"，他编写一些课文让我们背诵，全部学生都对这颇有微词，不过我现在觉得，当初他的做法是相当正确的。还记得一开始那几句："你的哥哥在这吗？你干什么？我帮助建设新中国。"这些句子至今仍深深烙印在我脑海中。如果不是倪老师被调回中国，如果他能教我们三到四年，然后我们把那些课文背好，我相信我们毕业时应该多少会讲一些中文。但说实话，当我们毕业时，我们那组的人没几个会讲中文，即使语言组的也是一样。只有李福清例外，因为他一年级后去过东干族生活，他是个相当有抱负的人，事实上我也不清楚他毕业后口语能力到底如何。

我们当时还有军训课，一周上一次，有一位名叫奇科夫⑦的军事翻译，

---

① 叶甫盖尼·谢列布里雅科夫（Евгений Александрович Серебряков，1928— ），为中国学家、语言学博士（1973）、列宁格勒大学教授。

② 鲁道夫·伊特斯（Рудольф Фердинандович Итс，1928年1月10日—1990年11月7日）为中国学家、民族志学者、博士、列宁格勒大学教授。苏联科学院种族学研究所列宁格勒分所副主任。他同时亦有科幻小说作家的身份，以杰米多夫的笔名闻名。

③ 塔季扬娜·亚历山德罗夫娜·马利诺夫斯卡娅（Татьяна Александровна Малиновская，1922— ），中国学家，语言学副博士（1970），列宁格勒大学教授（自1950年起）。

④ 谢尔盖·叶甫盖尼耶维奇·亚洪托夫（Сергей Евгеньевич Яхонтов，1926— ），为中国研究学家，语言学副博士（1954），列宁格勒大学、圣彼得堡大学副教授。

⑤ 瓦西里·米哈伊洛维奇·阿列克谢耶夫（Василий Михайлович Алексеев，1881—1951），俄罗斯最伟大的中国学家，苏联科学院院士（1929）。1910—1951年在圣彼得堡大学（前国立列宁勒大学）任教。

⑥ 库德林为苏联时期中国学家。

⑦ 奇科夫（出生死亡年份不详），中国学家，二战期间担任军事翻译。战争结束后，他从列宁格勒大学东方学系毕业后，任教于军事部门。搬到莫斯科后，他曾在《科学与生活》杂志工作过。

我们也读了一些关于内战前线的重点摘要。而那时我们的军训考试，可以说是一个"亵渎"。因为会说中文的斯佩什涅夫①，就坐在那冒充战俘，然后由我们来"审问"，例如问"飞机场在哪儿？"所以我就好像变成一个军事译者，但那只是演戏罢了。所以，坏处就是根本没有教授，他们都是后来才出现的。

问：那你们用什么字典？

答：《科洛科洛夫字典》②，还有一位年纪很大的中国学家，名叫格奥尔吉·斯梅卡洛夫③，他给我们上了半年中文课，他跟我们一起读范文澜的《中国通史》，我不知道他到底会说多少中文，但他喜欢讲一些他的遭遇，例如他去中国时还没有铁路，他还自己带茶壶，而在北京的商店看到满满都是俄罗斯的茶壶，相当震惊。

问：斯佩什涅夫除了刚才讲的扮演"战俘"外，还有在那些地方与你们学业相关？

答：他是学生，但他并没有跟我们一起上课。论年纪，他比我长一岁，但比我晚读一两年，他中文很好，因为在北京出生，且读过北京的学校。有一些有趣的故事，比方说他在科学研讨会上讨论中国，而大家就怀疑他对中国的某些看法（比较负面性质的），算是个小趣事，与中国人尼特金和亚洪托夫有关，亚洪托夫当时做了一个关于中文的报告，他说北京人听不懂广东人说的话，尼特金就火冒三丈，说："都是谎话！只有一种中国话，我写字给你们看，全部的中国人都能看得懂！"之类的，算是个不小的一件轶事。我后来才接触的科洛科洛夫就说："虽然俄文是以字符的方式书写，但读起来全部都相同，而且大家都能了解。"总而言之，最主要教我们的教

---

① 尼古拉·斯佩什涅夫（1931—2011），中国学家、语言学家、翻译家、语言学博士（1987）。自 1957 年以来在列宁格勒大学任教，1989 年升为教授，他也是圣彼得堡大学名誉教授。出生于北京。

② В. С. Колоколов. Краткий китайско-русский лексикон. （1927）；В. С. Колоколов. Краткий китайско-русский словарь (по графической системе) -М., Изд-во: ОГИЗРСФСР, 1935. 科洛科洛夫（1896—1979），中国学家，语言学副博士（1935），教授。撰写过《简明中俄字典（以图示体系）》，出版社为俄罗斯联邦政府奥吉斯（1935）。

③ 格奥尔吉·斯梅卡洛夫，中国学家，在阿列克谢耶夫去世后于列宁格勒大学教授中文。

授是别列兹内①和叶菲莫夫②。

问：可以讲一些关于他们的事吗？

答：我对他们的印象特别好，他们两人都不会说中文，也没有读过，他们在殖民国家和非独立国家教研组任教，也都是隶属于历史系的。当时正值1949年中国革命的热潮，这边便筹组了一些东方学的专业组别，包括远东国家历史组（叶菲莫夫便是当时的组长），还有近东国家历史组（由伊利亚·彼得鲁舍夫斯基③担任组长），这些就是当时主要的教授。我们当时上课用的教材，都是二战之前都曼④时期留下来的。中国历史我们则是从1644年开始读，一直到满洲国时期。文献的数量不少，叶菲莫夫发表了一部中国近现代简史的著作⑤，主要是基于欧洲的文献撰写的。

最重要的是，我们整个历史系的课程都有上完，且研究方法的根基相当扎实。教我的教授主要是别列兹内，他和叶菲莫夫给我们创造了相当好的环境。别列兹内也是我的论文指导教授。在大学四年级时，我们有一个关于陈独秀的专题，在当时其实是挺特别的，我到后来才了解。那个专题在评分后，别列兹内就在走廊叫住我，跟我说叶菲莫夫对我们作品的评论，说我们在里面呈现了"托洛茨基的言论"。后来我的论文主题就是广东省的农民运动，还有关于彭湃、农民组织等，从1921年到1925年的事。

问：您当时使用了哪些资料？

答：我主要用到了1953年出版的中文书，书名叫作《第一次国内革命战

---

① 别列兹内（Л. А. Березный，1915—2005），中国学家、历史学博士（1969）、自1949年担任列宁格勒大学教师，后为教授。

② 叶菲莫夫（Г. В. Ефимов，1906—1980），中国学家、历史学博士（1958）、教授（1958），1932年从列宁格勒哲学、文学与历史学院毕业，自1941年起任教于列宁格勒大学，1961—1965年担任教务长。

③ 伊利亚·彼得鲁舍夫斯基（Илья Павлович Петрушевский，1898—1977），东方研究学家兼历史学家，为阿塞拜疆共和国相当受尊敬的学者，1941年取得历史博士学位。

④ 都曼（1907—1979），出生于莫斯科、东方学家、历史学家和经济学家，历史学博士（1965）。1930年毕业于列宁格勒大学语言和物质文化学系。列宁格勒大学东方语言学院教师，列宁格勒大学教师（1936年至1941年）。1941年至1952年，他在军队服役。苏联科学院东方学所研究员（1935年至1940年，1952年至1956年，1962年至1979年），中国学研究所副所长（1956—1961）。著有超过80本关于古代与近代的中国与邻近国家的学术著作。

⑤ Ефимов Г. В. , Очерки по новой и новейшей истории Китая. -М. : Госполитиздат，1951，584с.

争时期的农民运动》,我自己从中文翻译过来,还挺难的,不过我还可以做得到。顺便一提,关于我的论文部分,我将《河套人》一书撰写详细的摘要,献给了知名的考古学家奥克拉尼科夫①。因为这篇论文,我还获得了我第一个大学颁发的奖项,当时是1955年。

问:除了老师方面的不足外,还遭遇了哪些学中文的困难?这些困难对您来说意味着什么?

答:这样吧,我念首当年的短诗给您听。

"日子就这样平淡而阴郁——像野人般嚎叫。

眼前固执地闪现着死寂的汉字。

经过多年的追寻,跳起来,发出狂野的呼啸。

别以为我疯了,我只是一个中国学家。"

我不会说学中文对我来说是压迫,只是有些难处,我的手写很差,我到现在写中文字都写得不好,这让我一直很困扰。

问:除了您之外,您的同窗之中还有谁成为知名的中国学家?

答:我们那一组,如果从东方算到西方,那应该首推沙夫库诺夫,我跟他一起住过宿舍,也在同一组读书。其他还有拉里切夫②和库斯涅佐夫③,库斯涅佐夫在远东所工作。还有已经过世的朱耶夫④,他曾在阿拉木图工作,也是一样留在中国研究的领域。还有两个人到业界去工作,一位是朱拉夫廖夫,现在是退役中将,住在莫斯科,他还参与了长达六册的外国情报史的撰写⑤;

---

① 奥克拉德尼科夫(Алексей Павлович Окладников, 1908—1981),考古学家、历史学家、人种学家,苏联科学院院士(1968),英国学院特派研究员(1973),斯大林奖获得者(1950),苏联国家政府奖获得者(1973),社会主义劳动英雄(1978)。

② 拉里切夫(Виталий Епифанович Ларичев, 1932—),考古学家和东方学家,历史学博士(1971),俄罗斯自然科学院院士(1992)。

③ 库斯涅佐夫(Вячеслав Семёнович Кузнецов),历史学博士、副教授、俄罗斯科学院特别学术研究员。

④ 朱耶夫(Юрий Алексеевич Зуев, 1932—),中国学家、历史学副博士(1967),1955年从列宁格勒大学东方学系毕业,1955—1985年在哈萨克斯坦共和国科学院历史、考古、民族学所担任研究员。

⑤ Очерки истории российской внешней разведки: в шести томах/Ред. В. И. Трубников, Ред. В. А. Кирпиченко, Ред. Ю. И. Журавлев, Сост. А. И. Байдаков, Сост. В. Б. Барковский, Сост. Ю. А. Волосов, Сост. Г. И. Гончаров. -М.: Международные отношения, 2003, т. 4.

另一位是博罗金,他生前都在苏联共产党国际部门工作。我们同届的还有李福清。

问:可以多讲述一些关于沙夫库诺夫的事吗?现在很多人都不记得这位学者了。

答:您知道吗,我也是几年前才在海参崴完成我的回忆录的出版,他来的时候已经退伍,人变得比较成熟,是个很坚定的人。他是个专业筹划者,参与了互助会。我跟他第一任妻子相当熟,还曾参加他们1954年的婚礼,负责维护秩序。他还叫我跟他保证,不会自己一人喝酒,只可以跟酒,这样那些邻居和来宾才不至于在宴会上乱了套。他的妈妈也有来,是个厨师,做了一桌丰盛的菜。我跟他始终都是很好的朋友。后来他便开始研究"渤海"①和"女真族"②,然后就这样持续下去。他和拉里切夫透过奥克拉德尼科夫一起投身研究,两个好朋友也相互较劲了一番,最后奥克拉德尼科夫把机会给了拉里切夫,把沙夫库诺夫安排到海参崴,而拉里切夫一开始在这边读研究所,后来搬到新西伯利亚,从此就定居在西伯利亚。

问:您在1955年从列宁格勒大学毕业,如何解决找工作的问题?

答:我们刚读完大学时,当然完全没有工作。我们当年以及后续招募的学生数量非常大,不过他们可以快速毕业,许多学生转到语言系或历史系,就剩下两个组,语言和历史。连我们的学长都抱怨,这个专业根本找不到工作。以之前中国历史组(到我们这届为止)的经验,只有一个人进了外贸部,还是因为在二次大战时担任过德文军事翻译。我们也有学生去了战场,就这样去打仗了。

总之,我当时的选择非常少,不是去摩尔曼斯克就是去斯维尔德洛夫斯克地区当中小学老师,然后我当时就决定去斯维尔德洛夫斯克,因为我本身是从乌拉山那边的普利卡米尔区来的,但就在我要被分配的前一晚,系上的

---

① 渤海(698—926),为通古斯满洲国第一代政权,坐落在满洲境内、滨海边疆区境内与朝鲜半岛北半部。

② 居住于满洲国的通古斯部落,位于中国东北、朝鲜和滨海区的土地,操女真语,建立了清朝,1115—1234年统治中国。

助教格罗赫娃就来找我（我们宿舍就在大学广场的前方），她问我有没有意愿读研究生，去东方文献部门，我没想很久就回答："当然好，我愿意。"她就说："那你就不要走了。"我就这样从一间宿舍搬到另一间，搬到院士宿舍，在彼得扎伏街7b，也就是现在的历史学院的位置。我自己找事做，开始准备研究所考试，开始研读关于党项族的书，每天都来这里读书，后来我知道，总共有四个人竞争一个名额，申请人都是有备而来，从语言系出身的，语言方面来说，我想他们应该个个都是胸有成竹的。我的历史背景有帮到我一些忙，考试委员会很多元，有许多不同领域的代表。他们问我的一个同学，成吉思汗时期蒙古的宗教信仰是什么，他没想多久就回答伊斯兰教，然后他就出局了。最后剩两个女生，其中一个在民族学领域相当厉害，另一个则在中国学校读了很多年书。我必须强调，我没有她们厉害，只是运气比较好，考试总是都有运气的成分。我们在考最后的一科中文时，科洛科洛夫给我四分，给妮娜只有三分，最后就录取了我。就这样，我那时就准备要投身党项族研究了。

问：为何有如此剧烈的转变，从中国革命问题到党项族研究？

答：必须说，我对中国革命问题是很怀念的，我读完科斯佳耶娃以及杰柳辛关于农民革命的书①后，老实说对于这个题目其实有些"嫉妒"，但当时别无选择，您知道，我的一些同学都已经去学校教书了。说实在话，我的运气不太好，因为1953—1954年是斯大林迫害的被害人平反慰问的时机，人们那时在想涅夫斯基②会回来，然后就对他的相关资料突然开始产生兴趣。

问：后来发现，似乎没人知道他已经死了？

答：没有人相信，有人说看见过他，但我可以跟您说，即使到现在我们

---

① Делюсин Л. П., Костяева А. С., Революция 1925—1927 гг. в Китае: проблемы и оценки. -М: Наука, 1985.

② 涅夫斯基（Николай Александрович Невский, 1892—1937），东方学家和语言学家，专精东亚语言，语言学博士（1935年），党项语研究的先驱。代表作为《西夏语文学》（1960）（作者死后出版），他毕业于圣彼得堡大学（1914年），在1915年至1929年旅居日本并于当地工作。曾任教于列宁格勒大学和利沃斯基军事学院。1937年受到打压与处决，死后于1957年获得平反。

都不知道他在哪里、如何死的,即使有两个官方的说法,一是 1937 年 11 月被枪杀,另一说法是 1945 年过世。事实上是有一位来自塞兹兰的工人与他在一起,在 1962 年涅夫斯基被追授列宁勋章时,他曾经写信过来,说他在枪杀事件后看到过涅夫斯基。更有力的说法,是当时有一位中国与日本研究学者,在 30 年代跟着涅夫斯基学习,也在哈巴罗夫斯克同一组工作过,再过一阵子他说他曾看过活着的涅夫斯基,还讲了一些关于关东军的叛徒的故事,那个人扮作和尚,涅夫斯基告诉他,他根本不是和尚,因为他什么都不懂。这样的消息就随个人自行解读了,因为也从来未曾证实。涅夫斯基的女儿认为,他早在 1937 年就被射杀了。

问:让我们回到刚才您转变到党项族研究的问题?

答:感谢老天,我那时拿到了这个主题,不过很可惜,在我读研究生时期根本无法使用涅夫斯基的档案文献,也没办法使用其他典藏资料,没有人能使用他的资料,后来他的女儿就开始主张权益,于是出版了涅夫斯基字典,于是我研究所读党项族政府用的是中文的书籍和其他既有的数据。直到 60 年代才用到党项族的典藏数据库,还是跟 1956 年部门改编制有关,当时主任是奥尔别利①,招聘了许多新人,还掺杂一些 1930 年的旧账。总之,这边之前就有一些小斗争,讲比较温和一点,当时的环境很复杂。

问:当时有哪些中国学家在您的科研机构工作?

答:科洛科洛夫、潘克拉托夫②、费雪曼③、巴赫金④。

问:您和其中的谁交往比较密切?

答:最常往来的应该是科洛科洛夫,因为他后来也对西夏学产生兴趣,

---

① 奥尔别利(Иосиф Абгарович Орбели,1887—1961),东方学家,苏联科学院院士(1935),亚美尼亚共和国科学院院士和第一任院长(1943—1947)。1934—1951 年担任冬宫博物馆馆长,1956—1961 年担任苏联科学院亚洲民族研究所列宁格勒分所所长。

② 潘克拉托夫(Борис Иванович Панкратов,1892—1979),1916 年毕业于东方研究所(海参崴)。旅居中国多年,精通汉、蒙、藏、满多种文字。他也是列宁格勒大学教师、苏联科学院东方学所研究员。

③ 费雪曼(Ольга Лазаревна Фишман,1919—1986),中国学家、文学家,语言学博士(1965),自 1958 年起担任苏联科学院东方学所研究员。

④ 巴赫金(Борис Борисович Вахтин,1930—1981),中国学家、作家,语言学副博士(1959),1962 年起领导亚洲民族研究院远东研究部门。

我们有一个西夏学组，我就跟他一起钻研，其他还有戈尔巴乔娃①、彼得罗夫②，很少人知道彼得罗夫是个上校，他在战争前就完成学业，还在外交领域工作过，特别的是，还在满洲国领事馆待过。

问： 我想问您关于西夏学小组的事，这个小组代表的意义是什么？谁曾在里面工作过？有什么任务吗？

答： 我们当年的人事制度相当腐旧，叶甫盖尼·普里马科夫③建议将它推翻，还有维克多·施泰因④、卡诺诺夫⑤，卡诺诺夫是在奥尔别利之后担任主管的，从巴赫金的手中拿走部门的主掌权。而巴赫金则继续将整个部门再切分为文学研究与语言研究两类工作，西夏学组就是这样诞生的。

问： 您可能要说明一下为何叫西夏学组？

答： 因为这个组都是研究西夏党项族的资料，这些资料都是柯兹洛夫在黑水城⑥找到的，被搬运到亚洲博物馆，而现在在我们研究所保存，也研究了几十年。一开始是科特维奇⑦和伊万诺夫⑧（是当时的教授），然后是德拉

---

① 戈尔巴乔娃（Зоя Ивановна Горбачёва，1907—1979），中国学家、历史学副博士（1947），自1936年起担任苏联科学院东方学所研究员。

② 彼得罗夫（Николай Александрович Петров，1908—   ），中国学家、文学家，语言学副博士（1956），1933年从利沃斯基军事学院毕业，自1958年起担任苏联科学院东方学所研究员。1935—1937年在中国工作。曾在苏军服役。从事中国木刻研究。曾参加《中国文学史散文集1840—1919》集体课题的工作。

③ 普里马科夫（生于1929年基辅），东方学家、阿拉伯学家，经济学博士（1969）、教授（1974）、苏联科学院院士（1979）、俄罗斯外交部部长（1996—1998）、俄罗斯联邦总理（1998—1999）。

④ 维克多·施泰因（1890—1964），中国学家、经济学家、律师、历史学家，经济学博士（1936年）、教授（1945年）。中国国民政府财务顾问（1926—1927）。利沃斯基军事学院、列宁格勒大学教师（1917—1947），苏联科学院研究员（1935—1964）。

⑤ 卡诺诺夫（1906—1986），土耳其学家，语言学博士（1948）、教授（1950），苏联科学院院士（1974）。他毕业于利沃斯基军事学院（1930），后来任教于利沃斯基军事学院（1931—1938）以及列宁格勒大学（1934—1980）。

⑥ 黑水城（蒙古语），要塞城市Edzin（或Heyshuychen）废墟，西夏政府十二个军事守卫城中心之一（10世纪末—1227），保卫其北方边境，防止游牧民族入侵。城市成立于Edzin-Gol河下游河畔。1226年被成吉思汗所灭，以沙土将其覆盖。

⑦ 科特维奇（Владислав Людвигович Котвич，1872—1944），东方学家，波兰和俄罗斯的语言学家。1891—1924年曾在俄罗斯工作。他是蒙古语言与阿尔泰语系专家、苏联科学院特派研究员（1923）、波兰科学院常任会员、波兰东方协会主席（1922—1936）。与伊万诺夫共同开创建立党项文库。

⑧ 伊万诺夫（Алексей Иванович Иванов，1877—1937），中国、日本、党项学专家，自1905年起在圣彼得堡大学等高校任教，1922—1927年赴中国从事外交工作。回到苏联后任教于莫斯科东方学院与莫斯科孙逸仙大学。文学博士（1936），俄罗斯党项学研究先驱。1937年遭到逮捕、下放并处决。

古诺夫①与弗鲁格②,而涅夫斯基也认真的研究了七年,再来是戈尔巴乔娃,再来就是我。

问:科洛科洛夫是您学长?

答:是,没错。

问:您提到当时有招很多人进来,带来一些 30 年代的旧账,在某种程度上耽误了研究产出,您还记得当时有哪些事件,对您的命运或是研究造成影响吗?

答:对我的命运造成一些间接影响的,可能是我们部门里的管理人员,吉洪诺夫③一直到战前都是东方学研究所的学术秘书,还有之前提到的戈尔巴乔娃,他们都能够顶住压力,表达自己的立场。但他们最后都被迫离开了,戈尔巴乔娃退休,而另一位则是调去民族所工作。

问:谁向他们施压,又是关于什么的压力?

答:我不是很想说出姓名,但事实便是如此。拿费雪曼举例,她是个相当活跃的女性,她丈夫是个德国学家,在语言系当教授,但他在 1949 年时被捕,或许是跟列宁格勒的事有关,费雪曼工作相当积极,是学校的党政书记,但尽管如此,她还是被辞退了。

问:就因是"全民公敌"的亲属?

答:我也不清楚,但那时候应该没有这个"全民公敌"这个词,她应该有在私下教中文课。跟您讲个故事,有次我在走廊上听到戈尔巴乔娃与费雪曼在聊天,她们用"你"称呼(而非"您")对方,而且直呼名字。戈尔巴乔娃说"奥莉嘉,你要明白,我们不管怎样都没有办法录取(你)……"

那时候高压的气氛复苏,有一次学术秘书居然是一个坐了 20 年牢的。必须说,戈尔巴乔娃也有一个中国籍丈夫,他有时会用笔名"奥西

---

① 德拉古诺夫(Александр Александрович Драгунов,1900—1955),中国学家、藏学家,语言学副博士(1937),毕业于列宁格勒大学(1925),研究中国方言,著有许多东干语的作品。

② 弗鲁格(Константин Константинович Флуг,1893—1942),中国学家,语言学副博士(1935),阿列克谢耶夫院士之学生,毕业于列宁格勒大学(1927),苏联科学院亚洲博物馆研究员。

③ 吉洪诺夫(Дмитрий Иванович Тихонов,1906—1981),东方学家,历史学博士(1968),东方学研究所高级研究员(1936—1961),苏联科学院民族学所高级研究员(1961—1976)。

波夫"① 撰写历史书籍，曾在一家中国公司担任相当不错的职位。直到战前他都蹲在监牢里，坐完牢后才回来，他跟戈尔巴乔娃有两个小孩，女儿是演员，儿子是工程师。她的丈夫一直希望她能够回到中国，但她并没有去，而是留在了这里。

问：所谓"奥西波夫"的真名是什么呢？

答：他的中文名是朱戊山（音译）。简单来说，他回到中国后，就当上文化部还是教育部的副部长（我记不得了），且一直都是担任要职，戈尔巴乔娃甚至因为这样想去中国外派出差，但最后也不了了之。有些时候人们会对他们找不到工作提出抱怨，我不会说是直接的原因是某人陷害了某人，但或许真的有可能是如此……

问：应该是说，都是见不得人的？

答：没错，见不得人。

问：也就是说，一切都与政治背景息息相关，而不是学术上的针锋相对？

答：对，与学术八竿子打不着。当然，奥尔别利相当努力，他当时已近古稀之年了，他在会议上都会说，"我拜托你们，不要跟朋友喝茶，要把握好分寸"等等之类的。对他来说，也是相当沉重。

问：据您所说，在学校部门里还有所谓的"海归派"（留外归国者），例如潘克拉托夫，他在你们的圈子里面都是什么样的地位，对他的看法又是如何？是赞赏还是其他的感觉？

答：他在这儿享有相当高的地位，可以说是佼佼者、专家，中文、满文、蒙文、藏文等（都有研究），他的学术威望很高，还用长颈瓶喝茶。

问：这么说，同仁都对他赞誉有加？

答：是的，大家很赞赏他，而且他还有一套公寓。

问：那他当时做的是什么？是什么职位？

---

① 奥西波夫（Павел Иванович Осипов，1901—？），本名朱戊山，中国学家和历史学家。北京大学（1919—1925）毕业。自1921年以来即是中共党员，1926年起他就住在苏联。他毕业于莫斯科中山大学（1926—1927）。1926年起为苏共党员，1929年整肃后被除名。在利沃斯基军事学院教中文。1932年起为苏联科学院东方学所研究员。在1937年至1954年受到打压下放，1954年获得平反，1956年回到了列宁格勒，后来他回到中国生活。

答：正式头衔是《元朝秘史》的翻译，他觉得科津①的翻译并不精准，就自己去翻。但最后翻译并没有完成，已经完成的部分发表在《东方的国度与民族》一书中。我与他联系过，跟他谈话，还甚至帮忙操办他第一任妻子的葬礼。

问：他在语言方面有帮您的忙吗？是否给过您一些建议？

答：几乎没有，没有什么机会。我不太想说这个，我们还在大学的时候，他排了时刻表，但一次也没有来。总之，他就是很特立独行的一个人。他有一个研究生叫金·瓦西里耶夫②，他翻译了《战国计划》③ 这本书；还有克罗里④，研究司马迁的，是他的爱将，他很在乎他，关心他的名声以及其他的等等。

问：从您在1955年到苏联科学院东方学研究所的列宁格勒分部时到现在，您已经在同一个机构工作57年了！

答：还在同一栋大楼里呢！

问：您自己怎么看待这样的稳定的状态？

答：我不觉得可惜，一点都不，我这一生过得很有趣，我很喜欢，还有些"红利"，我通过了副博士与博士论文答辩。

问：副博士学位论文的题目是什么？

答："西夏国"（《Государство Си Ся》），博士论文是"西夏国简史"（《Очерк истории тангутского государства》），这主题当时连在欧洲都没人做过，中文里面也都找不到。

问：副博士论文的指导教授是哪位？

答：是戈尔巴乔娃。

问：那是哪一年？

---

① Козин Сергей Андреевич. Сокровенное Сказание. Монгольская хроника 1240 г. Том 1. М.-Л., 1941 (1942).

② 金·瓦西里耶夫（Ким Васильевич Васильев，1932—1987），中国学家，历史学副博士（1966），1956年毕业于列宁格勒大学东方学系，曾是苏联科学院东方学所列宁格勒分所远东研究小组研究员（1960—1987）。

③ Васильев К. В. 《Планы Сражающихся царств》: исследование и переводы/Отв. Редактор Л. Н. Меньшиков.-М.：《Наука》，ГРВЛ, 1968.

④ 克罗里（Юрий Львович Кроль，1931—   ），中国学家，俄罗斯科学院东方学所研究员，历史学博士（1991），毕业于列宁格勒大学东方学系（1954）。

答：论文答辩考试是1961年春天通过的，当时还要参与论文出版，我就这样进入这个"轮回"了，而我当时的状况并不是最糟糕的，因为我住在研究所宿舍，我听到许多当时（在1956—1957年）写论文的那些人的哀号，他们的论文根本无法出版，要等好几年。而我们当时一切还都顺利，因为那时候有了"东方文学"出版社①，帮忙出版了很多。总之，当时出版了两三个论文集的量，使许多人得以参加答辩。

问：我想了解您与中国的初次接触，我们知道您并不是毕业后马上去的中国，而是在20世纪60年代才去的。

答：毕业九年后才去。

问：您去了以后中国是否给您留下了强烈的印象？

答：我是跟我们那一组一起去的中国，同行的还有米亚斯尼科夫②、博克夏宁③、丘多杰耶夫④、谢罗娃⑤，还有一个相当优秀的领队弗拉迪斯拉夫·索罗金⑥。我想说的是，当时是1964年，我们是三月去，其实应该是在前一年的秋天就过去了。那时（中俄）关系比较复杂的，因此我们晚了半年。在那边也是上课，也没什么（特别）。

问：那是实习吗？

答：交换实习。

问：整年的？

答：是一学年的，不过学年是在六月结束，当时已经是夏天，八月我们

---

① "东方文学"出版社作为东方学研究所的出版中心创建于1957年，系苏联科学院主席团的决定。

② 米亚斯尼科夫（Владимир Степанович Мясников́, 1931— ），中国学家和历史学家，院士（1997），历史学博士（1978），教授（1982），俄罗斯—中国关系史方面的专家。

③ 博克夏宁（Алексей Анатольевич Бокщанин, 1935— ），毕业于莫斯科大学（1958），历史学博士（1985），教授。自1958年以来先后在苏联科学院中国学所、东方学所工作，曾为东方学所中国部主任（1990—2011）。专精于明代的历史。

④ 丘多杰耶夫（Юрий Владимирович Чудодеев, 1931— ），中国学家，历史学副博士（1965），毕业于莫斯科大学历史系（1954），苏联科学院东方学所首席研究员（自1962年起）。

⑤ 谢罗娃（Светлана Андреевна Серова, 1933— ），中国学家，历史学博士，苏联科学院东方学所首席研究员。

⑥ 索罗金（Владислав Фёдорович Сорокин, 1927— ），中国学家，教授，语言学博士，毕业于莫斯科东方学院（1950），苏联科学院东方学所研究员（1967年起）。

我就回去了。我就这样待了九个月，其中三个月是在上语言课。不过我们那个团中的三个人并没有机会修习自己的专业，我是修西夏学研究，博克夏宁是南海各国，米亚斯尼科夫则是中俄关系。我们就只是学习中文，然后有时会去图书馆。其实，一开始中国给我很沉重的印象，贫穷的现象相当严重，在北京的街头可见到一些乞丐在街头爬行，而那时已经春天了，但人们穿得都很单薄。人们穿着深蓝色的袍子，里面衬了几件可以保暖的，买东西几乎不可能，因为根本没有什么商店。虽然啤酒和伏特加到处都是，要多少有多少，但我们吃东西就是只能依赖学校的自助餐厅，因为别无其他选择。我在北京图书馆读书，有一次试着去别的地方吃饭，就可以不用再回去（因为当时北京图书馆是在市中心），我就去了餐厅，餐厅老板一直都不同意，但最后给我一碗饭，然后拿了我的餐券。当时官方的关系也不好，但事实上，我必须说，中国的居民都没有带给我们任何不友善的感觉。我还和博克夏宁一起去看明朝的陵墓。

问：十三陵？

答：是，我们会乘坐一般中国居民坐的公交车去郊区玩，我们也可以聊聊天，一切都算正常。但我们学校发生了一些对我来说不是很愉快的事情。那所学校是一间专门为国际学生开设的预备学校，就在西直门地区的外语学校旁边，里面就读的都是国际学生，包括一些来自亚洲和非洲国家的学生，至于有没有美国的，我记不得了。有一次有个集会，然后不知什么原因，他们让我们都分开坐，学校的校长做了关于赫鲁晓夫的报告，对他极尽羞辱，我们就和缓起身离开现场，没有其他人注意到我们。然后我们（应该说是我本人，我因为某些原因看起来比较年长，而米亚斯尼克夫当时没有在集会上）就被带到大使馆，老甘申①（翻译了中国地理的那个）就把我骂了一顿，说"你们在干吗?! 你们搞什么?! 你们干吗此地无银三百两?!"等等之类的。我那时已经觉得可能会被驱逐出境了，事态严重，我还被送去

---

① 甘申（Георгий Александрович Ганшин，1925—2005），中国学家，经济学副博士（1951），毕业于莫斯科东方学院（1948），并在苏联外交部莫斯科国际关系学院任教（1954—1959）并任东方系系主任，苏联科学院东方学研究所研究员（1959—1961），苏联科学院远东研究所研究员（1988—1998），从事外交和政治工作（1961—1989）。

见了大使切尔沃年科①,但他跟我说:"年轻人,干得好!做得很正确!一切都没事了!"

总而言之,我们每个礼拜四都被带到大使馆,去那边听演讲,相当有趣。苏联的特使、祖国党莫斯科市委会书记谢尔巴科夫②也在那他跟我们讲的故事很有趣,都是在报纸上读不到的,后来他去当驻越南大使,我觉得应该相当有益处。

问:你们有跟中国的同学建立起一些关系吗?还是纯粹认识?当时是否有所谓的隔离现象?

答:没有,是这样的,您知道卡玛洛娃——研究西藏的那位吗?

问:她叫什么名字?

答:伊琳娜·卡玛洛娃③,当时在民族大学实习,研究西藏文法。我们一起去参观明朝陵墓,好像郊游一般。只可惜,并没有拍照。我本以为那边有几个党项学家,可以带我们观看。带领我们的一个叫李坦的人,后来我跟他在布达佩斯也遇到过,他是个相当有教养的人,研究蒙古的,会说英文和西藏文,后来一直担任北京西藏联合研究中心副主任。就是有这么一个,其他没什么交集。

问:您觉得在中国那趟旅程带给您什么?

答:我根本也没看到整个国家,就只有北京及其近郊,一方面要读书,另一方面也要看。

问:您在那物质生活如何?

答:现在我跟您说,我对那边的印象还不错,因为我们基本上住得不差,中国人每月给我们150元,是在大使馆偷偷给的。

问:这个数目应该算不少吧?

答:这是相当优渥的津贴了!我们分散在不同的学院,索罗金去了戏剧学院,学戏剧史。而在北京大学的队伍相当大,丘多杰耶夫就在那里。

问:您在哪里呢?

---

① 切尔沃年科(Степан Васильевич Червóненко,1915—2003),苏联政治活动家、外交官。
② 伊利亚·谢尔巴科夫(1912—1996),苏联外交官,特命全权大使。
③ 卡玛洛娃(Ирина Нигматовна Комарова,1932—),藏学家,苏联科学院语言学所东亚与东南亚语言学部门主任,语言学副博士(1976)。

答：我们在国际学生高等预备学校。

问：北京外国语大学？在北外附近？

答：对，对，这就是在那。我们同一层还住着一些巴基斯坦的军官，他们也在那边读书。有一个军官还问我是不是去过摩纳哥，他大概以为我们跟他们一样是军人。

问：很有趣，您回答他的问题了吗？

答：我就说我没去过。那边还有一些伊斯兰国家的人，还有一个女黑人，她母亲是非洲某个女权运动的领导人。后来还有古巴人。

问：有匈牙利人吗？

答：匈牙利人那时候还没有，有德国人、罗马尼亚人。阿尔巴尼亚人也有很多，当时和阿尔巴尼亚人的关系不好，但他们对我们不错，我们那时跟他们互动得很好，他们当然都会说俄文。还有越南人与韩国人，他们跟我们没有交集。

问：那您当时怎么样去做你的研究主题？

答：很复杂，但还算顺利。一开始我去学校图书馆借书，我觉得很丢脸，因为每次去的时候，图书馆员都跟我说："找不到，找不到！"我相当挫败。那时有一本手稿，我非常想读，书在北京大学图书馆里。到最后我终于获得特许，被带到图书馆，然后真的被锁在那里，很快我就把这本不是很厚的书看完了，用的时间就是我那一次借书在那里面待的时间。后来我去北京图书馆，虽然不是全部书都开放，但还是有一些可以阅读。基本上关于西藏的资料都不是很多，因为都是禁书。

问：在 20 世纪 60 年代，那趟中国之旅是您第一次吗？

答：没错，第二次去的时候就已经 1989 年了。

问：也就是说，之间间隔了 25 年。

答：对，第一次我们是去建立一些关系，那时在上海有个战略研究所注意到我们，邀请我们（包括彼得罗相①、我和缅什科夫②）过去，我们就

---

① 彼得罗相（Юрий Ашотович Петросян，1930—2011），土耳其学家，教授，历史学博士（1970），苏联科学院东方学所列宁格勒分所研究员（自 1956 年起），1963 年至 1996 年为该分所所长。

② 缅什科夫（Лев Николаевич Меньшиков，1926—2005），中国学家，教授，语言学博士（1976），毕业于列宁格勒大学东方学系（1952），苏联科学院东方学所列宁格勒分所研究员（自 1955 年起）。

过去了。

上海领事馆对于我们能够进那个研究所感到相当惊讶,他们说:"我们已经试了五年,然后你们就这样莫名其妙地被邀请过去了。"嗯,他们确实不能理解,他们就说我们一起来合作吧,你们到上海来,就这样。后来他们有一次到这里来找我们,然后就看到我们这边贫穷的状况……

问:他们应该对苏联的学术研究机构有些夸张的印象。

答:对,没错。

问:您觉得中国在 25 年后变得怎么样?您如何理解这样的改变?

答:中国已经变得比较有秩序了,生活也变得比较理想。事实上我在 1989 年去了两次中国,到中国的时候是 8 月,在北京待了旅程时间的一半,共两星期,然后去了银川(过去西夏的国都)以及兰州。他们大多都了解我们的工作,而当时我们的刊物也被他们翻成中文并发行,我也很惊讶,他们相当了解我们,后来就我一个人去了兰州和银川。在兰州,我对于苏联专家留下的高大旅馆相当讶异,那些专家之前是在那边帮忙建造防卫系统的,我就睡在其中一个,还有一个中国人在那边陪着我。他其实是兰州当地人,我就跟他说:"回去吧,回家睡,你还有妻小,我不会跑掉的。"结果他还是留了下来,跟我一起睡。

问:在那时中国人应该不会跟您保持距离了吧?您有没有跟一些同学建立联系,他们是怎么迎接您的?

答:没有,没有疏离,那已经是过去式了。在 1970 年初,《武汉大学通讯》里曾刊登了一篇匿名文章,到现在都还不知道作者是谁,里面就有批评我的一些政治言论,内容有两点:第一,他们说我破坏了中国民族之间的情谊,第二,他们认为我侵犯了中国领土的完整性。也因为我后来有研究中国法律,如果我那时去了,我应该就会坐一辈子的牢吧……

问:他们如何指责您?指责您的根据是什么?

答:一般的指责都有。有一篇文章,作者我还认识,是黄振华,他精通俄文和英文,在战争结束后从东北的一所大学毕业。他写道,我"篡夺"了西夏研究的领导地位,给《中国通史》写了评论性意见,但事实上他并没有在文字里将引用的字句挑出来,里面有两种意见值得注意,因为是由中国人所提出的，而剩下的都是不着边际的东西。后来我跟他见过面，而我们的关系还不错。

那时史金波也有来，他现在是院士。在银川那边有些人在研究这个，有一些出版社，还有李范文，这些都是中国研究西夏学的先驱。史金波后来成了院士，而李范文则是国宝级的人物。他们都是大鸣大放的，尤其是史金波。他的生活相当优渥。

问：过去20年您是否常去中国？

答：我在过去几年差不多每年都去，但可惜每次都未久留，都是参加会议。我去过广东两到三次，上海去过三次，银川去过差不多五次，还去过兰州、成都。

问：去过西藏吗？

答：没有。我还没有看到西夏国的领土，因为在我上次去中国，我三天都待在武威与凉州。我暗示想去西藏，但大家都说："您是怎么了，您已经上了年纪，那边空气稀薄、海拔高。"

问：听说您跟一些匈牙利的中国学者关系密切，他们是怎么出现的？

答：老实跟您说，我在跟西方那边的关系上运气不错。在20世纪60年代举行东方学者高峰会时，有一个手稿的展览，也有一个小组（我也在里面）来接待峰会的来宾，然后在这里帮他们导览。结果，跟我聊得比较深入的有两人，其中一个是戴密微①，是法国来的中国学家，他相当质疑我是如何学习党项族语言的；第二个是克劳森②，他是研究中亚的，之前是研究西夏语。他那时帮我打了广告，他在《亚洲学刊》上写了一篇很长的文章名叫《未来的西夏学研究》③，里面把我大力赞扬了一番，并帮我宣传。

问：所以说，在和您谈话之后，他们都相信您是个认真的学者？

答：那是当然的。我和克劳森后来也保持联系，所以我才认识了一些法国的西藏学家。有一位德裔犹太人名叫石泰安④，是索邦大学西藏学教研室

---

① 戴密微（Paul Demiéville，1894—1979），法国著名中国学家、佛学家、敦煌学重要学者。
② 克劳森（Sir Gerard Leslie Makins Clauson，1891—1974），英国著名东方学家。
③ The Future of Tangut (Hsi Hsia) Studies, *Asia Major* (*New Series*), volume 11, 1964, part 1, pp. 54 – 77.
④ 石泰安（Rolf Alfred Stein，1911—1999），法国著名中国学家、藏学家。

的负责人；后来是韩百诗①，跟我的关系也不错，我去巴黎找过他，去了高等中国研究所（l'Institutdes Hautes études Chinoises）；后来认识了福赫伯②，他是德国联邦科学院的副院长，研究兴趣是满洲国。后来我结识的这些人脉都相当不错。在匈牙利举办过西藏与蒙古研究的论坛，我还被一些同学"突袭"，特别是戈利曼③，现在是蒙古学院的主任，他还跟我说："你看，你总是都会出现"，事实上，我是为了匈牙利而去的。有一些从布鲁明顿和印第安纳大学来的，有一个叫米勒（Eric Fry-Miller）的教授，简单来说我和他的角色就是定期写感谢函到匈牙利政府给这些匈牙利的东方学家，当然他都是用英文写，而我就是看一看然后再签名。匈牙利那边都不错，卡拉·迪奥德④也在那边，我跟他是很熟的朋友。

问：您认识的这些人都是比较形式上的，还是说有一些共同的兴趣、计划或合作等等？有什么合作项目吗？

答：有一位叫艾莉卡·莫利奈，她现在还在工作，是匈牙利中国学家乔卡尔的妻子，她也试着去研究西夏学，我们给过她一些文章，但最后也不了了之，后来她就负责管理布达佩斯一间东方文化博物馆。总之，我因为这个兴趣至少去了匈牙利四五次。我还有个叫埃里克·道格拉斯·格林斯泰德⑤的同事在丹麦，因为他的关系，我在1978年去了哥本哈根一个月。您知道吗，我原则上都会到处跑，尽管只见过几次面。

问：您也曾被派出国？

答：是的。

问：您是去参加会议，还是去教课？

答：教课也是有的。但有个最大的教学计划泡汤了。韩百诗曾邀我去索邦一个月，让我去那边教三堂课，我还找了法文翻译，但是苏共不允许我去。

---

① 韩百诗（Hambis Louis，1906—1978），法国蒙古史、中亚史学家。早年投师于保罗·伯希和门下，后成为其主要继承人。
② 福赫伯（Herbert Franke，1914—2011），德国历史学家、中国学家。
③ 戈利曼（Марк Исаакович Гольман，1927— ），蒙古研究专家、历史学家，历史学副博士（1968）。苏联科学院东方学所列宁格勒分所研究员（1957年以来）。
④ 卡拉·迪奥德，匈牙利与美国籍的东方学家、蒙古学家，院士。
⑤ 埃里克·道格拉斯·格林斯泰德（Eric Douglas Grinstead，1921— ），中国学家、西夏学家。

还有一次福赫伯举办了一个相当有趣的活动,是在美国举办的中国各民族的研究会议,也同样不让我去,除了那个会议之外,他们还愿意承担我去美国大学四周的花费,同样也未被批准。

问:那是哪年的事情?

答:1978 年。20 世纪 70 年代的事。

问:封闭最严重的时期吧?

答:对,您了解的。不过我不是哪都没去成,我去了日本,是在 1975 年去的,那时候由一些日本同事接待,包括西田龙雄①,还有其他人。日本我去过很多次的,后来我们还有一个共同的研究项目。

问:什么样的项目,可以详细讲讲吗?

答:项目叫作"东方学所中亚手稿研究",是个日本与俄国共同合作的项目,在那边工作。西田龙雄是日本的院士,在认识他之前,我都不知道日本有院士,还有一些日本人是专门研究涅夫斯基的历史,例如加藤九祚②,现在应该快百岁了,他现在也打算去参加纪念涅夫斯基诞辰 120 周年的会议。

问:除了涅夫斯基外,您主要是跟国外的学者讨论关于西夏学的主题?

答:当然,当然。

问:苏俄的西夏学研究的特点在哪里?是我们"坐拥"一些独一无二的资料然后把这些资料一点一点给别人加入别人吗?还是有哪些重要的特点,比如说既有的传统之类的?

答:嗯,如果老实说,我们对于文献资料的兴趣是比较多。例如沙夫罗诺夫③重整音标,还有克平④的《语法》,克平在中国出生、成长,后来回到

---

① 西田龙雄(Nishida Tatsuo,1928—),西夏学家,京都大学教授。

② 加藤九祚(Kato Kyudzo,1922—2016),日本人类学家、考古学家,古中亚民族文化研究者、俄语专家,日本东京"丝绸之路国际学院"院长,俄罗斯科学院荣誉博士。著有《西伯利亚史》(1960)、《西伯利亚在日本的心脏》(新西伯利亚:科学出版社 1992 年版)。

③ 沙夫罗诺夫(Михаил Викторович Софронов,1929—),东方学家、语言学家,语言学博士(1970),教授。苏联科学院东方学所列宁格勒分所研究员(1957—1970),苏联科学院远东研究所研究员(1970 年以来),莫斯科大学教师(1970),毕业于列宁格勒大学东方学系(1952)。

④ 克平(Ксения Борисовна Кепинг,1937—2002),中国学家、西夏学家,苏联科学院东方学所列宁格勒分所研究员(1959 年起),苏联科学院东方文献研究所首席研究员(1987),语言学博士(1987),出生于中国天津,毕业于列宁格勒大学东方学系(1959)。

俄罗斯。

问：您多年钻研西夏学文献的出版与研究，如果给出一个总体评价的话，现在这些资料的使用程度为何？

答：现在有两种层面，第一：保存，不幸的是，经过一个世纪，许多还是需要修复，需要投入大量的金钱与空间；另外，有将近一万个单位的保存量，这个典藏量很惊人。关于研究，就是出版。我们当初一开始做的时候，彼此之间还有一些分工，克平从中文翻译成党项族语，而特连季耶夫-卡坦斯基[①]则负责书籍的整理，现在应该可以确定，我们的收藏是全世界典藏印刷古书里规模最大的。

问：是说用排版印刷的，而不是使用木刻？

答：对，是用活字印刷的方法印的，并不是在木板上刻的。像古登堡的一样，只不过比他早了两百年，到现在都有证据可佐证。就书的历史而言，也有一些例外，文字也相当多元。有一大部分的内容是关于佛教的，我个人从来没去钻研过佛教，索罗宁[②]现在正在研究。我个人比较喜欢历史、档案、一般世俗的历史。

问：有没有一些特别有趣的历史古籍或是编年史？

答：很可惜，编年史都没有保存下来。但就我个人来说，我自己主要的成就是翻译天朝法典[③]，12世纪中期的法典，总共有四册，我花了十年，才把这翻译完成。后来中国人也翻译了，不过他们到现在也对我只字未提，这是我跟你们完全公开坦承的话，只不过我相信，里面应该有些错误。

问：西夏文写作，这对您来说应该是您个人生涯的另一个阶段？您如何

---

① 特连季耶夫-卡坦斯基（Анатолий Павлович Терентьев-Катанский，1934—1998），毕业于列宁格勒大学东方学系，历史学副博士，西夏学家，苏联科学院东方文献研究所资深研究员。

② 索罗宁（Кирилл Юрьевич Солонин，1969—   ），东方学家，毕业于圣彼得堡大学东方学系（1992），自1992年起于该校语言学系工作。1998年通过副博士学位论文答辩，题目为"西夏国家政府中的中国佛教学校"。2008年通过博士论文答辩，题目为"华严宗之传统和佛教在西夏的发展"，现在他领导东方哲学与文化学教研组。主要研究方向：佛教、中国哲学和文化、西夏党项研究、西夏文抄本的研究。通晓中国古文与现代文及党项语。

③ Изменённый и заново утверждённый кодекс девиза царствования Небесное процветание（1149—1169）. (Серия 《Памятники письменности Востока》，LXXXI, 1-4）/ Издание текста, пер. Стангутского, исследование и примечания Е. И. Кычанова. Кн. 1-4. -М., Наука（ГРВЛ），1987—1989.

成功的？

答：嗯，这也是必然的。

问：不过根本没有教科书，也没有老师，难不成有那种字典？

答：有一些文献，我跟你们说过，在研究所的时候，我根本没办法使用典藏文献库，我把所有可得的英文、法文、德文文献都记录下来，后来也看了一些日本的文献，学了一点日文，后来就出版了涅夫斯基字典①。那真的是一大成就。后来就可以用西夏文的文献库了，我就持续为库里添加文献。为了专心研究，我没有继续做。

问：所以您做事的方法相当务实。

答：没错，很务实。

问：资料库扩增停止了吗？那些文献资料都是在什么情况下保存下来的？

答：你们都可以去看，文档都在柜子里面摆着，那是主任管的事。但馆藏资料已经维护过两次，还需要做第三次整理。当然要整顿那些纸类和卷轴等并不容易。党项族人并没有使用纸板，而是用皮的卷轴捆住一些从不同的纸张雕刻出来的佛教经典，例如，其中一卷里面就包含了三到四页的女真资料。

问：所以说，卷轴里面可以再细分而且可以找到新的文献资源？

答：当然，里面贴的都是各类产业的档案，有中文、西夏文、女真文，相当有帮助。

问：您是说，女真的资料？

答：当然。

问：西夏文字在今日应该如何解读？

答：刚开始的时候，人们还没有办法读大篇的西夏语文章，现在完全可以读懂了。不过文字在过去存在，也有发展，所以最近我在做的是新的语法规则。那时候还有几十个符号是在字典里找不到，只能依照文章的情境理解，交叉比对，就是这样。

问：西夏文字的书写方式是怎样的？

---

① Невский Н. А., Тангутская филология. Исследования и словарь. В 2 кн. -М., ИВЛ, 1960. Кн. 1. Исследования. Тангутский словарь. Тетради I-III. 602 с. Кн. 2. Тангутский словарь. Тетради IV-VIII, 684 с.

答：西夏文字的书写源自汉文是象形文字，主要类别是会意与形声，其他的就是各种都有一点点掺杂。不过基本上有两种类型：语音和表意文字。

问：跟女真或是契丹族的文字有相似之处吗？

答：我没有研究这么透彻，但看了一些出版物，有可能女真文字在符号上影响了西夏文字。我举过一些例子。后来有个美国的教授叫作吕光东①，不知道您听过他没有，他做过比较研究。即便女真的文献还算找得到，然而我并没有找到其与西夏文字的共同之处。不过这只是文字史的其中一段时期而已，如果在唐朝时，象形文字由日本、韩国、越南等民族借用，那应该就是从契丹族那时候，不过很难说，因为有一些政治的因素，不过确实有一段时间，他们开始创建自己的文字。我认为契丹文多半是以汉文为基础创立的，党项和女真也都有自己的文字，后来蒙古也创造并普及了自己的文字。那个时期等于说是一个"脱离"中国象形文字的时期。

问：不过这些语言都还是大多数从中文发展而来的？

答：原则上没错。

问：由于您的生涯想必大半时间都奉献给西夏学研究，您在西夏文化对国际社会和全人类的重要性上，有没有特殊的想法、个人的评价和意见？

答：那是中国西部某个昙花一现的文化现象，一般来说，中国的现象相当有趣，因为当地的佛教文化相当兴盛，准确来说是党项的西夏文化、汉文化、西藏文化。维吾尔文化渗透程度没那么深，但影响还是存在的。也因为这样保存了很多文字的遗绪，还有很多关于契丹与女真很珍贵的东西。现在中国挖掘出很多东西，并且开始了解这些遗迹的价值，我觉得现在中国保存了相当多东西，而从文明的方面来说，中国领土上的其他民族与非汉族的政权从一开始到现在都是不停地演进，你看看渤海、女真、契丹、西夏，甚至到西藏，在西藏仍然有仇池②，新疆问题我就不再赘述，但当然有相关联的意义；其次就是国家地位的兴起过程；再次，汉族与其他民族间的交互影响。

---

① 吕光东（1943— ），比利时裔的中国学家、蒙古研究学家（论文主题为元代藏蒙关系，1972）、党项学家、出版业者。自70年代初期，在美国进行了研究和任教，1980年移居台湾，1991年在中国大陆工作。

② 仇池为中国边疆的一个政权，存在于2世纪到6世纪，地处中国西北部，即现在的甘肃省。

我不只是讲政治的意涵，民族的历史对中国来说也是相当复杂的。

问：现在就剩下关于西夏文明和文化的特性的问题，您一生的时间都奉献给党项族，他们对您来说有什么珍贵的地方？是什么让您如此投入在钻研这个题目上？翻译司法的东西原本应该相当无聊，为什么对您来说这么有趣？

答：不会无聊啊。

问：在还没人深入了解本质的时候，许多东西是很无聊的，就像在一般生活一样，您在文献里看过他们是如何生活的？

答：您是研究古代东方的，伊格尔·季亚科诺夫①之前也是，他都认为，没有一个研究者能够真正渗入那些古老民族的心理与生活，这是我对他观点的阐述。

问：当然，我们都无法做到。

答：党项族可以说是民族历史上鲜明存在的一页，是全部学者都承认的。现在在我们研究所有个台湾"中研院"的学者常在阅览室工作，名叫林英津②。

问：她也是研究西夏学的？

答：没错，她多次写到关于这个文化的令人惊艳之处，她也开始把它与契丹族一起比较。我认为契丹族的遗迹可能比较少，但他们的文化水平在当时是相当高的，且相当自成一格，那并不是中原文化，而是自己独特的，相当复杂，更不是西藏或是维吾尔族的文化。那个文化有自己的文字、传统、世界观以及对于朝代起源地的解读。已经兴起的西夏文化，后来却被蒙古人灭亡了。

问：也就是说，已经形成了其不同于中原文化的独特性的认知？

答：没错，甚至有一些党项人关于中原文明的评论：谁比较早出生，就比较早死；比较晚出生，就比较晚死。事实上，结果是相反的。而11世纪是烽火连天的，汉人那时候没有办法击败党项族人，而党项族人在西方

---

① 伊格尔·季亚科诺夫（Игорь Михайлович Дьяконов，1914—1999），东方学家、历史学家、语言学家、古文字学家、远东历史专家，历史学博士（1960），国立冬宫博物馆研究员（1937年至1959年），苏联科学院东方学研究所列宁格勒分所（1954年起）。

② 林英津（1955年生），西夏党项学家，教授，台湾"中研院"语言学研究所研究员。

占领了维吾尔族在敦煌的大片土地，那时也成为西夏国的一部分。对西藏人也是……

问：人们通常习惯谈论中国无远弗届的影响力，还有他们的同化以及文化作用。您所接触的数据，当然也有显示中国的影响力，但是有没有一些反对的论调，譬如说反向的文化作用？您怎么看党项人对于汉人的影响力？

答：坦白说，我觉得党项人对于汉人并没有特别的影响，要影响这么庞大的民族毕竟很困难。但要了解，汉文化确实对于这个年轻又强盛的文化有意识，如果我们看 1190 年党项—汉语字典①的序言，党项的作者说，中国的圣贤不了解党项人，这是很不好的，反之亦然。为了这个，我编了这个字典，好让他们了解对方。

问：结果发现文化间的对话是刻意形成的……

答：没错。

问：那西藏这个主题又是如何在您研究中出现的？

答：我有一本书名叫《雪地国度的人与神：西藏历史散文与文化》②。这本书出版的时候，许多人告诉我，我好像在完成我们国家政府社会的指令，但其实根本不然，而是跟一位相当优秀的西藏研究家博格斯洛夫斯基③有关。祖布科夫④当时还在出版社工作，当时出版了一本名叫《西藏文明》的小册子，祖布科夫就请我们把它从法文翻成俄文，我完成了一半，而博格斯洛夫斯基什么都没做，虽说他是我很好的朋友。后来为了让文献资料不要失传，我把整本册子都读完了，并且决定要根据六世达赖喇嘛的诗集出一个普及版的，很可惜，我对于写作有种疯狂的倾向，我想到要写这本册子，就完成了一大部分。不过，老实说，我并没有想当一个西藏学者，即便有学过一点藏

---

① 指的是 1190 年党项人骨勒茂才编纂的《蕃汉合时掌中珠》双语字典。

② Кычанов Е.И., Савицкий Л.С., Люди и боги Страны снегов. Очерк истории Тибета и егокультуры.-М.：«Наука», ГРВЛ, 1975. 319 с. ил.（«Культура народов Востока»）.

③ 博格斯洛夫斯基（Василий Алексеевич Богословский, 1932—1988），藏学家，历史学博士（1961）。他毕业于莫斯科大学历史系（1954），担任苏联科学院东方学所（1957—1967）、远东所研究员（1967—1988）。

④ 祖布科夫（Николай Борисович Зубков, 1918—2006），中国学家，俄罗斯联邦杰出文化工作者（1979），毕业于莫斯科大学历史系（1941），曾于各种东方研究的期刊工作，担任"科学"出版社东方文献的总编辑（1962—1990）。

文，读过一些西藏文学，不过都不是出于自身兴趣的。然后我便邀请沙维茨基①当我的合著者，他完成了他自己的部分，尤其是关于佛教的。后来我们就和梅利尼琴科②一起出版西藏历史③。

问： 梅利尼琴科是您的老师？

答： 不是，是我的同学。我曾经在列宁格勒大学读了几年西藏历史，不过当然，我不能说自己是西藏学者。

问： 那教书在您生涯中占有怎样的地位？

答： 你知道的，我已经教书很多年了，有10—12年了，现在仍教两个主要科目。我一直都在教中国法律史，之所以会接触中国法律是因为要了解西夏的法律，要了解西夏的法律，便要读中国传统律法。再者，我在特殊小班教了很多年中国民族史；第三就是史马林④生病请假时，我代替上了三到四年元朝蒙古的中国史，因为我对蒙古和成吉思汗还有点认识。

问： 大家都知道，全世界关于成吉思汗的书不计其数，您对于铁木真有自己独到的见解，您的想法的特别之处在于哪？为何要专为他写一本书？

答： 我们就从铁木真灭西夏开始说，还有，我一直都希望超越党项族研究的边界，中国历史的研究已经没有什么其他出路了，我1960年发表的第一篇文章是关于一位渤海公主的石碑⑤，奥克拉德尼科夫向我要过，不过我不知道里面是不是所有的翻译都是正确的。

所以我对于整个中亚的历史相当感兴趣，从匈奴人到蒙古人，还有后来的卡尔梅克人和准格尔人，这些我一直都有兴趣，即便到现在也没有消退。

问： 游牧民族政权是您人生永久的题目吧？这是从党项族衍生而来的吗？

---

① 沙维茨基（Лев Серафимович Савицкий，1932—2007），藏学家，历史副博士（1980），毕业列宁格勒大学东方学系（1960），苏联科学院东方学所列宁格勒分所研究员。

② 梅利尼琴科（Борис Николаевич Мельниченко，1935— ），东南亚学家、佛教学家，历史学博士（1993），列宁格勒大学教师（1961年起），毕业于北京大学历史系（1961）、列宁格勒大学历史系（1962）。

③ Кычанов Е. И., Мельниченко Б. Н., История Тибета с древнейших времен до наших дней. М.：《Восточная литература》, 2005. 351 с.

④ 史马林（Г. Я. Смолин，1930—2011），中国学家，历史学博士（1971），毕业于列宁格勒大学东方学系（1953），东方学系教师（自1962年起）。

⑤ Кычанов Е. И., Первый бохайский письменный памятник на камне, в сб.：Мат-лы и исследования по археологии СССР, № 86, М.-Л., 1960.

答：一般来说，没有错。里面有一些问题，例如说国家的起源。很多人或许以为我的立场是马克思主义，这是老一辈人的想法。还有更厉害的理论家像克拉金①，现在已经是通讯院士，他也是我的老朋友了。这只是我个人的愚见，不过我认为，我们的游牧民族学家多半没有以批判性的方式来理解这些西方的理论。

问：他们沉迷于这些理论吗？

答：对，不过这只是我个人看法。

问：您指的是哪些理论？

答：就是关于游牧民族政权的起源，中国被认为是另一回事，中国是定居的文明。

问：远程剥夺理论（Теория дистанционной эксплуатации）。

答：各种您想要的都有，非线性发展、酋邦之类的，顺带一提，西伯利亚在这方面研究开展得很成功。

问：您现在在研究什么？有哪些主题？

答：最近几年我翻译了一些新的西夏法律，有西夏法典，也有一些13世纪增修条文，付出很多辛劳，因为都是从手稿翻译的，现在都要出版了。但至于何时能出版，我不知道，因为总是会出版一些"黑皮书"②，我甚至也参加过第二次总检查，西夏学的资料库也都整理过。不过，如果我以后还活得好好的，还可以工作的时候，我会跟一些年轻的助理工作人员一起建立一个资料库总目录，因为你如果重新再检视一次，每次都会有新的东西出现，可能不会马上发现。

问：想必是个令人印象深刻的过程？

答：没错。而我还有计划中的主题，这些都是重要的档案，包括经济和政治类的等等，数量实在很多，但这些多半以草书撰写，草书以当时来说是相当难懂的，连很多中国人到现在也仍然不是很明白。

---

① 克拉金（Николай Николаевич Крадин，1962— ），历史学家、考古学家，历史博士，教授，苏联科学院通讯院士，苏联科学院远东分院远东民族历史、考古和民族学研究所政治人类学中心主任。

② "东方古文献"系列黑皮书自1965年开始出版，该系列出版物清单详见 http: //annales.info/sbo/contens/ppv.htm。

问：用墨汁手写的？

答：用墨汁写在纸上，纸是自己做的，纸质很好，基本上是用织布做的，棉与亚麻的材质。

问：可再利用的，是这么说吧？

答：可再利用的，没错。

问：真是不可思议！

答：尤其是用于写佛经的纸，还会打蜡，我跟您说，我们现在的纸用一下就不行了，那种纸竟然保存了8个世纪！

问：您是与中国人合作破译并解读这些草书文本的，还是说您是在家自行翻译的？

答：我们与中国人之间特定的合作早就有了，事实上，在20世纪80年代末期90年代初，那时还在修复双边关系，我们就被推荐去与中国人签订我们的文献出版事宜的协定，就这样，在1990年前后，就签订了中、俄文版本的敦煌文献出版协定，在1992—1993年又签了关于黑水城文献的出版协定。

问：这项工作现在完成了吗？

答：一开始在1990年的时候，我们跟宁夏出版社在银川签约，我们跟彼得罗一起过去洽谈，预定出版大约五册。但后来过了几个月后，有一个中国的文化部长或是教育部长就来跟我们说，原先的出版社是很差的，什么都不能做，所以中国将选择上海古籍出版社翻译全部内容。所以，我们在20世纪90年代就在上海开展这样的合作，中国人来这边很多次，例如聂鸿音①，当时还是个年轻人，就来过不止一次。

简单来说，总共出版了14—15册，相片他们老早就拍好了。首先，这个项目并没有什么商业利润，因为只有里面的有佛教文本的第一册出版品较为受好评，后来出版的几册卖得每况愈下；再者，还要求要有一个工作团队；再次，虽然中国人有心想继续执行项目，但他们最近两册的钱还没跟我们算清。然而20世纪90年代这个协议对我们来说还是有利的，因为他们付了钱。而以前还有一段时间，我们连付薪水的钱都筹不出来，所以我们的合作还让

---

① 聂鸿音（1954—　），西夏学家，中国社会科学院民族学与人类学研究所研究员。

我们获得了一些物质上的支持。

问：另外，在 1996—2003 年这样困难和剧变的时期，您曾管理自己的研究所，您是如何度过那段时间，如何面对作为一名主管的重责大任？

答：其实没有这么糟糕，我不会说我遭遇的特别沉重的事，因为在那之前我已经担任了 30 年的副所长，所以说至少是有经验的。再来，整个局势已经开始好转，而我们也有一些实质性的协议，也因此收到了数量可观的资金，得以支付薪水。当然那是很复杂的，不过也没什么，因为我们都撑过来了。

问：20 世纪 90 年代初的时候谁是所长？

答：我一直都是在彼得罗相手下工作。尤里·彼得罗相是土耳其历史学家，当了多年所长，后来他也给（俄罗斯科学院）阿尔费罗夫院长当过人文学部的副手。当然，并不是所有的同仁都感到满意，这里有个比较明显的例子。与东洋文库签订的维吾尔文献库的协议就并非由我经手，他们提供了胶片，进行了拍摄，还有其他一些东西。有一些人认为我们在这个和西夏文献库上都做错了。

问：卖便宜了！

答：不是，而是根本不必要。总而言之，这是个复杂的问题，一方面，这是我们自己的，不应该给任何人；另一方面，科学和国际合作是很复杂的问题，不是简单的财务上的事情。

问：所以说，研究所的文献收藏，是全世界的文化资产，而非私人小买卖。

答：当然，有一些不同的抱怨声音。那时候展览还算不错，我第一次去中国台湾是 1994 年，当时冬宫和我们所一起办了一个大型展览①，地点在台北历史博物馆，开放很久，差不多有一个月，展出办得相当不错。配合这次活动还举行了一个会议，刚当上院长的皮奥特罗夫斯基②来参加了。李福清也来了，他在中国台湾工作过。这次活动相当有意思。在那之后，我在 1998 年还去过一次中国台湾参加会议。

---

① "西夏文物展"，台北，1994 年。
② 皮奥特罗夫斯基（Михаил Борисович Пиотро́вский, 1944— ），东方学家和阿拉伯学家，历史博士（1985），毕业于列宁格勒大学东方学系（1967），苏联科学院东方学所列宁格勒分所研究员（1967 年以来），国立冬宫博物馆馆长（1992）。

问：您去过中国台湾几次？

答：四次。一次受到杜正胜①的邀请，他是语文和历史研究所的所长，后来当了台北"故宫博物院"的院长，我们还曾达成协议要在台北"故宫"办我们的展览，我都去展览的地点实地考察过了，但后来不知道什么原因并没有办成。

问：那是大约哪一年的事？

答：2000年初。

问：听说在台湾也有一些学者在研究西夏学还有西夏的文字？

答：他们有一些很厉害的专家，有一位教授，也是院士，叫作龚煌城②，可惜前不久过世了。

问：那现在谁在继续他的事业呢？

答：林英津，来自中国台湾"中研院"语言所，刚才我提到过，她就在我们楼上。那边现在有没有一些年轻的学者，我就不知道了。

问：是不是有个叫塚本的日本学者，他的俄文名叫热尼亚，住在台北且在文化大学任教，现在也在研究西夏学，您听过吗？

答：不清楚。我没见过他。不过，我还记得台湾政治大学，有个教授姓赵③，我跟他在喀山认识，他还算年轻，在喀山大学拿到学位，且完成了论文答辩。我去政大找过他两次，还教过一些课。他热情地邀请我去那边待一整个学年，不过我说："您听一下，我能用什么语言教课？"我英文不行，中文也没办法，难不成请个翻译？不过我跟赵教授关系很好，他俄文相当流利，因为在这边读过书，他还钻研蒙古人。

问：在20世纪90年代末期，您的同事鲁博-列斯尼琴科④在中国台湾教过书，您可否与我们分享一下，他是什么样的人？什么样的学者？

---

① 杜正胜（1944— ），1995—2000年为台湾"中央研究院"语言和历史研究所所长，2000—2004年担任台北故宫博物院的院长。

② 龚煌城（1934—2010），台湾著名语言学者，"中央研究院"院士。主要研究领域包括：中文和藏语语系比较研究，中国古代语言与西夏文字重建。

③ 赵竹成（1964— ），台湾政治大学民族学系教授，专长领域为蒙古帝国的历史，俄罗斯、中亚和中国民族关系与政治问题。

④ 鲁博-列斯尼琴科（Е.И.Лубо-Лесниченко，1929—2001），中国学家、艺术家、历史博士（1990），俄罗斯自然科学院通讯院士（1997），国立冬宫博物馆远东部门主任（自1965年起）。

答：我从 20 世纪 50 年代末到 60 年代初就跟他认识了，当涅夫斯基获得国家奖项时，一大群莫斯科科学电影协会的同仁来了。他们当时要拍摄一部名为《七年过后》的片子，内容是西夏文字解密。导演叫作阿格西·巴巴扬，曾经拍摄过一部关于德尔苏·乌扎拉的艺术片。

问：对，跟库罗沙瓦一起。

答：没错。他也拍过这部片子，可惜我们没有拷贝。鲁博-列斯尼琴科来自冬宫博物馆，而我来自苏联科学院东方学所列宁格勒分所。我们都是顾问的角色，所以我和他很早就认识了，而且一直保持着密切的联系。友谊是相当稳定的。

问：我们已经谈过您的老师和同学，也想请您谈一下您的学生。我们都知道，您的研究生通过答辩的有数十人。

答：是的，数十人——我可以大声自豪地说！

问：而且他们当中有一些很有意思的人、知名的中国学家，如卡德尔巴耶夫和其他很多人。您有最喜欢的学生吗？

答：我就这样说吧，谁可以算是首选，应该是叶甫盖尼亚·科金娜，她写了一篇关于法律的相当好的论文，内容是关于唐朝社会的弱势族群。但她后来去了美国，她英文很好。当您所谓的"不友善"的 20 世纪 90 年代到来时，生活已经变得很艰苦，她选择去待遇相对较高的俄罗斯博物馆工作，到现在都还很后悔。后来有一位叫维亚切斯拉夫·米哈伊洛维奇·雷巴科夫[①]的，现在在翻译唐朝法典，已经获得博士学位了，除此之外，他还以知名作家的身份创作小说。然后是亚历山大·沙伊达托维奇，您之前有提到过他，之前在海参崴读大学。还有塔尼亚·斯克雷尼科娃[②]，她也是我的研究生，其论文完全专注研究蒙古人。在没有导师时，经常有人来请求我，甚至当时波波娃[③]也到这里读研究生，是斯莫林她送到我们这的。

---

① 雷巴科夫（Вячеслав Михайлович Рыбаков，1954—　），中国学家，历史学博士（2009），俄罗斯科学院东方学研究所首席研究员，毕业于列宁格勒大学，专业领域为中世纪的中国律法。

② 斯克雷尼科娃（Татьяна Дмитриевна Скрынникова，1948—　），蒙古学家，历史学博士（1995），教授（2002），从列宁格勒大学毕业（1974）。苏联科学院东方学研究所首席研究员。

③ 波波娃（Ирина Фёдоровна Попова，1961—　），中国学家、中世纪学家，历史学博士（2000），教授、苏联科学院东方文献研究所所长（2003 年起），毕业于列宁格勒大学东方学系（1983）。

问：她也是您的研究生？

答：不是。我有时还会想起来，之前不久又记起来，事实上，我那时很不顺，我有一些研究生，而马尔提诺夫一个都没有，克罗里也是。我把她交给马尔提诺夫①，但她却觉得不是滋味，虽说我觉得她如果去那边会比待在我这好。这种情形常会发生。除此之外，我有一些吉尔吉斯的学生。有一次卡迪尔巴耶夫告诉我，其中一个名叫穆拉别克的当上了六国集团②的高官，曾做过吉尔吉斯驻中国大使。他以吉尔吉斯文学习中文。还有一个吉尔吉斯人，论文答辩得很好。实在不知道他后来的命运怎样，因为他并没有什么官方的后台。

问：总之，有许多从俄国和近邻国家（苏联加盟共和国）来的学生。

答：没有从其他的国家来的。

问：您基本上都在哪里出版自己的著作？毕竟，在莫斯科与圣彼得堡机会是不太一样的。

答：有两三次我是在"彼得堡东方学"这样一个私人出版社出版的，他们的领导是阿利莫夫③。现在他们怎样了，我也不清楚，不过在出版著作这件事上我有一次差一点要翻脸。他们在我们所里有一个办公室，不过我们没向他们收租金，但他们有义务帮我们每年出版 80 个字数印张。所以，我不当所长后，我就开始试着去处理我"非法出租办公用房"的事情，现在他们的立场对我来说没办法理解，因为波波娃（俄罗斯科学院东方文献研究所现所长）向我们要这些房间。

问：我们知道在 20 世纪 90 年代是个科学相当低迷的时代，您怎么看现在彼得堡的中国学流派？现在研究所及其团队是否焕发了新的生命？是否有新的契机出现或是有年轻生力军加入？

---

① 马尔提诺夫（Александр Степанович Мартынов，1933— ），中国学家，历史学副博士（1975），苏联科学院东方学所首席研究员，毕业于列宁格勒大学东方系（1957），圣彼得堡大学教师（1992年起）。

② 六国，在此指上海合作组织（SCO）的成员国。

③ 阿利莫夫（Игорь Александрович Алимов，1964— ），中国学家、中世纪学家，历史学博士（2010），毕业于列宁格勒大学东方系（1986），俄国作家（笔名为兔子霍尔姆），"彼得堡东方学"出版社社长（1992）。

答：我不会认为，20世纪90年代有实质的低迷现象，在苏联时期，这里还是叫列宁格勒分部，我们那时还是东方学所的一个分部，也过得不错，那时加富罗夫①、普里马科夫、贾丕才②都跟我们关系不错，一切都还算正常，也没有被击垮。该赚的一些钱，我们还是都赚到了。

问：那现在有年轻人到您那边去吗？毕竟在20世纪90年代经历了这样的低迷，年轻人都离开学术界，跑去外面赚钱了。

答：现在很多人去赚钱了，但也有一些愿意留在学术界，现在数量也够了，无论如何，现在研究生的招生名额不够，报考人数也不足。在过去15年来，我们研究所的人数也大幅减少，在高峰期时，我们还可以有近200人，但现在加上技术人员，才将近90人。

问：那平均年龄是多少？

答：年纪相差悬殊，一部分人超过80岁，是很老的同仁，再来是他们的学生。不过波波娃带过来一些年轻人，有些在手稿部门工作，有些在别的部门。

问：不过平均年龄应该还是很高吧，像我们莫斯科这里一样？

答：我是不知道平均年龄的具体数字，这样说好了，不应该只看现在，我观察到，在我们的邻居，也就是考古所，他们的同仁一开始都很年轻，后来年纪越来越大，因为没什么名额，所以年轻人招得越来越少，再后来就开始低迷了，我们也经历过那个时代。

问：世代交替啊。

答：世代交替是自然的。以前曾经有名额都招满的时候，后来年轻人变少，就开始需要再拉年轻人进来。整个苏联科学院都这样。我认为现在学术体系的世代交替的过程都不太正常，大家都说老人实在太多，其他领域我不知道，不过我认为在人文科学中，只要还能动脑，年龄不会是阻碍。我并不

---

① 加富罗夫（Бободжан Гафурович Гафуров，1908—1977），苏联国家与党领导人，塔吉克斯坦共产党的第一书记（1946—1956），历史学博士（1952），苏联科学院院士（1968），东方学所所长（1956—1977）。

② 贾丕才（Михаил Степанович Капица，1921—1995），学者和外交家，历史博士（1958），教授（1960），苏联副外长（1943），苏联特命全权大使（1960），苏联科学院东方学所所长（1987—1995）。

是说自己，包括已经 87 岁的利夫希茨①，还有曾经因阿拉伯帝国历史得过国家殊荣的博利沙科夫②，也已经 83、84 岁了，还有丹达马耶夫③，研究古代东方的通讯院士。

问：您部门的墙上挂着许多中国学家的画像，他们是谁？

答：穿中国官员服的是比丘林，这是阿列克谢耶夫，上面那个是涅夫斯基，左边是费雪曼，下面是克平。克平是苏联时期俄罗斯东正教会派驻北京最后一个精神领袖的侄女。

问：您分享了许多关于涅夫斯基有趣的事情。

答：这需要确认一下。日本学家奥托·曼泽勒在 20 世纪 30 年代是他的学生。

问：他是苏联人吗？

答：是苏联德裔人士，在战争时他在远东服役，战后在我们研究所工作，后来在宗教历史博物馆工作。这边还有斯卡奇柯夫·彼得·伊梅利扬诺维奇，是个好人，我常跟他联络，我甚至还记得：那时我们常去一家学者自助餐厅吃饭喝茶。有一次我们一起在排队拿俄罗斯沙拉，结果他跟我说："你去过普斯科夫斯基大街没，看到那边的档案库了吗？"我回答准备要去。他说："快去吧！那边已经停止供应资料了。"那时是 20 世纪 60 年代初，十天后他就去世了。我对他相当熟识。

问：您还记得谁？

答：柳德米拉·巴甫洛夫斯卡娅④，一位相当有专业素养的学者，钻研

---

① 利夫希茨（Владимир Аронович Лившиц，1923— ），伊朗学家、语言学家、翻译家，毕业于列宁格勒大学东方学系（1948），语言学博士（1965），教授（1973），苏联科学院东方学所列宁格勒分所研究员（1958 年起），英国社会科学院特邀研究员（1977）。

② 博利沙科夫（Олег Георгиевич Большаков，1929— ），东方学家，毕业于列宁格勒大学东方学系（1951），历史学博士（1974），教授，俄罗斯荣誉学者，苏联科学院东方文献研究所首席研究员。

③ 丹达马耶夫（Мухаммад Абдулкадырович Дандамаев，1928— ），东方学家、伊朗和美索不达米亚历史学家，俄罗斯科学院通讯院士（1997）、东方文献研究所首席研究员（1959）、教授、历史学博士（1975），美国东方学家协会荣誉会员（1984）。

④ 巴甫洛夫斯卡娅（Л. К. Павловская，1926—2002），中国学家，苏联科学院东方文献研究所研究员（1959 年起），语言学副博士（1975），毕业于列宁格勒大学东方学系（1953）。

五代历史。还有米沙·埃尔马可夫①。大家知道得比较多的是缅什尼科夫②，因为他个性比较鲜明，嗓门也大。瓦赫金，多年来一直不顺，在50岁那年就英年早逝了。

问：您认识米哈伊尔·奇格林斯基③吗？

答：当然，我相当熟。

问：我很感兴趣，他怎么跑去研究台湾的？

答：我遇见他的时候，他已经投入到台湾这个主题上了，所以我也不知道背后的故事，他常常来这里，我跟他也很熟，不过他是出了名的有热忱，因为他几乎一生都奉献给学校。

问：您部门里面现在有少同事？大约？

答：老实说，我没办法准确算出，我想有20多个，因为我们还研究日本、朝韩、中国。

问：部门里面有几位中国学家？

答：要掰着指头算一下。潘④，还有比较老的，马丁诺夫、古列维奇⑤、佐格拉夫⑥、克罗利和我。

问：已经6个了……

答：还有雷巴科夫，比较年轻的也有，只是比较少。所以加起来大概有10个。

问：差不多整个部门的一半。

答：研究日本的人员已经够了，韩国的少些……以前他们发展得比较好，

---

① 埃尔马可夫（Михаил Евгеньевич Ермаков，1947—2005），中国学家，苏联科学院东方文献研究所研究员，哲学博士（1993），毕业于列宁格勒大学东方学系（1974）。

② 缅什尼科夫（Лев Николаевич Меньшиков，1926—2005），中国学家，语言学博士（1974），东方学所列宁格勒分所研究员（1955年起）。

③ 奇格林斯基（М. Ф. Чигринский，1927— ），中国学家，历史学博士（1993），毕业于列宁格勒大学历史系（1951），台湾民族史和俄罗斯汉学史领域专家。

④ 潘（Татьяна Александровна Пан，1955— ），中国学家、满洲学家，历史学副博士（2004）。苏联科学院东方文献研究所高级研究员、远东部门主任。

⑤ 古列维奇（Изабелла Самойловна Гуревич，1932— ），中国学家，苏联科学院东方文献研究所高级研究员，历史学副博士（1964），毕业于列宁格勒大学历史系（1956）。

⑥ 佐格拉夫（Ирина Тиграновна Зограф，1931— ），中国学家，苏联科学院东方文献研究所高级研究员，语言学博士（1981），毕业于列宁格勒大学历史系（1954）。

现在就剩下特罗采维奇①和尤利娅·博尔塔奇②两个。

问：您如何评价你们研究所的特点以及您自己的学术工作？

答：我们研究所，由于是从亚洲博物馆发展而来，它的特征，首先就是保存、研究我们所拥有的藏品。这样的特征已经存在一个世纪之久了，因为许多藏品都是在18世纪就存在了。在某些情况下，这些都是独一无二且有价值的东西，例如，中国的《石头记》，中国一直在再版这部小说，其原版在中国都没有保存下来。李世瑜③曾为了宝卷④来过，他就说，我们有一些书在中国根本找不到。还有阿拉伯文手稿，要知道，这些东西都是国宝啊。另外，在我们那时代，这些也算资本，因为很多东西在国际市场上是相当值钱的。但我们并没有总体评估过，这就是我们的不幸所在，我们的藏品的价值远远超过这栋建筑物甚至这个宫殿⑤，至少在金钱价值上，所以要经常去照顾这些库存和现代收藏品。另外还一个争议的问题：是不是要维持恒温和固定湿度。我记得鲍里斯·伊万诺维奇（潘克拉托夫）曾说过："这些手稿还在黑水城的时候，受到冷热温度的破坏，不知道怎么对这些东西才是比较好的。"所以有很多还没研究的问题，这些都关乎这些手稿资料以及其他馆藏的长期保存。

当然，愿意来加入我们并照顾文库的年轻人几乎付之阙如。为何？因为这体系就是这样，要写论文，要答辩，不然就不会有钱，没办法生活。这个问题一直都存在，我那时候也有，一直到现在。这种"强迫劳动"的情形一直都有，尤其是科诺诺夫⑥，他就像拼命三郎。不过人们都会用不同的方式去逃避。

问：逃避写作？逃避典藏工作？

---

① 特罗采维奇（Аделаида Фёдоровна Троцевич, 1930— ），朝鲜学家，语言学博士（1981），毕业于列宁格勒大学（1954），列宁格勒大学东方学系教师（1952年起），苏联科学院东方文献研究所高级研究员。

② 博尔塔奇（Юлия Владимировна Болтач, 1976— ），朝鲜学家，历史学副博士（2007），苏联科学院东方文献研究所远东部门秘书、研究员（2002年起）。

③ 李世瑜（1922—2010），著名历史学家、社会学家、神学家。

④ 宝卷，中国民间戏剧表演派别。

⑤ 俄罗斯科学院东方文献研究所位于圣彼得堡，地址是在宫殿堤防路18号。前身为新米哈伊洛夫斯基宫殿，在1857年至1861年由建筑师A. Stakenschneider整体改建。

⑥ 科诺诺夫（Андрей Николаевич Кононов, 1906—1986），土耳其学家，语言学博士（1948），教授（1950），苏联科学院院士（1974）。

答：当然啊，写作、编目等等的。所以不能说我们的编目已经百分之百完成了，还有一些东西并没有弄好，甚至旅顺的中文档案资料都没有弄好。

问：那是什么？

答：不同的文件资料，什科利亚尔①有写这些资料，不过我只看到过一部分。

问：中文档案文件？什么时候被从中国带出来的？

答：在日俄战争的时候，不过这些东西本身时间更早。我知道有一部分奥斯曼帝国的档案。就是这些档案文件，而对现在的工作来说，整理档案数据就是最困难的。

问：需要相当扎实的史料研究功夫。

答：当然，准备工夫至少十年以上，才可以真正开始工作。

问：您认为要成为一个真正的好的中国学家，需要什么条件？

答：中国学家？我想，以我个人看法，可能是中文的教育必须要和西欧语言的教育水平看齐，也就是说至少要教到让人可以开口说。说、理解、书写等等，我想这是最重要的。另外就是要去读古文，要学习文言文、古文等等。要工作的话，需要相当好的脑袋。

问：对我来说，似乎需要好的研究方法基础？您认为这个基础是历史系帮您奠定的？

答：我这点完全同意您，不过现在有这样的趋势：一方面大家认为东方学是历史学的一部分（也就是东方史）或者是语言学、文学的一部分。但生活经验告诉我们，东方学有自己的特性，我也说不上来是哪方面，很难解释，不过确实是有特异性。我不止一次听说，圣彼得堡大学新的领导层要建立答辩学术委员会，让历史系与东方学系有通史方面的课程，在语言学系也是一样。要怎么实践，我也不知道。

问：2012年6月22日是您的80岁生日，我们在此提前祝您生日快乐，生日是一个回顾过去很好的时机，您觉得您学术的主要成就在于哪里？

答：我已经说了，是法典。还有，毋庸置疑的，就是字典。

---

① 什科利亚尔（Сергей Александрович Школяр，1931—2007），中国学家，历史学博士（1970），苏联科学院东方文献研究所高级研究员，毕业于列宁格勒大学历史系（1954）。

问：现在很流行计算学术出版的数量，您在过去 57 年中至少出版过多少作品？

答：最有趣的是，我不知道。

问：大概呢？

答：您知道吗，我有一部分科普文献类的书，我自己评价还挺高的，例如，蒙古人将我的一部关于成吉思汗的书翻译成蒙古文，对我来说就相当珍贵。关于噶尔丹博硕克图汗①的文章，也被翻译成了蒙古文。

问：嗯，这真是学者的精神，广为传播知识。另外，《亚洲掌权者》也相当有趣，也是相当重要的一本书，这本书有翻译吗？

答：不清楚，我对这些亚洲的人物相当感兴趣，这些题材总是让我产生研究兴趣。

问：您一生中绝大部分都是在从事西夏文库的整理研究，哪些档案是您比较感兴趣的，或对您有特别意义的？

答：因为我是从原始的西夏遗迹开始研究当时的谚语和成语，这些谚语和成语我也翻译过②，这对我来说相当有趣且到现在都觉得很珍贵，即便有一些批评。后来兰州的陈炳应③将其翻译成了中文，还有加上翻译我的引言与研究，这当然是相当珍贵的纪念。

问：这些西夏的谚语与中文的有哪些不一样？

答：他们首先有游牧民族的特征，关于畜牧养殖的，这些谚语还曾以西藏文出版。在 20 世纪 50 年代末还从西藏文翻译成一本《Sumpa Mother's Sayings》④，英国的一位教授汤玛士⑤译的。

---

① Кычанов Е. И., Повествование об ойратском Галдане Бошокту-Хане. -Новосибирск, Наука, 1980. 192 с.

② Море письмен. Факсимиле тангутских ксилографов. (Серия 《Памятники письменности Востока》, XXV, [1] - [2] /Пер. с тангутского, вступительные статьи и приложения К. Б. Кепинг, В. С. Колоколова, Е. И. Кычанова и А. П. Терентьева-Катанского. Ч. 1-2. -М., Наука (ГРВЛ). 1969. Ч. 1: 608 с. Ч. 2: 272 с.

③ 陈炳应，甘肃省博物馆（兰州）研究员，翻译过许多西夏学作品。

④ F. W. Thomas, *Ancient folk-literature from north-eastern Tibet* (introductions, texts, translations and notes), Berlin: Akademie-Verlag, 1957.

⑤ 威廉·汤玛士（Frederick William Thomas, 1867—1956），英国西藏学家、印度学家、语言学家。

问：有一些佛教的成分在里面吗？

答：没有，佛教几乎没有，整个都没有！

问：是一些生活上的主题吗？

答：是，没错。一些很有趣的谚语，例如"小偷偷完后总留下脚痕，狼吃过后总留下爪痕"，"若不善言辞，就不要张口；若不会射弓箭，就不要放箭"。对了，这部文本的手稿现在也在大英博物馆。

问：那我们收藏的是印刷版本？

答：对，是印刷版。我会说，有些翻译翻的并不是很准确。中国人试着去更正，不过这边有让我们共同合作的平台。

问：您讲了您自己的一些成就，那您有没有一些失望之处？有一些事情没有完成，或做了但不如预期。人有可能一生都在做某件事，但其实可能还想做其他事……

答：嗯，我跟您说过，我想钻研中国革命史。

问：您会对于没有投身这个领域感到惋惜吗？

答：的确很惋惜某一段时光，也很惋惜有些文本并没有很适当的批注。我们之前提到过来自匈牙利的玛丽亚·费莲兹①，我们曾给过她文本翻译，但她什么也没做，她还是一个相当优秀的中国学者，她先生也是一等的中国学家。主要原因是真的很困难，都是中文古文引言，还有要从西夏文字中找出中文情境更难，所以就一直没有出版。另外年历也没有翻译完成，不管我多努力，还是有错误。

问：或许如果没有您的错误，就不会有石弓武器了。这应该是建立真理的重要一步。

答：当然，一些中国的同事也会去改正某些翻译的错误，怎么没有呢？包括一些关于商业、买卖、税赋的等等。

问：在这些文献里有关于烹饪的书籍吗？

答：烹饪的没有。不过最有趣、最新的文件都是中文的。中国人第一个翻译完成。杜建录②来过这里，有一篇是关于租店面给烤糕饼的，现在乌兹

---

① 玛丽亚·费莲兹，中国学家、布达佩斯远东艺术博物馆馆长。
② 杜建录（1962— ），著名西夏学家，宁夏大学西夏学研究院院长。

别克人在做类似的糕饼，他们称为胡饼。

问：讲到烹饪书籍，您觉得中国菜肴如何？

答：我觉得中国菜肴很好。

问：可以讲细节一点吗？有没有最喜欢的菜？例如，新疆菜、北方菜、南方菜，哪个是您比较喜欢的？

答：东干的饺子，相当不错，我去中国吃的食物，不外乎是木须肉、辣鸡肉、咕咾肉，这些是我比较喜欢吃的。不过希望上帝保佑瓦迪克·索罗金的健康，因为他从20世纪40年代就被派到中国，我们每个月都会跟他去一些餐厅吃饭，那时整个环境很不好，不过还是有一些对外营业的餐厅，我们去了很多省的餐厅，点了各种不同的食物。

问：索罗金是你们的美食导游？

答：对，没错，四川菜、广东菜、新疆菜等，我们还吃得起。

问：您觉得俄罗斯的中国学者与西方、日本和中国的有什么差别？

答：我可以说说关于日本的，我们比较倾向概括性，而日本人正好相反，他们比较善于钻研文本的细节，有些关于中世纪历史的问题在日本比中国研究得要透彻，日本人在文本解读这方面有相当高的水平。

问：那我们有很高的水平吗？俄罗斯的中国学家有哪些特性？

答：我们有方法论，我反对完全推翻马克思主义方法，现在在中国都还保持马克思主义思想。现在在银川主导西夏党项研究的杜建录，我读过他几本书，他在社会史上的研究相当不错。

要去评断一切对我来说是困难的，我对于文学与语文方面没办法评判，但我们有些很厉害的语言学家，例如德拉古诺夫①、亚洪托夫、沙夫罗诺夫（我认为他是个好的语言学家）等等。

而讲到文学，我们翻译了一些主要的古典小说，还这一领域的专家，如科洛科洛夫与斯别什涅夫。

问：明白了，谢谢。现在常讲，在1991年后我们的中国学没有年轻人，

---

① 德拉古诺夫（Драгунов Александр Александрович，1900—1955），中国学家，语言学副博士（1937），毕业于列宁格勒大学（1925），曾在列宁格勒、海参崴、莫斯科任教，苏联科学院东方学研究所研究员（1928—1955）。

没有钱，没有政府的援助。您怎么看现在的情形与日后俄罗斯中国学的前景？您是持乐观还是悲观的态度？

答：我并不是这样看待的，原因在于，我可以稍微做一些比较，因为我有经验，了解在日本、中国、中国台湾、印度的中国学与人文科学的现况，当然一般来说，从这些国家和地区在学术研究的整体数量来说，对于人文科学的重视度较高，而我们的人文科学经常常只是零星的存在。中国就这样一直在那边屹立不摇，必须要和它共存，学会和它相处，了解它，这是累积千百年的知识。俄罗斯的中国研究一直都存在，也一直在改变。我认为人文科学，在这里指中国学，需要更多的资金援助。

问：在访谈一开始时，您吟唱了一段关于在背诵汉字的中国学家的很绝妙的诗句，后来您没有再写关于中国学家和西夏学家的诗了吗？

答：关于中国学家的诗没有了。我不会说我对沟通或是文字这些感到有所负担，但或多或少我都有经历过一些负面的情况——对话语言上的无知。我的汉语对话一般停留在"您好""再见""你的""我的"这些词汇的水平上，毕竟在中国仅仅学习了三个月，沟通还可以，但要用中文讲座就……之前就有一个半官方的观点，认为既然中国人学俄文比较快，而且可以讲得很好，为何俄罗斯人还要学中文，这样也比较省钱也省事。那时候确实有这样的心境，要怪就要怪双方共同的交流，应该要更密切，应该送更多的人到中国去。

问：20世纪60—70年代两国关系的恶化对您和您的同事有什么影响？那时候应该是很大的矛盾，研究中国，但又不能跟他们在现实中有所联系。

答：知道吗，我现在都觉得很难说。当然在列宁格勒的话，去中国的机会比较珍贵，而在莫斯科比较常有机会去。这么说吧，我去中国的时候，只有我一个是从圣彼得堡来的，其他都是莫斯科人，所以，要常常去中国，让人在那边生活、学习，到处看看，不然的话根本什么都无法了解。现在的年轻人如果想要钻研这个领域，势必要亲眼去看看那块土地，可以看到当初西夏的疆域、黑岚山的位置、黄河，现在还存留下的佛塔等等，都有一些明确的遗迹可循，还有现已不复存在的城市——黑水城，都可以留下很深刻的印象。要不然的话，你要怎样去感受一个国家？

问：所以说，应该要实际到那个疆域去感受整个时代和事件？

答：当然！我没有要说整个科学领域或是整个中国学这块，但在西夏学这一领域，现在呈现很好的趋势——更多的互信，20世纪70年代紧张的政治氛围也减缓许多。幸运的是，那时还没有一些直接的冲突，当然，史金波、白滨和李范文都是老派的中国人，李范文的学术导师在20世纪50年代还是尼古拉·切博克萨罗夫[①]！

问：您提到，档案文献的出版问题相当复杂，一方面，无疑的，这是我们的国宝。另一方面，就是世界学术的部分，在这个层面上，我认为我会站在学术的那一边，我认为出版是必要的。

答：无论如何，双方协议不会停止，不过我已经不是所长了，所长是波波娃，就像我说的，《石头记》出版了，我们也把文本交给了日本人。

问：这个趋势是好的，且是必要的，因为全世界都知道，很多收藏者早晚都会变得像咕噜[②]一样："我的宝藏，不许任何人靠近。"很可惜，这趋势对于学术界是相当不利的。

答：就像马槽中的狗一样……我会认为，整体来说，这趋势在我们所并不典型，现在已经有网络了，我知道敦煌已经几乎整个都展示出来了，是跟英国图书馆合作的。还有一本西夏的般若波罗蜜心经。有一个匈牙利的同事，他可以取得蒙古与西藏的一些手稿。我们跟德国人也有一些密切的合作。

答：学术界有个规定，这个规定国外的专家也都承认，假设我们某个专家在做某个特定文章，那么就不应该公开这个文章。学院会去加以研究并且修饰，如果想要出版论文的话。这在西方国家也是大家都遵守的铁律。

问：可以理解，不过当资源庞大的时候，不可能由一个人全包了。

答：从来没有一个人，当然所有人都必须投入。如果我们以西夏文库为例，中国人很早之前就已经就获得了最有价值的一部分，他们都参与过也都看过。我们有一个特别的委员会（典藏事务委员会）来负责这个事，之前的

---

① 尼古拉·切博克萨罗夫（Н. Н. Чебоксаров，1907—1980），民族学者，历史学博士（1949），教授（1951），莫斯科大学历史系讲师（1941—1966），苏联科学院民族学研究所研究员（1943—1980）。

② 电影《指环王》中的人物。

规矩是这样的，每一种需求，不论是从东方还是西方来的，我们都必须要写一张备忘函送到苏联科学院历史学部，他们会决定要批准还是拒绝。这种情形也有，我不会说他们那边一直都是齐赫文斯基①或是赫沃斯托夫②院士在掌权，在最近的某些变化发生之前，有开始讨论说我们也要从中间收取一些好处，毕竟我们是免费在做这件事。不过我们不是在讲钱，而是在讲一些等值的交易，书本、手稿、微影片、杂志等等，最后才是商业的交易，也就是金钱往来。现在我已经不太了解实际的情况，应该要去问波波娃。不过，我想她应该会试着往欧洲的平均价格去努力。

问：我确实听到许多的抱怨，说我们的学者去中国，结果都不让他们看一些档案文件，甚至是那些已经出版的都不让看。许多东西都没有公开，也没有人能够有渠道看到。

答：我可以间接证实这点，我当时在兰州的时候，陈彬英（已故）也是西夏学家，他带我去看新疆的巨型古墓，那很明显是伊朗的艺术，不论是绘画的技术还是其他各方面，那座坟墓到现在都没有公开过，但在他们那里收集保存得很好。皇室陵寝保存好好的，而总共只挖了一个坟墓，为何不挖的原因，从中国人口中可以听到两种说法：第一，没钱；第二，应该是不值得。

问：官方的版本是说所有出土文物能够以适当的形式保存起来之前，都不准去挖。

答：一般来说，他们都不挖，我可以跟你们直说，他们就是不准备挖。虽然那边建有大型博物馆，交通没问题，什么都有，他们还是只带你们从一个坟墓逛到另一个坟墓。

问：那当地的居民会不会盗墓？

答：不会。

问：为什么不会，这可是最古老的职业。

答：等等，如果你们不赶时间的话，我拿相册给你们看，中国人照的，

---

① 齐赫文斯基（С. Л. Тихвинский, 1918—　），中国学家、外交家、历史学博士（1953）、苏联科学院院士（1981），特命全权大使（1966 年起）。参与"中国研究——口述历史"访谈，请参阅：http://www.ivran.ru/project-modernization-models/57164。

② 赫沃斯托夫（Владимир Михайлович Хвостов, 1905—1972），历史学家、现代历史和国际关系历史专家，苏联科学院院士（1964），苏联教育科学院的第一任院长（1967—1971）。

里面有新铺的道路、窣堵波（蒙古语 suburgan "塔"）、黑水城，还有一些风景，我也去过那儿两次，这个佛塔是当地蒙古王子的住所，这是从元朝保留下来的清真寺，在黑水城的城墙上，一些风景名胜等等。

问：相当有趣的相册，谢谢您参与我们的访谈，叶甫盖尼·伊万诺维奇，内容相当精彩，祝您身体健康。

答：我也很高兴能与您认识并谈话，我相当愉快，以后您可以常来，来我们远东部看我，也可以常打电话！只要我还能站得起来，我就会为我们国家效力。

季·格·拉宾娜访谈录

访谈对象：季娜伊达·格里戈里耶芙娜·拉宾娜
俄文姓名：Зинаида Григорьевна Лапина
职　　务：莫斯科大学亚非学院教授
学术专长：中世纪中国史、中世纪亚非国家史
访　问　者：瓦连京·戈洛瓦乔夫（刘宇卫）
翻　　译：中国大陆与两岸关系教学中心
时　　间：2009 年 5 月 22 日
地　　点：莫斯科

问：您好，亲爱的季娜伊达·格里戈里耶芙娜。如果您准备好了，我们就可以开始这次的访谈了。

答：您好，那我们就开始吧！您的任务是记录（中国学家的）所有回忆，对我来说很有趣又很重要。这是非常有创意但很困难的工作，需要时间、精力和高专注力。人生多有趣啊！我和您认识已经超过 20 年了，您是远东大学的毕业生，1987 年进入我们亚非学院的中国历史系，在我的指导之下开始写副博士论文。您采访我,但您自己已经知道很多我的事情了。我觉得和您一起研究很有趣,而现在我们正以新的身份交流。采访对我来说是很高的荣誉和很重的责任,我觉得这是个很好的机会来思考过去汉学走过的路,并勾勒出未来的愿景。

问:谢谢,我会努力的!请您先自我介绍。

答:季娜伊达·格里戈里耶芙娜·拉宾娜,根据受到的教育,我是历史学家、中国学家、历史学博士。我是莫斯科大学的荣誉教授,负责莫大亚非学院的东方文化生态研究室。

问:希望您还会再多告诉我们一些您的科研单位的事。首先,请允许我提问——您是在何时、何地接受汉学教育的?

答:是我还在莫大读历史系的时候学的。而在 1956 年东方语言所刚成立的时候,我就像所有其他学生一样,被分派到这个研究所。1957 年从这里毕业后,我已经拿到莫大的毕业证书。接着去北京,以学生的身份重新开始,读了三年后,从北京大学历史系毕业。之后我在东方语言所工作,自 1964 年起,在亚非学院的中国历史系工作。1981 年之后,我已经是未来主任的接班人了,于是我从历史转换跑道,到一条我认为更宽广的大道——文化研究。现在我认为自己是文化学家,不过就基础教育来看,我更像是中国学家,和中国某种形式的关联对我很有帮助,让我理解不同文化的特点,因为很多问题在中国都被明确划分出来,逻辑非常清晰,而这或许在其他文化中并不是那么明显。例如,最近,在研究中世纪中国时,我突然懂了印度文化的思维。以中国角度来看,印度的许多面向都变得明了了。就这个意义而言,学习传统中国的经验是非常宝贵的。

问:您对中国和汉学的研究是怎么开始的呢?

答:从我从未想过自己的人生会和中国产生关联开始。中学时,我经常参加化学竞赛,以优异的成绩从中学毕业后,我想要往精密科学方向发展,打算进入莫大的化学系。不过,我害怕地想到:也许人文科学会与我擦身而过,于是在 1952 年,我去了大学的招生处(当时招生处在莫大的帝王厅办公),发现历史系有培育中国学家的东方组,我就递交了申请文件,莫名其妙地选择了中国。没有考试,只有面谈,当时在遴选委员会的是阿列克谢·彼得罗维奇·罗加乔夫①。这个突然的决定出乎我父母意料之外，他们从没想过会有这样的转变，但我的命运就被决定了。面试合格后，我进入历史系远东历史组一年级，该组当时由知名中国学家、古代中国的专家——拉莉莎·瓦西里耶芙娜·西蒙诺夫斯卡娅②负责。

问：这是您和中国的初次接触？

答：可以说是，也可以说不是。就像中华文化说的：发生的一切都有很深的渊源，只是我们没发现。有趣的是，童年时我非常喜欢唱的一首流行歌曲"最爱的城市"中有一句"在轻烟中消散"，但不知为何我听到的不是这句话原本的词，而是完全不同的字，就像是对我的未来的某种暗示，"中国的深蓝烟雾"。但当时，我还不知道什么是"中国"。而后知道了，在占星术中，中国和我一样，是魔羯。那么，中国传统俗话说得没错："同类相照"（此处原文即为中文）。

问：这么说来，您凭直觉进入中国研究领域也不是偶然了？

答：是的，不是偶然！我成了中国学家，不仅没有后悔过，还正好相反！学习中华文化和历史的美妙之处在于它回答了意识形态的根本问题。接触中国和东方能丰富那些已经做好准备的人的心灵。真的，当我念书的时候，我们学不太到关于中华文化的知识，说得好听点，当时教育太过政治化了。例如，我们认真学习了农民的战争和起义，我后来意识到与这些有关的重点不是只有马克思主义而已。这单纯因为俄国人天性敏感，所以我们的兴趣不是仅限于学术。顺带一提，我现在才明白，学术是超越情感和道德的。我们所有教中国学和东方学的老师都是有品位的知识分子，他们的个性也沾染到了自己的"科目"上，因此这不是像普希金所说的"冷冰冰"的学术，而是对中国人民、对中华文化的爱和尊重。当时还没有东方国家历史或和中国相关的基本教材，我们只能读着装订成册的、由打字机打出的热腾腾的创作讲义，

---

① 罗加乔夫（Алексей Петрович Рогачев，1900—1981），中国学家、外交官、哲学家、译者、教育家、莫斯科大学亚非学院教授，毕业于莫斯科研究所东方系。苏联驻乌鲁木齐总领事馆专员（1928—1934）；苏联驻哈尔滨总领事馆专员（1936—1939）。东方学研究所教授（自1939年起）。

② Л. В. 西蒙诺夫斯卡娅（Лариса Васильевна Симоновская，1902—1972），汉学家、历史学家、历史学博士（1967），教授（1967）。曾任圣彼得堡大学、国立远东大学、国立哈尔科夫大学（1936—1944）、莫斯科大学历史系（1944）、莫斯科大学东方语言研究所（956—1972）教授。

参加大、小考试。我们就是这样学习中国历史的。

问：既然我们谈到了您的老师，您可以说得更仔细一点吗？

答：我自己主修的是中世纪中国史，和其他所有学生一样，在大学三年级的时候选的。我记得，这是中国历史的基本时期之一，我选了 Л. В. 西蒙诺夫斯卡娅做指导教授，因为她是个非常尽责的老师，也因为她某种特殊的气质和对学生的态度。她对我们的生活感兴趣，能够对所有的问题给出实际的建议。她以各种方式帮助学生。此外，我很担心女人在学术中的角色，大家都知道的，女人必须兼顾学术工作和传统的女性义务。而我在西蒙诺夫斯卡娅身上看见了理想的典范，就像她那种极端的表达一样："如果学术生活打扰了个人生活，那就抛开学术吧！"当然，这是幽默的表达方式。总之，她按照本性做研究的方式很吸引我，但，众所周知地，想获得同事们对学术成果的肯定，女性要花费比男性更多的力气。

不久前，我们决定（在莫大亚非学院）要出版教师手册，因为一旦人们离开了，就只剩下少数人记得了。因此，我开始准备关于西蒙诺夫斯卡娅的资料、搜集所有她的学生的回忆，读她的自传，对我来说，关于老师的记忆是很神圣的。你青少年时代遇见的人、事决定了你整条创作道路。和西蒙诺夫斯卡娅接触时，我总是觉得她是"幕后"的俄罗斯文化的传承，而这就是她的魅力。

当我们去中国的时候，西蒙诺夫斯卡娅写信给我们，给予我们很多珍贵的意见。她研究中国的途径广度非常有吸引力。西蒙诺夫斯卡娅总是说："学习任何一个时期都不可以闭关自守。"当我和我的女生朋友伊莉娜·谢尔盖耶芙娜·扎乌斯钦斯卡娅（叶尔马岑科）① 去中国留学时，西蒙诺夫斯卡娅写信告诉我们，就算我们无法学习中世纪历史，也不用伤心，只要深入了解我们研究的这个国家就好。顺带一提，西蒙诺夫斯卡娅的副博士论文写的是 17 世纪的李自成起义，而博士论文她想写近代史，虽然她因为不可抗的

---

① 叶尔马岑科［Ирина Сергеевна Заусцинская（Ермаченко），1935—　］，中国学家，历史学副博士（1971），毕业于莫斯科大学东方语言研究所（1957）与北京大学历史系（1960）。曾为苏联科学院东方研究所（1960—1974）、苏联科学院社会科学信息研究所（1974—1989；2004 年起）研究员。

因素没有完成论文。

西蒙诺夫斯卡娅同样很注重学生的基本语言培训，命运让她在远东的大学工作了很长的时间，当她回到莫斯科时，带着两个中国人一起——周勋元（音译：Чжоу Сун-юань）和康德拉齐·瓦西里耶维奇·列佩辛斯基（Кондратий Васильевич Лепешинский）（我不记得他的中文名字了）。

令人难忘的周勋元是我学位论文的顾问。他的中国智慧给我留下了特别深的印象，他以丰富的个人特质展现了教师这个词的最高含义。他不只是中华文化伟大的代表者，更是俄罗斯文化的最佳代表。我人生第一次听见那么诗情画意的俄文（从外国人口中）。而他与学生交际时尊敬的态度，仿佛和学生是平等的一样，展现了知识分子的最高水平。还记得，每次他的课下课后，我就像能用翅膀飞行一样。我有了自信，觉得自己可以克服语言障碍，充分了解第一手资料。这非常有趣，像是解决西洋棋问题一样。周勋元就是可以展现如何"进入"、深入中世纪文章的内文。而我，显然遇到了中华文化具有全像原理的秘密吸引力——"一花一世界"，当然，那时候我还不太懂文言文。

说到对中华文化和文字的崇拜，刚开始我完全是个门外汉，但一切都隐含在中文字中，这些得来不易的知识对我来说非常珍贵。由于老师坚持，不用马上拼命忙着查字典，最重要的是试着找出上下文的内在关联，之后在整个源头之中你一定可以找到解答。着手写西蒙诺夫斯卡娅的传记时，我了解到在远东的生活时，周勋元和列佩辛斯基成为两种文化的传承者，在海参崴有创意的气氛中，中华文化和俄罗斯文化结合了，举个例子，在海参崴曾经有过唐人街，在那边出没很危险……

问：这条唐人街叫作"米里翁卡"（百万分之一）……

答：没错，不过从另一方面来看，在海参崴也开了戏院，那边演出了普希金的《上尉的女儿》（由列佩辛斯基所译）和《杜布罗夫斯基》，中国诗人萧爱梅[①]也曾来过。《萨尔丹沙皇的故事》上演时，中国演员以京剧的形式演

[①] 萧埃弥（萧爱梅，在苏联时期以萧三、萧子暲闻名，1896—1983），中国革命家、诗人、评论家、文学评论家、许多杂志的主要编辑；中国《国际歌》（1923）与其他诗歌的译者，其中包括中文诗作的俄语翻译。

出武打场面，结果演出变得更生动活泼了！正是这些人承载了两种文化，而这就是他们独特的魅力所在。

当然，对我影响甚深的还有中国近代史专家、西蒙诺夫斯卡娅的继任者——米哈伊尔·菲利波维奇·尤里耶夫①。他很关心学生和年轻教师，之后他成为东方语言所学术副主任。他就像是所有人的父亲一样，询问并邀请每一个人："你打算什么时候写论文？找个时间来找我，我帮你改。"他在办公室的时候，对学生的态度总是温暖又细心。

我认为我们研究所像是一个独一无二的"绿洲"，我们所有的学生和教师像个亲人般一起生活。甚至，当我1957年去中国的时候，来送行的不只是我们的朋友和同学，还包括了所有老师。因为这是一个突破！第一次，我们要去我们研究的国家留学了！这给中国学家们留下深刻的印象！甚至没有人问我们要去多久，因为连提出这样的问题都显得不像样。我们一切都准备好了。就是这种对中国的浪漫情感，对于要去我们研究的国家感到幸福。我认为，这种对中国友好的态度，即使在两国关系交恶的时候，也被保留下来。还记得，回到祖国后，1960年我在中国人民解放军歌舞团来巡回演出时担任翻译，两国关系当时降至冰点，尽管政治上充满矛盾，但还是有很多人来观看表演。

我们回到西蒙诺夫斯卡娅，这个文化水平很高的人。她不是只讲解在世界文化大背景下的中国历史和史学，她能运用这些知识，还懂法文、德文。顺带一提，她成为中国学家，也不是偶然。因为虽然她是波塔夫什纳人，却曾在哈尔滨居住过。她有个很厉害的父亲——是个曾获得很多勋章的勇敢军人。他们搬到东清铁路地区，西蒙诺夫斯卡娅从童年起就呼吸满洲火山鲜花的芬芳，受到松花江狂暴气息的熏陶，这些童年的种种影响了她主修专业的选择。之后研究中国的迫切性就随着世界政治情势水涨船高了。根据直觉，我总觉得她出身于非常有教养的环境，在学校读书时，我对她的过去一无所知。她家离开中国后，建了一间很棒的图书馆——"西

---

① 尤里耶夫（Михаил Филиппович Юрьев, 1918—1990），中国学家，历史学博士（1967），教授（1969），毕业于莫斯科大学历史系（1941）。曾参与第二次世界大战，为莫斯科大学历史系教授（从1950年起）、亚非学院教授（1956—1990）。

蒙诺夫斯基家族图书馆"。

作为杰出的中国学家，西蒙诺夫斯卡娅教授和侯外庐①、郭沫若②都有交情。她出席所有和中国有关的聚会，总是关心我们在中国的学习。

问：在莫斯科和在中国是谁教您中文的呢？

答：我有过很多老师。其中之一是尤利娅·尼古拉耶芙娜·伊萨延科③，她是知名中国学家的太太。教我们文言文的则是罗加乔夫。有趣的是，当我们去北京后才发现，我们学了完全不同的中文！当时我们的俄罗斯老师们不懂声调，因此我们必须再花一年学中文。俄国学生有着相同的腔调，中国人都会笑着说我们讲的是山东话。我印象最深的是，作业必须写特定数量的中文字，而且必须全写在小方格中……还有我们所内的中文老师塔玛拉·帕夫罗芙娜·扎多延科④，除了在中国的正式预科课程之外，她还用吉他教我们声调。在吉他的帮助之下，我们学会了声调。中国也有很多老师，尤其是学天象学的。我也学习了文言文，接着又在邓广铭⑤教授那里上了两年课，邓教授是中国知名的宋代历史专家，我的学位论文所研究的王安石变法（11 世纪）也是宋代历史的一部分。

问：我知道这个教授！1987 年时我和他在他北大校园内的家中见过面。请告诉我，在您第一次去北京的时候，其他所有和您一起上学的人也都被派到北京了吗？

答：不，没有！首先，中国学小组一开始有 21 个人，之后从历史系进到

---

① 侯外庐（1903—1987），著名中国历史学家、哲学家。曾于法国就学；自 1930 年起为哈尔滨大学教授，接着为北京大学教授。抗日战争时（1937—1945）领导太原的民族革命大学。1955 年起为中国科学院成员。翻译马克思《资本论》，中国社会思想史中的马克思主义首位研究员之一。

② 郭沫若（1892—1978），中国作家、诗人、历史学家、考古学家、社会活动家、中国科学院首任院长（1949—1978）。

③ 伊萨延科（Юлия Николаевна Исаенко），著名中国学家 Б. С. 伊萨延科的妻子。Б. С. 伊萨延科（1914—1965），中国学家，语言学副博士（1950），毕业于莫斯科东方学研究所并且任教于此（1935—1942、1947、1954），苏联科学院中国学研究所研究员（1958—1960）。

④ 扎多延科（Тамара Павловна Задоенко，1924—1993），中国学家，语言学副博士（1955），毕业于莫斯科东方学院（1951），任教于莫斯科大学语文学系（1956）、莫斯科大学亚非学院（1956 年起）。

⑤ 邓广铭（1907—1998），著名的中国历史学家，北京大学历史系主任与教授，宋代史专家，为《中国历史大辞典》宋代部分编辑。

东方语言研究所后，只剩下六个。重新分组后，组内也有日本学家。我们也许是因为学业成绩被选中的。因为各种因素，像是父母生病等原因，很多人无法启程，因此去中国的只有我和叶尔马岑科。

问：当时有哪些中国学家和您同一组上课呢？

答：和我们一起上课的有莉莉亚·尼古拉耶芙娜·博罗赫①，她年纪比较大，不过之后就从我们这组毕业了。一起上课的有阿莲娜·阿列克谢耶芙娜·沃洛赫娃（Алена Алексеевна Волохова，莫宁娜）、我的朋友伊莉娜·谢尔盖耶芙娜·扎乌斯钦斯卡娅（叶尔马岑科），之后这组又来了安德烈·谢尔盖耶维奇·克鲁申斯基（Андрей Сергеевич Крушинский）。他的父亲是很有名的记者，虽然克鲁申斯基只和我们一起上了一年的课，西蒙诺夫斯卡娅也对他的命运造成很大的影响。

问：艾米莉亚·帕夫洛芙娜·斯图日娜②年纪比您大吗？

答：是的，比我大。但我们之后像同事一样一起工作。我还可以补充上课的过程。西蒙诺夫斯卡娅用非常有创意、特别的方式教导我们。我们有讨论课，课堂上我们学习北京的俄罗斯东正教精神思想的著作。西蒙诺夫斯卡娅说，俄罗斯中国学家留下了不容忽视的遗产。西蒙诺夫斯卡娅，如我之前所说，非常理解西方语言和文学，基于这点，她坚持俄罗斯学者，可以的话，必须比西方同事更深入地理解中华文化。西蒙诺夫斯卡娅的论文之一献给了东正教传道团成员、知名中国学家亚金弗·比丘林。③

我还记得一个插曲：我的同学尤里·尼古拉耶维奇·加夫里洛夫④的专

---

① 博罗赫（Лилия Николаевна Борох，1933—2011），中国学家，历史学博士，1957 年毕业于东方语言研究所，苏联科学院中国学研究所研究员（1957—1961）、苏联科学院东方研究所研究员（191—2009），20 世纪初期中国社会思想专家。

② 斯图日娜（Эмилия Павловна Стужина，1931—1974），中国学家、历史学副博士（1962），莫斯科大学亚非学院教授（1957 年起），中世纪与近代中国社会经济历史专家。

③ （东正教）修士大祭司亚金弗（原名为尼基塔·亚科夫列维奇·比丘林；1777—1853），俄罗斯东正教会修士大祭司；外交官、东方学家、旅行家、汉语专家，俄罗斯汉学的创始者之一。为帝国圣彼得堡科学院通讯院士（1828）。

④ 加夫里洛夫（Юрий Николаевич Гаврилов，1932— ），东方学家，历史学博士（1974），韩国、缅甸、印度尼西亚历史专家。中华人民共和国苏联电讯记者（北京，1959—1962），莫斯科大学亚非学院（1966—1988）、俄罗斯人民友谊大学（自 1995 年起）、俄罗斯国立人文大学（自 1997 年起）教授，俄罗斯科学院东方学研究所研究员（1968—1988）。

业是韩国学,也修了西蒙诺夫斯卡娅的课,而俄罗斯中国学家著作中的学问出乎意料地影响了他的职业生涯。这是怎么回事呢?有次讨论课的主题是认识传统中国农业,我们很认真地学习了怎么使用中国农民的农具。当他去中国工作时,有次和高层代表团去了人民公社,看见农民的农具时,他展现了渊博的学识,述说该如何使用这些器具。他自己写到这件事情的时候很幽默,在场的人都很赞赏他对农业的深度了解。这件好笑的事展现了我们老师充满创意、全面又深刻的中华文化教学途径。可惜的是,在现在汉学中这样的趋势并没有被保留下来。现在人们较常读西方的研究,遗落在字典、俄罗斯中国学家著作中像珍珠一样的宝物真是难以计数了。举例来说当时,在我学习术语或是遇到问题时,我就会发现原来在俄罗斯学者的著作中已经写过很多了。

问:那您觉得西方学者的著作如何呢?

答:当然,由于我的工作性质,我会读他们的研究,但有时候这些著作会让我有些沮丧,感觉好像少了些什么,尤其是谈到哲学的时候。不想说得太笼统,举例来说,我很喜欢葛兰言①,但从西方思想的途径来理解中华文化是有害的。我看重这个问题。当时我一直努力地阅读,尽力地读(西方研究),但读完之后我发现,非常遗憾地,我对中国的了解一点进展都没有。当然,我认为必须要从两方观点来看,也需要理解西方研究,但今天我很讶异地得知,我的某些同事只用西方观点研究各种学术问题,忘了他们自己是俄罗斯文化的传承人。现在中国年轻人有很大部分都想以西方的方式生活,但就我的观察,真正的中国知识分子和俄国人沟通比跟美国人沟通容易。

问:我们回到您第一次来中国的时候,您是搭火车来的吧?您还记得,当火车第一次越过苏中边境时的感觉吗?

答:我记得那时的感觉。我们搭着"莫斯科—北京"的火车,幸福地憧憬着一定会很美好的未来。此外,几乎铺满整个车厢的花束,让我们一路上开心了很久。我们坐了七天的火车,旅途中认识了几乎所有同路人。原来,我们是很多人一起去的,其中有不同领域的学生、专家、医生、茶树栽培家、

---

① 葛兰言(Marcel Granet,1884—1940),杰出的法国中国学家,艾弥尔·涂尔干与爱德华·沙畹的学生。首位运用社会学的方式研究中国历史与文化的专家。

语言学家，什么专业都有！在漫长的路途中，我们得了严重的流感，也痊愈了。场景的变化、决定性的一刻的感觉、窗外景色的变幻、第一次在餐车吃中国菜的经历掳获了我们的心，期待已久的见面也更被拉近一点。车厢内已经出现面带微笑、友善的中国边防军，我们通过"反击"边境站，进入中国。还记得最鲜明的记忆：一样的草原，却出现了新奇、难以捉摸的感觉。不仅是因为周遭都是中国脸孔而已。一切都很不同，毫无疑问地，感觉到另一种未知的生活。对这个新的国家有种新奇、难以言喻的感觉，意识到自己已经在另一个新文化圈里的感觉。

而接着，我们就到北京大学了，之后我们必须在这里读三年书。我们小组的到来相当引人注目，因为派我们出国时，政府部门决定打扮我们（当时我们都过得很拮据），拨了一笔"差旅费"，我们将差旅费"供给"了国家百货内的所有货品！还记得我用那些钱买了一件漂亮的洋装，而我们组里的男孩子们为了不丢脸，全部的人都穿着当时流行的宽帽和苏联式风衣，结果，他们完全震撼了北大，要知道那里有很多学生，像当时说的，来自民主的国家，他们穿着短裤、轻松的夏衣，而我们这群却戴着宽帽、穿着风衣！从旁看来这一切都显得有点滑稽……

到中国的时候我还可以说些什么呢？第一年的时候，我觉得自己一直都很幸福，我到了自己研究的国家，而我之前就已经试着要了解这个国家了，而我没有失望。我们渐渐掌握并完全习惯了多彩多姿又井然有序的大学生活。第一年，尽管课业负担很重，但每天都像是过节一样。对这个有着古老文明的国家的印象，特别是当时对"老大哥"的好客，非常鲜明、令人难忘。

首先，大学的综合大楼就坐落在一个如画的公园里，让我十分惊喜。这里仿佛就是古代思维——"创作就是和自然的共鸣"的体现，因此，在自然风光的怀抱中工作和学习都富有成效。也许正是因为这个原因，学生和老师都不仅在学校工作，还照例都长期住在这里。我们（和其他国家的学生，以非洲和亚洲学生为主）被安置在一个园子里。园子被常春藤美丽地围绕着，有着斜顶房屋、色彩丰富的院子里长着很大的老银杏树，这里早春时还会盛开白云似的李花和梨花。也许，这是人生第一次，我，一个都市居民，生理上、视觉上都感觉到，如果长期住在大自然里（不是像放长假或休假日时的休闲），这样的美景能够焕发的能量。春天时，整个大学公园都会散发出灌木和树木抽新芽的芬芳，还有含苞待放的花朵，它们梦幻的妃紫、嫣红、嫩黄带给人们欢乐与和谐。

后来才知道，原来这个美丽的公园是人造的。依照传统学说"风水"（此处原文即为中文），公园是融合在自然风景之中、根据世界的方位而建的。这里"剽窃"自美丽的大自然和文化形象的一切都充满美学。

不管炎热或是寒冷总是引诱着人的如画小湖，是依照颐和园的昆明湖填造而成的，名字叫"未名湖"（没有名字的小湖）。夏天可以在这里划船；而冬天，当雪白的北京吹起了沙尘风暴时，很少人不戴口罩，可以在干净的湖面上享受溜冰。湖中间有个人造小岛，岛上有几个透明的小亭子。夏天时，柳枝垂向湖面，而不大的小湾中则会冒出几朵美丽的莲花。

在大学中，我们必须征服我们的新居，才能在那里住得舒服。因为我们马上挂起窗帘，房间变得很舒适，所以之后中国朋友就来看我们的房间了。据我所知，当时中国人和俄国人的生活方式在美学的表现上有着很显著的差异。

问：毕竟还是有很多地方不习惯吧？

答：我们刚到的时候，天气很好，蔚蓝的天空、很多水果、花卉。秋季是远东最美的时光。因为有奖学金，所有东西都很便宜。一切的不可能对我们来说都是可能的。但从另一方面来看，问题逐渐浮现。春天时开始起风，刮沙尘暴，我们宿舍很冷，但在中国宿舍里几乎完全没有暖气，我反复地感冒，因此我在这里的第一次购物买了传统的毛皮大衣，结果，它非常昂贵。我们住在一个很美的公园里，这点缀了我们的生活。举例来说，树上刚开始开了红色、黄色的花，之后嫩芽就出现了，我很惊喜，这一切都为我们带来能量和喜悦。

还记得，（我们住的）那个房间外观是中式的，而摆设、"装潢"则是西式的，那里还有装着中国热水和冷水的大桶。负责家务的是男性工人，他用拖把清理冰冷的水泥地。还有，公园吓到我了，我一开始没发现这一切都是人工的，也没想过未名湖是模仿颐和园的湖填造的。公园的小径设计成未加工过的样子，自然的石头、杂草丛生，旁边还长着野花。如画般的建筑点缀了公园的传统风光,看来像佛塔,但它其实只是座水塔。这座多层的"佛教垂直建筑"能够俯瞰公园并非偶然(被描绘在浅蓝色天空的背景,耸立在建筑群的黄色屋顶上),它成了北大(北京大学)纪念徽章的象征,体现必须持续进步、提升人类心灵的想法。

之后我收集了一整组的北大徽章。显然地,几乎所有徽章上都有远古树种银杏的树叶,同时象征了精神的强度和中华文化的持续。无疑地,这个徽章,不只赞扬古老树种的独特性,还反映出对树木的敬意,象征对整个大自然的崇拜。这个象征用在学习上也很恰当,因为高贵的词"先生",字面上就代表着"先出生的"。根据对中华文化里"先出生的"的理解,自然就是第一个老师,同时也是人类文化仿效和创新的对象。

我们改善口语能力的机会不是只有在课堂上而已。我们正好在11月假期的前夕来北京,而这里都已经(从9月开始)到了干燥的秋天美妙时光,秋天用鲜艳的色彩装饰蓝天,各种类别、多彩缤纷的盆栽菊花盛开着。

10月的假日,我们和中国朋友在温暖的联谊会上见面(这个字在这里也可以恰当地表达当时的感觉)。联谊会在天安门广场举行,那里举办过很多跟俄国相关的活动,展现了对节日的诚意,还播放了音乐(大部分都是苏联流行乐)。照字面上来说,我们在苏联假日的时候被中国人"俘虏"了,甚至在《光明日报》上还刊登了我们的合照。稍晚,庆祝结束后,我们迷上了独特的烟火,当时我们已经离开市中心回到北大,但彩色烟花依然照亮天空。我之后才知道,当时有五省竞赛,而烟火也是五个颜色,正好符合中国传统。

答:煮饭也不容易吧?

问:是这样的,我和女生朋友当时单独住在有学生食堂的宿舍。可惜的是,当时没有人告诉我不要去那间食堂吃饭。年轻人大部分都去海淀区周围的饭店吃饭,而我,就如预期的,去食堂吃饭后就生病了。那边条件很不卫生,没有冰箱,举例来说,香肠总是被炸到焦黑才上桌,蛋也只有煎蛋可以吃。此外,我那时很喜欢运动,从跳板上跳进游泳池的时候,吞了很多脏水,因此,我得了传统的"外国中国学家病"——肠道发炎。我夏天从中国回莫斯科的时候,就马上进了医院。当然,这稍微破坏了我的生活,但对中国的印象还是非常美好。我在北大历史系读书的时候,有很多中国朋友,记得在他们当中有个考古学家——中国高级知识分子的代表李德全，但后来我和她失去联络了。直到现在我也还在和我忠实的好友许宁音（音译）通信，就算有时候我没写信给她，她还是会持续地写给我。她曾在广州的中国科学院工作，但已经退休很久了。

还记得我们1957年去中国的时候，苏联刚向太空发射第一枚卫星，接着是载有小狗莱卡的卫星。中国学生自发性地在舞台上表演了这一幕，还来大学找我们，恭喜我们整个小组。我能感到他们的真心，而不是被下令这么做的。我有很多朋友，当中也有来自各国的留学生，真正的国际化。有一次，我甚至在某个大使馆和泰国公爵跳舞，和越南人打网球。我们全部都用中文沟通，我发现，越南人学习中文比我们容易，因为他们的母语有八个声调。整体来说，留下了最美好的回忆，我觉得自己非常幸运，能在年轻的时候以学生的身份去中国。学习真正的语言和中华文化当然提升了我的水平，而我回祖国开始工作的时候，感觉更有自信了。

问：您的学术兴趣是怎么形成的？您在中国就已经开始从事研究了吗？

答：是的，我学位论文的主题是王安石变法。我在中国的时候基本上就开始读这个题目的文献了。接着，在我回祖国之前，我就开始副博士论文——《与11世纪改革相关的中国政争》的撰写了。

问：也就是说，您在苏联继续从事在中国开始的研究？

答：我们回祖国的时候就知道，要靠专业找工作很难。我和朋友找到了一份苏联科学院中国学研究所初级学术研究员的工作。我们的薪水低得夸张，只有75卢布左右，但我们还是觉得自己很幸运。之后我进了东方语言研究所攻读函授研究生课程，有时也有面授课。1964年论文答辩后，我到莫斯科大学的中国史教研组教书，西蒙诺夫斯卡娅也在这里工作。我沉浸在各式各样的教学工作里。我教的课程有中国古代与中世纪历史、传统古代与中世纪史学、中国近代史学。先是指导本科生的课程和学位论文，之后就开始指导研究生。

问：除了在中国读书和教书之外，有什么大事影响过您中国学家的职业生涯吗？

答：首先，我认识很多（苏联科学院）东方学研究所中国部的知名中国学家，Р. В. 维亚特金①、Л. П. 杰柳辛②、А. А. 博克夏宁③、Л. Н. 博罗赫和其他同事，跟他们像是自己人一样，我进入大学工作之后，还是像以前一样跟他们维持紧密的关系。

问：因为你还是继续和他们一起工作……

答：是的。除了在大学教书以外，对我而言，大事就是我每年参加了"中国社会与国家"研讨会，这个研讨会在东方学研究所已经举办超过 40 年了。这一会议扩大了我的视野，对我非常有益。此外尼古拉·康拉德④给我很深刻的印象，特别是在我听了他在小教室的演讲之后。我记得，他研究的中心题目之一是韩愈的"儒学复兴"，康拉德验证了"仁"的思想和西方的术语"人文主义"相近，他讲得非常生动，整个教室都为之疯狂，而他真正的俄罗斯知识分子的外表让人感觉可靠。他好像整个人都被自己活泼的个性提升和启发了。我的灵魂渴望向这个人再多学一些什么，我甚至幸运到能私下跟他见面，当我副博士论文答辩时，他是学术委员会的一员，他当时生病了，我就去他家请他以学术委员会的委员身份投票。不久前，我们研究室（研究室负责处理答辩）的实习生 Е. В. 巴达耶夫写了关于康拉德的副博士论文，我欣然读了这篇论文，想到了过去，回忆起这个鲜明的人，虽然在一个问题上我和他没有形成共识。

问：您们对什么没有共识呢？因为康拉德尝试过于直接地对照比较东方和西方吗？

答：没错，我明白为什么要进行这样的比较。1957 年，在他倡议要发表

---

① 鲁道夫·弗谢沃洛多维奇·维亚特金（Р. В. Вяткин，1910—1995），中国学家，历史学博士，中国思想史专家。首次将《史记》翻译成俄文，并附上详尽的注释（2011 年最终的翻译工作与完整出版由维亚特金的学生完成）。曾为军事外国语学院、莫斯科东方学研究所、莫斯科大学（1939—1956）教授。中国学研究所研究员（1910—1995）、俄罗斯科学院东方学研究所研究员（1958 年起）。

② Л. П. 杰柳辛（Л. П. Делюсин，1923 生于莫斯科），中国学家、历史学博士（1971）。俄罗斯科学院东方学研究所中国部研究员与主任（1967—1990）。

③ А. А. 博克夏宁（А. А. Бокщанин，1935 生于莫斯科），毕业于莫斯科大学东方语言研究所（1958），历史学博士（1958）、教授，任职于中国学研究所（1958 年起）与苏联科学院东方学研究所（1985 年起），俄罗斯科学院东方学研究所中国部主任（1990—2011），明朝历史专家。

④ Н. И. 康拉德（Н. И. Конрад，1891—1970），俄罗斯的东方学家、中国学家、日本学家、日本与中国历史文化专家，苏联科学院院士（1958），苏联国家奖获得者（1972），苏联科学院东方学研究所研究员（1931—1970），出版约 300 本着作。

的世界史中，有个很重要的观点，就是东方历史的研究，跟西方历史一样，是世界史的一个部分。康拉德在这方面取得了非常大的成就。

问：也就是说，康拉德试图使用欧洲的现实来打破当时世界史中的欧洲中心论，并"恢复"东方的名誉？

答：就是这样。但说到"仁"的思想的话，它一直都和谐地存在于中国人的意识中。每一代中国人都会重新理解孔子的儒学思想，在这里，一直进行着某种遗忘、"复兴"、"小复兴"的过程。我认为，中国古代文化传统是绝对不会中断的。当然，在西方人文主义者中有很多鲜明的人物，但从生态的观点来看，他们都是叛军，将人类放在比神和自然力量都高的位置上，因此，我并没有因为西方的"人文主义"而感受到任何喜悦，中国的"仁"相对而言更加深刻。我有很长一段时间无法理解，为什么"不仁"会被翻译成生理层面的"麻痹"，而在详解字典中我找到了非常棒的解释："在天空——元（起因、源头），而在地上——'仁'。"也就是说"仁"就是"元"在地上的投射，就像能量的源头。这是"爱"。这是如 Л. И. 戈洛瓦乔娃[①]翻译的"良心"。这是基本的概念。还有，我很惊喜地发现，"天""元""仁"三个字都有一样的成分：两横（代表天和地）与"人"。只不过"人"在这三个字中位于不同的位置。顺带一提，我现在研究的领域之一就是汉字的精髓与它们之间的关联。如果有人说汉字必须"死背"，那是因为他们没有系统地理解，而我认为死记硬背是行不通的。在北京话听起来都一样的汉字，彼此都有紧密的关联，要厘清不容易。

顺便讲讲中文教学，今天我意识到了，我是太乖的学生，不过学习东方学、特别是中文，就像我们常开玩笑地说：再会吧，青春。因为这一切都是建立在死记上，而那影响我的心理状态，我总是很担心（"明天会问这个！"），学习损坏了我的健康。当时应该要像孔子说的：学而时习之，不亦乐乎？却发生了这么矛盾的插曲。我有一位同事，虽然没去过中国，但是个很有创意的人，非常努力地学习中文，学到中国人都想要找她当导游兼

[①] Л. И. 戈洛瓦乔娃（Л. И. Головачёва，1937—2011），汉学家、历史学家、哲学家、翻译家，历史学副博士（1981），毕业于圣彼得堡大学东方学系（1975），近代中国史、中国古代哲学（孔子、老子）以及中国汉字专家。戈洛瓦乔娃为中国学家、访谈者戈洛瓦乔夫之母。

翻译了。我有个历史成绩很好但中文只有"两分"的学生，那时我请我的那位朋友和我的学生一起读书。过了一段时间，这个学生承认，她发现了完全不同的中文，而现在已经可以快乐地学中文了。她迎头赶上，进步很多，已经可以拿"四分""五分"了。因为我的朋友告诉她很生动的诀窍。

学生们总是逼迫自己机械性地背诵一个词语中的汉字组合，而没有理解组成它的汉字的含义。我认为，学习语言就是要时时刻刻查阅字典，就像玛尔沙克（С. Я. Маршак）写道的："在我面前的不是字典，而是被解体的老故事。"如果学汉字，可以学习它单独的意义以及和其他字组合的意义，那么就可以突破瓶颈。这会是很惊人的进步，因为这种方式展现了文化语意和语言的完整性，当然，现在在俄国教中文的方式已经进步很多了，但距离理想还是相当遥远。

问：您的中国学家同事中还有谁影响了你呢？

答：还有谁影响我？某种程度来说，弗拉基米尔·尼古拉耶维奇·尼基弗洛夫[①]影响了我。这是我刚进入学术领域的时候，我当时写了自己的第一篇论文，题目和范仲淹的改革有关，我非常努力地写，写完之后才发现，有些学中文的人，俄文莫名其妙地"卡住了"。就在这个重要的时候，尼基弗洛夫教授告诉我：写学术论文的技巧会随着时间慢慢进步的。他非常鼓励我，我也信了。我现在写论文非常得心应手，此外，我还审查了很多别人的研究，顺带一提，和我的主要著作的编辑——别阿塔·列昂尼多芙娜·莫德尔（Беата Леонидовна Модель）一起工作对我来说是个大学问，她是历史副博士，负责修改我的手稿。我看着她怎么完成这些工作，并将一切都"吸收"进去，那种方法对于找到自己的风格、好好说俄语都很重要。要知道，中文和俄文的逻辑完全不同！例如，在中文里，如果一个字在一页之中重复了20次甚至以上都是正常的，但在俄语就必须用到同义词，一直重复同样的字让语言显得很简陋。同时，中文却又是个很意象化的语言，需要运用到右脑，读列里赫的《活着的道

---

① 弗拉基米尔·尼古拉耶维奇·尼基弗洛夫（Владимир Николаевич Никифоров，1920—1990），出生于波洛兹克，中国学家、历史学家，历史学博士，俄罗斯科学院东方学研究所研究员（1950—1970、1984—1990）、苏联科学院远东研究所研究员（1970—1984），杂志《和平与社会主义的问题》的编辑（布拉格，1958—1960），出版成果超过200部/篇。

德》对我个人的中文学习很有帮助,当中有很多东西奠基于东方智慧,也包含了中华智慧。而我随着时间流逝越来越能感觉到传统文章的深度。

问: 实际上,汉字的含义非常深刻,而且具备了多种面向。

答: 汉字的含义很多层,每个人都照自己的水平、语言习得的程度来了解。一开始我并没有意识到这点,但后来开始潜心阅读后,我有了更深入理解汉字"源源不绝"的含义的机会。这些文字是基于生活逻辑而创造的,而生活逻辑本质上就和现代形式逻辑与西方文明不同。举例来说,我研究李觏(1009—1059)的著作,其中有《富国策》《强兵策》《安民策》三篇,这些内容都互相关联,体现了树木的生态形象,树干、树枝(即本末)和各部分的和谐关系,可以拿来当研究的榜样,看起来像是一棵树的树干和树枝盘根错节。非常深奥的中文字也有重复,如果有什么难解的,最后就会建立起概念的多重含义,这非常引人入胜。就像我之前说的,我的老师周顺安,奠定了我对分解汉字的热情,这就像玩西洋棋,你必须计算组合、排列和关联,这是可以发展直觉和想象力的脑力激荡!

问: 让我们回到更广泛的主题。在您汉学生命的道路上,您的学术兴趣是怎么改变的呢?

答: 研究中国为初步理解世界文化打下了良好的基础,我的博士论文(当时还可以用书来答辩)为《中国中世纪的政权研究》①(1985)。老实说,我采用了一个文献当基准,但实际上,我不是研究李觏,而是研究对"经世济民"——"为了人民而协调世界"的(最基本的)概念。上述的术语让我们理解了最基本的中国社会政治思想,而这在李觏的应试文集中有更确切的体现。这种世界观的基础具有和人的使命高度相关的中心思想,在这种情况下,君主被赋予和天地一起创造生活的责任。

现代中文里,两个字组成的单词"经济"(原文为中文)代表了"经济"的意思。这个"穿着传统外衣"的西式概念从日本传入中国的。它在日本"落地生根"则是在明治维新之后。先前提到的"经济"(出自儒学,和这个词的古义有关)这个没人知道的西方术语,它的翻译带有传统观念,是由于

---

① Лапина З. Г., Учение об управлении государством в средневековом Китае. М.: 《Наука》, 1985, 388с.

缺乏对中国整体文化的社会政治的客观知识而造成的。和英文"economy"不同（这个词在成为"经济学"的象征之前，曾代表现实经济生活中不可或缺的部分），两个字组成的单词"经济"涵盖了一个整体概念，现在所谓的经济只是其中的一部分。

研究整体概念（经济方面只是其中的一部分）的起源和生命的维持、上苍（上天）的赋予和"经济"这个术语在政治领域的意义有关，让我们能够反思近代中国成功的理由。我可以有自信地说，中国政治精英在传统生活的大背景之下"纯粹地"解决经济问题而推行改革、讨论经济问题时，就已经体现了这个术语的现代意义。祖先流传的"传统文化"记忆千方百计地阻止他们，不让他们在自己的人民身上做实验。毕竟，经济在减少自然资源、社会、个人和其他成分的生命能量消耗这样的最高含义中，也包括了简约的概念。

问：您很关注"经济"这一中国概念深层的本质问题，这个问题和世界经济危机、全球化都息息相关，因此现在特别重要。或许，在节约自然资源和社会能量中是否正好有包含克服或是更重要的预防危机的秘密呢？

答：这是个很复杂的问题。再重复一次，就连现在中国人自己说的"经济"也都只是经济。但其实这个是更广泛的概念，这个词实际上还代表了"节约"。俗话说："上等人节省开支"。什么都需要节俭，最重要的是，节省活力的消耗。现在这对大家来说更是前所未有的清楚，节省活力让上等人能往上爬（上达），不再忐忑而自我完善（修身），而下等人则是堕落（下达）。在中国，上等人被比喻为挺拔的松树，而下等人则是藤蔓，本能地寄生在别人身上。中华文化的形象相当环保，提倡金钱和活力的节约。

总体而言，写作时，我觉得"经济"这个术语非常特别，只有中国才有。结果，这个术语很普及，也适用于其他东方国家的政治文化领域，而不意外的，尤其适用于印度。

问：您的研究室是怎么创建的呢？

答：1991年，我们莫大亚非学院开始出现研究文化生态的创作团队，这个团队由我率领，之后在1993年，改组成"东方文化生态"研究室（亚非学院的学术研究单位），运作几乎16年了。在这之前，我是中国历史系的系主任，不过我非常高兴地接纳创立实验室的建议，将历史系交棒给阿尔连·瓦戈夫维奇·梅利克谢托夫。① 因为我已经从之前研究兴趣的范围中"长大"了。

问：您的研究主题是什么？有怎样的使命？

答：就像我之前说的，我率领的"东方文化生态"研究室，是莫大亚非学院的学术研究单位。实验室是由几个博士和副博士所组成，实验室的名称就说明了一切，本质上结合了人文学科研究的三个主要领域：生态、文化和东方。

问：这些工作领域的基本原则是什么？

答：这些领域的工作奠基于对生态的深度了解，最重要的是，像了解整体生态意识一样了解生态。在这种情况下，文化才能被理解为一个人和自然交流的最大系统。就是那样的东方文化，使人朝向心灵的自我完善前进。考量到这点，研究室的总体策略目标是：在充实东方文化和世界总体生态潜能的基础上，发展人和自然为一体的意识。当然，其中我们特别强调俄罗斯和俄罗斯文化，因为所处的地缘关系，俄罗斯是历史上东西方的桥梁。

此外，实验室正在开发对理想的未来世界文化的标准预测（主要作者为 К. И. 施林）。实验室中的一个小组采用世界文化综合生态的途径（在必须维护各个文化的独创与独特性的前提之下）研究个人和 21 世纪民族生态模式的形成，他们正尝试找出对抗生态危机的方法。"东方文化生态"实验室正在研发像是完整真实意识的系统和文化生态方法的"生态智慧"概念。

问：这些改变有多么迫切？而又有哪些任务和它们相关？

答：需要世界观根本上的改变并打造真正的价值体系，才会意识到社会和自然对抗的毁灭性。这表示必须通过文化、科学和宗教最好的整合来进行科学、教育上最根本的改变。由于东方的哲学（精确地说，它的环境哲学或是环境智慧）是建立在对自然、对被视为与自然一体的人类问题的整合方式

---

① А. В. 梅利克谢托夫（Арлен Ваагович Меликсетов，1930—2006），中国学家，毕业于莫斯科大学历史系（1956），历史学博士（1967），教授（1976），中国学研究所研究员（1956—1960），莫斯科国立国际关系学院教授（1960—1989），莫斯科大学亚非学院院长（1989—1994），《汉学》杂志主编（自 2000 年起）。

上。研究室的任务不仅是掌握整体或生活意识，还必须结合东方文化生活伦理，消除人类和自然的对抗。

问：实验室的学术研究宗旨是什么？

答：我们实验室"关键"的宗旨就是：在不同领域，例如：个人文化、工作、生产、教学与科研的知识，最后一个——自然，它们的架构能够趋近相似，逻辑可以互通。这使知识结构得以改变，并使整个"链"结构的改变出现可能性。在潜在模式中，上述想法或许可以借由协调当前的形式逻辑、认识论、辩证、哲学、个人纯理性的文明和某些特定活动形式，来消灭环境灾难。

问：从事环境哲学，您还是没有脱离汉学吗？

答：是的，我提前要求要继续中国学的工作。比如为 А. В. 梅里克谢托夫主编的《中国史》① 撰写了几个章节。现在我正在为了 С. Л. 齐赫文斯基主编的十卷本《中国历史》（东方学研究所）撰写宋代史。在教材《宗教史》②中也有我的"儒教"篇章。我继续研究孔子和他个人自我完善的经验。虽然仍是中国学家，但我拓展了研究的范围。现在我已经很少做像是唐、宋或其他朝代等单一历史时期的研究了。顺带一提，我的头脑是这样的，我记不住单一的细节，我对通则更有兴趣。就是这样的兴趣引领我到"文化"概念。我了解到，历史就是自我意识的浓缩经验，严格说起来，中华文化中不存在过去、现在和未来，这构成了一个永恒（连续）的流动。让人惊讶的是，很多中国人看待孔子教诲的态度就好像孔子是他们的同代人一样；而与此同时，在俄罗斯，我们好像离我们的祖先、我们的根本越来越疏远。顺带一提，以孔子为榜样，让我了解了所有文化的"启示"结构。莱蒙托夫的《祈祷》、普希金的《先知》、土库曼诗人马赫图姆库里与波斯人哈菲丝的苏菲的启示，都是根据构图同样具有六条线的六角型写成。这些全都出自《书经》③ 的方阵。原来，一切都包含在《书经》里了，不只是中国，而且是全人类的智慧。《书

---

① История Китая. Учебник. Под редакцией А. В. Меликсетова. 2-е изд., испр. и доп. -М.：Изд-во МГУ, Изд-во «Высшая школа», 2002. 736с.

② Лапина З. Г., Винокуров В. В., Забияко А. П., История религий. Учебник. М.：Изд-во "Высшая школа", 2002，463с.

③ 《书经》，中国的古典书籍，儒家《五经》之一。

经》的本质先提出了人类自我完善的五个面向，首先是说好听的话（言）、令人尊敬的外表（貌）、内心的视觉（视）、内心的听力（听），以及最后，像是一切的综合——有远见的思想（心），这五点对应了五行元素或精神变化的五个方面。

问：哪个题目对您来说最重要呢？毕竟几十年来您研究了很多不同的题目。

答：现在是人类自我完善的主题。问题的本质在于，必须明白人为什么来到这个世界。中华文化清楚地回答了这个问题。人应该自我完善。也就是说，最后要消灭"自我"，从最简单的人成为具创造力的个体。中华文化本质上和西方文化不一样，因为个人和国家在中华文化中是不冲突的，毕竟他们有相同的目标。理想中，中华文化里的国家被视为人民生活的工具，而每个人的课题都是在精神上超越"自我"，并自我完善。

除此之外，我也在考虑进一步研究艺术主题，这是文化的高级形式。在《生态教育》[①] 一书中，我写了乘坐马车的艺术，当中清楚展现如何，像字面上的，改造人的本质（"七体"）。就像孔子寻求和天的联结，想要顶天立地，就必须要像在急驰的马车上的车夫的灵魂和身体一样，这意味着可以"把缰绳拿在自己手上"，并且能够及时完成自己所有的计划。在这样的情况下，人能够发觉神、宇宙精神和上天赋予他的力量，那么他就会有无穷的可能性。但大部分人都"脚踏实地"地过生活。他们甚至没想过，每个人身上有多少的能量，比核子还大！因此文化就是唯一的救赎。顺便说一下，这是很有趣的比较。在俄罗斯政府部门人士的语言中几乎完全没有"文化"概念的存在。

问：但毕竟还是可以不用文字说出来就赞扬一种文化？

答：确实如此。当我看到每年10月1日中华人民共和国国庆的时候，天安门（天空安定的大门）广场装饰上五颜六色的花坛，像是用两个交错的中华文化象征——龙和凤（男性和女性的源头）编织而成。花坛其实是由种植在小土丘上成千上万的花构成，而小土丘被巧妙地遮住了。这样的节庆摆设

[①] Лапина З. Г., Чжоу Хун, Шилин К. И., Экологическое воспитание-творческая индивидуальность будущего// Энциклопедия Живого знания. Т. 6. М., 2002, 256с.

包含了牺牲的深层理念,将鲜花献给上天(自然),仿佛上天是最高的起点,符合中华文化的精神。这种面向上苍的仪式表现,就像对待"先生"一样,无声、却又清楚证明了"具中国特色的社会主义"思想和古老文化的源头相关。仿效一直在追寻和谐(排除各种冲突和混乱)目标的祖先的精神,他们就像自己的老师,渴望保障"千秋万代的幸福"。我认为中国政府先带领人民敬爱祖先之后,中国将会拥有更多生活发展的前景。

说到我的学术兴趣,我在2001年出版了《统治的艺术》[①],里面收录了我的李觏应试文集翻译和我学生翻译的刘劭的《人物志》。我为这本书写了前言,书中汇集了我学术研究的本质,我认为,"文化"概念是中国人天生就具备的,而学习最主要的纲目就是自我完善。就像孔子的学生说的:"博我以文,约我以礼"。简单来说,人应该拓展自己的意识、成长,并和自然、上天结合,这样他才能获得伟大的力量。因此"文化"概念才会这么关键。在中国政治活动的研究和文本中,我同样看出祖先智慧的语言的保留,就连在现代文章中也能看到。就像罗曼诺索夫写的:"神用双唇驱策人们。"也就是说,记录的语言塑造了人,在语言和文字中蓄积了很多力量。因此,我认为丧失自己的文化是种威胁。对很多民族来说,以英文为沟通主流的网络上,上网是个很大的威胁。文化语言,就是强力的武器,而且这个武器具备杀伤力。

问:我认为,舍弃中国传统文字,以简体字取代繁体字的行为是另一个对中国的严重威胁。但这已经是另一个主题了。您说您写了一本关于中国的书,为什么您决定叫它《我的中国》?在书里面写了什么?这是回忆录吗?

答:某些程度上来说是的。我写了我是如何通过个人感受来理解中华文化的,从我是学生,之后老师、研究员的时候,都是这样做的。但在半个世纪前,我在中国读书的时候,我还没准备好了解中华文化的深层本质。没有人教我们,我们也不懂,只能靠猜测。

问:您在北京读书之后还有去过中国吗?

问:非常可惜,只在1986年去过一次。我和苏中友谊代表团一起去参加

---

① Лапина З. Г., Искусство властвовать. Каноны (2 китайских канона: III и XI вв., первая публикация). М., Изд-во «Белые альвы», 2001, 288с.

文艺活动，当中包含文艺名人尼基塔·博戈斯洛夫斯基[①]和其他有名的作曲家。这是一次非常愉快的旅行。各地都为了我们举办舞会（之后我们甚至对舞会感到非常厌倦），到各省也都有人请我们吃当地美食。很遗憾，我常常被邀请，但妈妈病了很久，我不能留她一个人在莫斯科。最近也有人请我去中国，我想我大概很快就会去了。

问：您去过中国的哪些城市？

答：去过很多城市，学生时期我几乎跑遍中国，去过北京、上海、南京、西安、洛阳、杭州、景德镇。我们看过许多名胜：宫殿、官邸、公园、公墓。当时还是学生，因此我们的旅行显得很拮据，都只能买硬座票。我这边还保留了一首献给我们的诗，当中作者展现对我们坐硬座和一般民众一起游中国的敬佩。还记得，有时候列车员放我们进去免费的卧铺车厢，那边没有床铺，我们只是躺在地板上，但这已经非常幸福了！也发生过滑稽的事，有一次在冬天的时候，我们（四个女学生）一起去西安。我们被安置在很大的房子，有很大的羽绒床，而且里面很热，热到几乎不能呼吸。当我们出现在街上时，人潮就会开始聚集，小孩子尖叫，四个异国"美人"的出现成了活动焦点，总的来说，各地的态度都很友善。

问：中国的哪个角度给您留下了最深的印象呢？

答：旅行的时候，我都喜欢坐在窗边，享受展开的平原景致，这些风景至今都还留在我心里。在长江上航行的时候，我看见了中国人常在山水画中描绘的群山。我才发现，中国山水画里神话般的山峰不是虚构的想象，而是出自大自然的手笔。这对我来说非常惊喜。有趣的是，我们坐在船上的时候，电台一直播放中华文化的宣传片。总是有人向我们介绍我们参观的地方，举例来说：那时船经过古代中国诗人屈原的故乡，就有人告诉我们屈原的传记。而这些故事都用口号结尾："我们都应该像屈原一样爱国！"这一切都很特别！京剧也让我很惊喜，虽然第一次听到的时候很不习惯。顺带一提，那时是大剧院芭蕾舞团第一次到中国演出芭蕾，我去看了表演。在场的中国观众们对芭蕾的热烈反应完全出乎我的意料。但这是有条件的艺术，必须生于这个文

[①] Н. В. 博戈斯洛夫斯基（Н. В. Богословский，1913—2004），苏联、俄国的作曲家、指挥、钢琴家、文学家，苏联国民艺术家（1983）。

化，才能体会它的美感。中国人还没有体会芭蕾的美，只是感到惊讶而已。同样的事情也发生在俄国的边远地区。姆斯提斯拉夫·罗斯特洛波维奇（Мстислав Ростропович）说，有次他在偏乡拉大提琴的时候，演奏会的第一排坐着两个大胡子农民，对音乐很有反应，总是说："看他拉的！看他拉的！"全部的人都请他们安静，但他们毫不在意，只是真诚地交流情感。当他拉到高音的时候，这些农民非常担心，影响到了罗斯特洛波维奇。同样，这些还没准备好的中国人都是这样出乎意料的反应。

问：那样的反应很常见，而且俄国人并不习惯京剧的声音。B. M. 阿列克谢耶夫①院士在自己的著作《在古代中国》里写道，他有次和认识的老师们在北京参加晚会，京剧独唱表演结束后，他们请阿列克谢耶夫也唱一首俄文歌，当他用低沉的声音唱起俄罗斯民族歌曲时，那些使人敬仰的老师们都从椅子上跌下来，笑到在地上打滚。过了一段时间他们冷静下来以后，向阿列克谢耶夫道歉并解释，他的声音让他们想起熊的低吼。

答：是的，没准备好的人们是无法理解的。不过，作为中国学家，我当时就了解，京剧需要个人持续的自我完善、优秀的培训和高度的创造力。我还有其他深刻的印象，有次我去上海找一位中国医生（他在家看诊），我看到了传统中国家具，对我来说很不寻常的家具。医生自己的外表也非常俊美，总之，参观中国知识分子的家给我留下了很深刻的印象。

我总共在中国读了三年书，获得了一些理解中华文化的经验。对我来说，中华文化不仅仅体现在风景秀丽的公园、富有历史的博物馆、帝王陵墓、佛寺或城市花园，而且是在日常生活的结构本身。中国的春节给人带来不可磨灭的印象，几乎全部的人口都要搭车回去和亲人一起过年。中华文化的有机载体是一般老百姓，他们的记忆天生就和自己的起源息息相关。我永远记得一个和善的老人（工友），他的职责是用大拖把拖石子地板，烧炉子来煮大桶子里的水、满足其他住户的需求。我们偶尔会听到他唱自己最喜欢的京剧调子，这表示他喝了一些温过的绍兴酒，处于非常愉快的状态。他是个好心、和善的人。

---

① Алексеев В. М.，В старом Китае. М.：《Восточная литература》，2012，512с.

我们的中国朋友（几乎毫无例外）初次见面时看到我们写中文字，总是热衷于给予评价。不意外的，举例来说，举办传统中华音乐会的演奏厅的墙上装饰了上海市市长的书法题词，吸引了很多人的目光。在中华传统中，一个人的笔迹代表了他的完善程度，毕竟，就像中国知名书法家王献之所说的："笔迹会使小人露出马脚"。

问：您求学时刚好是"大跃进"的年代，您还记得"大跃进"吗？

答：是的，我很清楚记的"人民公社"，那里的中国人说：感谢毛泽东，他们才能每天都能在水壶里装开水喝。这一切都是我亲眼所见。很多外国人都因为"大跃进"、因为中国人炼钢而感到兴奋。不过以我对中华文化的了解来说，方法一直都是很重要的，所以没有对此感到喜悦。但我看见了中国人真正的热情，这让我对那些真的希望赶快建立理想社会的中国人感到敬佩。之后我自己也在十三陵参加星期六义务劳动！外国学生都是一起去星期六义务劳动的，我们全部人（来自匈牙利、捷克斯洛伐克、罗马尼亚和其他国家的学生）在中国变得很熟，我和他们之中的很多人之后维持了很长一段时间的联络。

忘了说，当时国际学生住在独立的宿舍，但我和我的朋友想要和中国人有更多的交流，我们就搬去了中国人的宿舍。但当我们搬过去之后，我们却发现中国人很少在家，因为他们被送去劳改了，原来我们白白搬了一趟。但我们还是住在那里，继续努力把中文学好。当然，学语言最重要的不是直接沟通，而是要奠定基础。我的可以解释、读、写。我的文章毫无疑问地读得更好了，也有很大的词汇量，但要达到更高的水平——像中国人一样讲话，我还没办法做到。

问：您说，您和之前在北京的外国同学保持联络，甚至还飞去匈牙利开研讨会，您是怎么维持这种关系的呢？

答：对啊，像是匈牙利人彼得·波洛尼、德国人音特劳特·汉耶斯，还有之后搬到以色列的罗马尼亚人奥列丽亚，他们之后到中国都从莫斯科转机，而且都住在我们家。奥列丽亚后来学会了俄文，我们关系很紧密，经常通信，都知道对方在做些什么。很好的是，我以学生的身份过去的时候，已经有大学可以读，我在北京读了三年，而他们都是中学毕业之后就来，在中国已经读了八到十年了。他们全部都很懂中文，但他们却很少运用到自己关于中国的知识。他们这样的人很多，可是他们都很难在自己的祖国找到工作。我认识很多捷克斯洛伐克的中国学家，1975年到1976年间，我去过捷克斯洛伐克两次，在查尔斯大学教汉学学生中国古代史和中世纪史，当时亚非系系主任是玛尔采拉·库别绍娃（Марцелла Кубешова），她常常来莫斯科，我们出版了一些和中国有关的书。我们甚至常常邀请对方，总之，关系很密切。

问：和东欧的同事有过任何的学术交流吗？

答：以前有，可是现在比较少了。我们实验室最近几年有很多中国见习生。我们合作研究文化，之后我们和云南大学的周红（音译）教授合作出版了"环境教育"，她得到在中国出版的资助，为此我写了一大段关于中华文化生态性的文章。当时北大的于希贤、侯靖林（音译）教授，哈尔滨的苏峰林（音译）教授、人民大学哲学系的欧阳志远教授和其他很多很多人都曾在我们这里进修。顺带一提，我是郭乔（音译）硕士论文《孔子对教育系统的贡献》的指导教授。

问：您在莫大已经教书半世纪了，您怎么评估现在汉学学生的培养、兴趣的水平呢？

答：我现在已经比较少教书了。当然，几十年来学生一直在变。当时我们非常忠于自己的专业，我们去中国的时候，甚至没有问"要去多久"。而现在我甚至很难找到一个愿意做困难但很重要的中世纪主题研究的学生，我有很多快要翻译好的文献，我可以给学生，让他们完成翻译，但所有的学生都只想要研究现代中国，他们全都知道自己之后要去哪里工作了！我总共已经指导了七个副博士和两个博士的论文。博士论文其中之一是俄中关系的研究，由哈尔滨的苏峰林（音译）教授撰写。另一个博士论文则是非洲主题。副博士论文中有一篇则由中国人许滔（音译）答辩，他现在在北京很有成就。

问：您跟踪观察现代中国的变化吗？

答：当然观察，尤其是中国的精神生活的发展趋势，特别关注创建和谐社会的方针。

问：之前康拉德证明了东方不比西方差，而现在发现，也许东方甚至更好？您觉得呢？

答：不，不是更好，我会说东方更"基础"。在我看来，东方不是地理概念，而是一种空间意识。东方文化就是传统文化，举例来说，就连住在西方的印度人（这也是东方）也是。或者说，传统俄罗斯文化，它的文化生态也是东方的，它清楚明显地表达人和世界的关系的本质。因此，东方文化才是根本。

问：也就是说，未来是取决于东方的？

答：这在孔子的例子上也可以看到，就像他说的"日日新"。原来，他也不完全是保守主义者！孔子就是后世之师。而现在，他的时代来临了。因为在过去，孔子都是在其拥护者和追随者的意识框架下被理解，而为什么孔子会是人类的导师？因为他说过：为了千秋万代的幸福，一定要回顾历史。也就是说，他考量到了未来，也为了未来努力。

我研究文化和文明很久了，古代圣贤在未一展抱负之前，利用自己内心的看法——"志"细微地观察，他们看见一般人看不见的，因此能够谨守分际，能够理解"中庸"。他们过世之后，如孔子所说：古代圣贤留给人们礼法。而礼法，就像《礼记》所说的，是天地之间的"经"和"纬"。礼法给人们节律和分寸，给全人类"中庸"。对中国人而言，世界是公平的，正因为世界是公平的，才会是我们想法中塑造的样子。就像用细丝织布一样，人通过"养生"来创造自身和世界。人之所以伟大，是因为宇宙、上天透过人创造了可见的世界。

事实上，所有对世界文化最重要的东西都已经写在古老的箴言里了。奇怪的是，读翻译作品的时候，没受训过的业余者带着开放的意识，可以比专业中国学家看到更多东西。就像是杜多罗夫[①]致力于《易经》的研究。这部中国古代著作，不仅是中国人的遗产，也是全世界的。

问：现在在世界各地创立孔子学院蔚为风潮，您认为这个活动能够使人类更靠近孔子吗？或者这只是个在国际媒体宣传中华文化比较方便的形式？

[①] Дудоров О. Е. Основы теории перемен. Ицзин. М. : Флинта, 2003.

答：我觉得两者都是。我们也在莫大开办孔子学院。让我烦恼的是他们太注重语言教育，当然，语言可以说是文化的基础，但教育地方文化的特点也很重要。就像这个活动会在俄国举办，因此必须关注在更广的文化背景下的相互关系。其实，在这个学院的领域里，只要愿意就可以建立文化联结、组合文化。这一切都取决于实际的人，也就是孔子学院的员工。

问：据我所知，我国的综合文化只是您东方文化生态实验室研究的主题之一？

答：其实我们实验室为了整合中国和俄国文化，现在也开展了"中俄""华俄"项目，毕竟现在全世界都走向统一。本质上，这个项目又可以被称为孔子。所有文化的统一就是社会，当中包含了俄国和中国在内。在社会平等的框架下，统一创作的精神、统一空间的创立是最有前景的。我已经说过，住在远东地区的中国人，他们非常了解俄文和俄国文化，同时也没忘记自身的文化。个人层面和社会层面的整合都应该要马不停蹄，而且整合应该要根据文化的最高水平进行。进行整合的人必须是精通双方文化的人，他们可以督促其他人的整合。这已经不是文化的水平了，因为就像中国人说的："君子和而不同"，也就是说每个高尚的人都是独特的，但他受高尚的思想所驱，结合（原文为中文"合"）相同的精神水平。和这相反的，自私的人（原文为中文"小人"）"被同化，却又不集合"（原文为中文"小人同而不和"），也就是说他们的所作所为都只是为了利益和低下的目标。这很大程度上取决于合作伙伴的质量，如果有很了解俄国又很爱俄国的中国人、很爱中国又很爱中国的俄国人，那他们就会一直努力了解对方的文化。需要爱才能做到，而爱又会生出（新的）能量，不过现在这样的人还是很少。

问：我认为，危机应该要再乘以世界上那些人的人数，这样才能迫使他们重新思考自己的人生。

答：现在出现很多富有启示的书，当中"生活美学"的部分指出：这个危机是为了使人回到生活最真实、最原始的价值观而设计。很多人改变了自己的想法，走入创作领域，开始意识到钱只是虚幻的价值。庆幸的是，尽管俄国人有缺点，他们还是没有丧失创造热情的能力。

问：在全球化浪潮的今日，汉学作为学术和专业教育的命运被热烈讨论。尝试要"关闭"或"取消"俄国的东方学研究到什么样的程度才是合理的呢？就像大家都知道的，赫鲁晓夫在苏联时期就曾停止东方学与汉学的研究。

答：研究被停过。这是源自他的无知和他对东方是空间意识、东方文化的角色和世界命运息息相关这些事的不解造成的。在东方，人生意义非常清楚，但拥有伟大的文化还不够，还必须让后代子孙继续利用东方圣贤的精神体验，而为此，自己也必须有足够的水平。因此，"停止"东方学研究使得人们视野狭隘，而文化就是一切的关键！建立未来的方法！

也许，尝试"取消"东方学研究的根本在于：学术应该有所不同，教育也该不同。太多科学院、太烦琐的研究方法，因此我们正在准备"未来大学"项目。现代的学术在很多方面都对生活很不负责任，因为当中有权进行不可预知、具有破坏性结果的实验。现在是我们必须否定过去那些看来像是成就的东西的时候了，即使是东方圣贤的经验也必须精挑细选地再次检验。

问：创立"未来大学"的想法已经蔓延开来，出现了很多不同的项目。就像是格洛米科（Ю. В. Громыко）建议的国际俄罗斯大学、最近原则上通过的上海合作组织的"网络大学"。同时，我们偶尔也会从高层那里听到他们完全无法接受写着为了补充上海合作组织的人力，需要建立"网络大学"这样的申请。也就是说，这只是官僚机关的再生产而已。但究竟"未来大学"该是什么样子呢？

答：这个题目很广，已经远远超出中国的范畴了。首先，教育不应该是主体—客体，而是主体—主体。不该教人们该如何在火灾时正确的动作，而应该让他们能够自主做出有创意的决定，体现"活的知识"，这就是我们在"未来活用大学"项目中要追求的目标。

需要两个文化的代表能够互相理解，举例来说，我们有个学生去日本实习，她太深入日本文化，以至于人们忘了她是俄国人，有时她必须提醒日本人：她是俄国人。日本人相对地也应该要接纳她，就像她接纳了日本文化一样。

还有很重要的一点：为了创造更美好的未来，人也必须变得更美好。这一切都取决于每个人意识发展的水平。即使才刚萌芽，但只有拥有的东西才能拓展或发展。另一方面来说，人承载的东西很多。不过也有孔子口中完全无法学习的人。有人不用学习，因为从出生就开始有学识了；也有人借学习的帮助就能达到很高的水平。也就是说，人们要自我完善，换句话说就是变得更好，必须创造出利于人类的创意发展的所有环境。听起来好像不太具体，但事实上没有别的方法了。必须要提供每个人他能接纳的知识。就像孔子一直说的：你告诉学生一件事，他马上就知道两件；告诉另一个学生一件事，他马上就知道十件（也就是全都了解了），你永远不知道在你面前的是哪种学生。

问：要成为专家的话，什么对于汉学学生来说最重要呢？

答：说到汉学学生，在培训时最主要的就是真正地接触东方文化，东方文化应该要成为他们进步的源头。要具备辨别善恶的能力，判断我们见闻的本质、方法和事物特性的能力。必须发展直觉、获得自我察觉、自省的能力、拓展自己视野，走出单一研究领域的限制、在生活中学以致用并学习过去圣贤的智慧。

问：俄罗斯中国学家现在和未来的使命为何？

答：我认为，他们的未来还是取决于意识的扩展。他们除了中华文化之外，也该熟悉俄罗斯文化，但现实却不总是这样。

问：除了共同国界外，中国和俄国有什么共通点？有哪些相近的地方？

答：相近的不只是共同的兴趣和优点，连缺点都很像，举例来说，官僚统治和对金钱的渴望。我认为，不论是在俄国还是中国，就意识层面来说，尤其是年轻人，和西方差距非常大。甚至现在语言都充斥着同样的术语："自由化""民主""公民社会"等。我反对俄国的"西方主义"，而且我并不同意中国人主张他们古代就有民主这件事。中国和西方的"自由主义"是完全不同的概念。恐怖的是，在这两个国家中，某些在西方受教育的官员并不理解自己国家的文化：俄罗斯文化和中华文化。

问：哪些中国学家在精神上和您比较相近呢？

答：有很多，像是我非常尊敬康德拉绍娃（Л. И. Кондрашова）[①]，她翻译了《道德经》，我觉得她的翻译很完美，她将《道德经》翻得不像古代作品，

---

① Лаоцзы. Дао-Дэ цзин, или Трактат о Пути и Морали / Пер. Л. И. Кондрашовой. М.，2003.

而像是现代的教材。布罗尼斯拉夫·维诺格罗茨基（Бронислав Виногородский）①翻译了道德经，但他只翻译了一页，其他都是自己的注解，而康德拉绍娃则是结合了自己的解释和翻译，她真是天赋异禀！此外，她还是经济学专家，虽然只是业余水平，但很了解中文和中文字的特性。业余者却往往是先进入新层次，这怎么不矛盾呢？

问：看来，这已经是作者的改编，原文的重新注释了？

答：不是，她完完全全是照着内文翻的。如同大家所知，真正完美的翻译是不存在的，每个版本的翻译都是融合了作者和译者的原文，但康德拉绍娃的翻译水平很高，我完全被这样的结果吓到了！我也对 Л. И. 戈洛瓦乔娃的研究非常推崇，她是个献身学术的人，对孔子教诲的研究非常有趣。应该要从从事的工作来判断一个人，最棒的是，每个人的想法都不同。例如科布泽夫（А. И. Кобзев），他是活泼又卓越的专家。我读过他所有的著作，替他的研究写过评论，这是个非常客观、几乎完美的研究，但整体来说我还是感觉到了学术的限制。我想学历史，不是为了历史，还是为了未来，就像孔子一样，为了人类的幸福，为了自己生活的发展而学习。当学术研究是为了学术研究时，大家都知道的，在没有成果以前谁都不会幸福。

问：您怎么评价 А. И. 科布泽夫②提议出版的《中国精神文化大典》呢？

答：我只看过该书的第一册——哲学，当中排版很好，但是没有一个整体思维，一切都分成独立片段了，只剩个别的摘录。当中就算只有部分的整合也会很有帮助。

问：您现在在研究什么呢？

答：我现在刚完成十卷本《中国历史》宋史的部分，很可惜的，这只是著作的一半而已，我们另一个在彼得堡的同事也是写中世纪的章节，她有很惊人的工作能力！她详细地分析了唐朝皇帝李世民，不过她没有读过我的书

---

① Б. Б. 维诺格罗茨基（1957— ），中国学家，中国经典译者（其中包括《庄子》《道德经》《易经》），作家，社会活动家。

② А. И. 科布泽夫（1953— ），中国学家，哲学博士（1989），教授（1999），中国哲学历史学家，俄罗斯科学院东方研究所研究员（1978 年起），主要研究领域为中国哲学、科学、文化历史，目前领导俄罗斯科学院东方学研究所中国部（2011 年起）。

《中国治国学说》①，也没有引用，因为她知道我主要是研究宋朝的。然而，在我书里全面研究的"经济"概念，不仅限于宋朝，唐朝也有。请注意，两字单词"经济"是由"经世济民"的想法拆解而成。从中可以看出，"世民"是个崇高的名字，这表示，唐朝皇帝李世民是经济学说的体现者。毕竟"经济"——这是按照宇宙自然规律管理社会的理论。还有这样的作品体裁：经济列表，当中确实地分门别类：天、地、人、战事、考试和其他，像音谱一样记录了所有事，是根据宏大的计划写成，绝非偶然。知道这些对她来说很有帮助，但按照惯例，我们都是作家，不是读者。只是我的命运如此，让我必须要上课，为此我不得不读完所有课本和同事的专书。

问：您有参加任何的集体项目吗？

答：除了之前提到的项目以外，在"东方文化生态"实验室中还有"和谐未来的俄国与中华文化生态整合"的研究。针对这个项目，在两国文化范畴上的研究主体是俄国人和中国人，他们同样关心未来双方的关系，了解中国和俄国"不可避免"地会是好邻居。显而易见的，中国人和俄罗斯人（俄国人）现代的交流需要一些修正。最迫切的问题之一就是如何建立双方更好的沟通。"东方文化生态"实验室研究出的西方—东方—俄罗斯的文化生态整合概念给了解答。概念的核心理念为：要创造世界未来的和谐，在现有的状况下，中国和俄罗斯的沟通，只有在"文化"作为人和自然沟通的系统这种最广义的理解下才有可能性。

问：那么政治和经济呢？

答：在精神文化空间中会出现宇宙本身的创作，而精神文化应该成为所有生活的根本，其中包含政治和经济。据大家所知，精神文化就是人类在宇宙中演化的动力基础，是永恒的。文化是人类创作的精神；文明则是物质，具体又短暂。现在文化和文明的应有的分寸已被打破，物质远离精神，因此古代文化经验才会如此被看重，它就是每个民族和全人类精神力量的泉源。

我们研究孔子自我完善（体现于《论语》）的个人经验，观察出中华文化方阵的普世性。这特别证实了，孔子和普希金精神提升经验的相似性。俄国

---

① Лапина З. Г., Учение об управлении государством в Китае. М.: 《Наука》, 1985, 388с.

天才在自己最重要的作品《先知》（1826）中描绘了这个方阵。令人震惊的是，普希金——在政府和俄罗斯中表现了文化高尚的本质的人，和孔子两人精神提升的思维非常的相近。两人的文本、从人转变成个体，之后变成崇高精神境界的个人的过程，都是根据单一的宇宙法则编织而成，而法则就表现在五个崇高的服务理念架构中。要响应宇宙之美就只能走上自我完善的道路。自我完善的本质——个人交际能力的高度发展：向社会展现可敬的样貌、讨人欢心（具说服力的）的言语、锐利的视力、敏感的听力和有深度的思考。

问：所以，文化就是那块"敲门砖"，可以打开俄国和中国通往"千秋万代"的幸福的道路。

答：文化是未来意识的媒介，让我们可以用灵性的语言沟通。为了不愧对后代的希望、成为心灵导师的时候到了，为了人民的利益，我们应该要有意识地结合储存在中国和俄国文化之中的心灵提升经验。文化照亮人类的潜力和可能性，而力量就存在于文化的高水平乘载者、心灵牺牲奉献的灯火之中。我们这个世代的价值是我们意识到了贯彻生命中这些力量的可能性。

问：那么，那样的文化整合的可行性和前景如何呢？

答：中国很长一段时间都采取西方的手段（资本主义、马克思主义等等），不同程度地成功建立了自己的社会，而自己可追溯至生命培育的传统却只被缩小成一个特点。是时候该打掉基础，以更通则、更特别的位置取代了！

在世界文化的背景之下，中华（东方）特色作为一个共同的基础，必然会以自身方式被了解。在这种情况下，可以为俄罗斯与其位于两方影响的十字路口的古典文化带来显著的贡献，因为它拥有东西邻居双方和谐的文化整合与对话的宝贵的历史经验。中华文化与俄罗斯文化的互动就像理想的未来文化的实际预测的现实手段，是文化整合过程的具体实现。新的现实会在该计划的框架下自然出现：相互协调的两种文化，和平共处（就像阴阳），相得益彰。这样的背景说明了每个文化的内在价值，扩大文化整合参与者的意识。

问：要征召谁来完成您的项目呢？

答：我想，要完成这个项目，首先须要俄罗斯中国学家和中国俄学家的共同努力。主要原因就是他们很爱自己研究的国家的同时，又是自己祖国文化的继承者。爱会激发能量，整体而言，我们的项目需要厘清、整理两国心灵上的精华，中国和俄国创意人士的结合，这个非正式的团体必须在心灵的授意、精神的土壤上创建才可以。每个研究员都应该意识到自己对中国和俄国的命运的责任，正面思考，积极致力于两国心灵的结合。

问： 我想，我们的访谈就结束在这个听起来充满智慧和期许的临别赠言吧！非常感谢您今天的访谈，季娜伊达·格里戈里耶芙娜。

答： 谢谢，一切顺利！

格·瓦·梅利霍夫访谈录

访谈对象：格奥尔吉·瓦西里耶维奇·
　　　　　梅利霍夫
俄文姓名：Георгий Васильевич Мелихов
职　　务：俄罗斯科学院俄罗斯历史研
　　　　　究所主任研究员
学术专长：17—20世纪俄中关系、远东
　　　　　俄罗斯移民史、明清时期外
　　　　　满洲与满洲史
访 问 者：瓦连京·戈洛瓦乔夫（刘宇卫）
翻　　译：中国大陆与两岸关系教学中心
时　　间：2012年4月14日
地　　点：莫斯科

问：你好，亲爱的格奥尔吉·瓦西里耶维奇！
答：你好。
问：在切入正题之前，请允许我把对尤里·米萨科维奇·加鲁什扬茨[①]

[①] 尤里·米萨科维奇·加鲁什扬茨（Юрий Мисакович Гарушянц），出生于巴库，汉学家、历史学家，毕业于莫斯科东方学院（1953），历史副博士（1969），中国学研究所（1957—1961）、东方学研究所（1961—1962、自1978年起）、苏联科学院国际工运研究所（1969—1973）、世界经济与国际关系研究所（1973—1978）研究人员。

的访谈文本转交给您留念，你们曾一起工作过，对吧？

答：是的，我和他本质上非常相似。

问：相似吗？我觉得您们不太相像，您的沟通方式更温和一点。

答：嗯，不是这样的。我们的祖父都来自哥萨克，而一切都源自它，因此我的个性很急躁，但，你看，我学会了如何缓和情绪，要不然，根本不可能在苏联时代生活。

问：那个时代的确是这样，必须沉得住气。

答：是的，而我做到了，您无法想象我过去有多难熬。

问：我刚读完您的著作《远东国际关系中的俄国移民》[①]，在众多有趣的插图之中，我看见了一张哈尔滨工业大学干部的照片。在照片中的学生中发现了姓氏"梅利霍夫"，这是和您同姓的人，还是家人呢？

答：这是家父。

问：您写着，记忆中令尊曾在中国东方铁路（现称东清铁路）[②] 工作过，那您的家族是什么时候到中国的，也许是在十月革命和随后移民中国的白俄移民潮之前？

答：是的，甚至是在更久之前。在东清铁路工程刚开始时，我的祖父和外公都移民到了满洲里，外公彼得·帕夫洛维奇·缅什科夫搬至海拉尔地区附近。祖父格奥尔吉·雅科夫列维奇·梅利霍夫则是定居在布和图（现称博克图），在大兴安岭的另一侧。博克图站为东清铁路的西线，是在大兴安岭支脉的疗养地。他们两位都很成功，因为他们都是工作狂，对工作来者不拒，成了相当富裕的人。可以说，那个时候所有人都很富有。因为在那些地方，拥有一百只羊根本不算什么。住在附近的蒙古人帮忙在东清铁路工作的人们牧羊，总体来说，相处融洽。我的父亲于 1903 年在哈尔滨出生。很多年以后，我父亲离开博克图，搬到哈尔滨，就读于哈尔滨理工大学[③]，成了哈尔

---

① Мелихов Г. В., Российская эмиграция в международных отношениях на Дальнем Востоке (1925—1932).-М., 2007. 320 с.

② 中国东方铁路，行经满洲里，连接赤塔、海参崴与旅顺口区。建于 1897—1903 年，是西伯利亚大铁路的南支。隶属于俄罗斯，由俄国人民使用。于 1924 年交还苏联，并在 1952 年 12 月 31 日移交中华人民共和国。

③ 哈尔滨理工大学，1920 年创校，是中国最好的理工大学之一。

滨人。从这所出色大学的工程建设系毕业后，父亲成为很出色的交通建设工程师。在哈尔滨研究所毕业时，他已经快25岁了。

问：令尊从事什么工作呢？

答：家父是铁路工程师。曾在不同的铁路工作过，曾在呼海铁路和奥斯特洛乌莫夫[1]共事过。自行设计了乔拉区和其他区域的铁路。1930年6月14日我在哈尔滨一个美满的家庭出生。

问：令尊与令堂是在哪里认识的？

答：还在博克图的时候认识的。像我之前说过的，博克图是兴安岭东侧铁路的大交会点，也是火车爬升至大兴安岭前的折返点。在那里，火车加上双重动力，成为双头火车。而重点是，那里人才济济，有最好的铁路工作人员。我双亲一开始在博克图相识，之后父亲就去读书了。

问：也就是说，您双亲是同乡？

答：他们不是同乡，不过住得很近，就在大兴安岭的两侧。博克图在兴安岭东侧，而外公住在西侧的红胡子哥萨克村落。这是个纯粹的哥萨克村落，当中没有任何外族。全家都住在那里，外婆薇拉·瓦西里耶芙娜、女儿薇拉、娜杰日达、柳波芙[2]、儿子阿列克谢（我最爱的舅舅阿辽沙）。也就是说，我的阿姨们都是来自那里。之后母亲去了博克图，在那边认识了父亲。接着他们搬到哈尔滨，结婚了。父亲对我而言是最珍贵的人，我的一切都归功于他。母亲，当然和父亲同样珍贵、可爱。她总是关心我，为我做了一切，因为我是她唯一的儿子，就像从小窗透入的光一样，不过这一切都在1941年我父母离婚时结束。之后父亲在沈阳、长春工作。母亲也去了沈阳，在那里再婚，她还是全心照顾我、支持我。

问：母亲离婚后，和你住在一起吗？

答：1940年，我和母亲必须搬回哈尔滨。家族会议决定：我必须进入有人

---

[1] 鲍里斯·瓦西里耶维奇·奥斯特洛乌莫夫（Борис Васильевич Остроумов），工程师，在1921—1924年管理东清铁路。

[2] Г. В. 梅利霍夫的母亲柳波芙·彼得洛芙娜，1907年生于赤塔。

学限制的学校就读——圣尼古拉沙皇中学①。圣尼古拉沙皇中学位于俄罗斯天主教教区②之内。为什么选择这所沙皇中学？这所学校是当时哈尔滨最好的学校之一，此外，它向寄宿生提供食宿。在这之前，我从7岁到11岁都是在家自学，父母亲自教我，还有一些在沈阳俄罗斯殖民地声望好、高贵又讨喜的家族成员教导我。整体而言，是很好的家庭教育。接着我准备好后参加考试，进入了这所沙皇学校就读。我现在才了解，这所沙皇学校不仅仅是中国最好的学校，甚至在全世界也是数一数二的。值得一提的是，我们在那里学习了六种语言！

问：有哪些语言呢？

答：教会斯拉夫文、俄文、中文、日文、英文，当然，还有拉丁文，但这只是学习的一部分。教导我们的老师相当优秀，他们是拥有高学历、在教会中担任要职的基督教神父。老师们主要来自白俄罗斯和波兰的边陲地带。他们在彼得堡大学、波兰的大学以及罗马、巴黎等地取得最高学历，然后来到这里教算数（笑）。

沙皇学校校长从哈尔滨精挑细选出师资团队，大部分都有在俄国工作的经验。我只记得一个人——维克多·弗谢瓦洛德维奇·弗拉索夫·冯·瓦尔廷贝尔格③，《俄罗斯史》的作者，一个了不起的人。所有的老师都是相当有教养的人，他们创造了学习气氛！纪律严格，却不压抑，在这样的条件之下，老师们带领我们学习知识、技巧和能力。除了学习，他们还组织游戏、猜字谜，我们有整个系列的发展性游戏。而运动当然总是游戏的重心，沙皇中学的学生一直都是哈尔滨市最好的运动员。

问：您在沙皇中学读了多久？

---

① 沙皇学校于1929—1948年运作，1933年获得全名——俄罗斯教区圣尼古拉沙皇中学，创建者为法维安修士。沙皇中学坐落于莫家沟（哈尔滨的一个区）。八年的课程基于沙俄古典沙皇学校的学习计划。办学思想为高水平教育与严格纪律。1939年，安德烈·奇科多修士继任法维安修士（1891—1952），成为沙皇学校校长，他在1917年从彼得格勒天主教神学院毕业。沙皇学校的学生都是东正教的孩子和少年，以俄文参加教堂礼拜、斋戒，在圣尼古拉教堂领取圣餐。

② 东方礼仪的教会。为了在俄国领土中实行拜占庭斯拉夫仪式的天主教徒和信仰拜占庭天主教的俄罗斯移民而创立的教会。在这样的背景下，创建了两个使徒教区（两个教区现在都没有主教），一个在俄罗斯（1917），一个在哈尔滨（中国，1928）。

③ B. B. 弗拉索夫·冯·瓦尔廷贝尔格（生卒年代不详），上校，移民至中国。教师、历史学家。哈尔滨圣尼古拉沙皇中学秘书、历史教科书作者。著作：《俄国史》（862—1920），天主教公报，1936年版。弗拉索夫·冯·瓦尔廷贝尔格和妻子安娜·米哈伊洛芙娜一起成为拜占庭天主教徒。于1948年被捕，驱逐至苏联，在迫害中遇难。

答：我在沙皇中学上课上到1947年，父亲完全准确地预想到，我必须获取苏联文凭，因此我到了当时旧称为第三完全中学的学校就读。此时，我赢得了一整年的时间，在1948年毕业。这所中学位于过去我父亲曾就读的商业学校的建筑中。

问：我们常常向本项目的研究员或受访者提出这些问题：他们第一次听见有像中国这样的国家存在是何时，又是如何听到的，但问您这个问题是毫无意义的，因为您就出生在中国。

答：我也许出生时双唇就写着"中国"，对这个词的了解就算不是从生日那天起，也差不了太多了。中国一直就在旁边，这是个伟大的国家，中国人——伟大的民族就住在我们附近。

问：在什么时候您感觉并意识到：您是个住在中国的俄国人？或者您并没有区别自己和中国人？

答：完全没有过那样的感觉。我一直都认为自己是俄国人，这是确定的。只是我的周遭都是中国人，但一切都相当正常、自然，中国人总是关心、照顾我们。我当然知道这个国家——中国。

问：也就是说，您在中国出生，但您是不折不扣的俄国人。在这样的状况下，您怎么看待您从未见过的、遥远的俄罗斯？

答：我身体里流着俄罗斯的血。我的祖父来自俄罗斯，家里总是能够听见关于我伟大的祖国，它的历史、文化的话题。因此，不知不觉地，在这些谈话中我渐渐地成了深爱俄罗斯的爱国者。真正的俄罗斯爱国者！虽然我们在家中从未谈论过这个。

问：不过，这时您是间接理解俄罗斯本身的，也就是说，您对祖国的认识是间接的？

答：是的，间接的。不过我不太喜欢"间接"这个词，在现在的情况下，它不太准确。要知道，我的亲祖父就是俄国人！另一方面，我的外公也是俄国人！一个是1898年，另一个则大概在1899年搬来，他们一生都住在满洲里，但实际上都是在当地俄罗斯圈子中生活。[①]

[①] Г. В. 梅利霍夫双亲和祖父辈在满洲里的生活在其著作《白色哈尔滨：20年代中期》有详细描述。Г. В. Мелихов, Белый Харбин: Середина 20-х. -М.: Русский путь, 2003.

问：您曾有过中国朋友、儿时玩伴吗？

答：当然，当然有！有很多年长的中国朋友，他们把我当小男孩一样照顾，总是请我吃点心，相当愉快！在我们满洲里也住着韩国人。

问：您怎么和中国人沟通的呢？

答：我们大部分都说俄文、中文或是蹩脚的俄式中文。但就算没有翻译，我们也聊得非常愉快。就像跟日本小孩一样。家父住在长春（当成被称为新京），那里已经有日本人定居了（日本移民）①，在宽城子区，他设计了满洲国外交部的其中一栋建筑。在那里，我们和日本人、日本小孩一起住，我们之间特别友好，大致上都玩在一块，连狗都是一起养的，因此我学到了"出发"和其他的日文单词。

问：也就是说，您的童年就很国际化了，您和俄国人、中国人与日本人交朋友。

答：是的，"国际"这个词用得很对，不夸张又自然。结果，我日文说得不错，中文讲得少得多了，家父没有教、也没逼迫我学中文，不过他自己倒是说得很好。

问：我正好想问您，您个人对中文的想法如何？

答：对中文？我第一次学习中文是在沙皇中学的时候，我们的中文老师是瓦西列夫斯基先生和T. A. 莫列夫先生，他们并不是优秀的中国学家。

问：你们曾有过母语是中文的中国老师吗？

答：我们不曾有过中国老师。

问：学中文简单吗？那时候您喜欢中文吗？

答：中文并没有让我感到喜悦，因为俄罗斯圈子很强盛，那时候还没有特别的需要或是兴趣。我中学毕业后进入哈尔滨理工大学的时候（这是在父亲的影响之下，家父是一名交通建设工程师，他当然希望我也走上这条路），在哈尔滨大学有一个很杰出的老师，他掳获了我的心，我一生都记得他。中国和中文对我来说，有很大部分是和这位老师相关的，因为学生时期我们沉迷于运动，我们用自己的方式"虚度"时光。而课堂上来了一个中年男子，穿着深色西装，

---

① 1932—1945年，长春被称为新京，是日本人建立的傀儡国家满洲国的首都。

打着领带,他外表端庄,皮肤黝黑,是一位风度翩翩、引人注目的时尚型男。老师中文说得极为流利,向我们解释各式各样的中国智慧。这个人叫作格列布·伊万诺维奇·拉日加耶夫①,以中国学家的身份走进我内心深处,他显然相当了解中国,因为他就呼吸着"中国"。他"从隔壁的那个中国世界"来到我们这里,无拘无束地到处跟中国人交谈。当时在哈尔滨理工大学已经创立了东方经济学系,其中中文部门由伊波利特·加弗利洛维奇·巴拉诺夫②领导。他也是个博学的中国通,了解中国所有的风俗和宗教是一位真正的中国学家。说实话,我当时打算往"工程的方向"发展,因此很少和东方经济学系的中国学家们接触。

问:什么时候您才真正对中文产生兴趣?

答:我还在哈尔滨理工大学二年级的时候,就已经和哈尔滨社交圈建立起良好的中苏友谊了。他们举办不同的活动,我开始跟他们学习中文,而他们为我做了特别伟大的事情。这个社交圈为了培训中国学生的俄语,邀请一个小组去北京,其中包括我和其他十几个哈尔滨年轻人。我第一次去北京的时候是1938年和全家一起去的,在学生时期,我学到了很多关于北京的事情,这个机会对我来说当然非常有趣。更何况,1949年发生了一个重大事件,中华人民共和国成立了。令我惊讶的是,对于我选择和父亲走上不同道路,在哈尔滨理工大学理工学院休学的事情,父亲表现得异常冷静。最终,我为了做自己感兴趣的事情去了北京。从1950年1月开始我在北京住了五年半。这是一段相当有趣的时光,其间我从早到晚"发了疯地"研究中国和中文。说实话,我在北京成了"半个"中国学家。

问:也就是说,您对研究中国和中文真正的兴趣是从在北京的时候开始的?

---

① 格列布·伊万诺维奇·拉日加耶夫(Глеб Иванович Разжигаев,1913—1994),中国学家,毕业于哈尔滨东方商业学院,从事汉俄翻译。东方学组、自然科学家与民族学家、哈尔滨社会的考古学家、自然科学家与民族学家分支的成员。有关满洲里风俗习惯学术著作的作者。

② 伊波利特·加弗利洛维奇·巴拉诺夫(Ипполит Гаврилович Баранов,1886—1972),中国学家,海参崴东方研究所毕业生(1911)。曾被派往哈尔滨,在东清铁路任职翻译多年,之后在法律系和哈尔滨其他学校教中文。为一系列中国精神文化著作的作者,其中之一为《阿城的中国寺庙群——哈尔滨,1926年》,他将此书送给在1934年参访哈尔滨的 H. K. 列里赫。巴拉诺夫在返回祖国后,就像许多过去的哈尔滨人一样,住在哈萨克,于1972在阿拉木图过世。

答：首先，我自己很喜欢在北京的那些日子，那么古老、平静的城市。从 1938 年第一次到北京时，王府井大街上商场的凉爽、排在古董店架上各种稀奇古怪的东西就留在我的记忆里，多么不寻常的气氛啊！不过我当然对那次游览不是特别有印象，因此第二次探访北京对我来说是"实质上的第一次"，而我沉醉于其中。我们在城市漫步，观察和聆听那些说着准确、悠扬又美丽的中文的北京人。人们看起来很悠闲，虽然状况还不稳定。我想起了一个伟大的朋友，他是个军人，我们曾一起学习中文和俄文。有一次我问他：一个人晚上在城里走会不会害怕？他回答他并不害怕，然后从口袋掏出一把大型的左轮手枪。这个朋友在朝鲜战争期间以人民志愿军的身份被派往参战，后来在战争中罹难。

问：在北京是您教谁俄语的呢？

答：首先是我们这小组去的中国人民大学的教职员们，他们"轮三班"来找我，教我中文，而我教他们俄文。这些都是上了年纪的干部、军人。学生也是成群地来，当然这些人也是经过挑选的。他们都到我家来，所有时间都一起学习语言。另外，逛街时我已经开始用中文和人交谈，甚至感到如鱼得水。之后我懂得越来越多，特别认真地学汉字，在纸上写了好几长排的汉字，之后把纸翻面，努力地背。说到发音，会话对我来说更简单了，北京方言改善了我"哈尔滨式"的中文，整体来说，成果还不赖。

我在中国人民大学工作一年半，一直都住在宿舍。宿舍位于北京市老城区的马大人胡同——东四马大人胡同。那边有大大小小的庭院，相互连通，条件相当好。有个中国厨师被借调来帮我们忙，替我们准备中国菜，常常给我们做非常美味的中国饺子。随着时间流逝，我不知不觉中成为一个很好的老师，表现出活泼的个性、熟练的语言、丰富的知识和对学生尊敬的态度。我的学生都比我年长许多，他们大部分都是军人或教职员。

问：在中华人民共和国成立并和苏联热络往来之后，学俄文变得很受欢迎。

答：是的，当然。之后有许多学生去苏联学俄文，但我说的是就读于人民大学一年级的主要成员，他们大多是成年或是较为年长的人，当中有许多军人、老兵，而他们全部都学习俄文。我非常喜欢教书，显然地，我有一些特别的能力，因为我只是激发学生的兴趣，享受了他们的成果。我们之间感情深厚，我教他们俄文，他们教我中文和关于中国的知识，一切都非常友好、美妙。不过，工作了一年半后，我厚着脸皮告诉系主任，我想在人民大学读书。中国同事很困窘，因为就一个年轻老师而言，这个要求很不寻常，经过长时间的讨论后，他们说：这不可行。于是我告诉他们：抱歉，那我要去别的大学了。我去了北京大学（北大）的曹靖华[①]中心，曹靖华先生是位了不起文学译者和专家。他仪表堂堂，举止随和，脸上总是带着微笑，他领导北大的俄文系。我在北大也教得很好，抱歉，我这样自夸，但成果真的相当好，我完全没有感受到压力。我所有的学生都说我"很热心"（原文为中文），我非常热情地工作。这在当时显然相当讨喜，使人印象深刻。在那个时候，我们已经有了几个苏联专家担任教职，来自圣彼得堡的塔季扬娜·尼古拉耶芙娜·奇维科娃（Татьяна Николаевна Чивикова）教授对我说："要是你没有成为一名老师，那就太埋没你的才华了！"即使只是随口说说，我还是很高兴听到这样的话。在北大我们有很优越的教学条件。当时我住在北京东部的东单区，为了去北大，我大概一个礼拜骑脚踏车穿越整个北京城再骑车回家三次。我住在东单，却穿越了整个北京去北大，许多人都吓了一跳。

问：在那个时候北大的校园甚至不在市内，而是在郊区的某处！

答：没错。但是这些旅程为我带来愉悦，没有丝毫的累赘。我和曹靖华有心灵层面的交流，之后我也认识了他的女儿曹苏玲。曹苏玲在苏联出生，我在北京的时候偶尔去她家作客。有些时候，曹靖华邀请我为中华人民共和国文化部的职员上夜间俄语课。我去了这所学校，他们也都喜欢我，在那里我交了很多朋友。

当时俄语需求量非常大，所以我很活跃，结交了几个中国高级军官，他

[①] 曹靖华（1897—1987），中国著名俄语翻译家和俄国文学推广者。1921年被派往莫斯科东方学院学习；1924年毕业于北京大学俄语系。1927年后，在莫斯科中山大学、列宁格勒大学（1928—1933）教中文。1949年，中华人民共和国成立之后，长期担任北京大学俄文系系主任。列宁格勒大学的荣誉博士（1987）。

们邀请我和妻子到中国人民解放军总后勤部油料部教俄文。这是个为期两年的课程，我清楚地记得这些伟大的军人。此外，他们支薪大方到令人惊奇，比我在大学领得多了十倍，这是那些年最有趣的事情了。

问：那时候您不过 20 多岁，但已经是个经验丰富、活跃的老师，甚至还结了婚！

答：是的，我差不多是在 1952 年那时结婚的。我已经 22 岁，爱上一位了不起的女性——塔伊西亚·瓦西里耶芙娜·捷申娜（Таисия Васильевна Тешина），娶了她。捷申娜是她娘家的姓氏，她是哈尔滨人，但定居北京多年，也在总后勤部油料部教俄文。

问：您们是在哪里认识的？

答：我们是在苏联俱乐部认识的。我们在北京有自己的苏联俱乐部，那里有很优秀的文艺活动，随着人们来到这个城市，这里渐渐聚集人潮，我们就是在那里认识的。迷人、不凡的女子，我将一辈子记得她，永远臣服于她。亮眼的女人！她成为我的妻子，1955 年 5 月我们一起去了苏联。不过在 1955 年 5 月之前还发生了很多的趣事。我们当时有个小团体，当中所有成员都很努力地学习中文，不过跟我比起来，他们还差得远呢！我非常积极地学习，"像牛一样"地拼命，我的兴趣很广泛，而这个兴趣其来有自，因为我当时几乎参观了北京所有的寺庙和公园，有时带着学生，有时自己一人。当然，这些寺庙、公园、宫殿、紫禁城、古老的建筑和北京的胡同都使人印象深刻，非常有趣！我顺路走进某条小巷，和居民随性、愉悦地聊天，走出小巷时已经是他们的朋友了，我从不避讳和任何人接触。我最喜欢的地方是东单市场，夜幕降临时，普通的工人认真地完成一天的工作后，来到这里休息、吃晚餐。尽管我是个又高又瘦的年轻人，而且从外表很明显看出我不是中国人，我们还是一起聊天、吃饭，和这些老百姓们建立起很深厚的联结，在北京我最喜欢的地方就是东单。

问：结论是，您交友广泛，从一般的中国工人，到老师、高级军官都有，而他们全都有您可学习的地方。

答：是的，他们全部都教过我。例如，工人甚至教会我如何吃最简单的中国菜。当时，我认识了一个厉害的人、中文的大行家，北京的老住户康斯坦丁·维克多洛维奇·米尔斯基（中文名字：米勒西）①。我和他一起翻译当时出版的《友谊报》②的文章、随笔和各种小文。我非常积极地配合，这已经算是某种笔译的经验。我们在北京的时候非常友好。我们有共同爱慕和钦佩的"对象"——我的妻子，米尔斯基暗恋她，不过就仅止于此了。米尔斯基曾在延安居住、工作和上学。1949年之后，他在北京的农学院教俄文。他是来自俄国移民圈的经验丰富的"革命家"，年纪比我大，个人素质非常卓越，是个中国文学的大行家，我深深地敬佩他。他收藏独特的中国经典，特别喜欢中国情色主题，有特别的藏书，可惜的是，这些藏书在他前往上海和离开上海、前往巴黎时被征收了。之后他在巴黎工作，我们会在莫斯科见面聊天。

问：那些日子，您生活中还发生过什么趣事吗？

答：我和塔依西亚在苏联大使馆的领事馆登记结婚，当时的大使是奥列格·鲍里索维奇·拉赫马宁③。它们（大使馆）是独立的，隔壁就是我们的苏联俱乐部，我们常在那里和其他住在中国的苏联人碰面。

问：您们是什么时候拿到苏联国籍的？

答：这是在更早之前，我们还在哈尔滨的时候。1946年，我满16岁的时候，就拿到苏联护照了。但护照是这样的：根据这本苏联外交护照，我的权利受限，例如：我不能离开苏联。有这些细微的差异，感觉到了"寒意"。整体而言，我在中国很少也不愿跟苏联人接触，尤其，我们和苏联人没有任何官方往来。北京苏联大使馆的工作人员有参加我们的俱乐部。我们的俱乐部有优秀的艺术家、中国人邀请来的哈尔滨专家小组，我们表演、举办精彩的晚宴，大使馆的工作人员总是兴致勃勃地出席和参与，不过，我们之间并

---

① К. В. 米尔斯基（К. В. Мильский，1916— ），出生于奥德萨，作家、中国学家、译者。和母亲于1930年移民上海，之后住在哈尔滨。日军占领哈尔滨后，移居北京，毕业于北京贸易金融学院（1936）。在天津学习中世纪法律，曾就读于中共干部培训学校，被资助蒋介石的法西斯秘密组织绑架，并监禁七年，获释后在北京大学学习中国文学。自1949年开始担任北京某所学校的俄文系主任，之后被逮捕，1965年获释。1966年移民至法国，住在默东（巴黎附近）。在高等政治社会研究院答辩（1974）。出版一系列关于中国、中文翻译的理论与实践的书籍，以笔名康斯坦丁·里索夫写作，资料来源：http：//dommuseum.ru/slovarx/person.php? id=11057。

② 《友谊报》，20世纪50年代在北京出版的俄文报纸。

③ О. Б. 拉赫马宁（О. Б. Рахманин，1924—2010），苏联外交官，特命全权大使（1985），中国学家（1975），教授（1977），1951—1958年、1960—1963年任职于北京苏联大使馆。

没有什么深厚的感情，完全没有。

这个时候还发生了另外一件对我来说重要的事——我开始当翻译了，和北京大学、文化部的工作同时进行。我和米尔斯基一起翻译，一开始他让我加入时，引导我，一起积极地从事俄汉翻译，这一时期我为自己的一生奠定了基础。接着到了1954年，苏联政府呼吁俄罗斯人从中国返回苏联参加处女地和休耕地的开发，之后从上海、整个中国强制遣返俄罗斯人，他们带着这些苏联外交护照经过北京，返回苏联。

问：我想，回到历史意义上的祖国这个决定对您来说很不容易，这不是在一天之内就能决定的吧？

答：当然，但既然都已经决定，就必须要回苏联。您或许不能想象，北京当时有我们想要的一切，什么都很多，我们对它的感情包含了崇拜和尊敬。

问：可以想见当时的繁华，这应该是"中国经济新政策"时期。

答：没错，就是中国经济新政策。北京当时充斥着各种外国商品，尤其是美国的，因为在1948年年底，美国人从北京撤退时，把一切都丢了，留下大量的储备物品。顺带一提，我之后在苏联的15年都穿着美国的飞行外套，质感好、又轻又保暖。

问：而您为了回归祖国，决定将这一切的美好都留在中国？

答：是的，由于中国人挽留我们，希望我们能把课程上完再走，因此我们没有在1954年离开，到了1955年5月才走。

问：您们去了哪里？苏联？还是哪都没去？

答：怎么会说"哪都没去呢？"（笑）我回归祖国，回到俄罗斯。俄罗斯那时如何呢？说到她那时的样子就很哀伤。

问：比您想象中战后被破坏的样子还更……？

答：是啊，那样千疮百孔，惊人的贫困，完全暗无天日。人们见到各种中国东西就像看到奇迹一样。不过我们理所当然地带了所有行李，领了安家费。我们到了车里雅宾斯克州的瓦尔年斯基区，那里和哈萨克比邻，我们被送到了那边刚建立的集体农场，在那边度过了三四个月，是我人生中最美好的几个月！

问：您这么说不是反讽吧？是事实？

答：是的，绝对不是讽刺。我们住在被隔成几个小房间的集体宿舍，整体来说，还过得去。旁边有小溪、清新的空气，宁静又安详，北大的生活和这里完全没法比！在那边我用土坯做成砖块，混合牛粪、泥土、稻草等一切，真是绝妙的生产！管理这项工作的是两个乌克兰老流放者，他们对大家很好，对我尤其和善，但伤心的是他们被流放了。我们甚至也用牛帮忙做土坯，我们赶牛，它们踩踏、搅拌泥土，之后我们用这些土做成很大的砖块，是我们原先砖块的两倍甚至三倍大。旁边住着一些德国人，同样是被迫的移民，他们受迫害，被驱逐至此，在一望无垠的草原中，他们的居住地是唯一的绿色角落、绿洲。在北京大学、在愉悦的教学工作之后，我们混合土坯、在小溪里戏水、在大自然中休息——这是一种真正的乐趣。过了几个月后，我告诉集体农场的主管："您知道吗，我是个经验丰富的专家、中国学家，这里的工作不太适合我。"主管是莫斯科人，也是被借调到这个地方的，他说："看在上帝的分上，您想去哪儿就去哪儿吧！不过您必须办理和更换护照，也必须拿到必要的文件才可以。"当时我去了瓦尔年斯基的地区中心，瓦尔年斯基的字源是瓦尔纳，因为那里住着很久以前曾参与保加利亚解放[①]的哥萨克后代。那边一个瓦尔纳都没有，只有一组保加利亚姓氏的村民。我去了辖区派出所，告诉他们我的需要，他们回答我："看在上帝的分上，拜托！填好表格，一个礼拜后再来。"他们还体贴地提醒我："不要忘记注销，要不然会有大麻烦。您必须特别回来领取您离开之地的证明。"他们是非常友善的农民、猎人，我们很快就找到共通的语言。一个礼拜后，他们就帮我办好了所有文件。我和塔伊西亚用棍子挑着行李，走到最近的卡尔塔雷车站——附近最大的火车站，不过这已经是在哈萨克了。我们走到车站，坐上火车前往车里雅宾斯克——最近的大城市。在车里雅宾斯克，我去了市委会说明我来自中国，想从事和专业相关的工作等等。他们答复说："完全不用担心！您想去莫斯科，就去吧！"结果，我们就带着文件去了莫斯科，开启了我们生命中的莫斯科时期。这时是秋天，1955 年底和 1956 年初，我们成了"莫斯科人"。不过没有居留证，这我们还是在莫斯科第一次听到，也没有工作，什么

---

① 1877—1878 年的俄土战争在 1878 年 7 月 27 日从奥匈帝国解放瓦尔纳。

都没有!

问：您当时住在莫斯科的哪里？

答：我们住在有名的旅馆"列宁格勒"，当时真是肆无忌惮，不过住没多久，我们就察觉自己花钱如流水，然后我们找到一个乐意借给我们房子的犹太家庭。那是一栋在马里纳小树林的小屋，屋主把房间交给我们，我们就在那里自由地住了下来。之后我走遍各个出版社、编辑部、期刊社，向他们提供服务。这是一段拮据的时期，因为钱快用完了。不过塔伊西亚几乎马上，就算没有居留证，也在国家百货公司找到了英文翻译的工作，毕竟她会好几种语言。而我帮自己找了个"自由译者"的工作，到处走动，结交朋友，提供服务。顺带一提，大家都对我非常好。

问：在那个时候"自由的"工作多吗？

答：非常多！不得不忙得团团转，不过我尽可能地多做一些工作。先开始在出版社工作，不只是翻译小文章，甚至也开始翻译书，其中包括中文书《池塘养鱼业》，书很厚，薪水也很高，之后我翻译了关于中国茶道的书籍，这些都是很赚钱的工作。最重要的是，我在"国立儿童出版社"① 有了固定的工作。我第一次去"国立儿童出版社"时，遇到了一个很棒的人——斯慕伊德丽特·卡尔洛芙娜·别尔克曼（Смуйдритэ Карловна Беркман），一个珠圆玉润的波罗的海美女，之后几年我们非常要好。但在那个时候我被抓去军队上了两个月的课。因为那时候我只在哈尔滨理工大学受过两年教育，所以我像一般士兵一样被抓走。但就在那时，斯慕伊德丽特·卡尔洛芙娜请我翻译小说《不死的王孝和》。② 这是一本不厚的小书，讲述关于年轻的上海工人投身革命，并为最终遇难的故事。整体而言，情节老派，我翻译了这本书之后，开始翻译大量的中国童书，它们全都出版了，这真的非常美妙。

问：我小时候非常喜欢一个中国民间故事，叫作《刘氏兄弟》③，是国立

---

① "国立儿童出版社"（成立于1933年）是苏联童书的主要出版社。该出版社在莫斯科的出版社中心出版超过40种中文童书，圣彼得堡出版12种，其余则是莫斯科和圣彼得堡联合发行。

② Кэ Лань. Бессмертный Ван Сяо-хэ [Текст]: [повесть / Кэ Лань, Чжао-цзы; ил.: Л. Кравченко], пер. с кит. Г. В. Мелихова. -М.: Детгиз, 1957. 208 с.: ил.

③ Братья Лю: Китайские народные сказки. -М.: Детгиз, 1955 г.

儿童出版社出版的。

答：很高兴听到这件事，不过那不是我翻译的，但我翻译过很多类似的作品，像个审查员一样地工作。大致上来说，"国立儿童出版社"是"我的"出版社，我在这里工作，解决了温饱，并从工作中获得乐趣。这里所有的工作人员都是好人。出版社就位于市中心，捷尔任斯基雕像就在对面的巷子里。我还翻译了别的译文书籍——《青年禁卫军》，我不记得其他书的书名，不过这些书的编辑都是中国学家戈洛夫纽夫（Г. И. Головнёв）。

我到苏联的时候，是个奇怪的时期，莫斯科充斥着失业的中国学家。因为没有符合他们专业的工作，他们只好到编辑部、期刊社工作。命运将其中一位中国学家带向我，他是期刊《环游世界》的编辑尤里·阿列克谢维奇·波普科夫（Юрий Алексеевич Попков），一个有才华的专业人士。他邀请我为《环游世界》写关于中国、关于中国人民生活的各个方面的文章。这些文章都在我的名下出版，是我那个时期最有趣的创作。

问：也就是说，你已经成为一名记者和作家了？

答：是的，波普科夫教了我很多，"训练"了我。他是个神奇的人！之后我在这本杂志上写了三四篇论文，将13本书翻译成俄文，当中不是只有童书。换句话说，我已经成了可靠的译者。

问：之后您的工作怎样发展呢？

答：随着时间推移，我感觉到从事更严肃的工作的必要性，例如，成为中国学家，投身科学。

问：不过要进入科学研究，必须接受正规教育。

答：是的，这我等下会说明。

问：接受中国记者采访时，您提过：到莫斯科的时候，您先去了一趟莫斯科市议会，然后才继续以翻译和记者的身份工作，在您的自传里是否提到了这样的小插曲？

答：是的，整件事情都是因为我们没有居留证的关系。我们在哈尔滨的时候，想住哪里就住哪里，因此我根本不知道什么是居留证。需要居留证的时候，我就和塔伊西亚一起去了莫斯科市议会，告诉他们我们是被遣返回国的人，现在住在私人房产里，需要帮助。那时候政府颁布了一些法令，为我们这样的移民提供一些福利，因此他们给了我们公共住宅的一个大房间，就位于基洛夫（米亚斯尼茨基）的大街上。那边住着一些老人，总共有三到四个家庭。我们搬到那里，开始了有居留证的生活。虽然是合住，不过对我们而言已经够好了，毕竟是在莫斯科市中心拥有了22平方米的生活空间啊！在这之后，当我还在思考未来要做什么的时候，苏联科学院的中国学研究所就邀请我去工作了。而我，您想想，我只受过两年的大学教育。但这并没有使我停下脚步或退缩，因为我对中文这个领域很有自信！我完成了很多优秀的翻译，人们对我很尊敬。同样的问题，老实说，研究所内的中国学家中文不太好，因此我在那里就像个厉害的专家一样，我知道自己有多厉害。大致上来说，我很有信心，不愧是哥萨克人！当然，除了自信之外，友好的态度也在各方面都帮助我很多。所有的同事都对我很好，他们觉得我是"来自另一个世界"的人。当然，我在莫斯科和在处女地看到的都是令人难受的情况，尤其是在处女地，我看见愚昧、脏话、酗酒这些问题，在刚开始时特别受到冲击，我们可是知识分子啊，见鬼了！

总之，我在1959年以中国知识专家、中国学家、翻译的身份受邀到中国学研究所工作。我真正的学历没有任何意义。所内有个很大的部门，以拉扎尔·伊萨耶维奇·杜曼[①]为首，他是个厉害又非常和善的人、非凡的学者、中国古代和中世纪历史专家。我像是他的顾问一样，他要求我做各式各样的学术翻译、从事技术性工作。我一开始是初级学术助理，之后，就变成资深助理了。他要求我准备殷墟契文"甲骨文"，在将近一年的时间里，我为他准备了字卡，甚至他没要求的东西我也准备了，不过看起来，他来不及使用这些材料。

问：杜曼会中文吗？

答：该怎么说呢？整体而言，他会中文，但他比较像历史学家，而不是语言学家或是母语使用者。杜曼过去也曾在远东某处实习。在研究所内，我和杜曼、其他同事一起合著了一本有趣的书——《清朝在17世纪的外

[①]　杜曼（Лазарь Исаевич Думан，1907—1979），出生于莫斯科，东方学家、历史学家和经济学家，博士（1965），毕业于圣彼得堡大学语言系和物质文明系（1930）。圣彼得堡大学东方语言所教师（1936—1941）。1941—1952年从军。东方学研究所研究员（1935—1940，1952—1956，1962—1979），中国学研究所副所长（1956—1961），发表了超过80篇关于古代与近代中国和周边国家的学术论文。

交政策》①，其中四分之三都是他的贡献，大部分研究都由这位伟大的学者独立完成，这简直就是学派了！他还写了主要章节"清朝对俄罗斯外交政策和尼布楚条约"。

问：这本书中您也完成了几个章节，第一章和第三章。

答：是的，这本书是在我离开研究所前夕出版的。十年后，我重读了一次，还是非常喜欢，真心佩服我的老师。

问：高等教育问题是怎么解决的呢？

答：在研究所工作期间，我持续为出版社翻译，但之后我不得不去取得更高的学历，我不能永远只当学术助理。杜曼帮我向研究所所长求情，请他给我机会进东方语言研究所就读，不知道，神是否也帮了我一把。总之，我被莫斯科大学的东方语言研究所二年级录取，可以按照项目计划继续学业，但我必须通过一、二年级的所有考试。

问：您是哪年被录取的？

答：大概是1961年。

问：按照项目计划，您是怎么安排学习和工作的呢？

答：我的项目计划如下：我曾在学术研究所工作过，我会在特定的时候去东方语言研究所找老师，按照自己的计划或想法协调如何通过考试，我很满意这样的方式。在学术研究所，不知道为什么，大家也都很尊敬我。中文系所也很崇拜我，必须这么说：我给他们提供了很多建议。整体而言，学习进行得很顺利。但当然也有费力的时候，有一次我带着自己的计划去苏联共产党历史教研室时，经历了艰难的时刻。教研室里有一位脸上带着烧伤疤痕的老师，看得出是二战老兵。一开始，他甚至不想和我讲话。他不和善、警戒、不甘愿地问："什么？你这个外校生想要通过苏联共产党历史的考试？你懂这些资料吗？"我说："是的，我懂。"就开始考试，我回答了第一个、第二个问题，还回答了额外的问题，我已经感到厌烦，毕竟回答一个问题就够了！我第一次感受到敌意，已经开始生气，当然是偷偷地。最后老师说："好的，看来你懂。"不过他还是只给我四分。是曾有过这样困难的状况，但其余的都

---

① Внешняя политика государства Цин в XVII веке./Отв. ред.：Л. И. Думан/-М.，Наука. 1977.385с.

进行得非常顺利。因此，按照项目计划，我一年年往上升，最后完成学业，通过国家考试，在 1964 年取得主修东方语言的文凭和东方学顾问的资格。

问：您毕业论文的题目是？

答：毕业论文题目是"俄中关系与满族历史"，这是我在研究所和杜曼一起研究的题目。杜曼是我论文的指导教授，在他热情的帮助之下，我完成了这篇论文。总之，我的毕业论文后来发展成我的副博士论文。

问：您答辩时，副博士论文题目是什么呢？

答：题目是"中国东北边陲大清帝国发展史：1583—1689"，1968 年 6 月 20 日才答辩，我不赶时间，所以那时候年纪已经大了。

问：那时候您也才 38 岁。

答：您觉得这还小吗？

问：我觉得还小，现在也觉得 38 岁还小！那您 1986 年答辩的博士论文题目又是什么？

答：大致上还是同一个东西①……

问：20 世纪 60 年代时，您个人的学术研究是如何发展的呢？

答：20 世纪 60 年代中期前后，我出版了很多论文。而且，坦白说，都不是粗制滥造，而是根据满族史、满族在阿穆尔河上游发迹的历史和俄中关系与其他资料写出的严谨的论文。当然，讨论到领土问题，我是站在苏联这一方的，但谈到这个我就是个客观的学者，我的研究态度严谨，无法写出粗糙或是政治投机的论文。

问：也就是说，您是根据起源、朝代历史、"实录"做研究的？

答：是的，完全正确。在这个时候，我为文集《中国的满清统治》②写了两篇论文，我想说我并不以它们为耻，因为这就是学术论文，里面有很有趣的图表。研究满族的历史，我冷静地证实，满族是从辽东镇长城这里发源的。努尔哈赤和皇太极着手统一，团结周遭人口较多的部落，不过这里距离

---

① 梅利霍夫的博士论文：《远东的俄罗斯与大清帝国：17 世纪 40 至 80 年代》，莫斯科，1986 年，第 390 页（《 Россия и Цинская империя на Дальнем Востоке （40-80-е гг. XVII в.）》.-М., 1986. 390 с.）。

② Маньчжурское владычество в Китае. -М., 1966.

阿穆尔河还很远。我想要说，也许我是苏联第一个读完所有清朝初年编年史（实录）的人，总共好几百卷，从太祖努尔哈赤、太宗皇太极到圣祖康熙皇帝。我研究过1599年起至1700年止所有的编年史，挑选出必要的资料，绝不错过任何一个提到俄国和中国的片段。我翻译、整理关于中俄关系的清朝资料，这些都还留在手稿之中，然后时代变了，又开始了新的关系。

问：这个手稿现在在哪？

答：还在我这里。这是个学术炸弹，因为当中有大量严密、学术性的中俄翻译文件，和17世纪的满俄关系息息相关。

问：有出版的可能性吗？

答：还太早吧？

问：您觉得太早吗？

答：我写这个写了很久，250页或300页，钻研最早的来源。

问：您所谓的"炸弹"是什么？

答：学术原理上来说，本质就是17世纪时，俄满关系实际开始和发展的过程为何。"炸弹"指的就是这些精挑细选的中文资料和文献的俄文翻译。手稿中还有另一个大作《远东的俄罗斯与大清帝国》（我的博士论文），当中以俄罗斯的视角冷静客观地展示、描绘所有情节。

问：谈论到客观性的问题，在20世纪60—70年代，出版了很多您的论文，当中特别触及了领土问题，相当仔细地研究了中国视角。在那段时间，中国人对您大肆批评，叫您"苏联修正主义者"，您知道吗？您怎么看待这个，是否接受这样的批评？

答：在那个时候，我们对他们而言，全都是"苏联修正主义者"，偶尔听过，但不觉得委屈。整体来说，从1960年到大约1980年，我在不同的文集中出版了14篇论文。

问：您通常在哪里找到研究用的资料呢？

答：在汉学图书馆，[①] 它一开始位于我曾工作过的中国学研究所，然后

[①] 汉学博物馆：俄罗斯科学院远东研究所的图书馆，提供二十万本专书和文件。图书馆藏书主要为来自东方研究所、社会科学基本数据库、北京俄罗斯教会图书馆和哈尔滨总领事馆的中文书籍或关于中国的俄语、其他西方语言书籍。资料来源：http://www.inion.ru/index.php?page_id=381。

被整个迁移至俄罗斯科学院远东研究所。

问：除了杜曼之外，那些年还有哪些和你合作过的同事让您特别印象深刻和尊敬？

答：有很多才华横溢的人！他们唯一的弱点就是中文，不过这个问题是可以解决的。我对列昂纳德·谢尔盖耶维奇·佩列洛莫夫①怀有崇高的敬意。这是一个非常客气、聪明、有学问又善良的人，他研究中国宗教和儒教。您一定知道他的著作。我相当尊敬作为中国学家的他，不只因为他对语言深刻的知识，还因为他是个纯粹的好人，我们是真正的朋友。很长一段时间，我们老是说要一起去钓鱼，但最后还是没有成行。

奥列格·叶菲莫维奇·涅波姆宁②，是个聪明的人、大学者，主要钻研社会史，好小子，好小子！噢，当然，还有谢尔盖·列昂尼多维奇·齐赫文斯基，③他是第一名。他是研究俄中关系的学者，曾以三种语言——英语、法语、德语——出版文集《文件驳斥》④，接着又以两种语言出版了一本书，他也曾出版我的论文，感谢他。不久前在俄国出了一本俄文书，叫作《中俄国界东段问题》，作者是中国人王奇⑤，当中引用了我这些年出版的关于这个主题的论文，共有 14 篇，也就是说，它们也得到了中国人的重视。

尤里·米沙科维奇·加鲁什扬茨⑥，我们在我还是翻译的时候就认识了。我那时去找尼古拉·格拉西莫维奇·谢宁⑦，他想要我翻译两三篇关于中国

---

① Л. С. 佩列洛莫夫（Переломов Л. С.），1928 年生，中国学家、历史学博士（1970），自 1971 年起为俄罗斯科学院远东研究所研究员。

② 涅波姆宁（О. Е. Непомнин），1935 年生，中国学家，毕业于莫斯科大学东方语文研究所（1958），历史学博士（1984），自 1962 年起为俄罗斯科学院东方研究所研究员。中国社会经济史专家。

③ 齐赫文斯基（Тихвинский С. Л.），1918 年生，出生于彼得格勒。外交官、中国学家、历史学博士（1953），苏联科学院院士（1981），特命全权大使（1966 年起）。

④ Документы опровергают: против фальсификации истории русско-китайских отношений. -М., 1982.511с.

⑤ Ван Ци. Проблема восточного участка китайско-российской границы глазами китайских, российских и западных учёных. -М., См. сноску 1.

⑥ 见注 1。

⑦ 谢宁（Сенин Н. Г., 1918—2001），中国学家、哲学博士（1964），19—20 世纪中国外交政治与哲学思想历史学家，苏联科学院/俄罗斯科学院哲学研究所研究员。

哲学的论文，它们之后也被谢宁引用了。总之，透过谢宁，我认识了加鲁什扬茨，那时我正在翻译几篇文字晦涩的论文（19世纪末事件，"自强运动"①与其他），谢宁将它们交给加鲁什扬茨审查。评价很高，但加鲁什扬茨有些不是滋味，也许他那时候认为我会挡他的路或是打扰到他。但在各种情况下，我都非常尊重他，他很了解中文。他是中国部最好、最杰出的学者之一，我和他常常私下往来。我们认识的经过就是那样，还记得我在东方学研究所中国部的时候，曾有过一个好像是圣诞晚会、庆祝会或晚会之类的活动，聚会上我们念起这样的小诗："这是历史的接龙，库库什金、格鲁宁②和加鲁什扬茨"（俄文中接龙和前两个人名库库什金、格鲁宁押韵，韵脚和加鲁什扬的结尾音近似），他们都是才华横溢的人。

我和斯坦尼斯拉夫·库切拉③在同一个房间一起工作了五六年，他总是沉浸在自己对中国古代的严肃研究中。他探讨的问题和我的领域毫不相关，但就一个学者而言，我非常尊敬他，他是一个相当稳重、自爱的人。之前我不知道他曾在北大就读，也曾在北大教授波兰文，非常厉害，为此我又更尊敬他了。

对，我还读过令堂利季娅·伊万诺芙娜的访问，她将儒道思想分析地相当透彻，我已经准备好要写下所有她说过的话，创新的研究！而结尾则具有开放性又有深度。我对令堂有相当高的评价！④

问：谢谢您给予的高度评价，但让我们回到您的命运上。您说，由于在中国和苏联需求很高，所以一切都进行得很顺利。但在您人生中还是有过很戏剧化的一段时间，必须面对困境和事情的变动。还曾有过很艰难的时期，

---

① 面临内部动荡以及西方列强的威胁，大清帝国在1860—1890年实施近代中国第一场改革，名为"洋务运动"或"自强运动"，目的在于加强国家实力。

② К. В. 库库什金（Кукушкин К. В.，1926—201），中国学家、历史学副博士，1967年为俄罗斯科学院远东研究所研究员；В. И. 格鲁宁（Глунин В. И.，1924—2004），中国学家、历史学博士，1966年为俄罗斯科学院远东研究所研究员。

③ 斯坦尼斯拉夫-罗伯特·库切拉（Станислав-Роберт Кучера），1928生于利沃夫，中国学家、历史学博士（1981），教授（1998），毕业于华沙大学（1952），北京大学研究生（1953—1960）。1967年为俄罗斯科学院东方学研究所研究员。中国古代历史以及考古学专家。

④ 提到的是利季娅·伊万诺芙娜·戈洛瓦乔娃（Лидия Ивановна Головачёва，1937—2011）。中国学家、历史学家、哲学家、历史学副博士（1981），毕业于圣彼得堡大学东方系，中国现代史、中国古代哲学（孔子、老子）、汉字专家。为中国学家、本文访谈者戈洛瓦乔夫之母。

当时因为政治角力，中苏几乎断交，这对您人生产生了很负面的影响。此外，像中国人说的，您进入了某种"真空"状态，您是怎么熬过这些时间、这些挫折的呢？

答：啊，是的，我失去了很多。我几乎失去了所有！中文全忘了，当然现在去中国的时候，我说中文，但已经不如过去那样轻松、流畅、充满自信，也就是说，那段时间我没读书，和真实的中国也没了联系。就在这个时候，我去了知名的（苏联科学院）世界经济与国际关系研究所。

问：什么原因促使您到别的研究所工作呢？

答：有很深层的原因。第一，内部因素，在那个时候中国部已经有十来个年轻中国学家了，但我们一点进展都没有。研究所内的状况很复杂，没有人成长，没有人进步，懂吗？初级研究员工作到头来都只能是初级研究员。

问：换句话说，学术成就没有前景。

答：没错！就在这个时候，世界经济与国际关系研究所远东部门的负责人德米特里·瓦西里耶维奇·彼得洛夫邀请了我。他请我担任资深研究员的职务。

问：就是升职了？

答：不只是升职，从初级研究员到资深研究员是一个突破性的提升，薪水也马上涨了两倍。在世界经济与国际关系研究所，我开始从事非常有趣的研究。我被指派研究"大四角形"国际关系（苏联、美国、中国、日本）中的"中国角"。从中国的视角，我研究上述四个国家相互关系发展的所有过程。在那里我们持续建立不同的三角形、"四角形"，还有其他形状和模型。我们专业评估所有国家和不同时期，之后将资料送入苏联共产党中央委员会和其他部委。从尼克松访华开始到越南、柬埔寨、老挝，所有远东、东南亚的对外政策问题，都由我经手。我使用我们现有的丰富资料来源评估区域内国际关系领域中发生的事情。

问：在世界经济与国际关系研究所的工作还容易适应吗？

答：那时我还相当青涩，也还不是国际关系的专家。在这之前，我因为自己汉学"狭隘"的特点，在满洲里和中俄关系中"待"了很多年。而突然，国际关系的"海洋"在我面前展开。整体来说，在世界经济与国际关系研究所工作的那些年为我开启了另一个世界——卓越的国际事务学者的世界、广大的国际政治的世界……

想顺便讲讲我参加过的第一场会议。我1970年刚来找彼得洛夫的时候，就被指派了"情境分析"的工作——在例行性研讨会中审议美、越、中关系当前的关键问题。在这个"情境分析"中，我正对面坐着研究所所长、尼古拉·尼古拉耶维奇·伊诺捷姆采夫①院士，严肃的国际关系学者，苏联共产党中央委员会委员。我报告期间，他一直坐着、全神贯注地盯着我。我一辈子都会记住这一刻，因为当时我只是国际关系的初学者，而所长却来了，坐在我的正对面，打量着我。他的体型！他的外表！皮肤黝黑、深色眼睛、专注的视线，视线充满力量！六七年后，他病了，但在他的职业生涯中完成了两个创举。第一，他建了世界经济与国际关系研究所的新馆，现在新馆仍在自己的位置上好好地矗立着。第二，他提供了100间公寓给所有在研究所工作、期待更好的住房条件的人们。您能想象吗，100间公寓，在那个时候！我就是在那个时候得到自己第一间独立的公寓的。而将这间公寓交给我的是如今世界经济与国际关系研究所的新任所长叶甫盖尼·马克西莫维奇·普里马科夫②了。我和普里马科夫的关系非常好，这是个很伟大的人！

问：这样说来，您研究"中国角"和"情境分析"将近十年。那么后来您为何离开世界经济与国际关系研究所呢？或许这也有充分的理由？

答：这大致上是有趣的工作，薪水也高。中美关系的所有波折，在我眼前一步步发生。曾经觉得很有趣，在"中国角"内也很舒适，但后来不知为何我就厌倦了！一个又一个的政策，塔斯社和外国的资料，那些年我们也出版了书，不过却越来越想离开那里。有种停滞、守旧的感觉。

问：于是您开始思考，之后该怎么过活？

---

① Н. Н. 伊诺捷姆采夫（Николай Николаевич Иноземцев，1921—1982），苏联经济学家、政治学家，1966年为苏联科学院世界经济和国际关系研究所所长。苏联科学院院士（1968）。

② Е. М. 普里马科夫（Евгений Максимович Примаков），1929年生于基辅，东方学家、阿拉伯学家，1953年毕业于莫斯科东方学院，经济学副博士（1969），教授（1974），苏联科学院院士（1979），俄罗斯联邦外交部长（1996—1998），俄罗斯联邦总理（1998—1999）。

答：我早就开始想了！我觉得，必须去苏联科学院的苏联史研究所工作，当然，这是一所很好的研究所，但我毕竟学的是俄中关系，也为了成为国际关系专家做了很多准备。总之，我成功了。苏联史研究所的阿列克谢·列昂季耶维奇·纳罗奇尼茨基（1907—1989）[1] 热烈地欢迎我。他是个出色的国际关系学者，一开始主修西方国际问题，撰写了一系列关于资本主义列强在远东的政策[2]的伟大著作。他带我进入研究所，是我人生最棒的上司之一，他给了我一切，就连我没有要求的，都说："好！""来吧！""太棒了！""来吧，做事吧！""这太棒了！"虽然他是一个很严格的人，很多研究所的人到现在都还在生他的气。我和他关系很好，有某种程度上的信任，这是很重要的联结。在学术上我从来不急，但就是在这个研究所时，我开始了自己关于远东的俄罗斯和中国的博士论文。论文中提到了边境问题和共同的历史问题。这绝对是架构在优良的资料上的"亲俄"的研究，但由于主题微妙，所以虽然论文通过了，却没有出版。

问：那么，您在这个机构已经工作了32年？

答：对，我还曾当过工会主席。不过，我和东方学研究所还是一直保持联络，我参加了每年一度的"中国社会与国家"研讨会，我有些朋友还留在那里。例如，А. А. 博克夏宁[3]，非常好的人，很杰出的专家。我和他也很友好，大概从1958年就认识了！在关于大清帝国的政策的著作中，我们用相同的资料来源合著了几个章节。

问："哈尔滨"与"移民"主题是什么时候开始出现在您的研究中？这是您学术生涯中重要的一页，它是怎么开始的呢？

答：是啊，这是重要的一页，从我在哈尔滨出生时就开始了！1991年，

---

[1] 阿列克谢·列昂季耶维奇·纳罗奇尼茨基（Алексей Леонтьевич Нарочницкий，1907—1989），苏联历史学家，苏联科学院院士（1972）、苏联教育科学院院士（1968），19世纪初期的俄罗斯外交政策专家。

[2] Нарочницкий А. Л. , Колониальная политика капиталистических держав на Дальнем Востоке, 1860—1895. -М. , 1956.

[3] 阿列克谢·阿纳托利耶维奇·博克夏宁（Алексей Анатольевич Бокщанин），1935年生于莫斯科，毕业于莫斯科大学东方语言研究所（1958），历史学博士（1985），教授，1958年任职于中国学研究所、1961年任职于苏联科学院东方学研究所，1990—2011年担任俄罗斯科学院东方学研究所中国部主任，明朝历史专家。

我出版了专著《亲疏远近的满洲里》①。那时我和出版社的关系很好，尤其是和奥列格·康斯坦丁诺维奇·德雷尔②，幸好有他，我才能在这艰难、"透不过气"的时间出版这本书。那个时候，和移民有关的书几乎不可能通过中央委员会或其他任何部委的审查！这个主题非常封闭。而我却成功地完成并出版了这本客观描绘俄国移民的书。我想呈现从1898年开始建造东清铁路至1917年这段时间的移民的故事。1894年中日甲午战争爆发，中俄签署一系列的协定后，满洲里开始积极建设铁路。让我提醒您，就是在这个时候我祖父和外公来到了满洲里，因此这个题目总是让我"炙热"地感怀于心。

问：为什么您选择了《亲疏远近的满洲里》这样的书名呢？

答：因为对我来说，满洲里就是亲近的故土，我很了解这里，我的中国、俄国朋友都住在这里，我非常想要在自己的书中呈现我们友谊的两大支柱，我发现友谊和合作的时光贯穿了我的创作主题，但对于莫斯科的读者、对这些住在苏联（俄罗斯）的居民们来说，满洲里是很远的边疆地带，因此我想出了这个名字。

问：时代在变，您的书名也跟着变化。我认为，在苏联时期不可能出版名为《白色哈尔滨》的书，但之后可能性出现了，于是您就在2003年出版了这本书。

答：再重复一次，是德雷尔开始的。他是第一个敢出版《亲疏远近的满洲里》这种本质上是"白色移民"的书，而一切就是从这里开始的。这是心理或者甚至可能是政治上的转折点，之后这个题目还是很有争议，但开放了。

问：如果您的书是1991年出版的，那到现在为止就已经过了21年了！

答：但这是很有趣、用之不竭的主题！所以到现在这个主题无人不知！

问：据我所知，最近中国学者中兴起了研究在中国的俄国人的热潮。

---

① Мелихов Г. В., Маньчжурия далёкая и близкая. -М.：Наука, 1991. 317 с. 2-е изд. -М.：Главная редакция восточной литературы РАН, 1994, 317 с.

② 德雷尔（О. К. Дрейер, 1919—1997），"科学"出版社俄罗斯科学院东方文献系列（1964—1992）的主编，历史学副博士。

答：这代表，中国人自己开启了这个问题。非常好！在过去，关于这个主题的所有的文件、讲义都被收在中国特别档案馆、文献馆，没有通行证的话，谁也进不去。而现在，代表着，他们开放了，他们也非常关注中国的犹太移民问题。但在哈尔滨、上海，这些移民大部分都是俄罗斯犹太人。因此，有次在哈尔滨我去了一个当地研究犹太移民的中心，感谢他们那么认真地研究我们的俄罗斯犹太人。他们出版了两大册的传记文集，当中追踪了许多的犹太移民的一生。

问：在您关于远东国际关系中的俄国移民的著作中，您提到在中国，包含在哈尔滨的俄罗斯移民里，有很多中国学家和东方学家都会加入"俄罗斯东方学者团体""满洲里地区研究团体"和其他组织。①

答：这些是最先也是最古老的研究中国的东方学家组织。世界知名的中国学家们研究了中国的历史、文化各领域，有 П. В. 什库尔金②、И. Г. 巴兰诺夫、А. П. 西奥宁③、С. Н. 乌索夫④、В. Г. 萨维奇科⑤、阿维纳里乌思⑥等人。

问：在这些知名的东方学家中您记得这个名字——С. М. 什洛科戈

---

① Мелихов Г. В., Российская эмиграция в международных отношениях на Дальнем Востоке（1925—1932）. -М., 2007, С. 207. 请看摘要链接"19、20 世纪离开俄罗斯的中国学家初步搜索列表"：http://old.bfrz.ru/cgi-bin/load.cgi? p=news/proektu_nayk_otdel_rus_nayk_zar_slovar_sorokina/vostokovedu.htm.

② 保罗·瓦西里耶维奇·什库尔金（1868—1943），中国学家、文学家，1903 年毕业于海参崴东方研究所，于东清铁路担任翻译员、曾任教于哈尔滨之院校，拥有苏联国籍，1927 年前往美国（西雅图），美国俄罗斯历史学会创始成员之一。

③ 阿列克谢·帕夫洛维奇·西奥宁（Алексей Павлович Хионин, 1879—1971），东方学家、蒙古学家、中国学家。1903 年毕业于海参崴东方研究所后，立即被任命担任蒙古学系的助理教授。曾为远东军事、外交公务员。于 1925 年创办东方商用科学研究所并且担任所长。于哈尔滨日俄研究所担任蒙古学教授（1928—1936）。1945 年至 1948 年在远东担任苏联最高军事指挥官之译者。于 1959 年移民至澳洲。

④ 谢尔盖·尼古拉耶维奇·乌索夫（Сергей Николаевич Усов, 1891—1966），汉学教育家。自 1906 年起住在满洲。汉语教师（1922—1937）。在哈尔滨负责东方语言法律系的教程。出版一系列教科书与关于汉语、象形文字、语言教学方面的教学参考书。

⑤ В. Г. 萨维奇科（В. Г. Савчик），中国学家，И. Г. 巴兰诺夫的学生，译者、教科书编辑。

⑥ 格奥尔吉·格奥尔吉耶维奇·阿维纳里乌思（Георгий Георгиевич Авенариус, 1876—1948），中国学家、律师、经济学家。住在哈尔滨，任教于东方商用科学研究所；在满洲国时期于大学教授东亚历史。曾出版有关中国司法体系演进过程、经济体系的著作。

罗夫①吗？

答：这是个伟大的东方民族学家，不过距离满洲里学术圈有点距离。虽然他也研究少数民族，但基本上都在北京居住、工作。他被遗忘了很长一段时间，但还是个很伟大的作家。在中国有许多杰出、具备世界级水平的俄罗斯东方学家，不只什洛科戈罗夫一人。这不是空话，这都是经过科学证实的。

问：您是什么时候回到中国的？

答：1990 年。

问：也就是说，已经过了 25 年了。

答：是的，1990 年中国很盛大地庆祝哈尔滨理工大学的校庆，中国方面同意让曾在那里就读、工作，或还记得哈尔滨理工大学的人们参加，还举行了盛大的接待和高级的聚会。家父是哈尔滨理工大学的毕业生，也是有名的教授。那时在我身上还有明显的"中国气息"，哈尔滨理工大学的聚会上我用中文发言，而且"口若悬河"！一切都受到了出席者的热烈欢迎。

问：结果，是哈尔滨请您回中国的。

答：是的，是哈尔滨。当时在莫斯科哈尔滨理工大学的校友和学生也组织了一个团体，我们代表团集体前往哈尔滨，非常愉快的旅行！

问：在您离开的这些年，中国的改变剧烈吗？

答：第一，中国还是我的故土，在中国住的那两个礼拜，我感觉"如鱼得水"，像在家里一样自在。

问：在您不在的 30 年，哈尔滨改变多吗？

答：哈尔滨当时遭到了很大的破坏，很多老建筑都被拆了，我们以前住的房子也没了。

问：现在您领导着前哈尔滨人莫斯科协会，这是什么样的组织？

答：这是我们的同乡会，给那些同样认为哈尔滨是故土的人们。但也有

---

① 谢尔盖·米哈伊洛维奇·什洛科戈罗夫（Сергей Михайлович Широкогоров，1887—1939），出生于苏兹达里，著名的人类学家、民族学家、语言学家与教育家。研究西伯利亚和远东的国家。在 1922 年移民中国，1922 年至 1926 年居住于北京。曾任教于北京大学、上海大学、厦门大学与广州大学。从 1930 年起在北京工作，并且定居于此。

很多来自上海、天津，现在住在莫斯科的人参加。这是从哈尔滨理工大学同学会1988年在新西伯利亚成立开始，之后出现了莫斯科、彼得堡的同学会，我们这些老人们（对我当然不适用！）聚会、喝茶、喝伏特加、聊天。有时候会有人报告，聚会很多彩多姿。奥地利的哈尔滨人也加入了我们，心灵上的联结非常美好！我们出版了两本文集《莫斯科的哈尔滨人》①，这是现在住在莫斯科的同乡人传记。

问：您认识作家娜塔莉娅·伊利纳②吗？

答：是的，我认识娜塔莉娅·伊利纳，她曾经对不起我们……

问：为什么呢？

答：因为她心怀成见地写作，因为她的著作——《回归》。或许她被下了某些政治命令吧？最主要的是，她是个很有才华的人。当她回到这里（苏联），她写了非常不好的书来诋毁移民，这很不公平、非常愚蠢！我们所有住在这里（苏联）的移民都很不满，严厉地批评她！我到现在还是不知道这本书是怎么被写出来的。对她的不满就这样留在我心中。有次我们在一个共同朋友——中国学家Е. И. 罗日杰斯特文斯卡娅③的家中碰到面，我立刻表明我不想看到她，也无意和她认识。她却马上开始巴结我们。她快哭了地对我们说，她并不知道哈尔滨是个这么美的城市，也不知道哈尔滨住着那么多好人。之后她像是个要洗清这一切错误的作家一样，开始以不同的观点写作。最后她去了上海，但她没有因为这样就跟我们变亲近，她有种上海人的"习气"。前哈尔滨人有一半住在上海，但这是另一个世界，是个俄罗斯人和其他外国人，像是英国人、法国人等住在同一区（住在法国租界）的国际大都会。上海是个很大的都市，因此当他们到哈尔滨的时候，态度有点

---

① Харбинцы в Москве: биографические очерки в двух выпусках / РАН, Ин-т рос. истории, Ассоц. 《Харбин》. -М. : Ассоц. 《Харбин》, 1997.

② 娜塔莉娅·约瑟佛芙娜·伊利纳（Наталья Иосифовна Ильина, 1914—1994），生于圣彼得堡。作家、政论家。1920年举家移民哈尔滨，1936年起居住于上海，1948年被遣返回苏联。自传体长篇小说《回归》之作者（莫斯科：苏联作家，1、2册，1957、1965年）。

③ 叶夫多基娅·伊万诺芙娜·罗日杰斯特文斯卡娅（莫尔察诺娃）[Евдокия Ивановна Рождественская (Молчанова)]，生于1922年，中国学家，教师，译者，语文学副博士（1963），副教授（1974），毕业于莫斯科东方学院（1947）。曾任教于莫斯科东方学院（1947—1948，1950—1954）、莫斯科大学东方语言研究所/亚非学院（1956—1986）。

高高在上。

问：您对俄罗斯地理协会（РГО）①的看法如何呢？

答：没什么特别的。我以前是这个协会的成员，参加报告和讨论，现在我有很多自己的事情要忙。

问：您现在在忙什么？有什么工作计划？

答：我一步步地揭开俄国移民史的神秘面纱，现在正在研究"满洲国的俄罗斯人"的主题。从1937年到1945年，有非常多有趣的俄罗斯、日本史料。在这期间也发生了很多历史事件。亚洲和太平洋地区的战争开打，这一切都在俄罗斯殖民地闹得"沸沸扬扬"。我现在才写到1937年，还没完成就已经写了600页。俗话说："革命尚未成功，同志仍须努力"，如果之后我还健康地活着的话，我想写完从1937年到1945年发生的事，这是最有趣的阶段。在满洲里发生了政治上的"分化、断裂"，中国、日本、苏联、美国都参与其中，非常复杂的主题。最特别的是，侨民和俄国对这些事情的评价分歧，非常有趣，但我还不知道该如何下笔。另一件事则是，我必须要完成包含在这个主题之中的书籍《白色哈尔滨》（1936）。

问：为什么呢？

答：因为1936年是俄罗斯移民史各方面的关键！在这年俄罗斯的科学、技术、文化、艺术都有突破性的发展。Ф. И. 夏里亚宾②、А. Н. 维尔廷斯基③的到来，是这年最引人注目的事件！

问：为什么1936年对您来说如此特别呢？

答：因为1936年是俄罗斯移民集中最主要的原因。这已经是战争的尾声，而在1937年，抱歉，日本已经展开对中国的侵略了，抗日战争开始。日本，这种"小"国，自然陷在中国里。对他们来说，中国能去哪啊？我爸爸说得很好："日本向中国开战，就是和空间的战争。"在老百姓和官方层面，

---

① 俄罗斯地理学会于1845年在圣彼得堡成立，是世界上历史最悠久的地理学会之一。

② 费奥多尔·伊万诺维奇·夏里亚宾（Фёдор Иванович Шаляпин，1887—1938），出生于喀山，世界知名俄国歌剧、室内乐歌唱家（中低音）。1936年春天曾到中国巡回演出。

③ 亚历山大·尼古拉耶维奇·维尔廷斯基（Александр Николаевич Вертинский，1889—1957），生于基辅，杰出的俄罗斯演员，诗人，歌手，作曲家。1920年起居住在国外，1935年移居中国（上海），1943年从中国返回苏联。

日本人自己也承认：这是一场打不赢的战争。一个曾在战争中庇护过很多移民、并尽力提供他们生活的哈尔滨合成板工厂的日本老板，某次和父亲一起搭车的时候，对父亲说："是啊，日本要输了！"这句话把父亲吓坏了，在那样的情况下听见日本人说出那样的话！就像父亲之后说的，他甚至觉得：这是挑衅。显然，这个想法对日本人来说很不容易。这是1943—1944年的事。

问：大家都知道，您不是只有研究大清帝国和俄罗斯移民，您也是15世纪的特尔石碑①的合著者之一。我想要为您的研究、论文和1413年第一篇石碑的准确翻译向您致上真诚的谢意。这对我们的研究助益匪浅。

答：您太抬举我了。

问：不，您太谦虚了。为什么您要研究这些碑文呢？

答：我用现有的刊物研究这些碑文。和我研究满族的历史有关，慢慢地我转向明朝初年的研究，这也是我对中国明朝研究的高峰，之后就没继续了。А. А. 博克夏宁对明朝的研究比我更好、更深入。结果出乎我意料的有趣：我的研究重点从满洲里中南部转移到黑龙江下游的永宁寺石碑。碑文建造的时间与郑和率领大航海舰队下南洋的时间相符。明朝在南洋没有占领任何地方，但能建造并派出这样的大航海舰队就象征了力量！为什么会这样呢？毕竟因为女真人的虎视眈眈，明朝发展并不顺利。不料，他们完成了这趟长途远征，穿越了沙漠和原始针叶林！背后主因也许是大国主义或是汉族中心思想。他们做了什么？郑和建功无数，许多关于他的纪念都被保留下来，而这个伟大的太监亦失哈九出山海关的活动也在历史上留下印记。

那些年我酝酿并证明了的中心思想是：两个伟大的文明——俄罗斯和中国交会了。而这场"交会"至今对远东的历史都还具有重大意义。两国起初非常友好，康熙皇帝曾评论：俄罗斯正伺机而动。大清强盛之后，康熙就决

---

① Головачёв В. Ц., Ивлиев А. Л., Певнов А. М., Рыкин П. О., Тырские стелы XV века: Перевод, комментарии, исследование китайских, монгольского и чжурчжэньского текстов. -СПб.: Наука, 2011. 320 с. +117 рис. 永宁寺碑建于1413年与1433年，位于阿穆尔河下游地区特尔峭壁上，为了纪念永宁寺而建。在明朝派遣使者——太监郑和探勘后重建（于1433年重建永宁寺记碑）。

定拔掉这个眼中钉。之后起了很严重的冲突，我们丧失了很多土地，黑龙江以北的领土几乎什么也不剩。有趣的是，与此同时贸易、文化、使节间的往来却展开了，也就是说，两个文明开始交流。这一切联系的起源都是在黑龙江地区和外满洲，主轴则是黑龙江。俄罗斯在外满洲的殖民地规模很大，到17世纪前，俄罗斯人在黑龙江中"像沙皇"一样，而俄罗斯哥萨克人则四处建立部落，领土直达松花江。

问：作为一个俄中关系的专家，您怎么看待中俄关系的未来？是否有可能从"战略伙伴"变成"战略竞争"？

答：这是个很棘手的问题，但我认为那不太可能发生。中俄关系会维持友好，包括在文化、经济各个层面上的友好。虽然中国现在很强大，但它不可能进攻或入侵俄罗斯。在苏联时期，我在世界经济和国际关系研究所工作，我办了超过五百场关于中国和国际关系方面的讲座。

问：是知识[①]这方面的讲座吗？

答：是的。我们有组织地从莫斯科前往各地，为提前预订好票的听众们演讲。我几乎总是在讲"今日中国"或是"国际局势"。我个人相当自豪的是，我从未向我的听众施加中国的威胁或任何恐惧。相反的，从1960年到1980年，在哈尔滨或布拉戈维申斯克挤满观众的教室，我总是试着保持乐观、从容、自信。毕竟我了解中国！在至关重要的"今日中国"专题讲座后，人们开始以不同的角度看待这些事情。基本上我跑遍了苏联，最欣赏我的听众在远东和北方，因为他们就和中国比邻而居。

问：那这些地方有没有人批评说您太"乐观"了吗？

答：没有！我清楚、冷静地说出一切。我利用了自己的素养、对中国的认识，"条理分明"地解释中国人是什么样子的人。

问：您怎么解释到目前为止"中国威胁"这样的论调？延续所有这些论调的核心是什么？

答：最关键的是与俄国接壤的中国东北三省的高密度的人口，还有和我

---

① 全苏协会"知识团"，苏联时期的教育组织，始于1947年。在20世纪70年代初期苏共中央委员会政府部门将全苏协会"知识团"列入一级部门。约三分之二的讲座要收费，国家再将收入划拨给讲师；其余通称为辅导讲座，皆免费。

们国家经济相互渗透的客观必然性。不过中国人会从在俄罗斯的工作中获利，当然其中也有滥捕滥伐的事件，但所有关于"中国入侵"的言论都只是傻话。这绝对不可能发生，因为就像我之前提过的，中国位于和其他远亲近邻的国家多面向、多层次的国际关系系统中，在这样的情况下绝对不可能部署任何扩张或侵略计划，因此所谓的"中国威胁"是不存在的。助长这种言论的，可能是被高层授权的记者或者是远东无能的领导者扯后腿。我认为，这样扭曲现实状况是他们自己的问题。

问：先不谈"中国威胁"了，您觉得中国菜怎么样？

答：人间美味！中国菜是世界上最棒的！用最简单的材料，像是蔬菜、鸡肉或猪肉就能做出成百上千种佳肴！

问：格奥尔吉·瓦西里耶维奇，您研究中国已经60年了，您觉得，除了对中国菜的热爱之外，什么对于中国学家的研究来说最重要呢？

答：中国学家最重要的研究方法就是坐在"后座"读资料来源，不这样做的话，不可能获得任何和中国有关的"建树"，因为中国能够用大量的书面资料和科学文献回答各式各样的"鸡毛蒜皮"式的问题。用"缺心眼"批评中国，是毫无道理的空话。首先，中国人是很聪明的民族。其次，他们具备很有深度的内在文化。即使是小店老板也有很高的自尊，深以作为中国人为荣。有次在北京的出租车上我遇到了很有趣的事，就像往常一样，坐车，闲话家常，司机是个很好看的年轻男子，突然对我说："我是满人。"还告诉我他的祖先是镶黄旗的！就是这样！

问：就是说，他有很明确的身份认知。

问：是的，而且"镶黄旗"是满族贵族的主要旗帜。回归到中国学家研究的原则，就是必须奠基于大量的资料来源，诚实、准确地写作。毕竟，看看我那个时期的论文，就能清楚发现，虽然，或许，当中由于我个人活泼的性格，出现了某些多余的表达，但整体来说都还是严谨的著作。也就是说，必须好好地坐着读书，我不知道其他的途径，因为光是"俯瞰"是无法理解中国的。

问：您有自己的学生吗？

答：没有，只有三四个要答辩的研究生。其中一个研究生，是研究所分配给我的,她的论文题目是:俄罗斯国外情报史。还有一个韩国人朴正河,一开始答辩副博士论文,然后是 20 世纪俄韩关系的博士论文答辩,我看了很多俄罗斯帝国内部政策档案(АВПРИ)。整体而言,现代汉学将由独立学者研究,不会以学派的方式发展。

问:为什么呢?因为信息流通的世纪已经到来,还是因为缺少像比丘林、阿列克谢耶夫和康拉德这样的老师?

答:您自问自答了!没有好老师,很遗憾,他们都去哪了?

问:但也有像是齐赫文斯基学派的地方。

答:我就是齐赫文斯基学派的。对,当时我们都在一个部门工作。齐赫文斯基当时主持一个中国近代历史的大课题,我永远不会忘记这个小插曲,在工作小组会议,有个年轻的副博士"拼命"批评齐赫文斯基,而这个当时已经是博士、大学者的人,坐着,双颊都红了,但他只是坐着写个不停,记下所有的意见,齐赫文斯基就是这样控制自己的,对我来说,这才是一门学问!

在讨论《中国近代历史》这本书的过程中,找到非常多的错误。一开始书还很生涩,我们这些"年轻的狼"从四面八方撕咬它,而它出版时,当然已经很好了!您看看目录,多好的作者队伍啊!我还记得有次部门会议,齐赫文斯基发言的时候说:"就在这里,坐着未来的副博士和博士……"对我们这些年轻人来说,这些话很动听,不是空话,而是激励人心的鼓励!

问:此外,齐赫文斯基设了远大的学术目标,并全力巩固它们。

答:没错,他是个伟大的学者,有能力创立一个真正的学派。涅波姆宁对齐赫文斯基当面说了一句话:"您是个心不定的人,从这个研究所跳槽到另一个……"这是涅波姆宁说的话,而的确,看看齐赫文斯基的工作记录,他就从一个机构跳到另个机构!不过,他毫无疑问地是个真正的学者,我相当尊敬他。非常勤劳、有天赋、才华横溢的人!能够"好好地坐着"。

问:现在学术界出现了新一代的中国学家,从您丰富经验的高度,对他们有什么期望呢?

答:期望?希望他们能够更常去中国,运用每次在中国的机会去了解、融入中国生活。还有,不要带着任何"西方"的优越感,要真心学习、理解中国。中国人是非常有天分、有能力的人,必须尊重他们。我年轻力壮的时候,没有全力研究中国,我希望,年轻的中国学家不要重蹈我的覆辙,要尽可能地努力研究。希望他们不会像我一样遇到那么严峻的考验,我在那八年几乎被迫中断所有对中国的研究,只能研究远东俄罗斯地区的发展史。希望他们一切都顺利,也希望他们不耐烦的同时,又严肃、深入地研究中文。也许生活会变得更好,我们会有更多的青年才俊!

问:整体来说,您会怎么评价您的人生和汉学道路呢?失败还是成功?

答:我之前说过,苏联和中国敌对的时期对我而言是很大的损失。如果没有那些损失,我知道事情的发展可能会大大不同,生命可能会大转弯,我也许就会是中国学者中的一员。

问:不过他们现在和您很熟。

答:当然很熟,我和中国学者的关系密切,甚至有个黑龙江大学的老师想要用中文出版我的书,但终究还是浪费了很多时间。为了做自己的事情,没有把时间花在研究上。很多机会一旦错过就永远失去了。

问:关于您的成功,可以说些什么呢?

答:整体而言,我是个很幸运的人,因为就连在"身为没有居留证的公民"那种困难的条件之下,我还是完成了所有我想做的事。上百个人帮助过我,甚至运用了自己的关系。我一次也没有觉得自己是外人过,虽然,因为我不想入党,我永远都只能是"外人"。

问:"外人",但在各种情况下,您都是值得尊敬、高贵的自己人!非常感谢您接受访问,格奥尔吉·瓦西里耶维奇!

答:不客气,非常高兴认识你!诚挚地邀请你一起去中国餐厅!

尤·弗·丘多杰耶夫访谈录

访谈对象：尤里·弗拉基米罗维奇·丘多杰耶夫

俄文姓名：Юрий Владимирович Чудодеев

职　　务：俄罗斯科学院东方学研究所首席研究员

学术专长：中国近现代史

访 问 者：瓦连京·戈罗瓦乔夫（刘宇卫）

翻　　译：胡逢瑛

校　　者：吴非

时　　间：2009 年 2 月 25 日、3 月 11 日

地　　点：莫斯科，俄罗斯科学院东方学研究所

第一次访问，2009 年 2 月 25 日

问：您好，尊敬的尤里·弗拉基米罗维奇！非常高兴您加入我们的"中国学——口述历史"计划。这项计划对于未来的俄罗斯中国学家们非常重要，我们非常感谢您愿意参加这项计划。

答：您好，我很荣幸来回答您提出的 55 个问题，对于我来讲，这项计划意义非凡，就这样，我现在就尝试一下是否能够回答出您所提出的这些问题。

问：我想可能我们在谈话期间还会有更多的问题需要您来回答和解释。如同其他参与这项计划的中国学家一样，先请您简单地自我介绍。

答：好。我的姓是丘多杰耶夫，名为尤里·弗拉基米罗维奇，1931 年 8 月 28 日出生于莫斯科，出生在公务员家庭。我的父亲与其所受到的教育与我从事的人文领域工作并无关系。我父亲的职业生涯首先是一名极为普通的工程师，然后成为无线电雷达站 НИИ—17 的建造者。我生长于父母都经历了第二次世界大战的幸存家庭，作为十来岁的小伙子我也经历了战争的痛苦。由于战争原因，父母亲首先被转移到西伯利亚，然后到了托姆斯克，这是一座大学城，在那里住了两年。我随着父亲一起被疏散撤离到了一间刀具工厂，他被疏散的时间是 1941 年 10 月 16 日，对于很多的莫斯科人来讲，这是很难过的日子，因为很多的莫斯科人都认为莫斯科有可能被德国人攻占。最后，这样刀具工厂也随之解散了。我被父母亲安排送进了一支青年战斗序列的骑兵队，母亲与这个组织关系良好。然后所有的服役小孩都被送到了西伯利亚。

我们首先穿越了乌拉尔山脉，然后我记得似乎在库尔干地区的瓦尔佳石村庄里落脚。我一个人和这些服役的孩子们在一起。后来我的妈妈终于找到了我，她把我的父亲留在莫斯科。她不断追随着我的行程，就是为了要找到她唯一的孩子。当然她终于找到了，然后，知道了父亲被疏散到了托姆斯克，最后我们终于从这个村庄转移到托姆斯克城，战争期间我们都住在此地。直到 1943 年，我们才回到莫斯科，此时我没有错过任何一年的中学课程，我继续读书，直到 1949 年才高中毕业。

此时我的兴趣是什么？我要从事什么专业？为何我的志趣突然与中国结下不解之缘？您知道的，在我生命中的许多时刻，包括从接受中国学教育的角度来看，都是偶然的。不过，在偶然当中也有必然。或许，这是冥冥之中注定的。

问：就是说，比如，您在 1949 年读完高中，此时中华人民共和国成立，这难道也是一种偶然吗？

答：当然，在某种程度上来讲，我自认为诗歌的音韵声调很好，并且我的嗓子也不错，如同人们经常这样对我说，看来你可以成为一名演员，我也曾经这么想过。在初中期间的某个阶段，我开始对历史产生了兴趣。这里的偶然也发生了作用。在六、七年级时①，具体时间我不太记得了，我与班上两名同学一起"恶作剧"。老师依序叫我们出来要给我们打两分的处分。后来她真给了这两名同学两分。

而当时老师给我提了一个问题，她说：请告诉我，或许，你可以谈谈关于恺撒大帝的统治。没想到我居然出其意料地回答了她的问题！当时老师说："太精彩了！"——她睁大了眼睛对我说，"应该给你五分！"因此，从那个时候起，我便迷上了历史！将其作为我未来的专业方向，我开始尝试写一些关于历史方面的课程论文，当时还写了莫斯科的形成历史②以及其他主题。我自己决定大学要读历史系。当时我向大学的历史系递出申请后，我并没有想到我会进入中国学领域的系组。因为当我还在初中时代，我仅仅知道中国是在苏联周边的一个大国而已。

我知道当时在中国内部国民党和共产党处于内战状态，还知道了中国正在进行抗日战争抵御日本人的入侵。我进入历史系的入学考试成绩并不好，仅得了一分，而且还被分配到名为"半通过生"的后段班，此时，历史系老师说："现在历史系正在成立东方组，包括中国史教研室，还有其他东方学的教研室，主要研究韩国、日本、远东和中东国家等等，我们把你们留在这里一段时间，你们自己可以选择要研究的国家。"我于是决定开始研究中国。当时我突然非常想研究中国。我和周边的同学很多都开始学习中国史，因为我们知道了中华人民共和国"诞生了"。只有两位同学选择学习日本史。拉莉莎·瓦西里耶芙娜·西蒙诺夫斯卡娅领导了中国史教研室，这样从1949年到1954年我进入了莫斯科大学历史系的中国历史教研室。由于在莫大历史系就读，我们系有许多重量级的历史学者，其中有斯卡斯金院士、雷巴科夫院士，另外还有博克夏宁教授，讲授古希腊史和古罗马史，在这门课程中，我开始了解整个世界发展的进程并且扎下了世界观的基础，至今我仍感受到这对于我未来了解有着悠久历史的中国以及中国语言具有决定性的意义。

---

① 俄罗斯基础教育为12年，把小学、初中、高中合为一体。——译者注
② 莫斯科市从建城至今已经850年了，当时还在莫斯科公国时代，克里姆林宫的城墙则为木桩所建。——译者注

问：和您一起学习的同学有谁？

答：和我一起学习的后来都成为俄罗斯非常知名的东方学者。首先我记得有后来成为院士的邦加德·列文（Бонгард-Левин）、印度学家阿拉耶夫（Алаев）教授、土耳其专家基列夫（Киреев）教授、韩国问题专家（Ванин）瓦宁教授。我和埃米利娅·巴甫洛芙娜·斯图热娜（Эмилия Павловна Стужина）在一起学习。她后来成为研究中国城市和中世纪手工艺史的优秀中国学家。

问：谁曾经是您的老师？

答：我的老师首先是教授语言的阿列克谢·彼得罗维奇·罗戈乔夫（Алексей Петрович Рогачёв），他是后来驻中国的大使罗高寿的父亲。柳博芙·德米特里耶芙娜·波兹德涅耶娃（Любовь Дмитриевна Позднеева），她主要讲授中国文言文。中国中世纪史是由史学家拉莉莎·瓦西里耶芙娜·西蒙诺夫斯卡娅（Лариса Васильевна Симоновская）教授讲授的，中国近代史与中国现代史则由格里戈里·鲍里索维奇·爱伦堡（Григорий Борисович Эренбург）教授、米哈伊尔·菲里普维奇·尤里耶夫（Михаил Филиппович Юрьев）以及弗拉基米尔·尼古拉耶维奇·尼基福罗夫（Владимир Николаевич Никифоров）三位老师来教。

问：什么事件或是个人经历对于您后来成为中国学家有着特别深远的影响？

答：好，这里我要重点讲一下，在我后来成为中国学家的学术生涯中发挥了重要作用的事件。当我从苏联莫斯科大学历史系毕业获得了学位后，作为一名历史学专家，我可以担任中学教师了。但在当时苏联的学校没有人对于东方史或是中国学有兴趣，我当时的感觉是我们是国家不需要的人。我有半年是拿了些配给，但此时我还是结婚了，我妻子当时怀了我唯一的儿子。之后我必须留在莫斯科并且开始寻找工作。最后我在莫斯科技术学院找到一份教师工作，开始讲授苏联史、社会主义和资本主义的政治经济学，在四年的教学过程中我成为专任教师。1958年，我在地铁站遇到了莫大历史系同班同学瓦洛佳·特里福诺夫（Володя Трифонов），这改变了我的命运。因为他毕业之后成了一名记者，在《共产党人》杂志发表了大量关于中国共产党第八届全国代表大会的文章。换作是现在，大概不会有人立刻问这样的问题，然而他当时见到我立刻问我："你在哪工作？工资是多少？"

当然，我马上回答了他，说我在技术学院教苏联史。他瞪大眼睛问我："我们是中国史专家毕业，你还没有找到和中国有关的工作吗？"我说："啊！瓦洛佳，哪能找到呢？"他说："现在已经成立了中国学研究所！快到那里去吧！我们的老师尼基福罗夫教授已经在那里开始从事研究工作了，你快过去，他也许能帮你安排工作。"

我按照他的建议去了 1956 年才成立的中国学研究所，找到弗拉基米尔·尼古拉耶维奇·尼基福罗夫教授。他当然认出了我这名他曾经的学生。见了面之后，我们聊了一会儿之后，他说：尤拉，尽管你是中国史专业的毕业生，但是我们即使是最年轻资浅的技术研究员的职务都无法给你！而且在四年当中你已经逐渐忘了中文，还教授与中国无关的其他科目。①

他说：我建议你开始进入副博士班的课程学习，你需要从头学起，可以跟随谢尔盖·列昂尼多维奇·齐赫文斯基（Сергей Леонидович Тихвинский，齐赫文）教授学习。1953 年，齐赫文斯基教授在莫大历史系的知名度已经是如雷贯耳了。齐赫文斯基教授出生于 1918 年，他的博士论文是关于中国 19 世纪末清政府的改革进程，即使是教过我们的老师——我们尊敬的爱伦堡教授和尤里耶夫教授都会把他的研究列入自己研究的参考文献当中——尤其是尤里耶夫。他主要的研究方向是中国红军——其他没有一个人可以达到他掌握中文知识的这种水平。

齐赫文斯基教授翻译了主要与康有为、梁启超和其他在 19 世纪末与中国改革者有关的文言文一手资料。当我知道了要由谢尔盖·列昂尼多维奇担任我的导师时，我几乎无话可说。我只有赶快准备考试并且要开始在齐赫文斯基教授的指导下从事研究（我通过考试了）……

问：您刚提到了瓦洛佳·特里福诺夫。您还与谁一起学习过？

---

① 苏联大学本科学习制度为五年，毕业之后拿到专家文凭，目前俄罗斯是双轨制度，五年制大学毕业之后可进入旧制的副博士班学程，现在俄罗斯大学新制为四年，毕业之后取得学士文凭，需要进入硕士班两年，毕业之后才可进入俄罗斯的副博士班，毕业之后取得副博士文凭，西方认可为博士文凭。因为俄罗斯在副博士之后还设置全博士班，获得全博士学位之后可取得正教授职称的资格。——译注

答：我的同学大部分都离开了中国学这个专业，几乎很少以此作为自己的终身职业。其中我与鲍利亚·纳乌莫维奇（Боря Наумович）一起学习过，他是从雅罗斯拉夫尔来的，后来他回到该城之后我们就失联了。瓦洛佳·特里福诺夫一开始从事了记者行业，后来进入了国际工人运动研究所工作。我和从事日本学的同学波兹尼亚科夫（Поздняков）一起学习过，一开始他在东方学研究所工作过，写了一些论文，只可惜在40岁时得了癌症去世了。埃米利娅·巴甫洛芙娜·斯图热娜很快就进入西蒙诺夫斯卡娅的教研组当中，被培养成研究中国中世纪史的中国学家。尽管在学院的框架内逐步得到了提拔，但是坦白说，她的命运还是非常坎坷的。我们那个时期是非常不容易的。在我们1953年读书时，斯大林去世了。全国都很悲恸。埃米利娅·斯图热娜从外省来莫斯科读书，住在学校宿舍里，当时正在走廊与同事聊天，结果有人突然喊她："埃米利娅！斯大林死了！"她挥了一下手，然后继续聊天。在我们那个时代所有的事都会立刻进入相关当局的耳目。毕业后她必须回到外省工作。斯大林死后她得到平反，西蒙诺夫斯卡娅把她调回来读历史系的副博士班，她成了不起的中国学家，尽管如此，她的命运仍是悲剧性的。在有段时间她怀疑自己得了癌症，由于不想让家人与周遭朋友感到痛苦，她自杀了。后来，查出来她得的并非是恶性肿瘤，但是，非常遗憾，她已经不在人世了。

问：真是伤心史！……博克夏宁教授和您同届学习过，还是比您小？

答：他小我三四届。邦加德-列文也比我小一两届。博克夏宁是我们研究部门的领导。我现在提到的许多人都是与我同届的同学或是曾大我两届的学长。我们当时还不知道的人现在都已经成为大专家了。

问：您进入了副博士班之后，就面临研究选题的问题。您的研究范围是如何形成的？又是如何选择论文题目的？

答：现在我来告诉您。我的研究兴趣与研究方向是在莫斯科大学开始形成的。我们老师的教学都是非常严格的，因此对我们写学期报告也是要求非常严格的。后来我的论文则是在参考档案数据和翻译孙中山文章的基础上撰写的。后来我对孙中山产生了浓厚的兴趣，开始研究和撰写有关于他在辛亥革命之前的事迹。后来我在读齐赫文斯基的副博士阶段，将此发展成为我的论文研究主题。齐赫文斯基建议我可以将此研究作为副博士论文的研究题目。一开始和其他的年轻研究者一样，计划宏大，本来我想写的题目是"19—20世纪清帝国的危机"，后来我被大肆批评，都认为这个主题我无法胜任。齐赫文斯基教授刚完成全博士论文，正是思绪饱满之际，他研究了孙中山的对外政策。当时被称为自由宪法的运动（立宪运动），要将宪法体制引入中国。齐赫文斯基建议我继续研究孙中山在海外时期与辛亥革命之前的事迹与理念。此时中国官僚体制一部分的绅士也反对清统治者，与此结合成为中国的资产阶级组成要素，中国的资产阶级的形成不是西方马克思《资本论》写的那个阶级。中国有自己的特殊性需要仔细研究。部里面有位中国专家杜奕辛（音译）帮我很多忙，我在东方学研究所中国部答辩之后便留下来工作，我在俄罗斯帝国对外政策档案馆工作过。读了许多关于沙皇使节与清政府对于相关问题发布的命令文献译本等等。我尽可能使用与牢记这些数据，并且出版了关于中国辛亥革命前夕的四册文集。我们和中国专家杜奕辛一起翻译了康有为、梁启超以及诸多杂志如《东方杂志》的相关资料等等。1964 年，我很幸运得到了第一次去中国的机会，时间为半年。

问：对不起，您的论文题目是什么？

答："辛亥革命前夕的自由立宪运动"。论文答辩完之后，我将自己的论文出书，书名是《辛亥革命的前夕》。内容谈的就是中国辛亥革命之前的立宪运动和改革。

问：后来您的研究兴趣又是如何发展的？

答：我后来的研究兴趣受到了国际环境以及中国和苏联之间在 20 世纪 60 年代与 70 年代发生冲突的影响。当时我们东方学研究所的所长是著名的院士（俄罗斯前外交部部长、总理）普里马科夫，他最早运用现代的研究方式研究中苏关系。

在研究小组里，列夫·彼得罗维奇·杰柳辛教授领导我们对在苏联周边国家进行整体分析研究，这引起了我对国际问题研究的兴趣。这些分析一般并不局限于国与国的双边关系，研究往往是交叉进行的，比如我就对中日关系的变化非常有兴趣，当时这是非常迫切需要的。这些对于苏联的中国研究专家基本上还属于禁区，触碰了我们的利益问题。但这些研究对于现在的俄罗斯和中国的关系发展还依然重要，当然这些研究我都做了详细的笔记，写了许多中日关系的文章。

最后，这些研究工作摆在我们的面前，我与卓娅·德米特里耶芙娜·卡特科娃（Зоя Дмитриевна Каткова）一起合作。中日关系不能够简单地总结为政治、经济关系，从历史的观点上看，中日关系还存在两国人民间的民族心理因素。

我们读了一篇日本著名专家竹内实的英语文章，我们不懂日语。在90年代初，我和这位作者见了面，他正要写一本不太厚的书，从唐朝写到今天的中日关系，这样我们就参与了他的写作计划，卓娅·德米特里耶芙娜开始和我一起收集资料，我们在1995年共同出版了此书。

问：这本书的书名是什么？

答：这本书名为《中国和日本：爱或恨？》，副标题是"探讨日中互动的社会心理发展与政治刻板典型的问题"。这本书主要研究中日间在社会心理的相互依存关系，我与卓娅·德米特里耶芙娜的合作非常成功，我不想过度炫耀我们的研究，不过基本上我们是俄罗斯第一批用心理学因素研究国家间的关系发展的中国学家，之后，亚历山大·卢金教授也开始研究俄罗斯对中国的理解问题和中国对俄罗斯的解读问题。

问：这应该是不久前的研究了！

答：对，也就是在不久前，90多岁高龄的齐赫文斯基院士写了他最后一本关于中国对于俄罗斯解读的书。这使得我们这些中国学家和东方学家明确意识到我们的研究还要继续，我们不会是最后一批研究这一主题的人。

问：除了中日关系以外您还研究了中苏关系？

答：完全正确。众所周知，中苏关系（20世纪60年代）的发展并不是很好的状态。在20世纪60年代，当中苏关系处于动荡中时，中日关系还没有任何的发展，但当中苏之间在珍宝岛发生武装冲突之后，显然苏联领导人没有意识到这个问题的严重性，苏联领导人还在关注自身的经济建设和社会稳定，此时我积极参加了斡旋工作。此时，苏联派出了著名将军切列帕诺夫（А. И. Черепанов），他曾在20世纪20—30年代指导过中国武装革命且担任过黄埔军校苏联军事总顾问，还有他的支持者布拉格达托夫（А. В. Благодатов）、卡利亚金（А. Я. Калягин）将军以及崔可夫（В. И. Чуйков）元帅以及其他知名的苏军将领。

问：他们很多是加仑将军（В. К. Блюхера）的同僚。

答：对，我开始搜集在20世纪20—30年代苏联在中国的专家、军事顾问的人员情况。工作并不简单。我跟这些人进行了紧密的接触，每一次都让这些人写一写当年的感想和真实的情况，后来编辑成8册，在80年代出版，由我担任主编与总策划。我非常喜欢自己的工作，其中的一本《在中国的土地上》还被翻译成中文。《在中国的天空》主要描述了苏联飞行员协助中国作战的情况，该书被译成德文，《苏联志愿者在中国（1925—1945）》英译本（Soviet Volunteers in China：1925—1945）的问世令我非常高兴。这件事最主要的目的在于让苏联和中国都不要忘记这些曾经在中国战争中牺牲生命与做出贡献的人，在20世纪30年代总共有200位苏联飞行员在中国的战斗中丧生。

问：您个人是否认识了若干在中国的军事顾问？您必须经常和他们见面吗？

答：我和他们许多人都认识，特别是切列帕诺夫、布拉格达托夫、崔可夫、卡利亚金，他们成为我在《在中国的土地上》一书中主要记载的人物。他们与蒋介石、汪精卫都认识，更别说是中国共产党的领导层了。与他们的交流成为我出版丛书回忆录的动力，包括《中国的道路》《在中国的天空》《在中国的任务》以及其他等等。

问：这些人都是什么身份？

答：这些都是战斗人员，坦白地讲，这些人都不是非常情愿到中国参战的。但政府认为苏联有必要派出军事人员帮助中国参加对抗日本的战斗。当然苏联也是为了维护自身的利益，不愿意见到日本军队践踏中国，因为未来就轮到苏联来迎战日本了。如果在中日战争中，中国失败的话，苏联也要投入更多的军队来对付日本，现在看来这些都是非常明了的事实。在国家利益的前提下，这些都是不奇怪，并且需要公开的信息，这些信息现在不但俄罗斯上层领导知道，而且我希望底层也知道，即使在中国，我们也是希望中国应当要感激我们的，尽管这些事实我也不太愿意再提起了。

问：很显然，很少有人记得国民党政府空军派出的飞机上的飞行员来自苏联，更少人知道，在 1938 年的前 6 个月，国民党和日本在最初的空战期间，苏联飞行员成功空袭了台北周边的日本军事基地，对于这一点，您是否还有记忆详述这段插曲？

答：可以！显然地，在 1938 年 1 月底，日本军舰处于战争的疲惫的被动状态，日本开始不得不从德国、意大利进口新的飞机。而苏联的飞行员则开始在上海进行空袭，以使日本买来的飞机战斗装备不能够在上海港进行卸货。并且此时国民党在中国台湾的特工传回来的情报显示，日本买来的飞机零件基本上都放在台北空军基地的仓库中，并且飞机是分装运抵台湾，数十辆载满足够三年的大量燃料将被运往上海，此时，苏联的飞行员就开始准备轰炸台北这些日本军用物资。这对于苏联飞行员的意义重大，之前他们只是在中国境内作战，现在要空袭当时被日本占领的台湾，这项计划由苏联英雄波雷宁（Ф. П. Полынин）直接设计且指导的，负责在中国指挥苏联空军对日本的轰炸行动的，是曾在西班牙参加过空战的著名飞行员雷恰戈夫（П. В. Рычагов）上校。

这些具体情况都在我们的系列丛书《苏联飞行员在中国》中记载阐述。波雷宁指出，轰炸任务的难度首先在于海岸线周边缺乏轰炸机降落的空地与加油站。苏联飞行员要找出一条距离目标在 1000 公里以内的最短直接路线。另外，还有一个难题是在水面上降落飞行，需要决定在 4500—5500 米的高空飞行，在这个海拔高度范围内飞行，目的是减少燃料的耗费。

为了瞒住日本人，飞行员决定从岛的北面进入，然后快速转向右边，压低马达直接降低俯冲到 4000 米进行轰炸。在海峡上空下降到 2000 米让飞行成员短暂呼吸，在大陆上空再度上升到 4000 米并且到机场进行加油。这段主要任务在波雷宁的日记中有详述记载。他在日记中是这样描述的：2 月 22 日，轰炸台湾前夕，28 架轰炸机为一个飞行小组，中途飞往南昌加油之后，23 日，在工农红军二十周年纪念日，28 架轰炸机起飞到 5500 米的高度。云层在机翼下逐渐散去，终于前方闪现了深蓝长条的台湾海峡，本岛随后飘出……我们飞越了台湾的北边，突然转向，并且发动机也减小了功率，飞机的马达声小了之后飞行下降……没有一架飞机延误，尽管我们没有遇到敌机，但台湾上空乌云密布，此时云层倒成了我们的另一个敌人……我们非常幸运，当到达台北的机场上空时，云层散开，突然这里出现了一个"窗口"，前方城市大开，侧面就是机场。很明显看到排成两排飞机，有灰色尚未拆封的容器，军机棚边有白色的坦克没有任何的掩饰物。日本空军基地看起来令人印象深刻，没有发现敌人的掩饰，显然在这里日本人感到非常的安全。

目标越来越近，此时已经可以看到白色的机翼上的红色圆圈，此时我们的飞机开始轻微抖动了，轰炸机的炸弹正在投放下来……此时，就见停机坪中间被炸中，就像喷泉飞溅一样，打中了！……我非常高兴把飞机降低驶向海峡另一边。其他机组也尾随我而到，当我们开始第二次俯冲攻击后，飞机场就陷入全面的火海和烟雾当中，这时日本的防空火力才全面开火，晚了！我们已经丢了280颗炸弹在台湾，基本上都正中目标，由于我们的行动是出其不意的，日本的飞机都没来得及起飞就被炸毁。之后我们又轰炸了不远处台北港的日本巡洋舰，当然轰炸巡洋舰我们只剩下轻型炸弹了，日本军舰受创不严重。然后小岛已经身在远方了，然后我们飞在两千米的高度，喘息比较容易。我这时感到了疲惫……燃料也剩下很少了。在机场加油时，此时雷恰戈夫担心出状况，正好赶来接应。

问：这些英雄事迹都是发生在70年前。我们都知道，那段时间中国人是非常感激我们的苏联军事专家的。

答：如果你现在去中国访问，中国人往往第一个问题就问："您是哪国人？"我一般就会反问："你认为我是哪国人？"他们一定会说，你是美国人、英国人、法国人，这些中国的年轻人基本上都没有答对，随后我就回答我是俄罗斯人，他们则会首先睁大眼睛，面带微笑，说："原来是老大哥呀！"

问：时间和人都变化了！让我们回来谈谈您的中国之行。

答：我在中国最长的一年是1985—1986年在复旦大学进修，我在寒假期间开始在中国旅游，我本来可以和旅行团一起参访特定路线，但最后我决定一个人旅行，看看中国，部分行程我与同事雷科娃（Светлана Рыкова）一起。我首先一个人到武汉，然后去看看云南起义发生的地方，看看在民国初年蔡锷所领导的护国运动的地方。我还去了毛泽东的老家韶山，去了美丽的庐山，在那里举行了著名的八届八中全会，我看到了很多的历史档案。

问：让我们回到您第一次对中国的访问，那一年还是您副博士论文答辩时期，这对于您答辩来讲是最好的礼物，对吗？

答：当然，我首先在北大学习，在北京大学历史系。非常抱歉我忘了指导我论文的老师名字。回来后，1965年我就通过副博士论文答辩了。之后，我又继续我的研究，出版了八卷本的《辛亥革命》，我在其中一本书中专门谈到研究立宪运动，中国两位专家胡绳武和金冲及教授合作出版了关于清末立宪主题的巨作。胡绳武曾是复旦大学教授，我想与他见面，同时和复旦大学历史系指导我论文的杨立强教授约好了见面，尽管后来我的题目有些变化，不过仍和他们讨论了所有这些内容。

问：您第一次到中国——当时留下有多深刻的印象？大概，您到中国是坐火车吧？

答：这是一次非常特别的旅行。我们整团人穿越了整个俄罗斯，我们穿过了乌拉尔山，然后到达赤塔，再到兴安岭，之后开始向南转到满洲里车站。这个团体里有：未来的院士米亚斯尼科夫（Владимир Степанович Мясников）、著名的中国学家博克夏宁、后来成为外交官的贝科夫（Федя Быков），我们后来不清楚他的下落，谁也无法说出他的近况……还有当时担任团长的索罗金（Владислав Федорович Сорокин），他曾到过中国多次，非常了解中国。另外还有女性团员谢罗娃（Светлана Серова）和阿德日玛姆多娃（Виола Аджимамудова），以及许多其他人，这些人至今仍持续不懈怠地奋斗着。阿德日玛姆多娃不久前去了美国。谢罗娃是文学家，她主要研究中国20世纪20年代的文学家郁达夫。谢罗娃在索罗金指导下主要研究和中国的戏剧有关的主题。索罗金告诉我们很多关于中国的事物和名胜古迹。我头一次去了颐和园，看见了中国自然景色之美。

的确，我们不能够去离北京太远的地方。基本上，逛了街道和旅游景点，还有著名的香山。当然北京是个古老的城市，给我留下非常深刻的印象，之后我在1985年、2006年、2007年分别访问过北京，差别之大令我惊讶。1985年开始出现一些改革的变化。但我印象深刻的还是我1966年第二次访问北京。尽管双方的关系已经非常的复杂、艰难和矛盾，我们仍继续维持着双边的关系。

我们是和卡柳日娜娅（Нина Калюжная）博士一起，她是研究中国义和团运动的大专家，我作为随行者参与了旅行团，团长是莫斯科的齐米里亚泽夫斯基——地区党的区委书记，他是苏共中央派来的人，我们身为中国学家主要是向他展示和证明一些事物。当时我们还是看到了在"文化大革命"开始前的状态，当时还没有很疯狂，后来才从我们的专家和外交官口中得知相关的问题，主要有加连诺维奇（Галенович）和热洛霍夫采夫（Желоховцев），他们对于"文化大革命"都是亲眼所见并且有相关的论述。

问：南方比较平静吗？

答：平静多了，我当时去看了为中国而牺牲的苏联飞行员的纪念碑。大约竖立了20座我们飞行员的雕塑。

问：或许这也是影响了您之后的兴趣？

答：当然！完全正确！我向季塔连科（Титаренко）院士和他在俄中友好协会的助理库利科娃（Куликова）提出了问题：能否组织退伍老兵去中国旅游？那些20世纪20年代和30年代在中国战斗过的老兵已经蒙主召唤了。我们应该去祭拜这些苏联英雄。我认为不仅是向他们献上花圈而已，应该要给年轻的中国人讲课，让他们记得苏联军官为他们国家做出的牺牲与贡献！我希望二战纪念日时能够成功组织这样的活动。

问：您认为今日最重要的学术主题为何？

答：毫无疑问，应当要研究中国近代的历史。特别是首先要研究20世纪初期辛亥革命前夕的危机。我目前正在研究并且在2012年以前撰写完成《中国君主专制的崩解》。为了这个研究主题，或许还需要再次前往中国。最近一段时间的研究主题在于俄中关系与战略伙伴的分析研究。或许应当前往中国台湾，那里有孙中山和辛亥革命的历史档案数据。

问：您将自己归为哪一学派？

答：嗯，我或许称自己为季塔连科院士这个学派的。

问：您参与哪些东方学研究的社会组织？

答：我参加了俄罗斯东方学会，也是俄中友好协会的成员。

问：您在哪些学术机构工作过？

答：从 1962 年起至今为止，我在苏联科学院东方学研究所工作超过 45 年，主要在中国部。在远东研究所根据两所合作协议短暂工作过，受到季塔连科的邀请，有半年时间在红军外语军事学院教中国历史。我在东方学研究所与著名的中国学家共事。特别是与齐赫文斯基院士，中国学研究所在解散之后，与东方学研究所合并，他开始担任当时称为苏联亚洲人民研究所的所长——加富罗夫（Гафуров）院士的副手。我和许多重要的专家共事，像是维亚特金（Вяткин）博士、杰柳辛（Делюсин）教授、涅波姆宁（Непомнин）博士等人。是什么把我们联系在一起？就是对中国历史研究的热爱。

问：您可以略谈谈维特亚金、杰柳辛以及有关这些中国学家吗？

答：如果谈起这几位，可以说正是这些人以及齐赫文斯基等人教会了我认识中国。这是非常重要的事情！因为你在了解中国历史与生活层面的同时需要去检视深层问题，即需要了解中华民族的心理状态。需要了解传统在中国文明、国家发展和人民社会生活中所扮演的重要角色。这几位都教过我。我口语练习并不多。我学习汉语是从文学作品和历史文献着手。我已经谈过齐赫文斯基，我很仔细地研读他的论文并且几乎达到了如指掌的程度。这是他研究创作的高峰。当然他后来还写了其他的著作，他找我参与研究，帮他将著作组织成五册，前不久刚出版。我认为他研究的成就与贡献在于对康有为生平事迹的研究。

维特亚金——这是伟大的学者，虽然外表不让人印象深刻。当领导时喜欢关心同事的生活状况。当我生活有困难时，因为太太无法和我母亲住在一起，必须要分开住，他帮我借来钱，购买单元房和换公寓同时齐赫文斯基也给予我物质方面的帮助。维特亚金在研究中共历史方面成就卓越，投入了毕生的精力。他与塔克金一起翻译司马迁的《史记》。很遗憾他未能在生前完成翻译工作，留下了 10—15 章节尚未翻译出来。他的儿子托里亚希望找其他专家的帮忙完成翻译的工作，最后出版了其中的 115—120 篇，总之，这真是伟大的成就！因为直到现在将《史记》翻译为其他语言都没有达到这样的程度。

问：可以说这项翻译工作是非常专业的、质量非常高的。

答：完全正确！批注非常丰富，可以说，这是研究上的卓越功绩，没得话说。杰柳辛的若干研究和我的关联比较少，他是研究中国农业问题以及中共在解决农业问题方面的举措。他与柯斯洽耶夫共同研究了 1925—1927 年革命史。从认识中国方面来看,他是一名了不起的记者,在中国多年并且非常了解中国的整体环境。我从师于这些人,并从他们那里认识了中国。

问:您可以谈谈俄罗斯汉学整体的状况吗?

答:俄罗斯汉学已有数百年的发展,目前从各个年龄层与领域算来有 500 名左右的专家,这个"队伍"主要集中在莫斯科的苏联科学院远东研究所、东方学研究所,莫斯科大学亚非学院,还有圣彼得堡大学,我们研究所位于圣彼得堡的分支机构,现在这是独立的研究所了。开始的领导是著名的西夏史专家克恰诺夫(Кычанов),现在的领导是波波娃。现在俄罗斯汉学研究领域主要集中在远东,拉林(В. Л. Ларин)担任远东历史考古与人类学研究所的所长。我想指出伟大的俄罗斯中国学家有齐赫文斯基、季塔连科。还有李福清院士,这位是了不起的文学家与中国神话专家。还有博克夏宁教授、涅波姆宁教授、博罗赫博士和哲学家布罗夫,这些是我首先想到的中国学家代表。我列举的是有限的研究圈,但是最坚强的研究队伍。遗憾的是学者们都在老去,年轻研究者仍然有限。尽管如此,我国的汉学研究的发展前景还是乐观的。

问:可以说,您在汉学领域也有半个世纪又一年了。您见证了俄中关系的兴衰。或许,我们汉学也同样经历了兴衰的变化。

答:的确,与中国的关系多方面影响了苏联与俄罗斯的汉学发展。例如,1956 年中国学研究所成立。1961 年,受到中国方面的影响,中国学研究所遭到关闭。在这里聚集了许多了不起的专家学者,以及很多来不及出版的著作。研究所关闭了,研究人员转到了东方学研究所。

问:也就是,中国与苏联之间的争论导致了中国学研究所的关闭?

答:对!这样导致了在 1964—1984 年与中国学术联系的中断。1964 年,我还是与最后一批学者去了中国。1966 我又去了一趟中国,是以游客而非学者的身份去的。到了 1984—1985 年以前,学术联系基本上是终止的。

冷战严重地限制了苏联中国学家与西方同行的接触。中国学家也很少参加西方重要的汉学会议,不过齐赫文斯基和维亚特金以及若干学者会出席做一些报告,但没有广泛的接触。

问：苏联解体对于我们这些中国学家们有何影响？

答：当然，苏联解体对于我们这些中国学家们的影响还是很大的。有人估计，苏联的中国学家的数量大约为 500 人，现在这数字更小了。一些人冒险到其他国家和地区做研究，例如，维奥拉·阿德日玛姆多娃（Виола Аджимамудова）就到中国台湾长期工作，之后到美国工作，一些专家被优渥的工资所吸引，当时台湾地区和大陆的关系时好时坏，这在我看来是一种冒险，专家克留科夫（Крюков）父子都到中国台湾了，非常可惜的是小克留科夫死在中国台湾。

我或许可以再提及另外一位在中华文化领域研究卓越的重要中国学家扎瓦茨卡雅（维诺格拉多娃）［Е. В. Завадская（Виноградова）］，也是在中国台湾工作过，很遗憾，当她要返回家乡之前因病去世了。彼萨列夫（Писарев）和马良文（Малявин）直到今天仍在中国台湾工作。

对于人才交流来讲，这是非常正常的，这些人有经验、学识、语言能力，他们利用自己的人际关系和中国朋友、西方专家进行交流，但我想强调是，尽管苏联解体，但汉学还没有消亡。远东研究所仍然继续发展。过去中国学研究所的创立是由诸多中国学家倡议发起，齐赫文斯基和季塔连科牵头来领导，奠定了苏联汉学发展的重要基础。他们当年就是决定成立远东研究所的主要倡导者，至少有 200 位研究人员在该研究所工作。季塔连科院士应该是从 1985 年开始担任领导，他是非常优秀的学者和管理者，参与研究所东方学研究框架的建构。

问：远东研究所可以说是那个时代的产物，和东方学研究所比较的话，远东所有何特别之处？

答：自远东所建立以来，有许多东方学家去了那里，研究范围基本上涉及中国现代史、社会与政治现状。从我们亚洲人民研究所去了许多我的同事，和我在博士学习期间一起的亚历山大·格里戈里耶夫（А. Григорьев），还有索罗金和其他许多同志也去了那里。

远东所和东方学所在研究范围上还是做了些分工的。东方学所的中国部主要研究 1949 年中华人民共和国成立前的中国史。远东所的研究则不止局限于中国，其研究范围还有：日本、韩国、朝鲜、蒙古国。对于中国研究，远东所研究的重点在于1978年经济改革后的现代中国。直到今日，两者依然维持了这样研究主题的区别特点。

问：两个研究所有什么样的重要的科研成果呢？

答：谈及各自的研究成果，我大体描述如下。远东研究所就是研究中国的现代史。在20世纪70—80年代，他们出版了一系列从1919年到1949年的中国史。其次，就是研究中华人民共和国史。第三阶段就是侧重在最近30年中国的改革以及俄中关系的发展。研究俄中关系在过去和现在的发展成为远东所研究的重点项目。

特别是由弗拉吉米尔·斯捷潘诺维奇·米亚斯尼科夫院士领导出版了17—18世纪俄中关系的数据和文件集，这是关于裴可甫（拜可夫，Федор Байков）和佩特林（Иван Петлин）在中国的任务，还有关于比丘林（Иакинф Бичурин）和斯帕法里（Спафарий）在中国的事迹和著作。格里戈里耶夫教授与远东所的研究者的研究重要主题是《共产国际和中国革命》，出版了几册重要的档案文件。

近年来，远东所在中国文化研究方面做出了重大贡献，先后出版了多卷的百科全书，《中国精神文化大典》将要出版共五卷①，到今天为止已经出版了三卷，首卷为《哲学》，第二卷为《神话和宗教》，第三卷为《文学和著作》。佩列洛莫夫教授（Леонард Сергеевич Переломов）教授其实早在20世纪60年代就写出《商君书》和其详解，并且还翻译了儒家的重要著作《论语》且附详解。

我认为，我们所研究的中国史中，甚至在与中国发生争论时期，也影响了中国史学和研究中国观点的方式问题以及中国领导人和史学家如何看待中国历史的问题。我们所的研究在很大程度上集中在中华人民共和国的历史。尤其是在中华民国和中华人民共和国阶段中国的领导人都在想什么？做什么？此时，中国内部发生了什么变化，以及为什么会发生这些变化，中国共产党如何掌控了这些变化，这些研究现阶段正在不断深入进行当中。

东方学研究所的中国部，在谢尔盖·列昂尼多维奇·齐赫文斯基的领

---

① 实际上本著作共出版了六卷。——编者注

导下，开始展开中国近代史和清朝时期的历史研究，这一研究集中了 40 多位研究者。谢尔盖·列奥尼多维奇在离开中国学研究所之后成了东方学所中国部的领导，也开创了中国近代史的研究。他很早就想到这些问题，也曾经领导亚洲人民研究所的中国部。1972 年，中国近代史也成为东方学所的主题。

我们现在汉学的发展水平可以说已经取得了非常大的成就，这些成就可以用不同的标准来衡量，如在基础数据的收集，如现在已经翻译了四卷本的中国近代史。

首先，关于太平天国的发展历史的研究也取得了里程碑式的成就，这是指由伊柳舍奇金（Илюшечкин）教授领导的翻译成果。妮娜·卡柳日娜亚（Нина Калюжная）教授侧重于义和团运动的研究，出版了与此相关的大量著作，对于辛亥革命的过程做了详细阐述。这些研究已经在中国出版了八卷本。最后还有加鲁什扬茨（鲁道仙）（Гарушянц）博士，很可惜他没有成为正教授，今日也不在我们的中国部工作，他完成了关于五四运动的研究著作。

所有这些文献都被翻译成俄文，这对于研究中国近代史是一项伟大的任务。

现在远东所和东方学所最大的成就就在于把与中国文化发展相关的文献进行了翻译与分析。在这里我首当指出博罗赫（Борох）博士和科布泽夫（Кобзев）博士，他们出版了中国儒学文集，第一次将儒学和道学在中国的影响逐步阐述清楚，他们认为中国社会主义意识的主体为儒学和道学的结合，并且探讨了传统中国的个性、中国式的乌托邦、中国的伦理和习俗、中国人和自然的关系、中国的文化以及宗教和传统。东方学所中国部关于文化学的研究同样反映在库切拉（Станислав-Роберт Кучера）教授的著作当中。他不但从考古的角度出发研究中国社会发展，而且把中国文化的发展和儒家的重要经典《周礼》相结合。东方学所中国部的重要贡献还在于每年举办的学术年会"中国的社会与国家"。这一会议始于 1970 年，创办人就是当时的领导杰柳辛，该会聚集了大量我国重要的中国学家，他们可以借此年会向同行报告自己最新的研究成果。每年会议论文都出版成册。目前已经出版了 39 本论文集。在论文集中关于中国的文章被认为是苏联、俄罗斯中国学家研究的精髓所在。

问：同时希望这样著名的会议能有更多的外国同行来参加！谈及我国汉学发展，还想提到一项巨大的研究工程与图书成果——奥沙宁（И. М. Ошанин）教授主编的四卷本的汉俄字典，这是个庞大的研究，您也提过现在有再版的可能性。

答：完全正确！这本字典是很了不起的图书贡献。如果我没记错的话，字典是在1984年出版的，这本字典有25万条中文字汇和表达。这对于学生和汉学的初学者非常有用，我的儿子、孙子学习时都积极地使用了这本字典。在20世纪80年代时购买这本字典已经非常难，当初这本字典卖得也很快。所以我萌生了再版字典的想法，而且要加上这些年出现的新词汇与表达方式，这样才可以表现中文语言形式的丰富。

问：我想你可能会同意，奥沙宁主编的这部字典可以视为过去我国中国学家在编纂字典上所具有的成果和创作能力的集大成者。

答：毋庸置疑的！这是奥沙宁教授的重大贡献。奥沙宁出版这本字典时还表达了对另一位中国学家瓦西里·米哈伊洛维奇·阿列克谢耶夫（阿里克）（Василий Михайлович Алексеев）的崇高纪念。奥沙宁教授在1925—1927年去了中国。他汉语程度好，并且和我国在中国的顾问一起工作。他成了非常了不起的学者和社会学家，召集了许多专家组成"大汉俄字典部"工作团队。在中国学研究所创立初期开始工作，工作持续了20年之久，字典最终出版了，而且非常了不起。

问：我听说了，奥沙宁教授还在莫斯科的中山大学教过书，就在20世纪20年代。您是否个人与他认识？

答：怎么不认识？当然认识。我1958年进入副博士班研读，他主考了我语言科目，并且问了我一些最基本的问题。我记得我当时语言能力并不好，他以最简单的问题和我谈话，他问："你是什么大学毕业的？"由于我大学历史系毕业之后没有立刻进入副博士班，坦白说（我希望您也会同意，在我们的访谈当中我坦言自己的学术命运，我没有让任何人感到难看的意思！）我在莫斯科的一间技术学院教授了四年的苏联史和政治经济学。听完提问，我开始想："什么是大学？伟大的学习或是什么？"最后，某位坐在我旁边的人低声告诉我什么是大学。我就只好胡说了一通，之后我花了很多时间学习汉语口语。您看有时候会陷入这样的情况，今天回忆起来都觉得好笑。但当时我没有觉得好笑！就这样，就在这样的情况下，我认识了奥沙宁教授。

问：之后你们一起工作吗？

答：我们在一个单位工作。因为中国学研究所并入了东方学研究所（当时叫作亚洲人民研究所），中国部成立时很大，当时的领导就是未来的齐赫文斯基院士。所长就是曾担任塔吉克第一书记的加富罗夫院士。研究所坐落在亚美尼亚巷道，之前拉扎列夫研究院的建筑物。我们中国部位于波克罗夫斯基门的霍赫洛夫基巷道上。我们来回跑，今天远东所引以为傲的汉学图书馆，原来是隶属于中国学研究所，后来转给我们东方所。由于我是齐赫文院士的副博士生，他决定做一些人事调整，当时很流行，包括在最高领导层级，他任命我为学术秘书，担任他在中国部的学术助理，当时。维亚特金教授领导历史部门，近代史和现代史部门是由相当令人惋惜的早逝的维诺格拉多夫（Виноградов）教授领导。还有汉俄字典部门。艾德林（Эйдлин）领导文学部门，如果你知道这位中国学家的话。

答：当然！尤里·弗拉基米罗维奇，那么您是否可以讲一下西方科学和汉学对我们祖国的中国学产生的影响吗？

答：必须说，苏联解体很大程度上使我们更多地认识了西方学者的汉学研究，我们当中有许多人包括您，都研读了英、美、日研究者的著作。我本人研读了美国教授列文森的《梁启超与中国近代思想》（*Liang Ch'i-ch'ao and the Mind of Modern China*）、卡梅隆（Cameron）的《中国改革运动》，还有查莫斯·约翰逊（Chalmers Johnson）、艾伦·惠廷（Allen Whiting）、竹内实（Takeuchi Minoru）等人的著作。我们研读他们的著作，在很大程度上是要使用马克思主义方法来批判西方学者的研究观点，并且与之对立，这在冷战时期非常特殊，广义来讲，影响是相当复杂和模糊的。

我们可以说，这在冷战时期非常特殊，认识西方巨头思想作品，如韦伯、汤因比、帕森斯德的作品非常受限制，并且不受政党意识形态精英的欢迎，在苏联的重建时期，他们的作品都被翻译成俄语且相继出版了，我认为这是很大的成就，尽管经历很多的困难。这对我们的知识分子读者很重要，就是许多在改革之前无法出版的作品都在 20 世纪 90 年代出版了。比如阿诺尔德·约瑟夫·汤因比的作品很多的人就参与了翻译工作，今天变化很多了。我们可以说，西方对于中国发展的周期性和汤因比文明路径的理论，以及他对于历史发展进程的挑战和因应之道的思想——这些在很大程度上吸引了祖国研究者极大的兴趣，特别是中国学家的注意。

问：直到苏联解体为止，汉学都是按照马克思主义的思路进行思维的，但随着苏联解体，在 1991 年之后，马克思主义突然变得不时髦了。

答：非常正确。现在我们开始对西方理论感兴趣，西方研究者也开始对马克思主义理论感兴趣。突然间，马克思好像复活了。我们拭目以待吧！

问：您提到过日本并且和日本中国学家交流过。您可以谈谈您和国外同行的接触经验吗？

答：我的接触有限！我到中国实习有五次之多。我在上海复旦大学的那次实习成果最为丰硕！1985—1986 年的中国之行对我的研究非常有帮助，尽管护国运动的研究并不是非常顺利，但我写了一些关于蔡锷生平的文章和与此相关的问题。我还发表了一些关于中国人如何评价护国运动的评论文章。由于和我的研究主题有些不同，出版专著会有些复杂，此外，我和卡特科娃还一起研究中日关系。在上海实习期间，指导我研究报告的是杨立强教授，他的观点对我很有启发并且使我产生了很大的兴趣。我还在学生寒假和中国新年期间在中国旅行。从上海到宁波以及其他地方。在复旦大学时，中国方面建议我们两人一起住宿，因为中苏之间有协议，中方不收外国学生的住宿费，如果要一人一间房必须自己额外付费。室友可以自己选择要和本国还是外国同学一起住。从北京到上海时，使馆方面交代我们说：孩子们，或许你们想要选择和美国人或是英国人或是法国人一起住，但是我建议你们选择中国室友，多和他们交往和交流。我刚好没有找到合适的室友，所以主动表达要和中国人住一起。刚好在改革的初期，1985 年戈尔巴乔夫三月或四月执政了，我们六月就在北京和上海了。我们组织当中有几名领导问我：尤里?! 我们刚与中国关系恢复，你就要把中国人拉近我们的圈子?! 我就提醒他们说，还记得使馆交代我们的话吗？要和中国人友好相处！有人主动从上海打电话到北京使馆：丘多杰耶夫可以和中国人一起住吗？使馆对这通询问电话很惊呀！回答说：感谢上帝！就让他和中国人住吧！中国人是很原始的民族！他们问我你想要和谁一起住？我回答说如果幸运的话可以和研究同事一起住。他们说：万一人不合适呢？我说：没关系，研究生或大学生都可以。他们问：如果有困难怎么办？我说：我们宿舍有一名姓王的小伙子管我们换洗衣服的！可以把他安排和我一起住，中国人听了都笑了！理解我的幽默，事实上安排了非常优秀的历史系学生与我住在一起。他的祖父曾经是研究国民党时期汇率的专家，后来我与这位室友住了一年，我们经常交流并且我也提高了中文水平。后来他去了加拿大，我们就失去联络了……

就这样，就在1986年的新年之际，我建议我们组里的朋友——我们这里不仅有人文方面的学员，还有来自其他的技术学院的学员——可以前往普陀山岛和舟山群岛，这也是其他外国学员朋友建议我的景点。这个岛以佛教文化闻名遐迩，有石雕佛像纪念碑和庙宇等等。最后我们坐船航行一晚终于抵达目的地。我们在岛上度过新年并且环岛漫步。

答：我和同事卡特科娃一起前往日本，我们共同研究了中日关系并且共同出书。我去见了研究所当时的领导米哈伊尔·卡皮查（贾丕才）（Михаил Капица），他曾任苏联外交部副部长，我身为中国学家很早就知道他，他的课讲得很好。有段时间我致力于研究关于中国的口语宣传。我去了苏联许多地方，从布雷斯特到南萨哈林，从阿尔汉格尔斯克到杜尚别。我花了20年时间在口语宣传研究上。在20世纪70—80年代，我大概讲了2000堂关于现代中国的讲座课程。那时我们开始研究中日关系和双方的互动关系。我找了领导说：米沙，我想去一趟日本！贾丕才说：啊？嗯，你记得提醒我，你去向外办说我不反对。就这样我去了日本。我去了一个月，1991年的11月到12月。我们研究了这个主题并且搜集资料。我们不懂日语，尽量都用中文和英文与日本学者交流，我们与日本研究相关主题的中国学家见面。我们在京都工作，当时希望与竹内实教授见面，他在这方面有一些文章，后来我们很幸运地和他见了面并且做了交谈。现在很难记得当时都问了哪些问题，不过印象中成果非常丰硕。

我一直对文献研究着迷，同时也喜欢接触所到国家的大自然、建筑物和人民。我总体上喜爱旅行，这一生已经去了近35个国家，主要是在欧洲，也包括 8 个亚洲国家，包括泰国、马来西亚、新加坡、蒙古和日本，更不用说去了中国五次之多。我很欣赏日本龙安寺，我看了之后感到真心的喜悦。在日本或许和中国不同，日本人在朋友之间相处和谐，中国虽然口头上强调和谐，但是我也遇上了许多不愉快的事情。当中国人相互吵架的时候，使用的恶劣表达词汇都令人不想重复了。当人们相互推挤时，不分年纪互相之间挤成一团上车，年轻人在车上也不让位给站在旁边的孕妇。在日本绝不会看到这样的场面，这样的反差，令我至今印象还非常的深刻。

问：您是否参加了国际学术论坛？

答：我参加了布达佩斯和莫斯科举办的东方学术研讨会，也参加了俄罗斯与俄中关系的研讨会。虽不能说非常积极，不过总是喜欢参加我们自己办的"中国的社会与国家"学术研讨会。

问：您是哪一年去的布达佩斯？

答：大概是在 1996—1997 年，我发表了一篇中国和日本互动关系的学术报告。我参加过的比较大的学术论坛应该是在 2006 年由中国社会科学院、俄罗斯科学院共同组织的"俄罗斯和中国：过去、现在和未来"，其中我发表了一篇论文——《俄罗斯、中国和亚太问题》。

问：为何您开始投身出版工作？

答：我在东方学研究所工作 50 年的学术生涯中，有十年是专注在出版工作上。为此我的中国研究工作也中断了十年。1995 年我向研究所的领导展示了一些管理和便利出版论著的能力。尤其是我可以找到非常便宜的方式出版著作，比如我和卡特科娃共同出版了第一本关于中日互动关系的著作。大家对此都很惊讶，我还帮忙了著名的东方学研究者索菲亚·达维多芙娜·米利班德组织的图书字典的出版。我建议领导建立一个专门的出版机制，上面同意了我的建议并且任命我领导出版业务，我不找要价很高的出版公司，而是直接找印刷厂，这样比较省钱，只要在所里先做好前期的编排准备即可。我没有后悔投身出版的 10 年，因为我帮助同事出版了大约 300 本的书。后来由于许多困难出现了，领导层决定让我回到中国部继续研究。我很快知道 2006 年需要参加论坛做报告，我快速搜集资料并且完成论文撰写，请求齐赫文斯基帮我去中国参加论坛，中国的变化使我震惊，我恢复了与过去接触的中国专家的联系。去了中国一趟使我很快地完成了《目睹变化的中国》这一专著。某种程度上这是一本汇编的著作，我使用了自己的数据，做出了我的观察和总结，我决定以一种短少集中的形式，向读者介绍中国的改革和问题，中共十七大决议以及中俄关系的发展。其中不仅对中俄关系做出自己的理解分析，也呈现中国专家们接受我访谈时所表达的中国观点。

问：您是如何评价俄罗斯对中国的理解情况？

答：这个问题不是单一方面的，这毫无疑问。历史与两国双边的复杂关系的影响都有作用。很遗憾，社会心理上的理解不如社会政治关系那样变化快速。秋千摆荡的两国关系持续波动，影响至今。在我们的政治环境中，不是学术圈内的意见表达出中国即将崛起，与中国的关系必须是克制保留和谨慎而为的，做好因应中国领导层换届的各种关系变化的可能性。我们不能离开我们的邻居，中国也是。中国人从20世纪中总结出重要经验，这是对于必须要保障国家稳定发展做出的总结。他们已经准备好用一切强硬的手段来避免国家分裂的产生。这个态度表现在新疆和西藏问题上等等。他们想要稳定局势，包括在中国的周边稳定——在区域和甚至在较大规模的范围内。我想，对于双边关系未来的持续推展，会是今日我们在双边关系中已经观察到的。中国希望在2020年以前达到国民生产总值的一定高度，我不确定，这是否会几乎可与美国的规模相比拟。不过他们是想要提高人民的生活水平。近年来，对于中国产生的问题，领导层面临的任务是希望靠自己的方式来解决。

问：您是如何评价中国近十年的发展？

答：我对中国近十年的变化的评价无疑还是正面的。我为中国和中国人感到高兴！我对于我们双边关系的发展还是很乐观的！两国都需要内部、区域和全球的稳定。最重要的教训，如同我已经说过了，从20世纪的百年走来，就是和平和稳定的发展。在未来的十年或许中国可以成长为世界第一大经济体。他们是否能够解决今日困扰他们的问题？是否在创新发展中攀上一个小高峰？这些问题的回答还是莫衷一是的。至少，西方不会让它顺利成长。今日中国科技还是落后于西方，如同一些研究者的判断，至少有15年到20年的差距。西方将会努力维持这样的领先差距。

问：您是如何追踪中国的现势发展？

答：我跟踪这些事件是通过我们中国学和东方学的定期刊物（《远东问题》《东方》《今日亚洲和非洲》）、我们东方学研究所的通讯刊物、俄罗斯媒体的报道、同事的著作以及互联网。坦白讲，我没有能力读中文的文献了，一开始是我们无法接收到来自中国到中文刊物，时间久了，我也就没有剩下时间去阅读即使是《人民日报》了。当我去中国参访时，我会拿中文报纸来看。

问：您目前在进行什么科研工作？

答：我参加了十卷本《中国历史》的撰写计划，这是齐赫文斯基院士提出和执行的。涉及的主题是关于辛亥革命前夕的时期。涅波姆宁教授负责领导这个部分，我负责撰写的问题是辛亥革命之前的危机，涉及自由和革命的运动。我被委托完成这个主题。

问：您有学生吗？

答：最近几年我没有直接教授研究生。但是多少大家都知道，我可以把儿子和孙子当作我的学生。他们追随我的研究脚步，两人都毕业于莫大的亚非学院，儿子在《总结》杂志工作，经常撰写关于中国问题的主题文章，孙子在俄罗斯驻中国台湾地区的代表处工作。

问：您最大的学术成就是？

答：假如要说最大的成就，我培养了两代中国学家。真的，不过他们没有进入学术领域。再加上，我自己出版了许多著作可以算是自己的成就，包括三本专著和70篇论文，也得到同行的正面肯定。若说失望之处，我想这些研究可以更向前迈进，我并不排除这个。

问：您参加了中国古籍的翻译计划吗？

答：没有，很可惜，我没有参加。

问：以您的看法，俄罗斯和中国之间未来的关系会是如何？

答：我已经说了，我对于中俄关系向前推进是很乐观的。但是我也不排除双边关系会出现波动，这与中国崛起和我国发展有关。因为我们目前不可能在创新技术结构方面有很大的发展，以实现技术基础竞争性商品的转移，以此吸引中国人的兴趣。我们在这方面的潜力落后于中国。我们还停留在原材料的供应者状态。未来的发展？必须说的是，有些俄罗斯人认为，并不仅在政治圈内，而且在大众的意识中，我们可能变成大中国的原料附庸。尽管中国同行认为没什么大不了，与我交流过的李凤林就持这样的意见。当然我不排除当前这是他们特定的兴趣。他告诉我，只有人民生活好了，把赚来的钱用在改善人民生活上，那一切都是正常的。在普通人群里，特别是在远东地区，还有这类想法。我应该讲，这些事件不应该过度放大，我们与中国的关系开始了不是一年，也不是十年。

问：而且甚至不是100年！

答：而且不是100年。还在第一次世界大战的期间，成千上万的中国工人依据合同在我们的领土上工作，正是他们建造的摩尔曼斯克、摩尔曼斯克港口和到达彼得格勒的战略性铁路。随着俄罗斯对于劳动力需求的增长，重整劳动力在中国成为国家政策重要的一部分。我们不应当忽略利用中国劳工在需要方面的可能性。当然，这需要符合在我们国家领土上执行生效的相关合同和法律的规定。

问：必须说，今天不少的中国劳工在莫斯科建造商务中心的大楼。真实也存在这方面合作的危机。就建造建筑物方面，比如"联邦塔"就冻结了。很遗憾，中国工人就必须返回家乡了。

答：如果回到我们未来的关系上，那么我想，中国方面至少需要有不敌对接壤邻居的态度。就我和中国专家交谈所理解到的，中华民族的特别之处与他们存在对于历史的激烈反应，在于任何企图损害他们尊严、骄傲和面子等的问题。但是他们应该也了解，我们也是不会在自己土地上找侮辱的民族。我在自己的著作里引用了一位中国政治学者的观点，他认为在中国大陆没有比敌视俄罗斯还要危险的事情，中国方面应当要尽可能努力维系与俄罗斯的友好关系，俄罗斯不能忍受轻蔑的态度。历史向那些轻蔑俄罗斯的人证明了，俄罗斯会成为最危险的敌人。"我们应当要尊重俄罗斯，并致力于与它的友好伙伴关系，使它不会变成危险的国家。"我想这段引言，对我们俄罗斯人而言，或许同样适用在对中国的关系上。

问：您如何评价我国中国学的整体发展？

答：目前仍在发展当中，大体上，还是自主和自给自足的。西方和中国学者对我们研究的兴趣还是很有限的。这里应当来讲，当然，语言是最大的困难。英语在世界上传播最广。今天在中国的年轻人对于俄语的兴趣正在消退，年轻人现在都渴望学习英语。

关于俄罗斯的中国学的任务，我认为，最高的使命就是让俄罗斯的社会认识中国，这是我们最大的邻居。我想前景在于新生年轻一代的涌起，这需要关注、金钱以及国家的财政支持。

问：顺便一提，您的研究活动如何得到拨款？

答：经费少得可怜。不过我们在苏联生活都是一个标准，大体还过得去。工资还是够生活用的，过去在苏联时期，肉只值两个卢布，伏特加酒值三个卢布，我当时拿的是三百卢布，生活大体还是足够的。我过去在俄罗斯到处讲课，给我们人民传播的社会知识，某种程度而言，恐怕比苏联广播和电视传播的对象还要广泛。这也对生活有所帮助。今天生活变得比较困难。俄罗斯学者的工资是很有限的。尤其在 20 世纪 90 年代。现在工资有点增加了，但是危机还是破坏了增长。

问：目前中国学研究必须具备哪些特质？

答：就是喜爱你所研究的对象。我不想说疯狂热爱，我们就是这样的。但是必须要喜欢这个你研究的事物，并且专注对待中国文化的深厚基础，那是丰富的而且有意思的。再补充一点——中文要学好。这是我觉得自己在学术生涯中最不足的地方。我会建议我们未来的专家，要努力学习好中文，因为我们今日这些了不起的学者，当初他们每天都在学习，就连坐在电车上、地铁上或甚至去到任何地方，他们都在学汉字。比如，我知道加连诺维奇教授、维特亚金教授和齐赫文斯基教授在阿列克谢耶夫院士那里都是如何学习的。我认为需要改善中国学家的物质条件以及拓宽他们与国外同行之间的联系。

问：让我们再回到研究活动。我看见您手上的书《我在中国的生活》，这是著名的外交官和中国学家库达舍夫（Кудашев）的著作……此书的出版是您的功绩！

答：我在 1970 年就认识库达舍夫先生，他刚从国外回来。他不仅在中国工作过，也被派到美国和联合国工作，发展了与美国和中国的关系。回国之后就在苏联共产党中央委员会工作。我和他当时认识后谈了一些国际关系问题。我告诉他一些事实，那些基本上不太可能从我们国家的报纸得知或是从广播电视中听到。我不想说这些材料一定用在我的讲堂宣传上，但是无疑地，有时候是需要用上的。

问：您还负责出版工作吗？或是现在只是您的爱好？

答：这也有所帮助，有时候扎伊采夫先生会来找我，他目前负责出版工作，准备要替波罗夫科娃（Боровкова）博士出版丛书。波罗夫科娃如今已经年岁较高，且身体状况有些欠佳，我帮助她出版最近的著作。她根据中国的历史文献，出版了三册关于中国对中亚影响的著作。她写的关于喀什噶尔汗的书很畅销，另外关于中亚在第一个千年，在3—6世纪的新时代。她的著作由研究所出钱出版和印刷。另外盛岳写的《莫斯科中山大学与中国革命》一书非常有意思，由戈罗瓦乔夫与其母亲共同翻译，内容非常诚恳与客观，让我印象深刻，回忆录是过去的反映，我明白这是需要坦白讲述发生过的事情！我从头到尾负责出版这本书，一个月之后这本书就面世了。

我也帮助韩国研究者出书，其中《俄罗斯的韩国人》讲述了从1860年开始韩国人到俄罗斯土地上生活的历史。我现在帮忙出版《20世纪20年代朝鲜人民的民族国家解放运动》。我手里还有加连诺维奇的两份草稿，他最近几年写作速度很快，几乎一年一本专著。他请我帮忙出版回忆录，我读了几天，决定出版，并对出版形式提出了建议，他们也都很感兴趣。尽管加连诺维奇会对编辑提出要求，他有自己表达的风格和需要传达给读者的明确思想。我们国际部的领导哈扎诺夫也请我帮忙出版一本他的小册子，有段时间他研究葡萄牙……

我目前主要的出版工作是帮助涅波姆宁出版他的系列丛书《20世纪亚洲国家史》。我是这个系列的学术秘书，我们研究所所长就是这个编辑部的领导雷巴科夫。涅波姆宁先生不仅负责撰写他知道的大部分内容，就是20世纪初的中国，在1925—1927年革命之前，后来他突然又决定要撰写整个20世纪的中国历史，包括中华人民共和国时期。我想这与他的教学有关系。他在多所院校讲授关于中国的课程。他建议要谨慎对待他的评价。我说现在我们有足够的自由做出自己的评价，如果他的评价与其他的评价不同，在我们东方研究所这又不是什么犯罪。相反地，这令人感到很好奇！未来，我不排除这个系列的丛书会代表研究院获得国家奖。今天已经出版了六卷《东方历史》，下一步应该就是20世纪的东方国家历史的出版了。20本书已经出版了，目前研究所经费不太够用。研究已经准备好了，包括柬埔寨、马来西亚、印度尼西亚、菲律宾。20世纪的中国也史已经写好了，日本和中国的部分已经准备付梓。印度史今年也可以完成，所以，还是有机会推动这个系列的丛书争取国家奖。我的目标是中国，我将帮助研究所领导争取赞助者。

问：当您回忆起中国时，您把中国和什么联系在一起？

答：中国——广阔的、伟大的和非常美丽的国家，在那里住着伟大和勤劳的民族。我很幸运和庆幸自己的一生的学术生涯是和研究中国联系在一起。我为我们的国家关系感到高兴，就如同我希望的那样，长久睦邻和友好。我们都明白中国在我们国家和我们历史发展战略伙伴关系中的地位和角色。一句话，俄中之间的友好关系需要新的宽阔视野。然而，这个过程未必是快速的。再者，我经常回忆起和中国同行之间的见面。与李凤林和陈之骅教授的见面，给我留下了非常愉快的印象，去年还在中国接待了我，我们相互祝贺新年快乐。他们寄给我自己的中文文章，他们关于中国1978年12月的十一届三中全会三十周年的问题，还有关于近三十年在中国对于苏联和俄罗斯的研究。他们俄文很好，也很满意撰写中国人研究我国历史的取向。他们询问我是否将他们的著作出版？我问了远东研究所《远东问题》期刊总编辑波尔佳科夫（Портяков）先生，他说会看过之后再给予自己的意见。

我不久之前很高兴接触季塔连科院士的大作，他向我赠送自己的专著作为我送他我的著作的回礼，该本巨作是关于俄罗斯和中国在远东架构下的地缘政治以及与其他亚洲国家的互动关系。他的大作有600页。他请我在《今日亚洲和非洲》上撰写书评。我写了书评，尽管一开始有些纳闷：院士向副博士请求写书评，尽管如此，在第二期我的书评《再论俄罗斯的欧亚身份认同》就刊出了。我也非常快乐，因为在第四期发表了阿列克桑德罗夫对我的著作《目睹变化的中国》撰写的书评。他是一位了不起的经济学者。他不久之前也出版了他的著作《俄罗斯是否会成为欧亚之虎?》，他可以在我的书中找到若干特别有趣的片段，并且将其反应在自己的书评当中。

问：也就是，您一直在坚持研究中俄之间的关系？

答：完全正确！此外，出现了第二个契机，不仅与十卷著作的出版有关，最近一段时间我顺利发表了五六篇不同主题研究的文章，例如《关于俄中战略伙伴关系：来自俄罗斯和中国的观点》等。我对中国台湾有兴趣是因为我的孙子在台湾工作。我与中国台湾代表处驻莫斯科的工作人员也都认识。我在《外交档案》杂志发表了《中国崛起和俄罗斯响应》一文。身为中国学家，我正准备发表一系列我感兴趣的文章。我还计划出版专著《中国君主专制的崩解》——或许是因为对于政治学主题产生了兴趣，或许这是来自过去我口语宣传研究的成果，我持续关注这些问题。

问：我只想向您表达对您充沛精力的佩服景仰之意，并且由衷祝福您身体健康，希望您能够顺利完成所有的计划！

答：瓦连京，握手致意！谢谢您的关注！

＊＊＊＊＊＊＊＊＊＊＊＊＊＊＊＊＊＊＊＊＊＊＊

第二次访问，2009 年 3 月 11 日

问：您好，尊敬的尤里·弗拉基米罗维奇！非常高兴我们又有机会见面并且继续我们的访谈！

答：您好！瓦连京！我也非常高兴继续我们的对话！

问：或许我们可以继续讨论我们祖国汉学事业的成就，并且回到中国学家同行们的成就、活动以及其他的主题上。

答：肯定的。我非常乐意。

问：这样，或许您可以谈谈有关《中国和日本：爱或恨?》一书的内容，即使几句话也好，就是您如何和卡特科娃共同想到撰写这本书的？

答：如同我上次提到的，在研读撰写专著的资料时，卓娅·德米特里耶芙娜突然读到了日本京都大学竹内实教授一篇不长的文章。后来我去日本时与他认识了。我向他阐述了我们日本之行的目的。这是我学术生涯中非常有趣的时刻。该篇文章说明了中日之间阶段性的互动关系和相互理解。

特别是几百年来两国思想精英之间的相互理解问题。我们对这个内容产生了兴趣（特别是这个主题在历史文献中还没有被我国专家研究过），于是我们就想，为什么我们不来深入研究这个问题，并为此搜集相关资料和出版一本专著？我们希望能够通过这种方式了解中国人和日本人彼此之间是如何看待对方的。不过，应当承认，研究的工作有如"地狱"般折磨，因为不论中国还是日本，都对此主题缺乏相关意见的统计资料，我的意思是指在中世纪时期甚至是在近代的一部分时期。所以，我们必须要找有关于中日相互理解方面的文献资料与著作。我们找出了中国19世纪末改革者的著作（就是康有为、梁启超），还有在中国辛亥革命时期和辛亥革命之后的著作，甚至包括在20世纪30年代特别是日本侵华年代的材料。这些参考著作是孙中山、汪精卫、戴季陶、胡汉民和蒋介石等人的著作，像是戴季陶的《日本论》是阐述日本问题的巨作，还有蒋介石的《中国之命运》都是这类重要的著名作品。

问：在您撰写这本书时，得出了哪些重要的结论？

答：至于涉及重要结论的部分，就我们研究的结果而言，可以接下来说说。总体上，中国人眼中的日本"形象"是由于两国复杂关系长期演变下来所形成的，和日本同样的概念相比较起来（也就是说，在日本形成的对中国整体印象的图像），更加凸显了多元化和更多矛盾的特点。中日文化和种族的共同性在形象的构建中发挥了实质作用。接下来就是日本的进步。在19世纪末和20世纪中叶以前，日本对于中国的政治和军事压力逐渐扩张。

问：但一开始中国对于日本的影响应该是具有完全的主导地位？这是何时开始的？

答：在中世纪较早的时期，特别是唐朝，大约是从13世纪开始的，那时期的特点是中国当时处于高度发展的状态，具有完全影响日本的优势。这个影响主要是从中国高度文明来讲，主要局限在文化的领域。我指的是日本人借用了中国的汉字，从中国那里汲取了儒学和佛教思想，这在日本社会的精神和物质生活中扮演着重要的角色。日本在这方面对中国持有尊敬和景仰的态度，这是日本在高度文化和道德水平上与当时的中国的关系。对日本统治阶层而言，中国在那个阶段成为独特的社会政治和文化的典范，当然也包括唐朝的军事政治实力在内。从中国方面来看，对日本人存有一种居高临下的鄙视，中国人称中世纪的日本海盗为"倭寇"。的确，您或许知道那时中国的观念，即中国处于世界的领先地位，周边被野蛮人围绕着。

问：如同《中庸》讲的，天覆盖万物，地乘载万物，日月照耀之处，霜露降落，凡有精神和血肉所在之处，全部被美德和尊敬所包含（对中国帝王的尊崇之意）（原文：是以声名洋溢乎中国，施及蛮貊，舟车所至，人力所通，天之所覆，地之所载，日月所照，霜露所队，凡有血气，莫不尊亲。故曰配天。）。

答：对。与日本社会的关系形成，如同我讲到了，在很大程度上受到中国中心观念的影响，"中国—野蛮人"，他们认为中国人和野蛮人不同，他们不断对中国进行侵略和骚扰（与此相关的就是著名的长城），中国人将自己的文化传播给了日本人之流的"野蛮人"，就是以儒家思想文化，还有书面文字的形式。因此对待"野蛮人"的态度在他们那里已经多少形成了自己的观念。这已经是对待日本人和其他民族接受中国人想要传给他们文化的特殊关系。

中日关系的新阶段包含大约 100 年——大体从 19 世纪的 70—80 年代到日本在第二次世界大战的彻底瓦解。明显的相互理解典型的转变始于中国"鸦片战争"的失败，以及明治维新之后的日本快速现代化和 1894—1895 年中日战争中国的溃败。

问：也就是说，中日一千多年的关系发生了变化，表现像是兄弟关系。不过经过了一千年，日本对中国关系的改变剧烈吗？

答：在某种程度上，从日本方面来看两国关系有了变化，因为早在 18 世纪时，日本有人认为不需要仰赖中国人传给他们的儒家传统。他们开始找寻"神道"。有一些人已经开始用自己的眼光来看待日本的光明面，那就是日本不应该只是一个完全向中国卑躬屈膝的国家。

问："本土主义者"首先开始挑战存在多个世纪的两国关系的刻板典型。

答：完全正确。不过封建保守的中国精英在当时的阶段，即 19 世纪末，继续以伟大国家和排外主义来看待日本社会歪曲中国文化的价值而追求西方的文明。同时，日本对中国则由原来像是对待文化巨人的感觉，变成了具有高度优越感去看待那个依然身陷老式习俗和无法接受西方现代文明的民族。

问：但是，中国人看待日本的观点不可避免地在新的条件之下改变了。

答：在19世纪的最后几十年，与传统保守的方式一起，中国对日本的观点也有了崭新的发展，特别在中国的先进社会阶层。中国先进的知识分子始于一些较早的改革者（我指的是王韬、郑观应和他们的继任者康有为、梁启超等人，最后乃至于孙中山），日本人在明治时期形成了新的发展理念、快速与积极的现代化进程，最后日本以自己的方式摆脱了落后与亚洲附庸的状态，变为亚洲强盛和繁荣的国家。在这样路径的架构下，日本很早就被认为是具有侵略性的军事化强权国家，孙中山的"大亚洲主义"原则凝聚了中国和日本的合作——同样的民族和同样的文化（同文同种）。孙中山的口号强调了两国之间的特殊关系，牵动了两国的命运。

问：康有为、梁启超和其他您列举的改革者的命运是与日本紧密联系在一起的。他们几乎都在这个旭日东升的国家生活过或学习过，日本成为他们的避难所。比如说孙中山或是蒋介石都是。

答：正确。我正想往下谈这个问题。既然我触及了"大亚洲主义"的理念，在孙中山国族主义的理想世界里，他对"大亚洲主义"做出了解释，我想停留在这个问题上，因为我觉得这很重要并且很有趣。"大亚洲主义"变成了在某种程度上黏合了中日民族主义的基本教义，而且至今为止，似乎调和了中国民族主义反日的倾向，滋养于日本的土壤中却在中国的民族意识中复苏。在这个理念形成的背景下发生了中国理解日本的独特的心理转移，深信资本主义的日本为正面角色的幻象切实植入了中国的命运之中。

尤其是，梁启超赋予这个泛亚洲整合主义更高的概念，并写入了他的关于民族和种族竞争进化的社会达尔文主义的思想当中。的确，在康有为之后，与日本的沙文主义不同，他认为借由改革帮助的变革，中国可以扮演"黄种人"民族之间泛亚洲主义联盟的领导角色。他相信中国可以成为防止"白种人"渗透入亚洲的阻挡者。事实上，中国和日本的种族团结没有如他的计划那样得到发展。我们可以说辛亥革命之前，梁启超把主要关注投入在保护国家（护国）的口号上，就是说，要在传统的基础上巩固社会国家的团结统一来抵抗任何外部的威胁，其中也包括抵抗日本的威胁。

问：对不起，但是显然的，谁是日本泛亚洲主义口号的提出者？

答：当然，这是产生于日本思想圈的一种观点，服务于特定人群的政治利益。不过我现在很难指出确切的提出者。必须要指出的是，泛亚洲主义在日本被非常不同的群体用来宣传——从民主派的知识分子阶层，如宫崎滔天，孙中山衷心感受到日本友人对于中国改革的帮助（如他在宫崎滔天撰写的书《三十三年之梦》当中所写的序言，该书于1902年已被翻译成中文），再到政府的官员，如曾任福尔摩沙行政长官太田正弘之流（主要强调中国人与日本人同心协力），还有日本一群狂热的沙文主义者。

应当承认，这个概念不论有这样或那样的诠释，在中国有很长一段时间得到了响应。所以如果认为这个概念就是侵略和沙文主义或许是不正确的，甚至说是不对的。因为这个概念已经在日本社会"喷洒"散播开来，同时在很大程度上也在中国意识形态圈中发酵了。应当指出中国各方的知识分子在重要和特殊的时空背景下，透过日本人和日本人对西方著作的翻译著作去理解西方思想。关于这方面我们的中国学家莉莉雅·尼古拉耶芙娜·博罗赫在自己的专著中有详细的阐述。我们可以说，在辛亥革命的前夕，中国学生接近上万人。许多思想精英——包括中国的"自由主义者"和"革命分子"都在日本学习过，（我或许称他们为"改革者"或是"激进者"），他们在日本土壤中"翻滚过"。这里可以指出许多政治家，如果从孙中山开始算起，尽管他没有在日本留学过，但是到过日本许多次。像是汪精卫、胡汉民、戴季陶，蒋介石也是。与日本的这层联系当然影响了中国的思想界。再比如说，孙中山演讲支持"大亚洲主义"，在20世纪20年代发展出了中日合作关系的理念，就是建立在亚洲人民团结的基础上来共同抵御欧洲的侵略。他积极宣传两国相互依存的关联性，他坚信两国关系应该建立在和谐与互助的基础上。孙中山非常形象地比拟了中日合作关系就是"唇亡齿寒"。

需要指出的是，在1924年孙中山最后一趟北京之行。他从广州出发，经过上海。不过他没有立刻前往北京，而是去了日本会见许多日本政治界的朋友，包括宫崎滔天。1924年11月，孙中山在神户发表演讲，提出了对"大亚洲主义"的看法。这篇在神户的著名演讲没有翻译成俄文（我和卓娅·德米特里耶芙娜就在孙文全集中找出了中文讲稿），孙中山强调，中国所处的不平等状态成为其中主要干扰两国人民合作和建立兄弟之邦关系的障碍之一。

(孙中山中文稿原文：我们讲大亚洲主义，以王道为基础，是为打不平。美国学者对于一切民众解放的运动，视为文化的反叛，所以我们现在所提出来打不平的文化，是反叛霸道的文化，是求一切民众和平等解放的文化。你们日本民族既得到了欧美的霸道的文化，又有亚洲王道文化的本质，从今以后对于世界文化的前途，究竟是做西方霸道的鹰犬，或是做东方王道的干城，就在你们日本国民去详审慎择。）这里他呼吁日本政界要帮助中国站起来，另一方面他认为，只有中国与日本的团结才能领导亚洲人民对抗西方强权的帝国主义侵略。

值得一提的是（我们在自己关于孙中山的著作中没有特别强调这点），就是孙中山的大亚洲主义思想是以"黄种"与"白种"民族具有不同的精神文化作为对比的。正是孙中山这一思想被汪精卫用在与蒋介石的分裂上，蒋介石主张对抗日本的侵略，而汪精卫1940年3月建立了日本支持的政府。

这样一来，对于中国在近代历史对日关系的转折点的理解上，可以得出结论，双边关系既是正面，又是负面的爱恨交加两种因素紧密结合，它们彼此产生相生相克的作用，而且经常是直接相互促进的关系。可以说，一方面，这是两国人民同种的理念，但是另一方面，是中国王道文化的优越性想法。这个想法就是，"我们"早晚会起来，统治一切。一方面，中国人也佩服日本人的动力，但是另一方面，要小心谨慎处理对日关系，如同应对任何外部的威胁之类的态度等等。

问：总之，20世纪的侵略使中国人对日本人抱持着怀疑又否定的态度，如同对待所有的威胁和侵略的源头一般，而且这种态度还加深了，是不是这样？

答：日本在中国的扩张规模展开是在1915年的《二十一条》之后，中国民族主义的高涨逐渐转变成了鲜明反日的特点，影响了在两次世界大战中间（1915—1945）中国对日本的理解。我想关于1919年的爱国运动，尤里·米萨科维奇·加鲁什扬茨已经写了很多，他翻译了许多关于"五四运动"的著作，那里面有鲜明的反日特点。从盲目地排外对待所有的"洋鬼子"，变成在中国人多年的大众意识中把日本视为全世界最残暴与侵犯者的代表。您是记得的，当日本人在1937—1938年占据南京时，在那里进行大屠杀，杀害了几十万无辜的中国人，其中包括小孩、妇女和老人等在内。

问：的确，日本人自己企图想要掩饰和抹去这些数字。

答：问题关键是在于，屠杀无辜人民的事实日本人是无法逃避的。更复杂的是，我已经说过了，就是日本人的理解是停留在被意识形态化的意识状态上。尤其是，在孙中山的民族主义中，还有在国民党理论家的分析当中，不仅探讨日本人生命能量的原因，"大和"，还有关于中国的救世主角色，关于儒家思想中的"王道"文化（合法统治的道路），统治阶层与中华民族的优越文化思想是紧密关联的，与西方"霸道"思想的文化做出对比。部分的中国领导阶层希望影响日本"东亚共荣"的理念（我已经提到了汪精卫），他同意了与日本侵略者合作。尽管以蒋介石为首的对立派具有主导的优势。在最近的60年（中华人民共和国成立之后），实用主义的要素在中日相互理解的刻板典型中发挥了作用。必须要讲，中国政治精英层非常清楚地知道，在中国人那些的记忆篇章中，对于日本侵略中国的那段时期是不可能消失的。

问：看来，这些中国对日本的负面态度与日本企图要修改教科书有关？

答：完全正确！另一方面，我也理解日本及其统治圈。日本人想要和今日的中国有"正常"的关系。而且现在中国的目标是要在东亚架构下崛起。日本人很清楚地知道中国人记得日本过去的侵略。他们在自己的教科书内写入大亚洲主义。在精神层面上，在施行暴行的面前，也是好像要"拥抱"中国，目的是希望"上升"转变到成为"正常"的现代化国家。这种思想解释仍然保留在日本教科书中，多少显示如同孙中山所认为的那样，中国人不团结，就像是一盘散沙。必须讲，在战争时期中任何大众的社会现象都对广大日本听众产生影响。日本人直接接触中国人和他们的日常生活，目睹这个国家经历了贫穷和困难。如果谈到战后特定日本社会圈的反应，我不能说都是只有负面的。战后有些日本人同情中国人，也募集经费帮助中国战后的复苏，有道义上和物质上的捐赠，也是希望在中国人面前以近乎道歉的方式来"化解"或是"磨合"过去发生的事情。

问：是否日本只存在两个解决问题的方法：第一，就是认真地悔改和如同德国人一样承认过去所犯下的错误。第二，不真诚否定和掩盖一切，重新粉饰和评价历史。

答：明显的，日本人没有进行中国人所期待的悔改。因为60年的关系是不单纯的。在中国发生过对日本某些行为不满的反日活动。

问：几年前在中国还发生了对日本篡改教科书的大规模抗议活动。我读过一篇有趣的文章，作者是一名日本女性，企图以同样的态度来检视中国人，提出中国也神化了第二次世界大战，不仅是日本人，都在塑造"英雄"与"敌人"的自我形象。她想证明近代史被神话了——这是一种互动的意识形态过程，真理，总是摆在某个中间点。

答：嗯，这或许是可能的，去解释我们自己的独特历史！

问：尤里·弗拉基米罗维奇，您谈到了大亚洲主义在"白种人"和"黄种人"之间的对立。您是否在自己的书中有涉及这个部分的探讨，我想知道俄罗斯在里面的位置是什么？俄罗斯是在"白种人"阵营中敌对"黄种人"吗？您在书中是否研究了这个问题？

答：在我们的书里面没有探讨这个问题。不过，现在我可以讲讲自己的观点，在中国的领导阶层当中当然存在这样的意见，就是俄罗斯也是那些想要广泛和积极介入中国的国家。

问：回到关于现代的日本问题，您可以详细谈谈您去日本的学术之行吗？有什么特别有趣的地方吗？

答：您已经问过这个问题了，我不太可能从头到尾地详述这个问题。不过，我去日本有详细写了日记，日本让我留下极为深刻的印象，我想针对1991年11—12月做一些说明。去日本是一趟学术之旅。我上次在访谈中已经提过了我和研究所领导贾丕才的对话。这项研究是卡特科娃最先开始研究的，我们去日本仅有一个月的时间，了解了日本的生活与风土人情，我去了京都参观，自18世纪末以来，这里曾经是日本的首都，建造风格模仿中国唐朝京城长安的风格。我也去了位于京都附近的城市奈良，我知道这些地方是日本文化和日本民族形成的精神核心。在京都与周边坐落着超过上百座大大小小的庙宇和神舍，我很高兴看见这些日本风格的建筑杰作，有凤凰寺、千佛寺，还有龙安寺的石庭等美景，也顺利参观了京都议定书所在之地的宝塔寺。我还去了东京和横滨。

问：您对现代日本生活的印象有哪些？

答：当然日本的商业节奏使我感到惊奇。但是日本人的行为举止非常有礼和友善，举止应对非常的诚实和有序，持有高度的自尊和矜持。

问：您已经说过了，此行也与学者会面，请问这些会面还好吗？

答：在参访期间我非常顺利地和几位日本学者见面交流，特别是和京都大学的荣誉教授竹内实的见面。我也去了立命馆大学，还有与狭间直树教授、黑泽明教授以及其他几位教授的会面，谈论的问题非常广泛，包括有关于当前日本政治困境的历史性问题、中国民主改革的前景以及苏联解体之后的影响等诸多问题。

问：也就是您与日本学者之间的交谈是自由和开诚布公的？

答：根据我的观察，日本学者已经在当时发展出自己牢固的自信感（但不傲慢），他们清楚地知道自己在世界中的能力和定位。日本的教授鼓励学生进行独立的思考与讨论，他们的交谈非常丰富而充实，老师和学生之间讨论各种问题。在立命馆大学时，我感觉这是一所进取的私立大学，以相当专业的教学研究突出自己的特色。我想大体就这样回答您提出的问题，关于我在日本与日本学者交流的感受和印象。

问：您认为日本的学者是如何看待苏联的学者的？您是苏联时期的学者，刚好在苏联解体的前夕，您去日本参访时还是苏联学者的身份？

答：非常正常的！这里没有什么不友善的感觉。日本年轻人对我非常"照顾"。有一位是从外语学院派来帮助我工作的学生，坦白说我的英语并不好，我喜欢和日本人以中文交流。当然他听我讲话时展现了非常大的耐心，如果实在听不懂，我会换个方式尽量说到对方明白为止。当然我还可以举出很多很好的例子，说明日本方面如何接待我的学术之旅。我们的学术单位已经就我的行程帮我联系好日本方面，比如几号和几点到达东京机场，以及丘多杰耶夫先生搭乘哪个航班等等。我的飞机降落在东京，我问他去京都谁会接我，我都会被告知可以放心，一切都很正常没问题的，只管前往即可！

当我抵达东京机场时，令我感到非常惊艳的地方是它的规模、技术和道路等等，这是我们国家舍列梅捷沃和多莫捷多沃机场所不具备的。走出来经过了严格的海关检查，都是正常必要的文件检查等等。入境大厅看见一位女孩拿着标语写着："丘多杰耶夫先生，我们迎接您！"我看见这位女孩真是高兴，几乎立刻拥抱了她，她带我到东京火车站，在那里另一位女孩在等我们。

机场有两个出口，由于我可能会走到第二个出口，立命馆大学的人交代机场人员护送我。我被护送上日本"新干线"火车。我看见列车就像箭一样发射出去，您是知道的，我想中国台湾应该也有这样的高速铁路。

问：是，已经有了！

答：送我上车之后，我看见火车上的设备是我们俄罗斯铁路所没有的。柔软的座椅，电视放映着各式的广告和各种消息，200多公里的时速却没有晃动身体和晕车的感觉，转弯处的道路建设也能保持列车的高速度。在车上我又担心到了之后怎么办，要住在哪里。抵达后一位先生来接我，安排我住进一座美丽的饭店——为纪念一位在这所大学教过书的著名日本经济学者而建的饭店。有纪念馆纪念这位学者，有许多房间特别腾出来招待外宾住的。

刚刚提到的这位年轻人一直陪着我。当我提出要与谁见面时，他会仔细听我要去哪里。当我说根据日本同行建议想要与东京大学的藤井教授见面时，（我感觉非常难以到达位于东京城郊的东京大学，日本地铁系统和其他的交通工具系统很容易令我迷糊），他会非常有耐心地向我解释地铁图和如何到达这所大学，终于我到达了那里并且电话联系了这名藤井教授，年轻人关心我是否找到了这位教授，他打了电话给藤井教授，确认了一切是否顺利。

问：尤里·弗拉基米罗维奇，您感觉在日本时人们接待您非常好客。您最后几次在中国的访问是否也是这样受到照顾呢？

答：大体上，也是的。我去中国有五次，我在1964年和1965年去中国时，两边关系已经冷淡了，您知道这在中国同行中也感觉到这样的冷漠气氛。1985年和1986年我们双边关系已经开始"复苏"，情况都好转许多了。但是我不会说关系已经是直接彼此关爱的，双边关系是谨慎、正常的。我国也是，戈尔巴乔夫1985年3月执政，我们才可以比较自由地往来城市之间，或许有些地方对外国人还是禁止前往的。当时中国人听我讲苏联的情况时都表示惊讶，当时中国已经处于各省和各城之间往来开放的状态了。我在中国时尽量利用机会独自旅行。这趟旅程给我留下的极为深刻的印象！

问：您如何度过自己的最后两次旅程？

答：最后两次旅行是在2006年和2007年，我参加了我们那里著名中国学家的参访团去了中国（包括博克夏宁教授、院领导雷巴科夫院士、彼得堡分部的主任波波娃，以及远东所由季塔连科率领的同仁，等等）。我们一团人之间相处愉快，就住在北京（北京饭店），有三餐供应并且一人单独住一间房，会议就在饭店里进行，一切都不用出饭店，很舒适。

问：您说过21世纪可能会是"中国的世纪"。中国可能会占据世界领导的地位。或许很难怀疑中国不会成为世界领导的国家之一。但是我们谈到了西方的民主模式并不适合中国的发展，日本学者（当时在1991年说的，距离现在很遥远了）说中国发展民主制度还不够成熟。

答：那为何我们应该以"西方"标准来解释和理解民主制度呢？为何西方老是说我们不够成熟进入民主制度呢？我们是不是又陷入西方学者和政客的意识形态宣传当中，认为中国没有发展自己的民主机制。我还是要说，必须要考虑到每一个国家的具体国情状况。

问：我想说的正好就是这个问题。我们说西方民主似乎不适合中国。至少，新中国需要新的意识形态出现。马克思主义在西方或许再度流行开来，在中国称为"中国特色的社会主义"。您认为中国需要新的意识形态吗？这是什么样的意识形态呢？

答：我想，中国人在这个千年已经开始逐步运作这个意识形态。

问：我依稀觉得，这个进程似乎开始更早。应该就是从在邓小平提出的达到小康阶段、江泽民提出的"三个代表"、胡锦涛提出的"和谐社会"。

答：您提到的这个构想理念（新社会需要的意识形态），我或许不会从邓小平开始算起。或许您认为这个概念（和谐社会）在邓小平时代闪现过，但是终究是胡锦涛强调的构想。因为在中共中央全会部署党的十七大时已经特别推展了这个构想。我们有一些重要的中国问题研究专家，比如说是远东研究所的加连诺维奇，就特别研究了胡锦涛提出的和谐社会在中国社会中的意涵。根据中共一些领导人的叙述，我不认为胡锦涛是想用"和谐社会论"的构想替代马克思列宁主义。中国人是具有悠久传统文化的民族，他们不轻易放弃任何事情，也不轻易忘记任何事情，即使在毛泽东时期经历了许多困难，人们仍然没有将他从记忆中抹去，也没有脱离他的政治论点范围。他们视毛泽东为第一代领导人，邓小平后来接班领导地位，他们的领导到胡锦涛就是第四代领导人了。也就是说，接班的构想至今仍是中国领导层的特点。尽管"和谐社会论"和"和谐"的概念从根源来看早在孔夫子时代就出现在儒家思想当中。这些思想同样贯穿在19世纪末中国改革者的思想和观点当中。比方说，康有为的著名研究《孔子改制考》（研究孔子的改革），他的论文建构在研究和谐思想以及改革思想等的概念基础上，孙中山的思想也是建立在与日本关系和谐的基础上，这个概念对许多政治学者和政治思想家来说都是很重要的。我们今天观察胡锦涛的思想，胡锦涛总是在马克思的思想理论基础上来谈马克思主义和传统中国特点之间的结合。他们并没有说要用儒家思想来取代马克思列宁思想。他们想要把和谐统一的概念作为影响中国社会的基础，用在处理任何可能威胁领导层和国家分裂的问题，这是今天在中国意识形态和政策中很明显的特点。

问：这些思想对于解决目前摆在中国面前的问题是否足够？

答：中国所进行的改革很多是针对当今已经产生的问题而来的，这些问题都呈现在十七大上领导人的演讲和决议中。这些问题让领导者非常不安。比如，贫富差距的扩大——许多人赚钱非常多，但还有许多人至今仍生活在贫困当中。很多人告诉我至今在黄河流域还有人生活在黄土洞穴里，环境条件非常恶劣，这不是今天才有的问题。如果要讲在今日中国建立新的意识形态，讲社会和谐的意识形态特点，它的产生主要也是为了解决今日中国面对的问题，也是因应世界发展的最新形势。当然在中共领导人的报告中也特别强调了，实现这个理念需要经历很长的一个时期。假如通过这个理念，首先这是符合社会利益的阶段，中国要向前迈进的目标是"伟大的统一"阶段，是儒家所讲的"大同"世界，或是中共领导人所讲的"共产主义"。他们并不排斥使用马克思列宁的术语强调"共产主义"或是"社会主义"。中华民族的复兴也是胡锦涛报告所强调的思想重点。他们不仅在国内推动和谐的理念，也将和谐的概念引入国际关系当中，包括应用在对日本的关系上。

关于中俄关系，如同我提到的，在俄罗斯有些人担心中国的崛起会给俄罗斯带来"国家利己主义"的元素，或是一种"经济的利己主义"，关于这点我们国家领导者梅德韦杰夫总统在2008年6月圣彼得堡举行的经济论坛中有说过。不过，也可以从另一方面来看待这个问题。因为高速发展的中国也可以是俄罗斯经济成长的积极动力！要知道问题的关键还是在于，要如何在我们自己国家的创新发展计划中落实，我们和中国人一样，2020年以前要开始完成这些创新建设的战略目标。难道不值得为此有一个俄罗斯和中国的共同竞争性的"共同发展"模式吗？！那么！就在这里我想是否就此结束我们的谈话，我想还要就此特别感谢您，戈罗瓦乔夫先生，拨冗给予我这样微不足道的人进行采访和付出了这么多的关注！

问：尤里·弗拉基米罗维奇！我非常高兴的就是，我们进行了这么深入实质和内容丰富的对谈！让我们祝福您继续研究下去吧！谢谢您！

答：谢谢！再见！